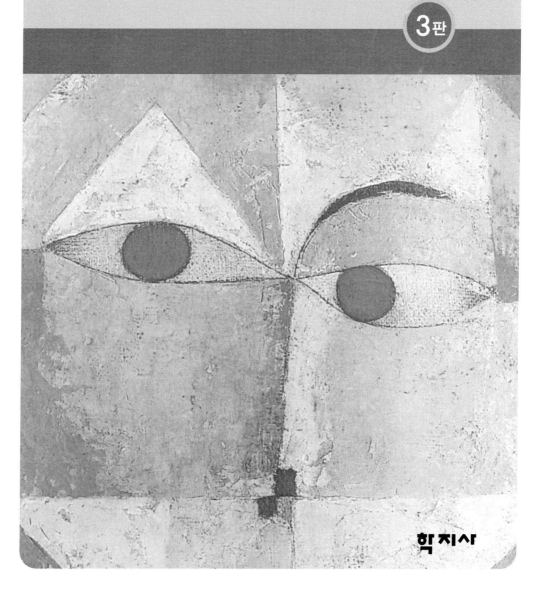

심리치료 사례 연구

Danny Wedding · Raymond J. Corsini 편저
김정희 역

3판

CASE STUDIES IN PSYCHOTHERAPY

학지사

　이 책은 『현대 심리치료』 6판과 짝을 이루는 사례집을 번역한 것이다. 정신분석에서 동양치료에 이르는 각 장마다, 우리가 여러 이론서에서 만날 수 있는 각 치료분야의 거장들이 실제로 치료를 한 사례들을 만날 수 있다. 상담/심리치료를 이론적으로 소개한 책은 많아도 실제로 어떻게 치료가 이루어지는가를 보여 주는 책은 비교적 드문 현실에 비추어 볼 때 심리치료의 실제를 공부하고자 하는 학생들이나 상담에 관심이 있는 많은 분에게 도움이 될 수 있을 것으로 생각한다.

　심리치료자/상담자로서 그리고 아바타 마스터로서 사람들이 지금보다 더 나은 삶을 향하여 성장하고 변화하도록 돕는다는 삶의 목표를 가지고 있는 역자로서는 이 책을 번역하는 것 자체가 상담자의 자세를 배울 수 있는 좋은 기회였다. 그리고 매 사례마다 치료자의 독특함을 만날 수 있었다는 것도 이 책을 번역하는 과정에서 얻은 중요한 소득이다.

　번역 과정에서 사례집을 번역한다는 것이 이론서를 번역하는 것보다 훨씬 더 까다로운 일임을 절감하였지만, 가능하면 생생하게 각 사례의 독특함을 손상하지 않으면서 독자들이 이해하기 쉽게 번역하려고 노력하였다. 서양 사람들의 독특한 문화적 특성 때문에 우리 말로 번역하면 어색한 부분도 많이 있으나, 이를 극복하기 위하여 최대한 노력하였다. 그래도 어색한 부분은 독자들의 양해를 구하는 수밖에 없을 것이다.

상담이 매력적이면서도 어려운 이유는 그것이 이론에 바탕을 두고 있으면서도 각 치료자의 풍미가 가미된 예술 작업이라는 데 있다. 어떤 예술작품도 똑같은 두 개가 없듯이 상담 사례 역시 똑같은 두 사례가 있을 수는 없다. 같은 어려움이나 갈등을 가지고 있는 사람을 두 사람의 전문가가 성공적으로 상담한다 하여도 그 과정은 결코 같을 수 없을 것이다. 그런 의미에서 편집자가 밝히고 있듯이 각 치료 사례들을 다른 이론적 입장을 취하는 치료자가 치료를 할 때 어떤 식으로 접근할지 살펴보는 것도 좋은 공부가 될 수 있을 것이다.

『현대 심리치료』와 마찬가지로 이 책 역시 전북대학교 심리학과 대학원에서 교재로 사용하면서 학생들과 원서를 같이 읽는 작업을 한 것이 번역에 많은 도움이 되었다. 수업에 참여했던 학생들에게 감사를 전한다. 그리고 출판할 수 있도록 기회를 주시고, 느린 번역 작업에도 인내심을 가지고 기다려 주신 학지사 김진환 사장님과 편집부원께도 감사를 드린다.

2006년 1월

김정희

(siewon@chonbuk.ac.kr)

추천사

　초보자들이 복잡한 절차를 배우는 가장 효과적인 길은 늘 그렇듯이 숙련된 기술을 가진 전문가를 관찰하는 것이었다. 그런 까닭에 거장의 작업을 공부하는 것이 도제 제도의 핵심이었다. 이러한 훈련 방법은 새내기들이 자신들이 관찰하는 것에서 의미 있는 개념의 맥락을 찾도록 도와주는 설명이 있을 때 더 효과적이다. 이 책은 도제 제도 훈련 프로그램의 정신에 따라 특정한 치료 영역의 전문가들이 수행한 사례 연구를 제시하고 있다. 기본 교재인 『현대 심리치료(Current Psychotherapies)』(김정희 역, 학지사, 2004)의 각 장과 이 책의 각 장은 서로 짝이 된다. 그 교재를 읽을 때 꼭 이 책을 읽어야 하는 것은 아니지만, 이 책은 치료자들이 이론을 제시하고 그것을 그들의 체계에 어떻게 적용하는지 더 잘 이해하게 해 준다.

　편집자들이 프리츠 펄스(Fritz Perls)가 쓴 〈제인의 사례〉를 소개할 때 언급했듯이 심리치료 체계는 그 저자와 연장선상에 있다. 그것은 "행위의 방식"인 동시에 "존재의 방식"이다. 치료자를 훈련시키는 우리들은 훈련생이 하나의 심리치료나 또 다른 심리치료를 맹목적으로 흉내내려고 해서는 안 된다는 점을 알고 있다. 환생한 저명한 치료자가 되려는 것은 추종자들의 비현실적인 꿈이다.

우리 중에 또 다른 "프리츠"가 되겠다고 현실적으로 꿈꿀 사람이 누가 있겠는 가? 우리가 그럴 수 있다 하더라도 그것이 바람직한 일일까?

모든 치료자는 그들이 공부하고 사용하기로 선택한 체계들을 자신의 것으로 만든다. 그들의 치료는 우리가 정신이라고 부르는 오묘한 직물의 씨실을 형성하는(대부분 묵시적이거나 암묵적 수준에서) 각자의 삶의 역사, 각본, 가치, 태도 및 성향을 반영한다. 우리 중 아무도 현재 우리의 모습을 만들어 온 조건에서 완전히 도망갈 수 없으며, 우리의 경험은 우리가 내담자에게 사용하는 치료 계획과 절차에 불가피하게 스며든다. 이런 까닭에 치료자는 하나의 인간으로서 치료의 일차적 도구가 되는 것이다. 기법은 그 다음의 문제다.

이 사례 연구를 읽을 여러분 중 대부분은 자신의 임상 기술을 증진하려는 동기가 있을 것이다. 처음에 읽으면 이 사례들에 묘사되어 있는 "치료 성과"의 경이로움에 찬탄을 보내게 될 것이다. 그들의 기교가 여러분이 그들이 달성한 수준까지 전문적으로 올라가려는 열망을 갖는 데 걸림돌이 되어서는 안 될 것이다. 여기에 제시한 사례들은 제일 낮은 치료성과를 이룬 사례들이 아니다. 편집자들이 이 사례들을 엄격하게 선택한 이유는 이 치료자들이 많은 진보를 이룬 시점에서 지니게 된 고도로 발달된 임상 기술을 보여 주기 때문이다. 내담자들은 아주 어려운 상대였지만, 이 치료자들이 제공하는 치료를 받을 수 있는 적합한 내담자들이었다.

숙련된 치료자가 된다는 것은 다른 종류의 복잡한 인간 활동에서 기술을 쌓는 것과 비슷하다. 이는 "장거리 경주"의 작업이다. 일관된 이론의 패러다임에 맞는 여러 가지 기법과 폭넓은 전략을 수립해야 하고, 다양한 임상 기술을 단련해야 하고, 그것들을 사용하는 적절한 순간을 인식하는 것을 배워야 한다. 그것은 희망과 불안에 가득 찬 모습으로 우리를 만나는 특정한 개인을 위한 잘 짜여진 치료 계획을 만드는 작업이다. 모든 성공한 치료에서 혜택받은 도구인 치료의 성격은—모든 치료의 관계가 우리가 바라는 대로 되지는 않기 때문에—불가피한 스트레스, 좌절 및 인생의 실패 그리고 우리의 전문성으로 갈고

닦여진다.

사례 연구는 독자들에게 특정한 치료 양식으로 특정한 문제를 가진 한 개인을 치료하는 방식에 대하여 많은 것을 가르쳐 준다. 예를 들어, 첫 번째 사례를 보자. 보이어(Boyer)가 경계선장애 환자를 대상으로 작업하였으며, 그의 접근과 일관되게 전이 분석을 하였다. 그러나 우리는 심한 장애를 가진 중년 여성에게 치료자가 한 것을 넘어서 배움을 얻는다. 저자는 우리에게 부유하지만 병리적인 환경에서 자란 여성에 관해 짧지만 인상적인 묘사를 제공하고 있다. 우리는 그녀의 초기 아동기와 젊은 시절을 이루고 있는 유별난 교육과 육아 경험에 대하여 배운다; 건강한 어린이가 정신병을 가진 어른으로 서서히 망가져 가는 것을 보면서 발달심리학에 대한 교훈을 얻을 수 있다; 착취를 하는 세상과 그녀가 상호작용하는 것에는 사회심리학적 함축성이 있으며, 그녀의 성적인 행동화(acting-out)에는 인종적인 함축성이 내포되어 있다; 그리고 관상학의 특징과 습관이 인간 특성과 열정에 대하여 가면을 쓴 것 같은 모습으로 변하는 것에는 이상심리학의 측면이 있다. 그것은 누아르 필름의 특성을 모두 가지고 있다.

이 책은 엄격하게 구성되어 있기 때문에 심리치료를 훨씬 넘어서는 문제를 제기한다. 이 사례들에서 묘사된 관심사와 인물들은 은연중에 문화인류학, 사회심리학, (성서)해석학, 심리교육법, 발달심리학 및 인지과학의 논제들을 불러일으킨다. 예를 들어, 얄롬(Yalom)의 〈뚱뚱한 여인〉은 근본이 되는 철학과 인식론적인 의문을 제기한다. 여기에서 우리는 그들이 서로 주고받는 전이의 왕복에 의해 치료자와 내담자의 양과 음이 치료라는 베틀에 모두 짜이도록 작용하고 있으며—두 사람이 모두 변하도록 하고 있음을 엿볼 수 있다.

심리치료는 문화인류학에서 에틱(etic)과 에믹(emic)이라는 용어를 빌려 왔다. 에틱은 성격 발달 이론 형성에서 규범적 혹은 보편적으로 접근하는 것을 말하며; 에믹은 좀 더 문화에 민감하고 문화 중심적인 원리를 말한다. 에믹 접근은 집단이 가치 있다고 여기는 것을 넘어서 원리를 일반화하는 것을 삼간다. 극단적으로는, 각 개인이 자신만의 "문화"를 가진 것으로 취급한다. 이 책의 첫 번째 사례는 에틱, 즉 정신분석의 규범주의를 반영한다. 이 책의 마지막 사례는 에믹, 즉 내담자의 문제와 해결을 개념화할 때 어느 정도 횡문화적인 오리엔테 이션을 가진다. 마지막 사례를 포함시킨 것은 편집자들이 서양 치료자들이 사용할 수 있는 치유에 대한 비서구적인 철학과 접근법들의 풍부함을 인식하고 있음을 반영한다.

이 시점에서 어떤 치료든 그것을 특수한 문화의 측면에서 개념화할 때 이분법으로 보지 않는 것이 현명할 것이다. 다른 어떤 심리학, 인류학 혹은 사회학의 변수들과 마찬가지로 문화 특수성도 연속선상에 놓여 있는 것이다. 이 책에 있는 모든 사례 연구는 그 연속선상에서 어느 한 위치에 속하게 된다.

각 체계가 가지고 있는 약점과 이점 때문에, 이 책의 독자들은 여기에 제시된 치료 중 거의 대부분에서 혹은 그 중의 일부에서 접근-회피의 갈등을 느낄 것이다. 편집자들은 그에 관하여 정당성을 주장할 마음이 없으며, 치료자들과 훈련을 받는 사람들이 선택의 문제를 놓고 갈등할 것을 예상하고 있다. 당신이 어떤 치료를 선택하는가 하는 것은 아주 개인적인 문제다. 어떤 사람들은 치료에 대한 정신 내 접근을 선호할 것이고, 어떤 사람들은 맥락적인 치료를, 또 다른 사람들은 사회공학 접근을 선호할 것이다. 어떤 사람들은 시간제한이 없는 모델을 좋아할 것이고, 다른 사람들은 시간제한이 있는 심지어는 단기 치료를 좋아할 것이다. 어떤 사람들은 교육적이고 지시적인 방법을 좋아하고, 다른 사람들은 소크라테스식의 내담자 중심의 접근을 좋아할 것이다. 어떤 사람들은 원인론적이고 역사 중심의 방향을 취할 것이고, 다른 사람들은 목적론적이거나 동기적 혹은 배타적으로 현재 중심인 관점을 취할 것이다. 어떤 사람들은 환원론적인 모델을 좋아할 것이고, 다른 사람들은 운동, 영양, 신체적인 건강, 의학적 점검 그리고 내담자를 둘러싸고 있는 세상의 힘든 사회적 침투력을 포함하는 총체적 모델을 선호할 것이다. 어떤 사람들은 매우 인지적인 방법을 좋아하는 반면에 다른 사람들은 원칙적으로 감정 중심의 방법을 좋아할 것이다. 이러한 모든 예를 여기에 있는 열두 개 사례 연구에서 발견할 수 있다.

여기에 제시한 사례 연구들은 이용가치가 높은 원석들이지만, 그것들을 채굴하려면 어쩔 수 없이 그것들을 변형해야 할 것이다. 이 연구들은 빠르게 흐르는 물살과 같아서 그리스 철학자 헤라클리투스가 말한 대로 당신의 발을 거기에 담글 수는 있지만(혹은 심지어 뛰어들 수도 있지만), 같은 물에 두 번 발을 담글 수는 없을 것이다. 사례사 자체가 변해서가 아니라 두 번째 읽을 때는 당신이 변할 것이기 때문이다. 당신 앞에 잔칫상이 차려져 있다. 나는 이 책을 재미있게 그리고 유용하게 읽었다. 나는 아무런 의심 없이 당신도 그럴 것이라고 믿는다.

프랭크 듀몽트(Frank Dumont)

심리치료는 어려운 소명이다. 치료의 실제는 지성뿐 아니라 창조성을 요구하며, 훈련뿐 아니라 재능을 필요로 하며, 좋은 의도뿐 아니라 힘든 작업도 요구한다. 잘못하기는 아주 쉽지만 잘하기는 정말로 어렵다. 심리치료의 등급은 협잡꾼에서 위대한 스승에까지 이른다. 심리치료는 결코 완전히 숙달될 수 없을 정도의 기술을 요구하고, 일생 동안 학습의 기회를 제공하고 또한 그것을 요구한다.

불행하게도 심리치료를 아주 매력 있게 만드는 바로 그 특성 때문에 심리치료는 가르치거나 설명하기가 어렵다. 우리 중에 이 난해한 기술을 전수하는 위치에 있는 사람들은 모델링이 가장 강력한 도구임을 알고 있다. 즉, 우리가 무엇을 하고 있는지 말하는 것보다 학생들에게 우리가 무엇을 하고 있는지 보여주는 것이 학습을 더 돕는 경우가 흔하다. 그러나 우리는 모두 자신이 받은 훈련의 한계를 잘 알고 있다. 여러 가지 복합된 문제를 가진 환자들이 수없이 많으며, 그들의 욕구는 매우 다양하다.

우리 자신의 경험과 훈련의 한계를 다루는 한 가지 방법은 이 책에 모아 놓은 것처럼 학생들에게 사례를 통하여 역할 모델을 제공하는 것이다. 각각의 사례

는 경험이 많은 심리치료자들이 쓴 것이며, 이 책의 짝이 되는 책인 『현대 심리
치료』의 6판에 있는 장들과 대응하는 것들이다. 50만 명 이상의 학생들이 『현
대 심리치료』를 통하여 12개 이상의 기초 이론과 기본 방법들을 배운다. 이 책
에 있는 사례들은 주 교재에 있는 정보를 확장하고 보충하기 위하여 주의 깊게
선택된 것들이다.

　심리치료를 공부하는 진지한 학생들은 『현대 심리치료』의 핵심 장들과 병행
하여 심리치료 사례 연구를 읽으면 큰 도움을 받을 수 있을 것이다. 우리는 이
러한 투자를 하는 학생들이 심리치료의 아름다움과 예술을 좀 더 충만하게 음
미할 수 있을 것이라고 확신한다.

데니 웨딩(Danny Wedding), weddingd@mimh.edu
레이몬드 코시니(Raymond J. Corsini), 70313.1542@compuserve.com

사례1 _ 정신분석

경계선장애 환자의 치료

L. Bryce Boyer

편집자 서문　우리가 십여 개의 출판된 사례사들을 살펴본 후에 현대 정신분석의 가장 좋은 예로 선택한 것이 경계선장애 환자와 함께 한 엘 브리스 보이어 (L. Bryce Boyer)의 연구다. 이 사례는 오래 지속된(800회기 이상, 7년 반) 치료의 예를 보여 주며, 숙련된 치료자가 개인 휴가, 치료시간 중에 일어나는 성적인 무례함 그리고 자살 시도 같은 문제를 어떻게 다루는지 예시하고 있다. 우리들은 보이어 박사가 특히 전이와 역전이를 훌륭하게 분석했다고 믿는다.

이 사례사는 중요한 이슈를 제기하는데, 그 중 하나는 결코 작지 않은 문제로 우리 사회가 심각한 정신 건강 문제를 가진 환자에게 매우 숙련된 치료자의 값비싼 치료를 제공할 만큼 여유가 있는지에 대한 것이다. 여기에 예시된 유형의 정신 분석법은 아마 가장 비싼 치료일 것이다. 이 여성이 얻은 이득은 상당부분 개인적이고 금전적인 대가를 치르며 이루어졌다.

학생들은 이처럼 가장 힘든 환자를 치료할 때 받게 되는 도전을 자신이 어떻게 다룰 것인지 상상하고, 보이어 박사가 제공하는 치료와 대조해 보는 것이 유용할 것이다. 정신건강 분야에서 일하고 있는 대부분 사람들은 언젠가는 다음 사례에서 기술된 유형의 경계선장애 환자를 만나게 될 것이다.

L. Bryce Boyer(1977). "Working with a Borderline Patient" (pp. 389-420). The Psychoanalytic Quarterly Vol. 46. 저자의 허락을 받아 게재함.

X 부인은 처음 만났을 때 두 번 이혼한 적이 있는 53세의 백인으로, 친구가 없으며, 혼자서 살고, 거의 완전히 충동에 사로잡힌 사람이었다. 그녀는 십대소년처럼 보였고 옷차림도 그러했다. 20년 동안 만성적인 알코올 중독 환자였고, 정신분열증 진단으로 반복적으로 병원에 입원했었다. 여러 번 감옥에 갔었고, 취객 보호소에 있는 동안 공공연하게 자위행위를 하고, 똥칠을 하고, 끊임없이 괴성을 질렀다. 그녀는 슬럼가에서 흑인 갱들에게 여러 번 성폭행을 당하며 위험하게 살았다. 지난 20년 동안 (충격 요법을 제외한) 많은 형태의 정신병 치료를 받아 왔다. 그러나 효과가 없었다. 구루(guru)가 이끄는 영적 치유를 위해 설계된 집단거주지에서 1년 동안 생활한 적이 있었다. 그러나 그녀를 처음 봤을 때 두 가지 장점을 가지고 있었다. a) 자신의 문제가 무의식적 갈등에 근거를 두고 있다는 결론을 내렸고, 정통적인 분석을 원했다(여러 존경받는 정신분석가들이 그녀를 거부했다.) b) 정신병을 앓고 있는 아들을 가장 최근에 치료한 치료자가 아들과 그녀의 상호작용이 아들의 병을 유지시킨다고 말해서, 자신이 아들의 병을 더 악화시키지 않기를 간절히 원했다.

그녀의 선조들은 부유한 귀족이고 신교도였다. 남자들은 모두 명문대학을 졸업하였고, 여자들도 유명한 교양학교 출신으로 예술 후원자였다. 부모는 사회적으로 같은 계층의 사람이 아니면 인간 이하로 취급하였다. 채권 판매업자였던 아버지의 만성 알코올 중독은 환자의 어린 시절 동안 아버지 자신과 아내의 재산 손실을 가져왔다. 그 이후로 그녀의 가족은 친척들의 도움을 받아 살았다.

어머니는 매우 자기중심적이었고, 환자의 아동기와 청소년기 동안 계속 아파서 수주일 동안 낮 시간에도 침대에 누워 있었고, 우울증과 건강염려증이 있었으며, 접근하기 힘들었다. 어머니는 두 가지 자아상태를 왔다갔다 했다. 하나는, 모두가 특히 남편이 제대로 대접을 해주지 않는다고 한탄하고 불평하면서 아픈 머리에 차가운 수건을 얹고 누워 있는 것이다. 다른 하나는, 로맨틱한 소설을 읽으면서 공상하며 누워 있는 것이다. 치료를 받은 지 한참 후에, 환자는 어머니가 그러한 몽롱한 상태에 있었을 때 그녀가 어머니 옆에 누울 수 있는 아이로 허락받아서 아마도 어머니 성기를 손으로 만지고 거기에 얼굴을 대게 했던 것 같다고 기억했다. 어머니가 보이는 철수(withdrawals) 행동은 사교계 인사들을 초청한 파티에 대해 계획 중일 때 두 자매가 분노발작을 보이는 경우와 그녀가 혼자 호화로운 여행을 계획하고 있을 때만 중단되는 것 같았다. 어머니는 종종 미리 알리지 않고 일 년에 걸친 유럽 여행을 떠났다. 그러나 가끔 그녀는 떠나려는 계획을 유순한 X 부인에게 털어놓고, 그 비밀을 지킬 것을 맹세토록 했다. 출발 직전에 어머니가 떠난다는 것을 알았을 때 극적으로 반대하는 목소리를 냈던 아이들을 돌보는 일을 그녀에게 맡겼다.

이 환자는 세 살 터울인 네 딸 중 둘째로 태어났다. 어머니의 유모였던 나이 든 여인이 이들을 모두 양육하였다. 첫째는 자주 알코올 중독으로 입원한 적이 있으며 노처녀인 채로 있다. 두 동생은 허영심이 많고, 넉넉한 이혼수당으로 살고 있고, 젊은 연인을 갈아치우는 아이가 없는 이혼녀들이다. 다섯 명의 여성들은 아버지를 경멸하였고, 어머니는 이 환자가 결혼한 후에 아버지와 이혼했다. 그 후에 어머니는 자신의 우울증, 건강염려증 그리고 철수에서 벗어나 활기찬 여성이 되었다. 그녀는 자신이 후원했던 젊은 남성 작가들과 함께 정신적인 사랑을 나눴다. 아버지는 따뜻한 여성과 결혼해서 금욕하며 생활하였고, 일을 시작했다. 여러 해가 지난 후 그는 심각한 우울증에 빠져서 기차에 몸을 던져 자살하였다. 이것은 환자가 나를 처음 만나기 1년 전의 일이었다. 그녀는 그의 재혼 이후 한 번도 아버지를 만난 적이 없었고, 아버지를 오로지 경멸했다. 그의 죽음과 장례식에 대해 들었을 때 그녀는 완전히 거리감을 느꼈다. 치료 초기에 그녀는 무조건 어머니를 이상화하였고, 아버지를 평가 절하했다.

그녀가 세 살이 조금 안 되었을 때 정기 외항선 갑판에서 사건이 일어났다. 배의 특등실에서 무서운 일이 일어나서 엄마에게 울며 달려갔는데 배의 선장과 아침식사를 하고 있던 어머니는 그녀가 무서워하는 것을 무시했으나, 흑인 웨이터는 그녀를 위로하고, 끌어안으며 각설탕을 주었다. 그 환자는 그 기억의 회상과 그녀가 혐오감, 분노, 불안 없이 나에게 말했던 것을 수용하는 나의 역량 (capacity)에 치료결과가 달려 있는 것으로 느껴진다고 설명했다.

학교에 입학하기 전에 그녀는 요정이야기의 열성적 독자였고, 1학년 때도 읽기를 잘했다. 그러나 2학년 때는 배우는 것이 불가능하게 되었다. 그녀는 읽기를 싫어했으며 힘들어했고, 간단한 수학을 배우는 것도 불가능했다. 중학교나 교양학교를 다니는 동안에는 단 한 번의 시험도 통과하지 못했다. 이것은 그녀의 부모에게는 중요하지 않았다. 그들은 그녀가 매력이 있고, 아름다움과 재치를 개발하여 가족을 부양할 부유한 의사를 남편으로 맞는 것이 의무라고 가르쳤다.

2학년 동안 그녀는 검정 장갑을 낀 피부색이 거무스레한 운전사와 성관계를 맺었다. 그러나 그녀는 그들의 놀라운 행위를 결코 누설하지 않았는데, 이는 죽음을 무릅쓰는 것이 어떤 면에서 자매들이 부모의 사랑을 얻도록 하는 데 도움이 된다고 믿었기 때문이다.

잠재기 동안, 그녀는 매우 온순하고 행실이 좋았다. 그녀는 심각한 강박 신경증을 겪어서 가족의 삶이 자신의 생각과 행동에 달려 있다고 믿었다. 그녀는 자매들이 부모의 모든 사랑을 받을 수 있도록 자신이 죽고자 하는 소망을 부모에게 투사했던 신앙심이 깊은 순교자였다. 이렇게 하여 자매들은 정신 장애를 덜 수 있었다.

열한 살 때 그녀는 교양학교를 다니기 위해 처음으로 집을 멀리 떠나게 되었다. 그녀는 무엇인가 막연하고 보이지 않는 것에 공격받는다는 이전의 야간 공포를 곧 잊어버렸고, 끝없는 야간 의례들을 포기했다. 거기에 있는 동안 그녀는 비록 위선적이고 조작적이지만, 완벽해 보이는 인기 있는 소녀를 좋아하게 되었다. 그 소녀의 관심이 숭배자들 사이에 동등하게 분배되는 한, 그녀는 이 인기 있는 소녀의 숭배자 중 하나로 만족했다. 그러나 환자가 열여섯 살이 되었을 때 그녀의 우상은 다른 소녀를 좋아하게 되었고, 환자는 마비증 비슷한 (catatonic-like) 상태가 되었다. 그녀는 학교에서 집으로 보내졌고, 다음 5년 동안 수동적이고, 목석 같은 사람이 되었으며, 겨우 살아가는 시늉만 하였다.

그녀는 결코 남자친구를 사귀지 않았으며 파티에서 서툴렀다. 그녀는 안주인으로서 어머니의 매력을 동경하였고 언젠가 어머니와 사교 면에서 대등한 입장이 되기를 막연히 바랐다.

그녀가 10대일 때, 아버지는 집에서 쫓겨나서 많은 시간을 배에서 보냈다. 가족의 보호자 역할을 하는 환자는 그와 함께 갔고 그가 선실에서 술을 마시는 동안 키를 잡았다. 그녀는 부모가 자신이 죽기를 원하고, 자신이 죽임을 당할 것이라고 믿었다. 그녀는 그를 돌보려는 것뿐 아니라 자매들의 이득을 위해 아버지가 그녀를 쉽게 죽일 수 있도록 아버지를 따라갔다.

언니가 부유한 의과대학 학생에게 청혼을 받을 수 있게 되었을 때, 환자는 활기를 띠고 그가 언니 대신 자기를 선택하도록 했다. 결혼을 한 후, 그녀는 성적으로 수동적이고 무감각했다. 신혼여행에서 남편은 그녀의 성적 수동성 때문에 격분해서 그녀를 죽이려 했고, 우연한 방해 때문에 이를 실천하지 못했다. 그녀는 전혀 화를 내지 않았고 아무에게도 말하지 않았고, 그의 행동을 구세주-순교자로 운명 지워지는 자신의 존재에 대한 타당한 증거로 생각했다.

그녀는 남편이 다른 곳에서 의과 대학을 계속 다니는 동안 한 도시에서 그의 부모와 같이 살았다. 그는 가끔 자신이 관능적인 여성들과 함께 지낸 사건들을 묘사하는 편지를 그녀에게 보냈다. 그녀는 막연히 실망했다. 은퇴한 목사인 그의 노쇠한 아버지는 그녀의 수동성을 귀신이 들린 것이라 생각하고, 그녀를 목욕통에 발가벗겨 놓고 관장(enemas)을 시켜 귀신을 내쫓으려 했다. 그녀의 어머니와 남편은 이것을 묵인했다. 그녀는 화를 내지도 흥분하지도 않았다. 그녀는 때때로 그가 자신의 행동에서 약간의 성적 혹은 가학적인 쾌감을 얻었는지 궁금해했고 그를 드러나게 함으로써 모욕을 주기 위해서 그를 유혹하거나 자살을 범하는 환상을 가졌다—이는 모두 다른 사람을 위해서 하는 것이었다.

대학을 졸업한 후, 남편은 군대에 갔고 그들은 또 다른 지방으로 이사를 갔다. 거기에서 그는 해외로 떠났다. 그녀는 전혀 친구나 아는 사람이 없이 지냈다. 그는 아주 가끔 편지를 보냈는데 수없이 많은 여자와 정사를 한 내용을 포함하고 있었다. 그녀는 장애가 있는 딸을 낳았는데, 자신이 어머니라는 것을 믿을 수가 없었다. 그녀는 아기를 만지는 것을 두려워해서 가정부에게 맡겼다. 그녀는 아기의 결함이 어쩐지 운전사와 함께 한 자신의 행동과 연관된 과실이라고 느꼈다. 그녀는 눈에 띄지 않게 술을 마시기 시작하였다. 나중에 남편은 그녀를 임신시켜서 또 딸을 낳았는데, 또다시 그녀는 자신의 아이라는 것을 믿을 수 없어서 그 아이를 만질 수가 없었다. 그녀는 자주 술집에 갔고 남자들을 골라잡아 그들이 어떤 성적 요구를 하든지 복종하고, 항상 뒤이어 완전히 기억상실을 일으켰다. 그녀는 아이들의 유모가 얘기해 주는 것을 통해 자신의 행동에 대하여 알게 되었다. 그 후 그녀는 자폐 정신장애아가 된 결함이 있는 아들을 낳았다. 그녀는 아들의 난폭한 과잉활동성과 여기저기에 똥칠을 하는 것 때문에 완전히 무기력해졌다. 아들은 약 일년 후에 병원에 입원해서 초기 청소년기까지 있었는데, 어떤 면에서 어머니의 존재를 좀처럼 알지 못했다. 남편은 그녀와 이혼했고, 딸들은 기관으로 보내졌으며, 그녀는 혼자 살았다.

12년 동안 그리고 그 뒤에도 주기적으로 그녀는 술집을 다니고 기억상실이 계속되는 동안 성적인 관계를 가지며 생활하였다. 그녀는 흑인들을 골라잡았고 그들이 여러 가지로 성적 학대를 하는 것을 감수했다. 그녀는 수동적으로 굴복하였고 때로는 그들에게 돈과 보석을 가져가도록 부추겼다. 그녀의 많은 치료자 중 한 사람은 그녀가 직업을 가질 준비를 하고 자선에 기대는 생활을 그만둔다면 쓸모없다는 느낌을 덜 가질 것이라고 제안했다. 그녀는 실습 간호과정을 마쳤고, 정신병환자들과 노쇠한 환자들을 이해심을 가지고 보살필 수 있었기 때문에 여러 정신병원에서 일하게 되었다. 그녀는 결근을 하고 중독된 상태나 술이 잔뜩 취한 채로 직장에 나타났기 때문에 많은 곳에서 해고당했다.

그녀가 일하였던 병원들 중 한 곳에서, 그녀는 심지어 머리와 눈의 색까지도 똑같은 그녀의 육체적인 반쪽이었던 한 남자 환자를 만났다. 그들은 너무도 비슷해서 그녀가 그의 옷을 입을 정도였다. 그는 알코올을 포함한 다양한 약물에 중독되어 그의 가족과 사회복지기관에 모든 것을 의존했다. 그녀는 곧 그와 함께 살기 시작했다. 그녀는 자신의 어머니 그리고 10대였을 때 그녀가 숭배했던 여자친구처럼 그를 숭배하였다. 그녀는 그의 많은 결점을 알았지만 그를 완전히 이상화하였다. 그녀는 그와 함께 완벽함과 기쁨을 느꼈고, 때로는 그들이 정신적 심지어 육체적 연속체라고 믿었다. 그들은 결혼을 했고, 그 목가적인 융합은 지속되었다. 주기적으로, 그들은 위스키를 사서 침대 속에서 여러 날을 보냈다. 며칠 동안 완전히 지칠 때까지 여러 가지 성행위를 하면서, 때로는 그들의 분비물 위에 누워 있었다. 그녀는 결코 오르가슴을 느끼지 않았지만, 완벽하다고 느꼈다. 월경을 하는 동안 파트너와 함께 피로 범벅이 되었을 때, 때때로 그녀는 그것을 먹는 것을 즐겼는데, 이와 같은 일화들은 특별히 그녀를 즐겁게 했다. 결혼한 지 9년 후에, 그는 그녀가 이해할 수 없는 이유로(그 당시 그녀가 그를 경제적으로 부양하고 있었다.) 이혼했다. 그 후 그녀는 또 다시 목석 같은 사람이 되었고 술집에서 남자들을 찾아다녔다.

치료를 시작하기 1년 전에, 그녀는 윗사람이 그녀의 지각과 무능력을 묵인하였던 경우에 문서 정리원으로 별로 힘이 들지 않는 직업을 얻었다. 그녀는 박봉으로 살았고 물질적 소유에는 전혀 가치를 두지 않았다. 그녀는 자신이 한 번도 적대적인 소망을 가진 적이 없었고, 그녀가 사는 동안 늘 다른 사람을 도우려고 노력했다고 믿었다.

치료 과정

수년에 걸쳐, 나는 교육자, 의사, 그리고 정신건강 분야에서 일하고 있는 전문가 등, 다른 사람들의 삶에 쉽게 영향을 주는 환자를 치료해 오고 있었다. 그러나 그녀가 정신분석 치료를 받고자 했을 때 그 요청을 거절하지 않았다. 나는 그녀가 잘 알고 있는 주로 이타적 목적을 가지고 있는 절차를 수행하기 위한 결정이 고통스러울 수 있다는 것에 끌렸다. 그리고 나는 그녀와 함께 있는 것이 편안했다.

나는 그녀를 장의자에서, 그녀가 알기로는 낮은 비율인 일주일에 세 번씩 약 5년 동안 계속 만났다. 비용은 사망한 가족의 친구에게서 받은 작은 기부금으로 치러졌다. 시범적으로 여섯 달 동안 중단한 후에 그녀는 일주일에 두 번씩 장의자에서 2년을 더 치료받았고, 7년 반 동안 총 800회기가 넘는 치료가 이루어졌다.

나는 분석 전에 이러한 환자들과 몇 가지 약속을 한다. 나는 그들에게 우리의 작업은 협력하는 것이며 실험의 성질이 있으며 시간제한을 둘 수 없다는 것, 면담 동안에 마음에 떠오른 어떤 것이든지 소리를 내어 말하고 그들의 정서적 상태와 신체적 감각을 보고하도록 진지하게 노력해야 한다는 것, 청구서를 보내지 않을 것이며 매달 마지막 면담 때 치료비가 지불되기를 기대한다는 것, 그들이 취소를 하게 되면 그 시간에 다른 환자를 받지 않는 한 치료비가 청구된다는 것, 해마다 짧은 휴가를 자주 그리고 장기간의 휴가를 한 번 떠날 것이며 내가 그 계획이 정해지는 대로 언제 빠질 것인지를 그들에게 알릴 것이라고 말한다. 내가 무엇을 기대하는지 예비 환자가 질문을 하면, 나는 정해진 시간대로 면담을 할 것이고, 필요하다고 생각되지 않으면 조언하지 않으며, 내 역할이 가능한 한 환자를 이해하고 그들이 준비되었을 때 내가 알게 된 것을 이야기하는 것이라고 말한다. 나는 내가 때때로 틀릴 수 있고 최종적인 검증은 환자의 대답과 기억에 달려 있다고 설명한다. 나는 이러한 환자들에게 그러한 구체적인 조건을 제시하면 자아와 초자아를 지지해 주게 된다는 것을 발견했다.

경계선 성격장애가 있는 환자들에게 공통되는 것으로, 처음 두 번의 구조화된 면담 동안 X 부인이 제시하는 결과는 어느 정도 1차 과정적 사고의 색조를 띠었다. 그러나 주기적으로 감정의 불균형이 일어나서 나를 혼란시켰다. 나는 그것이 증상에 대한 무관심(la belle indifference)인지 정신분열증적 해리를 구성하는 것인지 결정할 수 없었다.

세 번째 면담에서 그녀는 장의자에 눕고 싶어했고, 그녀의 언어는 곧 1차 과정적 사고에 심하게 영향을 받았으며, 때때로 지리멸렬했다. 그녀의 말은 매우 상징적이었고 사용하는 언어는 자주 유별나게 저속했다. 그녀는 미녀와 야수, 신데렐라, 헨젤과 그레텔, 백설 공주를 융합시켜 동화의 주제를 벗어나서 인용했고, 천국에 신비한 열기를 통하여 아이들을 이동시킨 착한 마녀와 관련된 이야기를 했다. 주인공들은 융합되었고 점차로 구별할 수 없이 서로 뒤엉키어 그들의 영원한 행복을 위하여 아무도 필요 없게 되었다. 그녀는 또한 흰 코끼리와 거미를 언급했다.

그녀는 자신이 말하는 것과 말하는 방식에 놀라는 것 같지 않았다. 자신의 천박한 말에 대해 약간은 당황하였으나, 그녀의 주요 반응은 자신이 그렇게 이상하게 말했던 이유에 대해 가벼운 호기심을 갖는 정도였다. 그녀의 행동에 대한 나 자신의 반응은 그러한 신속한 퇴행, 그녀의 당황에 대한 공감, 초연한 지적인 호기심에 약간 놀라는 것이었다.

나는 이 환자에게 편안함을 느꼈다. 어린 시절에 독특한 경험을 한 결과로 나는 1차 과정적 사고의 무의식적 의미들을 깊이 이해했고, 통합된 방식으로 이 내용들을 사용할 수 있었다. 나는 또한 민속학 연구에 많은 시간을 투자하여, 거미에 대한 이야기뿐 아니라 그녀가 언급했던 요정이야기를 다루는 많은 정신분석적 문학을 알고 있었다. 나는 그녀의 행동과 언어에서 그녀의 갈등들이, 특히 어린 시절 초기 장면(primal scene)에 따른 정신적 충격(혹은 외상들)과 다양한 사람들, 구강 및 항문 가학증 그리고 강렬한 형제간의 경쟁과 융합되는 것을 극복하려는 시도라고 이해했음을 믿었다. 나는 그녀의 치료에서 초기 장면 기억을 실제적이고 감정적으로 회복하는 것이 중요하다고 생각했고, 그녀의 천박스러움은 배변훈련 기간에 관련되어 일어났거나 그 당시에 일어난 경험들에 고착되었음을 가리킨다고 추측했다. 나는 그녀가 쉽게 퇴행하는 이유 중 일부는 알코올 중독적 대뇌 증후군 때문인 것으로 보았으며, 빈번히 반복되는 정신분열증 진단에 대해서는 의문을 가졌다.

　마치 내가 그녀의 어린 시절에 실제로 사랑했던 사람인 것처럼 그녀가 나에게 왜곡된 유치한 언어로 말한다는 신비로운 느낌이 들었다. 회고해 보면, 그러한 나의 예감을 확인하지 않았던 것이 후회된다. 내가 그랬다면, 나는 그녀가 유년기에 믿을 수 있는 유일한 사람(외할아버지)과 나를 동일시한 것을 알아차릴 수 있었을 것이다. 그리고 이에 관한 부가적인 이해로 그녀의 치료가 진전되는 모습에 덜 어리둥절하게 되었을 것이며 아마도 나쁜 일이 일어나는 것을 막을 수 있었을 것이다.

　네 번째 면담에서 나는 그녀가 생각하는 것보다는 덜 취했다는 인상을 받았지만, 그녀는 술에 취해서 사무실에 왔다. 그녀의 입술은 검게 칠해져 있었고, 얼굴에는 하얀 줄무늬들이 그어져 있었다. 반짝이는 옷을 입었으며, 더러운 속옷이 다 보였다. 그녀는 소리 지르고 심술부렸으며, 손톱을 쫙 펴고 나를 공격한다고 위협했다. 나는 마치 꼭두각시 쇼를 관찰하고 있는 기분이 들었다. 내가 흡혈귀가 되는 것과 모호한 관련성이 있었다. 그녀는 해롭지 않은 물체들을 던졌는데, 나를 살짝 비켜 가게 조준하여 던졌다. 그래서 나는 전혀 무서움을 느끼지 못했다. 이윽고 그녀는 무거운 돌 재떨이를 들어올리고, 그것으로 나를 위협했다. 나는 불안하지 않았고, 조용하게 관찰하면서 계속 거기에 앉아 있었다. 내가 겁에 질려 있지 않다는 것을 알았을 때 그녀는 울면서 자신의 다리와 작은 가슴을 거의 드러내며 장의자에 쓰러졌다. 내가 가만히 침묵하고 있자 그녀는 내 다리를 껴안고 내 발 위에 앉아 결국에는 내 성기를 자극했다. 그녀는 발기하지 않음에 놀란 듯했다. 나는 그때 그녀의 손을 치우고 그녀에게 갈등을 물리적으로 표현하는 것은 불필요하다고 말했으며, 자신의 문제를 말로 나에게 얘기하라고 조언하였다. 그녀는 다시 분노했고 다시 나의 얼굴을 할퀴려고 시도했다. 그녀를 피하는 것은 쉬웠다. 나는 쉽게 그녀를 팔이 닿을 정도의 거리에 앉혔다. 만약 마음만 먹었다면, 그녀가 위협했듯이 쉽게 내 성기를 찰 수 있었다. 그녀의 이상한 행동과 옷은 그녀가 불안을 일으키거나 혐오감을 일으켜서 내 인내심의 수준을 시험하려는 것 같았다. 나는 나를 흡혈귀로 보는 그녀의 암시를 분열적이고 투사적인 동일시를 나타내는 것으로 보았다.

나는 투사적인 동일시의 조작적 기능들을 상당히 단순한 관점에서 이해하기 시작했다. 나는 투사된 것은 어느 정도 억압되지 않은 채로 남아 있다고 믿으며, 환자는 그가 치료자에게 투사하려던 것을 계속 느끼는 어떤 수준을 유지한다고 믿었는데, 이 때문에 그는 분석가가 경험할 것이라고 상상하는 것을 전의식적인 수준에서 계속 자각한다. 치료자에게 환자들이 적대적 소망을 투사할 때 환자가 가지는 초기의 목적은 상상된 치료자의 적개심으로부터 그들 스스로를 방어하고 치료자의 행동을 통제함으로써 그들의 영향력을 통제하는 것이다. 치료자는 투사된 내재적 대상과 환자를 불편하게 만드는 태도에 대한 저장고로 이용된다. 그리고 그들은 분석가 내에 자신들을 자리잡게 하는 데 성공했다고 믿는다. 환자들은 그들의 적대적 소망이나 사고들이 치료자를 파괴하거나 그들 스스로가 보복적인 손상을 입을 수도 있음을 두려워한다. 일단 그런 적대감이 분석가의 한 부분이라고 믿으면 그들은 분석가의 행동을 주시한다. 시간이 지남에 따라 효과적 해석과 환자가 치료자의 내부에 존재한다고 주장하던 투사가 해롭다는 것이 증명되지 않음을 관찰하는 것이 결합하여, 환자는 점차로 해롭지 않은 형태로 그것들을 내사(introject)하고, 자신의 성격의 진보에 그것들을 통합할 수 있게 된다. 어떤 환자들은 자신들의 사랑이 파괴적일 것임을 두려워하며 그것을 안전하게 지키려고 치료자에게 투사한다. 이와 비슷하게 치료를 통하여 이러한 환자들은 사랑을 위험하지 않은 것으로 보게 된다.

토론자들은 종종 정신병 환자들의 공격에 대해 내가 상대적으로 두려움이 없는 점을 이상하게 여겼다. 경험에 의하면 비록 내가 때때로 위협을 받기는 했지만 정말로 공격을 받아 본 적은 없다. 과거에 나의 가장 중요한 애정 대상들 중 한 명이 경계선장애로 고통받았으며, 주기적으로 급성 편집중 정신병 삽화들로 퇴행했다. 그 사람은 충동적이고 폭력적이었는데, 어린아이였던 나는 신체적인 위험 정도를 판단하는 것을 배웠으며 잠정적인 잔악한 공격을 피하는 방법을 배웠다.

다섯 번째 면담에서, X 부인은 무슨 일이 있었는지 아무것도 기억하지 못했다. 그녀가 무엇을 했는지 내가 말했을 때, 그녀는 아연질색했다. 그녀는 스스로 다시는 사무실로 술 취한 채 오지 않기로 맹세했다. 그렇지만, 그 첫 해의 모든 면담은 마약에 들떠 있거나 취한 채로 진행되었다.

몇 달 동안 이루어진 많은 면담이 지리멸렬하게 이루어졌는데, 이는 때때로 저속했으며 어린 시절 초기 장면 경험들에 대한 분명한 상징을 말해 주었다. 주기적으로 나는 그녀가 면담에서 보이는 행동이 나의 인내심 정도를 시험하기 위해서 또는 그녀가 나에게서 혐오감을 불러일으키거나 나를 화나게 하거나 불편하게 만들 수 있는가를 알아보기 위해 계획한 것인지를 질문했다. 그런 질문들은 보통 그녀의 뻔뻔한 상스러움과 '미친' 이야기들을 일시적으로 중단시켰다.

때때로 그녀는 자신이 말한 내용이나 음란한 행동을 내 의지의 탓으로 돌렸으며, 시작부터 나는 그런 자료들을 그녀의 분열된 기제들과 투사적 경향성 그리고 그들의 방어적 사용에 대해 그녀가 배우도록 돕는 데 사용했다. 한 예가 있다.

내 상담실의 물리적인 배치는 공용 대기실 하나에 미닫이문이 하나 있으며, 이 문은 세 개의 다른 문(내 사무실에 들어오는 문, 내 개인 화장실 문, 나가는 문)이 있는 작은 복도로 연결되어 있었다. X 부인은 그 날의 첫 번째 환자였고, 그 일은 내가 사무실 문을 열어야 하는 시간에 일어났다. 나는 대체로 그녀를 만나기 전에 다른 일들을 처리할 수 있도록 충분히 일찍 도착했다. 그녀는 면담 시간에 딱 맞추어 오는 습관이 있었으며, 미닫이문이 닫혀 있었음에도 불구하고 그녀가 대기실에 들어서는 것을 들을 수 있을 만큼 소리를 내면서 도착했다. 어느 날 아침 그녀가 오는 시간 10분 전쯤 화장실에서 나왔을 때 나는 그 문이 조금 열려 있다는 것을 알았지만 내가 그렇게 열어 놓았다고 생각했다. 약속시간이 되었고, 그녀는 소리를 내어서 자신의 존재를 알렸다. 그 웅성거림

전에 아무 소리도 듣지 못했기 때문에, 나는 행동화가 일어난 것이 아닌가 생각했다. 면담의 처음 몇 분 동안 그녀의 이야기는 그 전날 그녀의 사무실에서 일어난 적개심으로 가득 찬 사건들에 관한 것이었으며 "오, 제기랄(shit)(역자 주; 똥을 나타내는 말)!" 같은 말과 "그가 나를 열 받게 했어요(He pissed me off.)(역자 주: 오줌을 나타내는 말)."라는 말을 포함하고 있었다. 그때 나는 그녀가 어린 시절에 어른들이 화장실을 이용하는 것을 몰래 염탐하는 행동들을 반복하고 있었음을 가정했지만, 그녀는 과거에 대한 내 질문들에 답하지는 않았다. 대신 나는 그녀가 소리를 내기 전에 얼마나 오랫동안 대기실에 있었는지 물었으며, 그 결과로 이전에는 보류하고 있었던 정보를 얻었다. 그녀는 내가 빌딩 문을 열기 몇 분 전에 도착해서 숨어서 나를 볼 수 있는 곳에 주차하는 습관이 있었다. 그 특정한 날에 그녀는 빌딩 안으로 나를 조용히 따라왔고 대기실로 들어와서 미닫이문을 열고 결국 화장실 물 내리는 소리를 들었다.

그 날 있었던 그녀의 행동과 그 동기에 대한 논의가 몇 번의 면담에서 이루어졌다. 그녀가 나에 대해 상반되는 관점들을 가졌다는 것이 발견되었다. 한 관점에서 나는 가학적 관음증을 가진 사람으로, 내 환자의 '더러운' 행동들과 사고들을 염탐하기 위해, 스스로를 흥분시키기 위해, 그들이 나에게서 원하는 것을 분명히 결정함으로써 환자들을 좌절시키는 방법을 배우기 위해, 그래서 그들의 욕구에 응하는 것을 거절함으로써 그들을 괴롭힐 수 있게 되기 위해 정신분석가가 된 사람이었다. 나는 그들이 바라는 것을 좌절시켰던 환자들을 자극하는 교묘한 노출증적 행동을 사용하여 "흥분하게" 된다. 동시에, 나는 외상이 있는 어린 시절을 가진 사람으로 노출증적이고 좌절을 주는 부모님 때문에 많은 고통을 겪었고, 정신분석가로서 내 환자들의 고통이 경감되기를 원하는 사람이었다. 마치 내가 두 사람인 듯했다. 나는 때때로 완전히 증오스럽고 나쁘고 고통을 주는 사람이었으며, 다른 때에는 아주 사랑스럽고 좋고 도움이 되는 사람이었다. 그리고 이런 두 가지 성격은 나의 완전히 예언할 수 없는 행동들을 결정했다. 내 의도는 그녀가 내 모든 행동을 관찰하여 정확히 나와 같이 될 수 있고 사회와 직업에서 성공하게 하는 것이었다. 그러나 또한 그녀가 나의 마음을 읽고 지시를 따르고 있었다는 것을 내게 알려서 나를 난처하게 하지 못하도록 하는 것이 내 의도였다.

이전에 그녀가 자신의 것으로 기술했던 그 특성들을 얼마나 정확히 나에게로 돌리고 있는지를 내가 지적했을 때 그녀는 감동을 받았고, 얼마 동안 그녀는 모두 좋고 모두 나쁜 것으로 보는 그녀의 자기조망과 투사적 경향성을 더 명확하게 숙고하였다. 그런 후에 그녀는 행동화를 하기 전에 그날 사무실에서 일어났던 사건을 재검토할 수 있었으며, 나에 대한 그녀의 행동과 나에게 행동의 원인을 귀속하는 것이 자기 직장 사람들과 관련된 행동과 소망에 대한 불안과 죄의식에 반하는 방어로 작용했던 것임을 정확하게 묘사할 수 있었다. 그녀는 사무실에서 동료들이 자신에게 한 행동이라고 느낀 것과 같은 행동을 나에게 하였다. 나는 그녀가 공격자와 동일시함으로써 무기력감을 극복하려고 노력했을 것이라고 시사했으며, 이 행동이 평생의 패턴을 구성했을 거라고 가정하였다. 더 분명한 진술을 하기에는 나에게 충분한 자료가 없었다.

때때로 그녀는 경박스럽게 옷을 입고 행동하였으며, 그렇게 배운 대로 어머니의 파티 행동을 흉내내고 부자 의사를 "꼬시는" 방법에 대한 부모의 지시에 복종함으로써 나를 즐겁게 하려고 노력했다. 동시에 그녀는 대소변이 급한 듯한 감각에 몹시 화를 내었으며, 치료 시작 몇 년 전에 자궁절제술을 했음에도 불구하고 다리에서 피가 흐르는 것으로 느꼈으며 그것을 나에게 바르고 싶다고 표현했다. 때로는 질이 가렵다고 했다. 이따금 그녀는 다리를 벌리고 옷을 벗기 시작하면서, 그동안 자신의 치골을 문질렀다. 내가 그녀의 생각과 느낌을 물었을 때 그녀는 자신의 행동에 대해 의식하지 못함이 확실해졌다. 아주 가끔씩 그녀는 내가 외로운지 그리고 그녀의 음부에 내 얼굴을 대기 원하는지 궁금해했다. 그녀가 나에게 자신의 일부분을 삽입했다고 믿는 것 같다고 내가 말했을 때, 그녀는 자신이 어머니와 함께 누워 있고 그녀의 손과 얼굴로 어머니의 생식기를 만졌던 초기 아동기와 잠복기의 경험이 있었다고 믿고 있었음을 회상하였다. 그녀는 자신의 코와 뺨에 닿은 치모(public hair)의 느낌을 기억했다. 맨 정신으로 한 면담들에서 그녀는 대체로 위축되어 있었으며 "두통"이나 다른 신체적 호소를 하였는데, 이를 통하여 우리는 어머니가 주기적으로 낮 동안의 침실에서 한 행동의 한 부분을 그녀가 모방하고 있는 것으로 이해하기 시작하였다. 나는 또한 그녀 어머니의 대리인으로서 나와 융합하고자 하는 그녀의 원시적인 소망에 초점을 두었다.

여러 달 동안, 그녀는 술집에서 남자를 만났으며 그들의 성적인 요구를 받아들였다. 내가 그녀에게 그런 남자들이 아버지의 모습들임을 보여주려고 시도했을 때, 그녀는 그들이 자신이 융합되고자 추구했던 남근 숭배적이고 양육적인 어머니를 나타내고 있음을 나에게 인식시켜, 규칙적으로 내 생각을 수정시켰다. 그렇지만 그녀는 점차적으로 자신의 아버지에 대한 의식적인 경멸이 그에 대한 결렬한 노여움을 가리고 있었음을 인식하기 시작했고, 천천히 그와 함께 한 뱃놀이 기억을 회복하고 놀랐다. 어떤 회기 동안에 그녀는 소음이 나는 것을 내가 뒤에서 자위를 하는 것으로 잘못 해석하였다. 나는 아마도 그녀가 아버지의 자위를 본 때가 있었을 것임을 감지하였다. 몇 주 동안에 걸쳐서 그녀는 운전사와 자신이 함께 했던 행동들에 대한 기억을 회상하였는데, 그가 검은 장갑을 끼고 그녀의 손으로 발기된 성기를 만지게 하는 기억도 있었다. 그 후로 그녀는 점차적으로 많은 곤혹스러운 것을 회상했는데, 청소년기에 아버지와 보트여행할 때 선장실에서 그가 자위행위하는 장면을 보았던 것을 기억하였다. 그리고 그녀는 천천히 그가 그녀를 성의 대상으로 삼지 않고 자위를 선택한 것에 대한 자신의 분노를 의식하기 시작했다.

뒤이은 면담에서 드러난 자료에는 한밤중의 꿈들과 불구와 살인 및 버림에 대한 드러나거나 감추어진 주제들이 포함되었다. 자아 경계선이 흐려진 것이 분명하였다. 항상 그렇듯이 내 해석은 전이에 관한 것이었으며, 내가 바람직하다고 여기는 한 발생학적이었으며, 분열의 방어적인 사용에 대한 이전의 해석을 강화하려는 목적이 있었다. 그녀는 점차적으로 그녀가 경찰관들과 다른 권위적인 인물들에게 비판 없이 투사하고 부인했던 많은 분노가 있었음을 인식하기 시작했다. 이제 그녀는 자신이 부모의 표상으로 그들을 자동적으로 평가절하하는 것에 대해 좀 더 판단력을 갖기 시작했다. 나중에 그녀는 공격의 투사 패턴과 공격적으로 결정된 자기 심상과 대상 심상들을 이해할 수 있게 되었고, 뒤이어 분열적 조작들을 사용할 수 있게 되었다.

이 초기 기간에 나는 항문과 질 및 요도 감각들이 융합되는 것에 초점을 두는 것을 미루었는데, 이 증거들에 포함된 자료들에서 추동의 구조화가 결핍된 것은 나중에, 즉 해석들이 더욱 의미 있게 되는 때 기억될 것이라고 판단했기 때문이었다. 나는 세 번째 면담 동안에 나타난 그녀의 1차 사고 과정의 내용이 이미 최초의 외상적 장면이 그녀의 독특한 자아 구조의 부분적인 조직체가 되었다는 사실을 예고했다고 믿는다. 그녀는 나와 융합하고자 하는 자신의 소망에 대한 간헐적인 해석들을 점차적으로 이해하고 정교화하였다. 예를 들어, 그녀는 종종 내 몸에 있는 구멍들 중 일부가 되고 싶다고 반응하였는데, 심지어 거기에는 내 숨구멍도 포함되었다. 그리고 그녀가 나에게 투사했던 요소들을 어떻게 다루는지 알기 위해 내 행동을 비밀리에 염탐하면서 내 혈관에서 순환하고 내 뇌 속에 살면서 나의 모든 활동을 결정하고 싶어했다. 꽤 나중에서야 그녀가 그런 투사들을 해독된 형태로 내사한 후에 그녀는 이 환상을 자기 파괴적인 것으로 보게 되었다. 그 후로 그녀는 우리 사이의 실제적인 차이점들을 분명히 하려고 노력했다.

X 부인을 처음 본 후 약 5개월 동안 그녀는 내가 인류학에 관심이 있는 것을 알았고, 석기시대 인간에 대한 기사가 있는 대기실의 잡지를 빌려 달라고 요청했다. 그녀는 1학년 때 이후로 책을 원활하게 읽고 이해하는 능력을 잃었다. 그리고 나는 그녀가 인내심을 가지고 다시 읽는 것을 배우고 의사를 유혹하는 명청이 금발미녀의 배정된 역할을 따르기보다는 한 인간으로서 자신을 개발하도록 제안했다. 그녀는 즉시 고등학교, 그 다음에 대학에 등록했고, 서서히 읽고 쓰는 능력을 개발했다. 그 뒤에 몇 해 동안 그녀는 대학(공개강좌)과정에서 모두

A학점을 받았다.

약 여섯 달 동안 치료를 한 후, 나는 6주 정도 여행을 떠났다. 그녀는 치료를 받기 시작할 때부터 나의 여행 계획을 알고 있었고, 나는 우리가 어머니의 유럽 여행에 대한 그녀의 반응을 광범위하게 다루었기 때문에 그녀의 분리에 대한 불안이 내가 떠나기 전에 잘 이해되었을 것이라고 생각했다. 그렇지만 내가 출발한 후 즉시 그녀는 약물 과다복용으로 자살을 시도했는데, 나는 그녀가 그 약을 가지고 있다는 것을 몰랐다. 분명히 말하거니와 그녀는 우연히 구조되었다. 이는 그녀가 외할아버지에 대해 언급했던 병원 차트에서 알 수 있었다. 내가 없는 동안 그녀는 예정된 약속 전날까지 나에 대해 전혀 기억하지 못했다. 그리고 그녀가 면담하러 왔을 때 내가 살아 있는 것에 대해 놀라는 것처럼 보였다. 그녀는 죽지 않았고, 그렇다면 내가 죽었음에 틀림없었기 때문이다. 그녀가 방에 들어왔을 때 무언가를 찾기 위해 사방을 훑어보았지만 내가 무엇을 찾고 있느냐고 물었을 때는 대답을 거부했다. 한참 후에 나는 그녀가 하얀 코끼리를 찾고 있음을 알았다.

그녀는 자신의 죽음으로 내 전문성이 파괴될 것을 바랐다. 그녀는 이제 아버지가 만취하여 정사를 가졌던 것은 어머니가 그를 오만무례하게 대하는 것에 대하여 보복하려는 희망에서 스스로 죽음의 위험을 무릅쓴 것으로 보았다. 그녀는 또한 부당한 취급을 한 사람의 집 앞에서 자살하는 동양 관습을 회상했다.

내가 돌아온 후, 곧 그녀의 외할아버지와 가졌던 초기 관계에 대한 애절한 기억이 나타났다. 명백하게, 그녀의 어린 시절에 지속적으로 믿을 수 있었던 유일한 관계는 그녀가 사랑했던 그분과 관계였다. 그것은 그녀가 할 수 있는 한 심리적으로 발달할 수 있게 하는 기본적 신뢰의 요소에 대한 기초를 이루었다. 그는 항상 그녀를 무릎 위에 앉혀 놓고 진지하게 그녀의 말을 들었으며, 항상 그녀의 요구를 신중하게 고려해 주었다. 한 번은 언니가 선물로 부드러운 봉제 인형을 받았던 것이 부러워서 할아버지에게 아기처럼 돌봐 줄 수 있는 비슷한 인형을 원한다고 말했다. 할아버지는 그녀에게 한 소년이 인도에서 고아가 된 아기 코끼리를 양자로 받아들인 이야기를 해 주었는데, 그 코끼리는 남자아이에게 사랑받고 항상 복종했다. 이것은 키플링(Kipling)의 "Toomai of the Elephants"의 변형임이 확실했다. 할아버지는 그녀에게 크리스마스 선물로 하얀 코끼리를 사주기로 약속했다. 그녀는 그가 사주기로 한 코끼리가 인형이 아닌 살아 있는 코끼리라고 믿었다. 사실 그는 그녀에게 다른 하얀 봉제 인형을 주었으나, 그녀는 할아버지가 결국에는 살아있는 후피 동물(코끼리)을 선물할 것이라고 마음속에 간직했다. 그녀가 일곱 살 정도 되었을 때 그는 죽었다. 그러나 그녀는 언젠가 하얀 코끼리를 가질 때, 할아버지도 찾을 것이고 그녀를 학대하지 않는 다정한 사람에게 다시 의지할 수 있고 서로 사랑할 수 있을 것이라는 고정된 생각을 가졌다.

그녀는 겉보기에 만족스러운 초기 잠재기에 들어간 것 같았지만, 할아버지의 사망이 그녀의 학습 능력과 공상을 적응력 있게 구성하여 사용하는 능력을 잃게 만들었다. 사람들이 그녀를 장례식에 데리고 가지 않아서 그녀는 할아버지의 시신을 보고 그가 사망했다는 현실에 직면할 기회가 없었다. 그녀가 학습 능력을 상실한 것은 할아버지의 사망을 알게(배우게) 되는 것을 부인하고자 하는 것에 근거하고 있었다. 만약 그녀가 이런 배움을 받아들여야 한다면 어떤 것도 결코 배우지 않을 것이다.

나는 이제 내 감정적 반응을 이해하는 것이 어떻게 난국을 유익한 단계로 변하게 할 수 있었는지에 관한 예를 들 것이다. 아들이 어릴 적에 잠시 동안 병원에서 집으로 돌아왔을 때, 그녀는 남자를 집에 데려왔으며 술에 취한 채 구강성교(fellatio)를 했으며 그녀 아들 앞에서 항문성교(sodomy)를 허용했다. 그녀는 자신이 한 행동을 기억하지 못했지만, 간호사들이 이를 알려 주었다. 때때로 그녀가 나에게 무의식적으로 화를 냈을 때는, 간호사들이 그녀가 한 행동을 말하던 당시의 부끄러운 느낌으로 되돌아갔다. 나는 차츰 그러한 반복에 짜증과 졸음 등의 방식으로 반응하기 시작했던 것을 알아챘다. 그리고 나는 내 자신이 그녀를 향해 미묘하게 징벌을 내리고 있다는 것을 발견했다. 몇 주 동안 치료는 교착(stalemate) 상태에 있었고, 이 기간 동안 그녀의 행동화는 증가되었고 우리의 친화관계는 거의 소멸되었다. 나는 치료를 위해 그녀를 받아들인 것을 후회했고 내가 왜 그렇게 했었는지 의아해했다. 나는 그녀와 면담하는 동안 짧은 혼수상태 같은 것에 빠졌고 내가 다시 완전히 깨어나게 되었을 때, 내 백일몽(reverie)의 내용을 억압하고 있었다. 그날 밤 나는 내 과거를 상기시키는 꿈을 꾸었다. 나는 앞에서 언급했던, 심리적 장애를 가지고 있고 위험한 애정 대상(love object)을 치료하고자 하는 영향력 있는 무의식적 동기를 가지고 분석가가 되었다는 것을 이전에 했던 개인 분석에서 알아내었다. 내 꿈의 분석으로 나는 또 다른 원인을 알게 되었다. 즉, 나는 그 애정대상으로부터 어린 형제자매를 보호하려고 노력했다. 그때 나는 그녀뿐 아니라 정신병을 앓고 있는 그녀 아들의 변화를 초래하기 위해 X 부인을 치료에 받아들였던 것을 알았다. 그래서 내가 그녀의 학대받는 아이와 나 자신을 동일시하고 있다는 걸 깨닫게 되었고, 이전에 그녀가 아들에게 한 짓을 얘기했기 때문에 그녀를 인정하기를 거부하고 뒤로 물러섬으로써 내 화를 표현했다. 그것을 알고 나자, 나는 객관성을 되찾을 수 있었다. 결국, 그녀 자신을 학대하도록 나를 자극하는 그녀의 소망을 해석할 수 있었다. 그녀는 항문 강간을 당하거나 입으로 거대한 음경이 밀어 넣어지는 여자들을 억지로 보게 되는 최면 상태의 환상을 기억함으로써 반응했다. 3년 후에 나는 그녀가 부모의 성행위 장면을 보았을 때에 경험했던 자신이 사멸되는 느낌과 공포를 정복하려는 시도로 그녀의 행동을 해석할 수 있었다.

곧 그녀는 면담 도중 숨이 막히는 듯한 느낌을 경험하기 시작했다. 꿈의 분석은 그녀가 신체와 음경을 동등시(body-phallus equation) 하는 것과 그녀가 나에게 투사했던 자신의 좋은 측면과 나쁜 측면을 모두 다시 받아들이도록 내가 강요할 것이라는 소망을 보여 주었다. 운전사와 함께 했던 그녀의 경험에 대한 감정이 실린 기억이 나타났다. 할아버지가 돌아가신 후 그녀는 검은 장갑을 낀 남자(배를 탔을 때 그녀를 편안하게 해 주었던 흑인으로 약간 혼동한)에게 마음을 돌렸다. 이는 아버지는 그렇게 하기를 거절했지만, 그녀를 무릎 위에 앉게 했던 남자와 사랑의 관계를 다시 얻기 위한 노력이었다. 그는 숨이 막히도록 음경을 그녀의 입속에 강제로 집어넣었다. 그녀는 자신이 자매들에게 부모의 한정된 사랑을 제공해 주려는 노력으로 숨 막혀 죽으려 한다는 그 가정을 합리화하면서 그들의 행위를 감추었다. 그녀는 또한 밤마다 부모들이 잠자는 동안에 그들이 확실히 숨을 쉬고 있는지 점검함으로써 부모가 살아 있는지 여부를 확인하려고 노력했다는 것을 기억했다. 그 숨 막힘의 전환 증상이 사라졌다.

그녀는 이제 잠재기 동안 밤마다 했던 종교적 의식을 상기하였다. 그녀가 살던 집은 매우 낡았다. 그녀가 쓰는 3층 침실에는 전기장치들이 설치되었음에도 여전히 가스등이 남아 있었다. 밤에는 가스등불 조명을 사용하였고 전깃불은 사용되지 않았다. 그녀는 불명확하고 결코 눈에 보이지 않는 어떤 것이 어둠 속에서 그녀를 공격하리라는 것 때문에 겁에 질렸다. 그녀는 가스가 새어서 그녀를 죽일 수 있다는 것이 더욱 무서웠다. 그녀는 자신과 가족의 구원을 위해 끊임없이 기도했다. 그녀는 당연히 하나님이 그들을 구원하리라 믿는 의식에 의지하기 시작했다. 그녀는 자신이 경계하고 있는 긴 시간 동안에는 공격에 안전하다는 신념 때문에 깨어 있는 상태를 유지하려고 종교적 의식을 이용했다. 그녀는 인형과 봉제 동물인형을 수집했으며, 그것들이 침대 대부분을 덮고 있었다. 그리고 그녀는 그들에게 속삭이고 쓰다듬으면서 그들이 잠들도록 상냥하게 대했다. 자기의 그러한 기도를 인형들에게도 똑같이 적용시키고 의식적으로 죽어 있는 상태와 잠든 상태를 동등하게 여기면서 "이제 잠자리에 누웠어요. 하나님께서 저의 영혼을 지켜 주시길 기도 드려요."를 끊임없이 반복했다. 그렇게 하는 동안에 그녀는 가끔씩 자신이 아이들의 위대한 보호자인 하나님의 아들인 그리스도라 믿었다. 그리고 그녀의 음경이 자랐는지 여부를 알아보기 위해 반복적으로 자신의 치골을 만졌다. 그녀는 창문이 단단히 잠겨 있는지를 확실하게 여러 번 체크해야만 했다. 왜냐하면 만약 창문을 연 채로 잠이 든다면 그녀가 그대로 눈밭에 인형과 자신을 던질 수 있다고 생각했기 때문이다.

그녀 자신의 죽음은 이타적인 동기로 받아들일 수도 있었을 것이다. 그렇지만 인형들을 살해했다는 것은 자신을 죄인으로 만들 수도 있고, 그녀가 외할아버지와 만나고 하나님이 그녀의 영혼을 지키는 것을 못하게 만들 수도 있었다.

그녀의 치료는 크리스마스 이별(separation) 바로 전에 시작되었으며, 내 첫 번째 부재에 대한 그녀의 반응은 해석될 수 없는 것이었다. 우리의 두 번째 크리스마스 이별이 다가왔을 때, 그녀는 어머니가 유럽 여행을 떠났던 때의 생각으로 되돌아갔다. 지금 그러한 기억들은 분노와 외로움의 감정과 더불어서 특별한 감정이 되었다. 그녀는 독신자 그룹에 참여하고 그녀가 고른 남자들과 함께 술 취한 행동을 계속하면서 그 외로움을 없애려 했다. 처음으로 그녀는 자신의 파트너들과 한 일을 기억할 수 있었다. 그녀는 상위체위 취하기를 주장하면서 도가 지나치도록 공격적이었다. 그녀는 남자의 성기가 자신의 것이고 그를 꿰뚫는다고 믿으면서, 그의 발기된 성기 위에서 펌프질하는 동안에 남자가 수동적이어야 한다고 요구했다. 나는 이 행동이 그녀의 부모처럼 내가 그녀를 돌보지 않는 것에 대한 자신의 분노로부터 계속 나를 보호하려는 것으로 해석했다.

다음 여름 내가 장기간 동안 그녀를 떠났을 때, 그녀는 술 마시는 횟수도 늘어났으며 너무 미친 듯이 날뛰었기 때문에 구속되었다. 그녀는 입원을 해야 했고 병원에 있는 것으로 알았던, 두 번째 남편을 재회했다. 그곳에서 그녀는 두 번째 남편과 함께 융합(fusion) 상태에 들어갔다. 그녀는 우리가 예정한 약속시간 2주 전까지는 내 존재에 대한 의식이 없었다. 그런 후 그녀는 석방되어 제 시간에 나와 만났다.

그녀는 내가 자신을 떠난 것에 대한 분노로 자살하거나 살해당함으로써 나를 욕보게 하기를 원했다고 설명했다. 그렇지만 그녀는 병원에 입원하고, 전 남편을 만남으로써 자신을 보호했다. 그리하여 그녀는 자신의 행동을 적응하기 위한 것으로 해석하였고, 스스로도 만족했다. 그녀는 이제 무엇보다도 나와 접촉하는 것을 가장 귀중하게 여겼다.

지금까지 치료를 받는 동안 그녀는 어머니, 자매들, 딸들과 손자손녀들을 아주 드물게 만났으며, 자신이 그들을 죽일까 봐 두려워서 그 아이들을 한 번도 만질 수가 없었다. 세 번째 크리스마스가 왔을 때 그녀는 더 많은 시간을 어머니와 자매들과 보낼 수 있었고, 전보다 더 쉽게 보낼 수 있었다. 또한 휴일 기간 동안 딸들 중 한 명을 데려와 가족을 방문하도록 했다. 그녀는 자신이 아이들의 신나는 즐거움과 이기심으로 인해 격분하는 것을 발견했다. 이제 그녀는 자신을 대단히 좌절시킨 크리스마스를 강렬하게 기억했다. 그녀가 좌절했던 이유는 자매들이 그녀보다 더 많은 선물을 받았다고 느꼈을 뿐 아니라, 특히 그녀가 온 인류의 순교자인 그리스도가 될 수 있는 남자로 변하거나 남근을 가질 수 없었기 때문이었다. 그녀는 자신의 아이들이 그녀 자매들을 상징하며, 아이들을 해롭게 할지도 모른다는 자신의 두려움이 그들을 죽이려는 소망을 위장한다는 것을 깨닫기 시작했다. 그 후에 그녀는 딸들과 가깝게 되었고 손자손녀들을 안아주기를 좋아했다. 또한 어머니 및 자매들과 관계도 개선되었다. 그녀는 멀리 있는 정신병원의 휴가 기간에 아들을 주기적으로 초대했다. 다음 몇 년에 걸쳐서 후속적인 방문을 통해 그들은 평온해지고 서로 깊은 애정의 관계로 발전하였다.

그녀는 이제 긴 기간 동안 술을 피해 왔고 가끔 남성들과 성관계를 가졌을 뿐이었다. 그녀의 흥밋거리는 일, 학교, 분석에 한정되었다. 그녀는 점차 직장에서도 승진되었다. 그녀는 여자 상사들의 삶에 대하여 더 많은 관심을 갖게 되었고, 그들과 관련된 환상을 하게 되었으며, 나는 이것을 내 삶에 대한 환상을 대치하는 것으로 해석하였다. 이전의 변경된 자아 상태에서 내 상담실에 올 때 보이는 행동 양식인 경박함은 줄어들었다. 성기, 요도, 항문 감각의 융합이 되살아났다. 나는 그녀가 부모의 호흡을 체크하던 아동기 행동 양식은 부모의 성관계가 일어났던 것으로 가정한 부모 침실에서 일어나는 소음 때문에 방해받은 결과로 생겨난 것이었다고 제안했다. 그녀는 전 오이디푸스기 동안, 어머니의 질 세척기와 관장 도구, 때때로 피 묻은 생리대가 물통에 담겨 있던 욕실을 사이에 두고 그녀의 침실과 부모의 침실이 나뉘어 있었던 것을 기억했다. 그런 다음 나는 그녀가 반복적으로 부모의 행동을 관찰했고 밤 동안 대소변을 방출하면서 얻는 흥분을 경험해 왔다고 추측했다. 그녀는 내 생각을 아주 침착하게 받아들였다. 그녀는 어린 시절에 항상 어머니가 신음 소리를 내면서 저항하는 소리와 함께 부모가 항문성교, 구강성교를 하는 것을 반복해서 관찰했던 것을 많은 감정을 가지고 점진적으로 기억해 냈다. 그녀는 항문-가학적이고 구강-융합적 용어로 부모의 성행위를 설명했고 다른 사람을 죽일 수도 있는 칼과 같이 남근을 생각해 왔다. 그녀는 구강, 항문, 성기가 융합된 흥분을 가졌고, 욕실에서 시끄러운 행동을 하여 부모를 훼방 놓으려고 했다.

치료 5년 차에 그녀는 점차 초기 장면 기억과 배에서 아버지의 자위행위에 대한 관찰을 억압했다. 그녀는 일과 학업을 잘 수행했고 때때로 데이트를 하고, 난잡하지 않은 성교를 하면서 가벼운 오르가슴을 느낄 수 있는 능력을 발전시켰다. 내 여름휴가 동안 그녀는 짧은 기간 동안 두 번째 남편과 관계를 다시 시작하였는데, 이제는 융합된 측면이 사라졌다. 남편은 병을 앓고 있었고, 그녀는 신중하게 남편을 돌보았다. 그녀는 나에 대해 막연하고 감정이 실리지 않은 환상을 가지게 되었다. 치료는 고원(plateau; 高原)에 이르렀고 그녀는 잘 기능했지만 나에 대한 원시적인 이상화를 하고 있었으며 그것에 대한 해석은 효과가 없었다. 그녀는 내가 실수한 것을 꽤 잘 알고 있었고 그녀가 증명할 수 없는 비밀스런 잘못이 있다고 추정했으나, 나를 자신의 어머니처럼 우상화하였다. 나는 원시적인 이상화를 제거하기 위한 노력으로 시험적인 이별의 파라미터(parameter)를 사용하기로 결심하였다. 따라서 나는 여름휴가부터 시작해서 여섯 달의 시간을 두고 떨어져 있다가 다가오는 크리스마스 이후에 치료를 다시 시작하자고 권했다. 그녀는 만족했으나 배에서 있었던 기억을 되찾지 못했기 때문에 걱정을 했다.

그녀는 내가 여름휴가를 떠나기 전에 히말라야에서 조직된 집단과 함께 하이킹 여행을 하고 휴가 한 달 전에 치료에 돌아오는 것으로 더 이른 시험적 이별을 하기로 결정했다. 그녀는 여행 준비 동안 전직 운전사였던 흑인 정원사와 가끔 데이트를 하기 시작했는데, 그녀는 이것이 치료를 시작한 이후로 흑인과 첫 번째 접촉이라고 생각했다. 그녀는 일곱 살 때 할아버지의 죽음 이후에 그를 대치하기 위해 흑인 운전사에게 의지했던 것을 회상했다. 인도 여행을 떠나기 전에 그녀는 흰 코끼리를 찾는 생각을 떠올렸고 할아버지와 마술적인 재회를 할 수 있을지도 모른다고 생각했다. 히말라야 여행 중에 그녀는 첫 번째로 아버지의 자살 현장에 가서 울 수 있었고, 그를 그리워했다. 또한 어머니와 자매들, 아이들, 손자손녀를 찾아가 만났고 그들과 따뜻한 교류를 했다. 그녀가 되돌아온 후, 자신이 할아버지와 재회하고자 인도에 있을 때 사고가 나서 죽기를 바랐기 때문에 가족과 작별인사를 했다고 말했다.

여행에서 그녀는 매우 행복했다. 그렇지만 그녀는 성당의 부서진 조각을 가져왔고 자신이 신성모독을 해서 죽지 않을까 염려했다. 그녀는 티베트 여인과 보석류를 교환했는데, 흰 코끼리를 포함하여 그들의 종교적인 물건을 구입하여 그들을 타락시켰다고 느꼈다. 그녀가 치료에 돌아왔을 때 우리는 그녀가 할아버지와 애정 관계로 돌아가기를 원하는 것에 관하여 논의했으나, 그녀는 감정적인 해방을 거의 경험하지 못했다.

우리의 시험적인 분리 전에 가졌던 마지막 면담에서 그녀는 그 돌조각을 내 무덤의 기념비로 사용하는 환상을 가졌다. 이렇게 그녀는 나를 자기 가까이 있게 하고 자기 자신만을 위해 이용하려고 하였다. 그녀는 필요할 때 나와 얘기를 나눌 수 있게 된 것이다.

그녀는 우리가 계획한 것처럼 여섯 달 후에 나와 만나지 않았다. 1월에 나는 그녀의 면담과정에 대해 묻는 편지를 썼다. 그녀는 정말 만족했고 더 치료받기를 요청했다. 그녀는 기념 성지를 만들지 않았고 내가 죽었음에 틀림없다고 믿어서, 내 존재는 다시 잊혀져 갔다.

흑인 남자와 그녀의 관계는 강화되었다. 크리스마스 기간에 그녀는 자신을 방문한 어머니와 자매가 그녀에게서 그를 빼앗아 갈 거라는 망상을 가지게 되었다. 그녀는 다양한 방식으로 성내어 날뛰었고 그들을 상처 입혔다. 그녀가 내 편지를 받게 되었을 때 그녀는 부분적으로 자신의 망상에서 벗어났고 탐색의 주제로 그것을 보게 되었다.

다음 18개월 동안 그녀의 질투에 대한 훈습(working through)이 잘 되었다. 할아버지의 죽음과 히말라야에서 할아버지와 만나려던 그녀의 뒤이은 노력에 정신이 집중되었으나, 진정한 애도는 일어나지 않았다. 무의식적으로 그녀는 여전히 할아버지가 죽었다는 사실을 받아들이지 못했다.

그녀는 전에는 자위행위나 성관계를 하는 동안 일어나는 환상을 의식하지 못했고 오로지 오르가슴을 위해 신체적인 탐닉에만 초점을 두었다. 자위행위 에피소드를 보고했을 때, 나는 그녀가 환상을 가졌을지도 모르는 어떤 것을 시각화하면 신체적인 경험에서 그리고 오르가슴을 가질 수 없다는 두려움이나 만약 오르가슴을 가진다면 몸부림을 치고 폭발할 것 같은 두려움에서 그녀의 주의를 돌릴 수 있을지 물어 보았다. 그녀는 눈을 감고 직사각형의 기하학적 형태를 보았다. 뒤이은 면담 동안 그 형태는 원이 되고, 손과 팔로 통합되고, 그녀의 질을 쥐어뜯었다. 그녀는 몇 년 동안 밤에 잠이 깨어 자신의 음부를 긁었다는 것을 알아내었다. 그녀는 아동기 때부터 계속해서 눈에 보이지 않는 요충을 가지고 있다고 확신했다. 대변 검사가 이상이 없다고 나왔을 때 그녀는 환상 속의 직사각형을 대상의 투사된 가학적 부분으로 이해했다. 그녀는 홀로 있을 때 돼지우리 같은 아파트에서 서서 식사를 한다고 밝혔다. 그녀는 또한 한 번도 밑을 씻도록 배우지 않았다는 것과 항상 음모와 속옷에 배설물을 묻히고 있었다는 것이 흥미롭다는 것을 발견했다. 이런 행동이 모두 돌보아 주기를 바라는 계속적인 희망을 반영한다고 생각했을 때, 그녀는 창피함을 느꼈고 자신의 아파트를 정리하고 몸을 깨끗이 하기 시작했다.

그녀가 부서진 기하학적이고 기계적으로 만들어진 손-팔 상징의 환상을 회상했던 면담 동안, 그녀는 배에서 가졌던 무서운 경험으로 돌아왔다. 그녀는 선단 쪽에 갔고, 아버지가 전담 간호사와 후위자세(a tergo)로 성교를 하는 것을 보았다. 그녀는 충격을 받았고 자신의 얼굴이 구겨지고 생기가 없어지는 것을 느꼈으며, 그녀의 머리가 스르르 미끄러져 공허한 마음으로 바닥에 누워 있는 것을 느꼈다. 또한 아버지가 자신을 지켜보고 있는 그녀를 보고 깜짝 놀라 바라보는 것을 회상했다. 그의 얼굴은 마치 허물어지는 것처럼 보였다. 그녀는 두 사람 모두가 분해되는 것처럼 생각했다. 이제 그녀는 아버지의 자위행위를 본 것과 후광 효과(halo effect)를 경험했던 초기 아동기의 에피소드를 기억했다.

그녀는 거대한 파도에 삼켜지는 위험이 있었을 때처럼 무력해지는 꿈을 꾸었다. 이것을 그녀는 어머니의 질 음순과 동일시했다. 어머니의 질 표면에 들어가려는 것을 회고적으로 탐색하자 다시 정신적, 감정적으로 집중할 수 있게 되었다. 십대 소년같이 옷을 입은 그녀는 장의자에 빳빳하게 누워 있었다. 그녀는 토할 것 같고 온몸으로 소리치게 될까 봐 두려워했으며, 내가 그녀의 치료를 실패하게 됨으로써 나를 무력하게 하는 그녀의 양가적 소망에 대한 보복으로 그녀의 머리를 자를까 봐 두려워했다. 곧 그녀는 이러한 생각을 어머니의 행동이 효과적으로 그렇게 했던 것처럼 아버지의 남성다움을 없애기 위한 초기 소망의 관점에서 보았다. 그녀는 자신을 아버지의 음경과 동일시했다는 것을 알게 되었고, 놀라면서도 긴장을 풀게 되었다. 그녀는 아버지의 성적인 역할을 어머니와 대체할 수 있기를 바라는 환상을 가졌는데, 그러면 어머니는 그녀 외에 아무도 필요하지 않을 것이고 그들은 아름다운 공생체로서 함께 살아갈 수 있었을 것이다. 그 반면에 어머니와 결합은 개인 정체성의 파괴적인 상실을 의미할 수도 있기 때문에 그러한 상황은 위험했을 것이다.

그녀가 내 여름휴가 동안 퇴행하지 않게 되자, 그녀는 해마다 있는 크리스마스 이별 전에 종결하기로 결심했다. 마지막 여섯 달 동안, 그녀가 거리감을 두고 있었던 흑인 애인 이외의 다른 남자와 관계를 피하는 것을 제외하고는 그녀는 계속 원만하게 활동했다. 그녀는 어머니와 자매를 대신해 주는 인물인 직장의 동료 여자에 대한 질투에 다시 정신적, 감정적 에너지가 집중되었으나, 상황에 적절한 행동을 보였고 살해하고 싶은 충동은 환상에 갇혀 있었다. 그녀는 나와 관계에서도 편하게 되었는데, 본질상 오랜 친구 같은 관계가 되었다. 그녀에 대한 내 행동은 여전히 엄격하게 분석적이 있던 반면에 우리가 떨어져 있을 때 서로 그리워하며 각자가 잘 되기를 바라며 그녀의 감정과 환상을 함께 나누는 사이가 되었다.

종결 직전에 그녀는 자신을 상징하는 조그만 분재를 나에게 가져왔고, 화분 안에는 히말라야 성지의 돌조각 하나가 있었다. 그녀는 내가 계속해서 그녀의 성숙을 도울 수 있도록 여전히 나와 함께 있기를 원했다. 그녀는 오랜 친구로서 나와 함께 앉아서 얘기 나눌 수 있도록 여섯 달 안에 돌아올 것을 계획했으며, 아마 그때 우리는 상냥하게 서로를 껴안았던 것 같았다. 그녀는 이런 소망이 마침내 아버지에게 그녀가 아버지를 사랑하고 그리워했다고 말하고자 하는 요소를 포함하고 있음을 이해했다.

마지막 면담에서, 그녀는 면담 내내 나를 보면서 장의자에 앉아 있었고, 이제 자신이 안전하게 분리되고 진정한 사람으로 스스로 느끼고 있으며 진정한 사람으로서 자신을 나에게 보여줄 수 있다고 말했다. 마지막에 그녀는 나를 꼭 껴안으며 나의 뺨에 키스했다. 그리고 나서 그녀는 나에게 음주 상태에서 면담했을 때, 그녀의 마음이 나를 만들어 낸 것이 아니라 그녀와 분리된 존재라는 것을 분명히 하기 위해서 나를 만져야만 했다고 말했다.

치료가 끝날 즈음에 그녀는 가족들과 따뜻하고, 신뢰감 있고, 평온한 관계가 가능한 크게 변화된 여자였다. 그녀는 사교상 술을 마셨고, 일에서 중요한 위치로 승진했으며 학사학위를 획득하기 직전이었다. 그녀는 자신을 매우 자랑스러워했으며 행복했다. 그렇지만 그녀는 남자들과 성숙한 관계를 지속하는 능력을 발전시키지는 못했고 나에 대한 이상화를 완전히 훈습하지 못했으며 할아버지의 죽음을 진실하게 애도하지도 못했다.

종결 일 년 후, 크리스마스 기간을 지내기가 불안했기 때문에 X 부인은 추수 면담을 요청했다. 그녀는 애인과 관계를 끊고, 결혼하기에 좀 더 알맞은 남자와 데이트하기 시작했다. 나에 대한 그녀의 이상화가 많이 없어졌고, 충분히 할아버지를 애도하는 것처럼 보였다. 그녀는 더 이상 학사학위를 억지로 따야만 한다고 느끼지 않았으며, 그것을 성취하면 나를 좀 더 기쁘게 할 수 있을 것이라는 생각에서 정한 목표였다고 해석했다. 오히려 그녀는 이제 스스로 즐기기 위해 과정을 밟아 나가게 되었다. 그녀는 크리스마스 때 감정적인 반응을 더 안정적으로 느낄 때까지 매년 휴가기간에 면담하러 돌아올 의향이 있다고 하였다.

로저의 사례

Harold H. Mosak and Michael Maniacci

> **편집자 서문**   이것은 아주 좋은 교육용 사례로 대학원 심리치료 과정에서 아들러 학파 치료를 한 예다. 숙련된 아들러학파 치료자인 해롤드 모자크(Harold Mosak) 박사는 그의 작업을 공개하는 데 따르는 모험을 하면서, 문제를 가진 젊은이가 상대적으로 짧은 회기 동안에 새로운 통찰과 행동변화를 할 수 있게 하였다.
>
> 독자는 앞 장의 보이어 박사의 양식과 모자크 박사의 양식을 대조해 보는 것이 유용하다는 점을 알게 될 것이다. 모자크는 더 지시적이고, 치료는 시간제한을 가지고 있으며, 그의 양식은 교육적이다. 그의 치료는 내담자의 가치, 신념 및 태도를 조사하는 데 초점을 두는 인지치료다. 모자크와 마니아시(Maniacci)는 개인 심리치료의 핵심요소를 예시하면서 대가답게 작업한다.

〈로저의 사례〉는 특별히 『현대 심리치료』에 있는 Mosak 박사의 장을 보충하기 위하여 집필된 것이다.

알프레드 아들러(Alfred Adler)는 그 시대 임상과 상담 실제에 꽤 잘 맞는 심리학 및 심리치료의 이론과 전략을 개발하였다. 아들러는 자신의 체계를 개인심리학이라고 하였는데, 이 이름은 라틴어 *individuum*에서 유래했고, 아들러학파 심리치료가 기초를 둔 총체론적인 조망을 강조하는 "나눌 수 없는 것(indivisible)"을 의미한다. 의식과 무의식, 마음과 몸, 접근과 회피 같은 구별은 주관적인 경험이다. 실제로 그것들은 통일된 관계체계의 한 부분이다. 비록 유전과 환경의 영향을 받을지라도 개인은 한쪽으로 치우친 통각(apperception)에 따라 만들어진 선택의 결과에 대한 최종 분석 내에 자리잡고 있는 주관적 목표를 향해 움직이는 존재라고 할 수 있다. 자기, 타인 및 세상에 대한 이러한 한쪽으로 치우친 통각은 목표를 향해 조직화하고 움직여 나가게 하는 자기 일관적인 인지와 태도의 세트를 형성한다. 아들러학파는 이것을 생활양식(style of life)이라고 부른다. 이 목표는 어떤 개인이 어떤 특정한 환경에서 자랐는가에 따라서 그리고 그가 어떤 특정한 선택을 하는가에 따라서 개별적이고 개인화되기는 하지만, 일반적으로는 항상 주관적인 열등감에서 우월감, 완벽성, 유능감 및 완전성을 향해 움직이도록, 부적으로 느껴지는 상황에서 정적으로 느껴지는 상황으로 움직이도록 설계된다. 움직임은 유용하거나 유용하지 않은 두 방향 중 어느 한쪽에서 일어날 수 있다. 아들러학파가 정의하는 바 유용하다는 것은 친사회적이고 평등한 방식으로 타인과 함께 움직이는 것이다. 유용하지 않다는 것은 자기중심적이고, 비협동적인 방식으로 타인에 대항하여 움직이는 것이다. 적응적이든 부적응적이든 모든 행동은 사회적 장에서 일어나는 것으로 개념화된다. 유용한 행동은 사회적 관심과 같은 선상에 있으며, 발달과 격려를 필요로 하는 잠재성이다.

유용하지 않은 방식으로 움직이는 개인은 병든 것이 아니라 낙담한 것으로 간주된다. 즉, 그들은 협동적이기보다는 자기중심적인 방식으로 움직이려는 목표를 선택한다. 인지적으로 그들은 일반적으로 왜곡된, 과일반화된 혹은 과장된 지각인 한쪽으로 치우친 통각에 따라서 사건과 상황을 해석하는 사적 논리를 가지고 있으며, 대부분 사람들이 따르고 있는 덜 독단적인 상식을 가지고 있지 않다. 주요 생활과제는 경쟁이 아닌 협동을 요구하는 사회적 과제로서 개념화된다. 아들러는 '일, 우정 및 사랑'이라는 세 가지 생활과제를 서술하였다. 후기 아들러학파는 아들러의 저서에 내포된 '자기 과제와 영적 과제'라는 네 번째와 다섯 번째 생활과제를 서술하였다. 부적응은 증가된 열등감, 미개발된 사회적 관심, 개인적 우월성을 향한 과장되고 비협동적인 목표가 특징이다.

아들러는 심리치료를 내담자에게 내재된 사회적 관심을 깨우는 것으로 개념화하였다. 내담자의 주관적인 고통을 병이 아니라 생활에 잘못된 의미를 부여해서 생긴 낙담으로 설명함으로써, 아들러는 내담자가 더 유용하고 적응하는 생활양식을 향해 나아갈 수 있도록 격려하였다. 그러한 변화는 내담자가 어떻게 자랐고 그가 무엇을 선택했는지를 검토함으로써 일어난다. 개인이 추구하고자 하는 특정한 목표가 무엇인지 이해하기 위해 내담자의 가족 구도, 가족 분위기, 가족의 가치관 및 초기 회상을 탐색한다.

루돌프 드라이커스(Rudolf Dreikurs)는 아들러학파 심리치료가 네 가지 과정으로 이루어진다고 기술하였다. (a) 관계 형성하기, (b) 내담자의 생활양식 조사하기, (c) 그것을 내담자에게 해석해 주기, (d) 내담자가 가지고 있는 특정한 확신을 수정하고 좀 더 협동적인 태도와 행동을 실천하게 하여 더 친사회적 태도를 취하도록 도와주기. 발견적 학습의 가치가 있을지 모르지만, 이러한 것들을 임상의 실제에서 "과정"이나 "단계"로 간주해서는 안 된다. 해석은 과정의 모든 단계에서 행해질 수 있고, 긍정적 관계를 수립하고 유지하려면 꾸준한 노력이 필요하다. 새로운 정보는 전체 치료과정 동안 조사될 수 있고, 새로운 방향 설정은 초기 면접과 함께 시작하는 것이 좋다.

배경과 소개

본 사례는 시카고의 알프레드 아들러 연구소에서 선임 저자가 지도한 11주의 대학원 심리치료 과정 녹음에서 발췌한 것이다. "로저"는 치료를 받기 위해 그 연구소의 상담 센터에 찾아왔다. 접수 면접 후에 그는 비용 없이 미리 설정된 10주 동안의 수업에 참가하기로 동의하였다.

36세 생일 직후에 왔을 때 로저의 주 호소는 지난 11년 동안 점차 악화되어 온 광장공포증에 관한 것이었다. 그 외 심한 음주, 비만, 직업에 대한 불만족(그는 상당한 불안을 감수하면서 직업을 유지하고 있었다.), 다양한 공포증, 적극적인 동성연애를 보고하였다. 로저는 동성애에 대한 치료를 요구하지 않았고, 자신의 광장공포증이 다른 게이들과 관계를 갖는 것을 방해한다는 사실 이외에는 문제가 없다고 주장하였다.

1회기: 관계형성과 문제 정의하기

모자크가 문제를 명료화하는 것을 시도하면서 회기가 시작되었다.

> 치료자: 무엇 때문에 우리 연구소에 왔나요?
> 내담자: 문제가 있어요. 광장공포증 같아요. 밖에 나가는 것이 두려워요. 지난 10~
> 12년 동안 점점 나빠지고 있어요. 지금은 거의 살 수 없을 지경이에요.
> 치료자: 그래서 친구를 데려왔군요?
> 내담자: 예, 누군가가 나와 함께 가야…….

친구가 없으면 로저는 밖에 나갈 수 없었다. 로저는 자신이 가고 있는 곳이 어딘지 알고 있는 경우에는 불안이 그렇게 심하지 않다고 설명을 계속하였다.

그때는 적어도 그가 발작이 일어났을 때 "달려가 숨을 곳"을 알 수 있을 것이다. 집 밖으로 나가기 전에 "와인을 약간" 마심으로써 자신의 불안을 처리하였다.

> 내담자: …… 기본적으로 불안정하다고 생각해요. 지난해에는 세 가지 다른 직업을 가졌고, 지난주에 새 일을 시작했어요. 직장에 어떻게 가야 할지 걱정하면서 약 일주일 동안 좌절에 빠져 있었어요. 거기까지 운전하고 가는 데 무서워서 죽을 뻔했어요…… 남동생한테 데려다 달라고 했어요. 지금은 한 일주일쯤 되었으니까 지난 며칠간은 혼자 다녔어요. 그렇지만 여전히 하루 종일 퇴근하는 문제를 걱정합니다…… 교통이 막히면, 거기에 앉아서 사고를 당할까 봐 걱정해요. 내가 공황발작을 일으킬지도 모르지요. 그것이 두려워요.
>
> 치료자: 당신은 지금 두 번, 당신의 증상으로 인해 다른 사람들이 당신에게 봉사한다고 말했어요. 시내에 나가기 위해 누군가 동행이 필요하고, 남동생이 당신을 직장까지 태워다 주어야 한다. 이것은 당신이 너무 무기력해서 당신을 돌봐 줄 "큰 남자들"에 의존해야만 한다는 얘기처럼 들리는군요.

치료자는 시험적인 해석을 제공하고 있다. 아들러학파 심리학은 소유가 아니라 사용하는 심리학이다. 예를 들면, 아들러학파는 어떤 사람이 나쁜 기질을 소유했다고 말하지 않고 어떤 사람이 다른 사람을 협박하는 데 그 기질을 사용하고 있다고 말한다. 그 나쁜 기질은 개인의 목적에 봉사한다. 로저의 경우 모자크는 그것이 어떻게 사용되고 있는지 보여 주기 위해 그 증상의 틀을 바꾼다. 즉, 로저는 다른 사람들이 그에게 봉사하도록 만들며, 그것을 완전히 의식하지 않는다 해도 그는 거기에 대한 책임이 있다.

> 치료자: 지난 12년 동안 당신은 광장공포증에 대해 무엇을 했습니까?
>
> 내담자: 글쎄요, 내가 할 수 있는 최선을 다해서 그것에 대처하려고 애썼어요…… 특정한 것을 피하고, 특정한 지역을 피하고, 숲 속에 가지 않고, 휴가도 안 가고, 사람들이 정상적으로 하는 일을 하지 않았지요.

아들러는 신경증을 생활과제의 회피로 간주하였다. 로저는 자기가 관리할 수 있는 만큼으로 생활을 제한하였다. 그는 사실상 그가 안전하다고 느끼는 곳에서만 움직일 것이라고 말하고 있다.

> 치료자: 예, 그러나 그렇게 해서는 그걸 이겨내지 못합니다. 그건 당신이 증상의 한계 안에서 생활하고 있는 것입니다…… 당신은 그 증상을 극복하려고 어떤 노력을 해 보았습니까?
>
> 내담자: 예, 나는 얼마 동안 시내에 있는 정신과에 다녔어요. 의사가 제게 쏘라진 (Thorazine)을 주었는데 그것 때문에 아팠지요. 다시는 거기에 가지 않았지요. 사실, 그 의사는 나를 신경과민으로 만들었고…… 내 문제에 그렇게까지 관심이 없는 것처럼 보였어요. 그가 지적을 했지요. "당신은 주로 자신에게 관심을 보이는 것 같군요…… 당신은 이기주의자인 것 같아요." 그 말이 나를 성가시게 했고…… 그는 내게 너무 무례하게 굴었어요. 어쨌든 우리는 잘 맞지 않았습니다.

그 메시지는 분명하였다. 로저는 새로운 치료자에게 경고하고 있는 것이다. 나와 내 문제를 진지하게 받아들여라, 그렇지 않으면 나는 돌아오지 않을 것이다. 결국 그는 자신에게 관심을 가져 줄 누군가를 원한다고 말하고 있다. 다른 사람들이 배려하지 않는다고 느끼면, 그의 행동양식은 그의 생활양식과 일치하게 된다—그는 "신경과민"이 되고 그들을(이 경우에 이전의 정신과 의사) 피한다. 로저는 지난번 정신과 의사가 자기를 이해했다고 느끼지 않는다.

> 치료자: 만약 내가 마술 지팡이를 가지고 있어서 당신의 광장공포증을 없애 준다면, 자신의 삶이 어떻게 달라지겠습니까?

이것은 질문(The Question)으로 알려져 있다. 아들러학파는 증상의 목적을 결정하고 심인성 장애와 신체장애를 구별하기 위해 이 질문을 사용한다. 이것은 또한 회피하고 있는 것이 무엇인지—즉, 증상이 가지는 목적이 무엇인지를 알려 준다.

> 내담자: 미리 계획 세우는 것에 대한 많은 두려움과 좌절을 없애 줄 것입니다. 있지

요, 나는 한 주일을 어떻게 보낼지 계획을 세워야 합니다…… 나를 태워다 줄
친구들과 약속을 해야 하지요…… 마음대로 돌아다니고 삶을 즐길 수 있을
겁니다…… 비행기 타는 게 두려워서 좋은 직업을 몇 개나 포기해야만 했어
요.

치료자: 만약 내가 당신과 함께 비행기를 타고 로스앤젤레스까지 간다고 해 보면?
그쪽에서 무슨 일이 일어나든 돌보아 준다면 어떻겠습니까?

내담자: 받아들이지요.

자기도 모르게 로저는 모자크에게 그가 가진 광장공포증의 목적을 이야기하
였다. 그는 통제 상태에 있기를 원한다. 증상이 없다면 그는 미리 계획할 필요
가 없고 그를 돌보아달라고 다른 사람을 구하지 않아도 된다. 그의 증상은 다른
사람에게 요구하고 그에게 봉사할 수 있도록 하는 변명거리를 제공하고 있다.

회기의 나머지는 생활과제를 조사하는 데 쓰였다. 각각의 영역에서 개인이
적절하게 기능하는 정도는 사회적 관심 수준의 척도가 된다. 로저는 그 자신을
다음과 같은 방식으로 평가하였다.

- 일: 열악하다. 그는 자신과 동행할 사람과 약속을 해야만 한다. 그의 증상
  은 운송 사업의 매니저인 그의 역할을 방해하기 시작하였다. 사무실에 도
  착하기 위해 매일 아침마다 술을 마셔야만 한다.

- 우정: 주로 동성애 관계를 통해 얻어지며, 그의 광장공포증이 영향을 미친
  다.

- 사랑: 한 번 약혼한 적이 있었으나, 그녀가 파기하였다. 결코 여자와 성관
  계를 갖지 않으며 자주 남자와 관계한다. 그는 이 부분은 문제가 되지 않
  는다고 주장하였다.

- 자기: 기본적으로 좋은 사람이라고 생각하지만, 자신의 체중에 불만을 가
  지고 있었다. "자기를 좋아하지 않는다"고 덧붙였다—그는 "흉한 내면"을
  가졌다고 느낀다. 그는 또한 알코올 중독이 될까 봐 걱정하고 있었다.

- 영성: 독실한 가톨릭 신자로 성장하였다. 여전히 기도를 하고 촛불을 밝히

지만, 자신의 성적 오리엔테이션 때문에 고해는 회피하였다. "나는 고해할 필요가 없다."고 그가 주장했을 때, 모자크는 "로마 교황도 고해 신부가 있다."고 말하였다. 로저는 유머의 기미도 없이 "그는 나보다 더 많은 고해가 필요하다."고 대답하였다.

결론적으로 로저는 격려를 받았다. 그는 서른여섯에 다른 것을 하기에는 "인생이 너무 늦었다."고 느꼈다. 그는 자신에 대한 낙담과 삶을 진전시키는 것에 대한 무능력을 표현하였다. 모자크는 47세의 나이에 의과 대학에 진학한 동료에 대해 이야기하였다. 그러나 로저는 자신의 광장공포증만을 다루기를 원했고, 그것을 극복할 수 있는 자신의 능력에 대해 매우 회의적이었다.

면담은 치료자가 특별히 자기 통제적인 사람들에게 효과적인 기술로 다음 두 회기를 구조화하기로 결론지었다. 로저는 생활양식 평가를 위해 자료를 수집하는 보조 치료자를 만날 것이다. 그 생활양식 평가는 아들러학파가 내담자의 목표, 의도 그리고 한쪽으로 치우친 통각을 조사하는 틀이다. 모자크는 함축적으로 그가 과정을 통제한다는 것을 분명히 하였지만, 그는 통제하려는 로저의 욕망을 존중하였다.

요약하면, 로저는 다른 사람을 통제하기 위해 수동적인 방법을 사용하는 통제자다. 36세의 나이에 광장공포증을 통한 수동적인 통제 방법은 본인조차도 더 이상 견딜 수 없는 대가를 요구하기 시작했고, 치료를 시작하게 되었다. 그는 강한 열등감이 있었고, 사회적 관심이 발달되지 않았으며, 생활과제에서 전반적으로 열악한 기능을 나타냈다. 빈약한 자기개념을 가지고 있는데도 그는 다소 우월하게 자신을 보고 있다(그는 교황보다 더 높은 기준을 가지고 있다.). 치료자는 자신이 내담자의 문제를 이해하고 있고, 그것을 진지하게 받아들이며, 내담자와 함께 하는 목표에 기꺼이 제휴할 것임을 보여 주어서 저항을 감소시켰다. 가장 중요한 것은 치료자는 매우 낙담해 있는 내담자를 격려하고, 그에게 희망을 주었다.

2-3회기: 생활양식 면담

다음 두 회기는 생활양식 평가 자료를 조사하는 보조치료자와 함께 보냈다. 아들러학파는 자주 다중 심리치료를 실시하고 그것의 이점을 증명하였다.

생활양식 평가는 특정 개인이 세상, 타인 그리고 자신에 대한 아이디어를 구성하는 방식을 이해하기 위해 내담자의 과거와 현재 상황을 조사하는 진단 절차다. 내담자가 작용하고 있는 근거를 이해하는 것은 특정 내담자에게 알맞은 치료를 맞추도록 돕고 개인 심리학의 규범적 원리를 개별사례로 적용할 수 있게 한다. 주로 조사하는 영역은 형제 서열의 기술, 평정, 부모의 지도 방식, 가족 분위기 등을 포함하는 가족 구도와, 내담자가 시각화하고 치료자에게 보고할 수 있는 초기 회상과 초기 기억이다. 이러한 조사를 통해 치료자와 내담자는 특정 내담자의 개인 역사와 현재 신념을 이해할 수 있다.

4회기: 생활양식 요약

모자크와 보조치료자는 로저와 함께 생활양식 요약을 토론하면서 네 번째 회기를 보냈다. 처음에 보조치료자가 모자크에게 기록된 자료를 읽어 주었다. 중요한 부분은 아래와 같다.

로저는 맏아들로, 두 살 아래인 누이동생 진저(Ginger)와 여섯 살 아래인 남동생 에반(Evan), 아홉 살 아래인 남동생 아더(Arthur) 그리고 어린 시절에 사망한 그 밑의 남동생이 있다. 로저는 자신을 많은 환상과 과대망상을 가진 몽상가이면서, 장미빛 유리로 세상을 바라본, 6~7세까지 행복한 아이였다고 묘사하였다. 그는 소년 소녀들과 성적으로 난잡한 행동을 하였다. 그와 형제들은 몸무게가 많이 나갔다. 여동생과는 늘

말다툼이나 싸움을 하였다—그녀는 멍청하고 게으르다고 묘사되어 있었다.

에반은 매우 성숙하고 의젓한 아이였다. 그는 모든 사람을 사랑했고, 어른들과 아이들 모두 그를 사랑하였다. 그는 로저보다 훨씬 남성다웠다. 아더는 장애아로 태어났고 항상 과보호를 받았고, 자기 마음대로 행동하였다.

에반은 가장 달랐다—더 외향적이고 더 사교적이었다. 진저가 로저와 가장 많이 닮았다. 그녀는 여성스러워서 그녀와 그는 더 많이 관계를 가질 수 있었다.

아버지는 폭군 같았고, 로저는 어린 시절에 그를 두려워하였다. 로저는 가장 지적이고 가장 부지런했으며 더 높은 성취 목표를 가지고 있었다. 에반은 운동을 잘했고, 반항적이며, 더 잘생겼고, 더 남성적이었으며, 더 장난꾸러기였다. 로저는 몸무게가 많이 나가서 스포츠에서는 언제나 꼴찌를 하였다.

로저는 처음부터 학교 가기를 싫어해서 어머니가 학교까지 데리고 가야만 하였다. 그는 다른 아이들을 싫어했고 열등감을 느꼈다. 행동에 문제는 없었고, 입을 다물고 있을 만큼 눈치는 있었다. 4, 5학년 때 선도 소년단이었는데, 그 역할을 즐겼다. 다른 아이들을 아래에 두는 것을 좋아하는 "대장"이었다.

아버지는 생존해 있으면 57세였을 텐데 1965년에 사망하였다. 그는 트럭 운전기사였고, 로저는 그를 좋아하지 않았다. 아버지는 어머니를 때렸고 술에 취하면 총을 들고 집 밖으로 그들을 쫓아다녔다. 멀쩡히 깨어 있는 경우가 드물었고, 항상 불쾌한 기분이었다. 불결했고 술을 마시기 위해 가족의 소유물들을 팔았다.

어머니는 59세이고 가정주부다. 어머니는 가족이 모이게 한다. 요리를 하고 빵을 굽는다. 언제나 나쁜 건강과 죽을 때가 가까웠음을 호소하였다. 모든 사람의 동정을 얻으려고 노력하였고, 자주 성공하였다. 로저는 그녀를 가장 많이 닮았다.

보조치료자는 로저 부모님의 힘든 결혼을 계속 기술하였다. 어머니는 자신을 "박해받는 천사"로 보았다. 그들은 과격한 싸움을 하였다. 아버지 쪽 삼촌 두 명과 함께 살았는데, 둘 다 전과자였다. 한 명은 다섯 번이나 결혼하고 이혼했고, 다른 삼촌은 알코올 중독자였다.

가족 구도의 요약

로저는 두명씩 짝지워진 2-2 형제자매 네 명 중 가장 연장자이고, 이것은 그가 자기 집단의 두 명 중에서 더 나이가 많고 유일한 남자라는 말이 된다. 그는 가난하고, 소수민족이고, 부부 불화가 있는 가정에서 성장했으며, 그의 집에서는 모든 남성이 악의 군단처럼 행동하였다. 아버지는 알코올 중독자, 폭군, 독설가이자 가족의 재산을 탕진하는 사람이었다. 삼촌 둘은 도둑이었는데 한 명은 부정적인 의미에서 기분파였으며 다른 한 명은 바람둥이에 다섯 명의 아내를 두었다. 유일한 긍정적 모델은 어머니였지만, 그녀는 선한 것을 지나치게 과장하였다. 그녀는 표준적인 선의 기수였을 뿐 아니라 순교자이고 성자였다. 그러나 어머니는 자신의 종교적 신념에도 불구하고 하나님이 자신을 지켜줄 것을 믿지 않는, 두려워하는 사람이었다. 로저는 그의 아버지를 미워하면서 성장했고, 모든 남자가 아버지나 삼촌 같은 존재이면 그들과 닮지 않겠다고 결심하였다. 선에 대한 어머니의 옳음에 대한 기준을 채택했고, 어머니처럼 성자적인 것을 선택하였다. 그런데도 그는 부족함을 느꼈다. 그러나 자신의 잘못을 인식할 때조차 그는 여전히 다른 사람보다 "더 옳은 사람"이었다. 모든 세상과 자기 자신에 대해 판단하는 위치에 있었다—사람들은 그 밑에 있었고, 그들을 무시했고, 그들이 너무 틀리다고 생각될 때는 성질을 내었다. 그는 또한 자신도 그가 되어야 하는 존재가 전혀 아니었기 때문에 자신을 무시하였다. 그는 살찌는 것을 나쁘게 여기는 가족에서 뚱뚱한 사람이었다. 그는 성적으로 적극적이었고 이것은 나쁜 것이었다. 그는 부정적인 감정을 가지고 있었고, 엄격한 가톨릭 입장에서 보면 생각은 행동만큼 죄가 되는 것이었다. 그는 그것이 자신을 남자로 만들어 줄 것이기 때문에, 지성에 기초한 소속감을 가졌고, 올바르고 선하려고 노력하면서 말썽을 피우지 않았다. 그는 진정한 남자가 되기를 원했는데, 성적 난잡함이 이러한 추구에 대한 증거였다. 그러나 이러한 과정에서 로저는 낙담하게 되었다. 왜냐 하면, (a) 그는 남성다움을 잘못 정의하였고(예: 에반은 체격이 좋기 때문에 더 남자답다.), (b) 가족 내에서 남성 역할 모델과 동일시할 수 없었으며, (c) "선함"과 남성다움 간의 갈등을 해결할 수 없었다. 그의 마음 속에서 선과 남성은 동시에 존재할 수 없었다. 그는 부분적으로는 그가 성장한 곳의 분위기 때문에, 부분적으로는 자신과 다른 사람에 대한 높은 기준 때문에, 부분적으로는 다른 사람들을 경멸하는 것 때문에 그리고 부분적으로는 자기 자신에 대한 경멸 때문에 불행하게 성장하였다.

> 치료자: 로저, 당신이 자라온 방식을 요약한 것이 어떻게 들립니까?
> 내담자: 예, 아주 많이[알아차릴 수 있게 동요되어서] 제대로 맞춘 것 같군요.

그들은 초기 회상을 계속 검토해 나갔다. 보조 치료자가 그것을 크게 읽었다.

1. 유치원에 가지 않고 1학년에 입학하였다. 선생님이 나에게 뭔가를 하라고 시켰는데, 나는 그녀에게 지옥에나 가라고 말하였다. [5세]

2. 교회에 앉아 있었던 걸로 기억한다. 나는 십자가 위에 예수상을 응시하였다. 오랫동안 그것을 바라보면, 예수님이 십자가에서 내려오는 것을 볼 수 있다고 들었다. 나는 매우 흥분되고 동요되었다—성자만이 그렇게 할 수 있다고 생각하였다. 나는 예수님이 나에게 오는 것을 상상하였다. [7세; 흥분된 감정]

3. 나는 숙모를 기억한다. 숙모가 선물을 가지고 왔다. 나는 숙모를 사랑하였다. 모든 사람이 그녀를 사랑하였다. 숙모는 매우 기쁨을 주는 여자였다. 나는 숙모를 전적으로 경외하였다. [5~6세; 경외감]

4. 어머니가 임신하였다. 아버지가 엄마에게 욕을 하며 아이를 지우라고 하였다. 아버지는 손으로 어머니의 배를 찌르면서 잡아당겼다. [7세; 두려운 감정]

5. 주말마다 우리 집을 방문하는 폴란드 부부가 있었다. 그들이 싸우기 시작하였다. 여자가 자신의 성생활에 관해 얘기했던 것이 특히 기억난다. 그녀

는 섹스를 원하지만, 남편은 그렇지 않았다. 여자가 부엌에서 울고 있었고, 남편은 그녀가 천박한 여자라고 말하였다. [8세; "내가 이해할 수 없는 뭔가가 있다—그것이 왜 그렇게 중요한가?"라는 감정]

초기 회상은 삶을 살아가도록 돕기 위해 개인들이 저장하고 사용하는 기억이다. 그것들은 사람들이 지금 어떻게 인생을 지각하는지를 반영해 주며, 아주 효과적인 투사 기법이다. 모자크는 로저가 삶, 자기 자신, 타인들에 대해 가지고 있는 관점을 계속 서술해 나갔고, 로저의 기본적인 오류와 자산을 기록하였다.

초기 회상의 요약

"아무도 나에게 무엇을 하라고 말해서는 안 된다. 그 외에는 나는 주저한다. 남자들과 여자들은 제대로 어울리지 못하고 갈등은 일반적으로 성에 관한 것이다. 나는 그저 갈등이 무엇에 대한 것인지 이해할 수가 없다. 남자들은 여자들에게 거칠게 대하고 여자들이 할 수 있는 것은 단지 고통받는 것이다. 여자들은 남자들과 독립적으로 따뜻함과 즐거움을 발산할 수 있다. 그들에게 경외심을 가지지만, 나는 그들과 거리를 유지하고 관계를 맺지 않는다. 만약 내가 관계를 맺고 싶다 하더라도 어쨌든 너무 늦었다. 나는 모든 죄를 정화하고 신과 결합하고 싶다."

기본적 오류

1. 그는 좋은 남자/여자의 관계성에 대한 가능성을 보지 않는다. 남자와 여자를 새장에 넣으면 피가 흐르기 시작할 것이다.

2. 로저는 여자를 이상화하고, 그들을 가질 수 없다고 느끼고 그들에게서 멀어진다.

3. 로저는 자기 방식대로 하기를 원한다. "아무도 나에게 무엇을 하라고 말할 권리가 없다."

4. 로저는 자기 자신이 완전함에 훨씬 미치지 못하다고 생각하기 때문에 완전해지려고 너무나 노력한다.

자 산

1. 그는 여자에 대한 긍정적인 감정을 가지고 있다.

2. 그는 더 좋아지려고 노력한다.

3. 그는 자신을 격하하기보다는 신성화를 위해 신앙을 이용한다.

4. 비록 혼란되어 있지만 그는 이해하려고 노력한다.

5. 그는 생생한 공상의 삶을 살고 있다. 그는 훌륭한 훈련을 받았다.

6. 여러 면에서 그는 성경의 요셉에 가깝다(출생 순위에서는 아니지만): 꿈 속의 징조를 읽을 수 있는 사람, 해와 달과 별들에 관한 위대한 꿈을 가진 사람.

> 치료자: 네, 로저, 이게 우리의 요약입니다. [로저가 떠나려고 일어난다.] 아니오, 아직 일어나지 마세요.
>
> 내담자: 다 끝났다고 생각했어요.
>
> 치료자: 아니오, 요약만 했어요. 자, 우리에게는 이렇게 보이네요. 그게 어떻게 느껴지세요?
>
> 내담자: 여자에 대한 게 꽤 흥미 있군요.
>
> 치료자: 여자에 대한 거요?
>
> 내담자: 예…… 그들을 숭배하면서 그들과 진정으로 관계하지 않는 것에 대해서요. 나는 여자친구가 많이 있는데 이런 식으로 그들을 보지요—그리고 그들 중 아무도 실제로 남자들과 함께 있지 않아요.

치료자: 예, 그것이 당신의 회상에서 나옵니다…….

내담자: 사실 나와 가까운 여자들은 아무도 남자들과 관계하지 않아요.

치료자: 예, 어떻든 괜찮은 남자들은 다 나쁜 놈들이니까요.

내담자: 그러면 왜 내가 그들과 함께 잠을 자나요?

치료자: 아마 그래서 당신이 그들을 무시하고 당신 자신을 무시할 수 있기 때문이 아닐까요?

내담자: [한숨—알아차릴 수 있게 동요되어서] 아마 지금 당장 내가 이해하기에는 너무 벅찰지도 모르지요.

치료자: 좋아요. 나중에 다시 이야기하기로 하지요. 당신은 독서가 당신에게 감동을 준다고 했는데요. 어떤 감동을 받았나요?

내담자: …… 그냥 내가 오랫동안 생각하는 것을 피하려고 했던 것에 대해 생각하지요.

치료자: 이해받는다는 느낌이 드시나요?

내담자: 지금 당장—내가 오랜 시간 동안 그랬던 것보다 더 많이요.

치료자: 있지요, 우리가 쓴 것이 100% 정확하지 않을지도 모르지만, 그게 우리가 당신에 대해서 처음 추측한 겁니다.

내담자: 95%는 맞는다고 할 수 있어요.

치료자: 그리고 거기에 근거를 두고 우리가 몇 가지 이야기를 시작할 수 있을 것 같아요. 만약 뭐가 잘못되면, 그걸 수정할 것입니다. 다음 주에 이것에 대해서 이야기하려고 하지만, 당신의 현재 상황에 대해서도 이야기를 시작할 겁니다. 왜냐 하면, 기본적으로 당신이 바꿔야 하는 것이 그것이기 때문이지요. 우리는 당신의 어린 시절에 일어난 일들을 참조할 것입니다. 그러나 기본적으로 우리는 당신의 두려움, 직업 그리고 당신이 첫 면접 시 우리에게 말했던 것들에 대해서 이야기할 것입니다.

내담자: 아주 좋아요—기대가 되는군요.

치료자: 좋아요. 다음 주에 만나요.

내담자: 감사합니다. 안녕히 계세요. [교실을 향하여] 안녕히 계세요.

로저는 그의 증상에 대해서만 이야기하고 싶었던 것에서 이제는 그가 세상이나 다른 사람들과 관계하는 방식에 대해 검토하고 있다. 생활양식 평가를 사용하여 그는 생활에 대한 관점을 조사하고 있다. 처음에 금기로 여겼던 동성애의 주제조차도 지금은 토론하도록 개방되어 있으며, 로저 자신이 그것을 화제에 올렸다. 옛날에 무의식적이고 결코 분명하게 명료화되지 않았던 것들이 지금은 그가 파악할 수 있는 방식으로, 그 자신의 언어로, 그 자신의 비유와 상상을 사용해서 드러났고 제시되었다. 떠나기 전에 그는 현재 상황에서 변화해야 될 것이기 때문에 다음 회기에서는 그의 현재상황을 토론할 준비를 해야 한다는 말을 들었다.

5-9회기: 확신들을 수정하기

모자크는 로저에게 2주 전의, 앞 회기에서 무엇이 기억나는지 물어보면서 5회기를 시작하였다(로저는 아파서 1주일을 빼먹었다.).

> 내담자: 글쎄요, 볼까요. 내 자신에 대해 나쁜 점보다는 좋은 점들이 더 많았다는 사실이 기억나요. 또 여자를 성스럽게 대하는 경향…… 그리고 그들을 다가갈 수 없는 존재로 느끼는 것. 또한 나는 친구로서 남자와 무언가 관계를 맺을 수 있는 여자를 본 적이 없다고 말했지요.

로저는 치료자가 "나쁜 점"보다는 "좋은 점"(예를 들면, 자산)을 더 많이 본다는 사실에 분명히 타격을 받았다. 로저는 낙담했고, 그에게 용기를 주려는 그의 생활양식 사정에 포함되어 있는 자산에 관하여 듣고 치료적 관계를 강화하는 데 도움이 되었다. 그는 여자에 대한 그의 태도를 새롭게 이해하는 것이 인상 깊었다고 보고한다. 모자크는 생활양식 사정 요약을 전체적으로 다시 읽고 그와 함께 몇 가지를 토론하였다.

> 치료자: 자, 로저, 당신은 오늘 이걸 두 차례 들었는데 어떤가요?
> 내담자: 내가 알고 있는 사람이 아닌 것 같아요.
> 치료자: 아닌 것 같다고요?

내담자: 예.

치료자: 그러면 두 주 전에 당신은 95점을 주었는데, 두 주 동안 무슨 일이 있었던 거지요?

내담자: 나는 지금 다른 사람인 거 같아요.

치료자: 자신이 변했다고 느끼고 있군요.

내담자: 네, 그래요.

치료자: 어떤 변화가 어떻게 일어났는지 나에게 알려 줄 수 있을까요?

내담자: 무엇이 일어났는지 모르겠어요. 우선은 오늘 내 자신이 더 분명하다는 느낌이 들어요. 나는 덜 감정적이고 전처럼 당황스럽지가 않아요.

치료자: 당신이 가진 감정이 무엇이 잘못됐나요?

내담자: 나는 감정을 보여 주는 걸 좋아하지 않아요.

치료자: 왜죠?

내담자: 그건 약하다는 표시거든요.

치료자: 그래요?

내담자: 나는 그렇게 생각해요. 나는 웬만하면 좀 냉정하고 빈틈이 없으려고 노력해요.

치료자: 감정을 보여 주는 것이 약함의 표시라는 걸 어디에서 배웠나요?

내담자: 음, 나는 감정을 보이는 사람은 참기가 어려워요. 나는 내 앞에서 울기 시작하거나 마음을 마구 쏟아내는 사람은 참을 수가 없어요—나는 이런 걸 전혀 좋아하지 않아요.

치료자: 알겠어요. 그러니까 만약 당신이 감정을 보이지 않거나 다른 사람이 당신에게 감정을 보이도록 허락하지 않으면 당신은 그들과 거리를 유지할 수 있는 거군요?

내담자: 예. 그건 누군가가 당신에게 사랑한다고 말하는 것과 같아요—내게는 그 말이 부정적인 단어예요. 나는 결코 그 말을 사용하지 않아요. 왜냐하면 바보 같기 때문이지요. 아무도 진정으로 다른 사람을 사랑할 수 없어요.

모자크는 로저가 사람들과 관계 맺는 스타일의 문제를 제기하였다. 자신의 요약된 생활양식을 듣는 것은 자기상 그리고 타인과 삶에 대한 조망을 혼란스럽게 하는 결과를 초래할 수 있다. 로저는 이런 말을 들을 때 감정이 뒤섞이면서 괴로워했다. 치료자는 로저가 감정을 둔화시키는 것이 다른 사람들과 거리를 유지하기 위한 방법이라고 해석하였다. 로저가 지적하였듯이 사람들과 가까워지는 것은 상처를 주는 것이고, 그는 더 이상 자신의 삶에서 고통받기를 원하지 않았다. 그는 감정을 "잘라 버림"으로써 자신을 보호하려고 시도하였다.

로저는 삶을 수평적이기보다는 수직적으로 보았는데, 그것은 그가 누가 더 나은지 혹은 누가 더 꼭대기에 있는지에 관심이 있다는 의미다. 사람들은 같은 목표를 위해 협동하고 함께 일하는 동등한 존재가 아니다. 그들은 "저 밖에서 당신을 잡으려 한다." 이것은 로저의 광장공포증에서 여실하게 나타난다. 만약 그가 집 밖으로 멀리 나가지 않는다면 사람들은 그에게 너무 가까이 다가오지 않을 것이다.

치료자: 그러니까 당신에게 중요한 목표는 모든 관계에서 지배적으로 되는 것이군요. 주인과 노예가 있고, 아이고―

내담자: 나는 지배하는 것이 좋아요.

치료자: 주인이 된다는 말이죠.

내담자: 음, 예. 나는 또 지도자이고요…….

치료자: 로저, 이렇게 해볼 수 있을까요? 무슨 일이 일어날지 예측할 수 없지만요…… 당신의 공상 세계가 아주 대단하니까…… 지금부터 10년 뒤 당신이 45세가 되었을 때의 미래의 자서전을 써 봤으면 좋겠네요…… 자신의 삶이 어떨 거 같으세요?

내담자: 둘 중에 하나겠지요. 이 치료가 잘 끝난다면 나는 굉장히 환상적인 사람이 되어 있을 거예요…… 사랑하는 사람과 아름다운 집이 있고, 여행을 많이 다니고……

치료자: 치료가 잘 끝나지 않는다면, 그때는?

내담자: 글쎄요. 지금부터 10년쯤 뒤에는 건달이 되어 있을 거 같아요…… 모든 걸 팔아치우고, 긴 머리에, 예수가 길을 걸어오고 있는 것처럼 보일 거예요…… 꽤 흥미로울 것 같네요.

치료자: 괜찮아요. 그런데 그게 무슨 의미인가요?

내담자: 왕이 못 되는 것보다는 부랑자의 왕이라도 되는 것이 낫다는 뜻이지요.

치료자: 당신이 방금 상상한 것처럼, 10년 뒤에, 치료가 잘되면 당신은 무언가 환상적인 삶을 살 것이고…… 그리고 만약 그렇지 못한다면, 당신은 부랑자의 왕이 될 거군요.

내담자: 이랬든 저랬든 나는 해낼 거예요.

로저는 아들러가 지적했던 통각의 대조적인 상태를 보여 주고 있다. 그는 최고이거나 최악일 것이다. 강한 열등감과 강한 우월감은 동전의 앞뒷면이며 근본적인 문제는 로저가 삶에 부여한 의미다. 그는 최고가 되어야 한다. 그가 그런 것을 가지고 있으면 어쩔 수 없이 삶에서 심각한 어려움에 빠져들게 된다. 이 시점에서 치료의 목표는 로저에게 다른 사람들과 수평적으로 관계를 맺을 수 있게 하는 것이다.

치료자: 로저, 당신은 사람들을 지배하기 위해 정신[로저의 용어로는 "지능"]을 사용하고 있습니다…… 만약 당신이 짝을 만난다면?

내담자: …… 아마 선생님이 내 짝일지도 모르죠.

치료자: 만약 누군가가 느낌을 통해 당신에게 가 닿는다면? 그때는 어떨까요?…… 있지요, 두 주 전에, 우리는 느낌을 통해 당신에게 가 닿았었어요.

내담자: 알아요—그래서 집에 가는 내내 힘들었어요.

치료자: 글쎄요, 나는 당신이 복종하는 것처럼 보이지 않아요. [초기에 로저는 자신이 느낌을 보이는 것은 "복종적인" 것이라고 하였다.] 나는 당신이 느끼고 있는 게 보입니다. 당신은 "느끼는 것은 나약함이다."라고 말하고 있지만, 나는 "느끼는 것은 인간적이다."라고 말합니다. 아이고, 모두가 인간인데…….

내담자: 예, 그러나 시기가 이미 지났어요.

치료자: 오, 모르겠군요—내가 당신에게 다가갈 수 없을까요?

내담자: 가능하지요.

치료자: 이것에 대해 자신을 방어하기가 얼마나 힘이 드나요?

로저는 치료에서는 자신을 방어할 필요가 없다고 주장하였고, 모자크는 그가 그럴 필요가 없지만 실제로는 그렇게 하고 있다고 지적하였다. 로저는 길에서 교실원 중 누군가를 우연히 만나게 된다면 "굴욕감"을 느끼게 될 것이라고 말하였다—그는 그들 중 어떤 사람과도 대면하기가 두렵다. 치료자는 이것과 일 반적으로 다른 사람을 향한 그의 행동이 마찬가지임을 지적하였다. 그는 다른 사람들과 거리를 두고 있다. 치료자가 그 방에 있는 사람 중 누구라도 그를 진 정으로 배려하는 사람이 있느냐고 물었을 때, 로저는 단호하고도 진지하게 "없 다."고 대답하였다.

내담자: 만약 내가 지금 당장 창밖으로 내 몸을 던진다 해도 누구도 눈물 한 방울 안 흘릴 겁니다.

치료자: 이 사람들 중 누가 당신의 행동을 말리려고 할 것 같습니까?

내담자: 아니요. 무엇 때문에 하겠습니까? 그들은 내일 신문에 이름이 실리겠지요. 나를 말린다면 그것 때문이겠지요?…… [그들은 유명해지겠지요.]

치료자: 누군가가 당신을 잡을 것이라고 가정해 보십시오[당신이 뛰어 내리기 전에]. 어떤 느낌이 들까요?

내담자: 아마 나와 함께 자고 싶어서 그러겠지요, 모르겠네요.

치료자: 그게 유일한 이유일까요?

내담자: 하룻밤을 지낸 후에 그들은 나를 밀어내겠지요.

치료자: 그러니까 누군가 당신을 배려한다는 것은 생각할 수도 없군요?

내담자: 사람들은 아무도 다른 사람들을 그만큼 배려하지 않아요. 앞에서는 좋지만, 근본적으로는—

치료자: 당신은 사람들에 대해서 이야기하고 있나요, 아니면 로저에 대해 이야기하 고 있나요?

내담자: 단지 그냥 일반적으로.

치료자: 로저—나는 배려하고 있나요?[모자크는 "사랑"의 주제를 소개하고 있다.]

내담자: 배려하는 것 같아요. 그렇지만 확실하지는 않아요.

치료자: 내가 예외인 이유는 무언가요?

내담자: 재정적인 이득.

치료자: 나는 당신을 만나면서 한 푼도 받지 않는데요.

내담자: 나도 알아요—그걸 감사드려요. 그렇지만, 여기[교실]에서 이 사람들에게서 [돈을] 벌고 있잖아요.

치료자: 나는 그들에게 한 푼도 받지 않습니다.

내담자: [**놀라며**]사과합니다. 몰랐어요. [**계속해서 사과한다.**]

치료자: 그러니까 당신이 할 수 있는 최상의 것은 사례 연구로서 당신에게 관심을 갖고 있는 나를 비난하는 것입니다…….

내담자: [**여전히 수줍게 사과한다.**]

치료자: 당신은 [재정적인 이득보다] 어떤 다른 이유를 찾아야 할 겁니다…… 나는 왜 다른가요? 왜 내가 당신을 배려하는 게 가능한가요? 왜냐 하면, 내가 말할 거니까요―당신이 창 밖으로 뛰어내리려고 한다면, 나는 당신을 잡을 겁니다.

내담자: 아마도 선생님이 악명을 얻는 것을 원하지 않기 때문에 그러겠지요. 사업에 나쁜 영향을 주니까.

치료자: 예, 맞습니다. 그러나 반면에 내가 유명해지기를 원해서 그럴 수도 있겠죠?…… 내 이름이 신문에 나겠지요. [**긴 침묵**] 왜 내가 배려하는 게 가능합니까?

내담자: 그걸 생각해 봤는데요―정말 혼란이 와요…… 사실 나는 그걸 친구에게 말했는데요―내가 물었죠, "이 사람은 왜 신경을 쓰지?"

치료자: 그게 내 질문이에요…….

내담자: 위대한 인도주의자가 되는 느낌?

치료자: 꼭 그렇지는 않아요. 한 환자를 무료로 본다고 해서…….

내담자: 예, 맞아요.

치료자: 나의 의도가 무엇일까요?

내담자: 아마 흥미 있는 사례라고 생각하겠죠?……

치료자: 알고 있겠지만, 로저, 서른 살 이후에는―

내담자: 새로운 것은 아무것도 없다.

치료자: 예…… [나는 모든 것을 다 다루어 보았어요.] 내가 왜 신경을 쓸까요?

내담자: [**억누르며**] 생각해 볼 수 있게 일주일의 시간을 주세요.

치료자: 그럴게요. 그렇게 하시길 바라요.

내담자: 생각해 볼게요.

치료자: 좋아요. 아주 중요한 문제니까…… 이것은 치료의 관점에서만 중요한 게 아니라, 당신의 삶에도 중요해요. 왜냐 하면, 만약 어떤 사람이 당신을 배려할 수 있다면, 그때 당신은 다른 질문을 해야 할 테니까. 그리고 아마도 두 사람

이 배려할 수도 있겠지요.

내담자: [다소 말문이 막히며] 그걸 믿기는 아주 어려울 것 같네요.

면담은 이것으로 결말을 지었다. 로저는 치료자가 무엇을 말하고자 하는지 알았다고 덧붙였다. 그는 치료회기에 혼자 왔으며, 보호해 주는 사람 없이 밖에 나가기가 점차로 쉬워졌다. 그는 또한 훨씬 쉽게 운전하여 직장에 갔다. 로저는 "나는 그냥 당신에게 알려 주고 싶었다."고 말했다. 음주도 눈에 띄게 줄었다. 그에게 이것을 어떻게 설명할 것인지 묻자, 로저는 "내가 의미 있는 사람이라는 것을 알아차리는 현실감을 깨워주는 것이다."라고 대답하였다.

이 회기는 이전에 했던 회기(생활양식 측정 면담)와 함께 치료의 전환점이 되었다. 로저는 "의미 있는 사람"으로 자신을 받아들이기 시작했고, 열등감에서 벗어났다. 그가 열등감을 덜 느낄수록, 건강하고 협동적인 관계를 맺기가 더 쉬워졌다. 그는 타인에게 자기 자신과 그의 불완전성을 드러내면 무서운 운명에 처할 것이라는 자신의 두려움에 저항하여 더 이상 그 자신을 보호할 필요가 없었다.

6회기는 로저가 많은 생각을 했다는 주장으로 시작하였다. 그는 "내가 생각했던 것처럼 내 삶을 그렇게까지 낭비한 것은 아닌 것 같아요."라고 보고하였다. 행동적 관점에서 볼 때, 그가 좀 더 독립적으로 활동하려고 시도함에 따라 그의 소득은 계속 늘어났다. 모자크는 더욱더 격려하였으며 성장을 지속할 수 있도록 과제 설정(즉, 숙제)을 하였다.

치료자: 그러니까 내 의문은, 로저, 당신이 좀 더 행복한 삶을 살기 원한다는 것이 분명한 만큼—당신이 더 행복한 삶을 살도록 돕기 위해 우리가 할 수 있는 일은 무엇인가입니다.

모자크는 "우리"라는 대명사를 사용하였다. 그는 로저에게 치료는 협동적인 계획이라고 말하고 있는 것이며, 인간 관계는 상호 존중과 협동이 될 수 있다고 말하고 있는 것이다.

내담자: 글쎄요, 여기 있는 사람들[학급]은 제안할 수 있나요?

치료자: 아니요, 그들은 단지 관찰만 할 수 있는데요.

내담자: 그러면, 선생님은 제안을 할 수 있나요?

치료자: 나는 할 수 있어요. 그렇지만 나는 하고 싶지 않아요. 로저, 왜냐 하면, 그게 당신에게 좋을 거라고 생각하지 않기 때문이지요. 그리고 당신의 복지에 관여하고 있으면서 당신에게 별로 좋지 않은 일을 하고 싶지는 않아요……

치료의 책임은 분명히 로저에게 있다. 여기서 주고받은 메시지는 이것이다. 우리는 이것을 함께 할 수 있지만, 그러나 당신 삶의 책임은 당신이 져야 한다. 그리고 궁극적으로 잘되었건 잘못되었건 간에 책임져야 한다. 어떤 행동이나 숙제의 실행에서 "기대에 어긋난 결과를 얻었다" 할지라도, 로저는 아무도 비난할 수 없다. 그에게 책임이 있다.

로저는 오페라에 가기로 결정하였다. 그가 뒷줄에 앉을 수 있도록 자리를 배정받았다. 로저는 또한 예술 학교에 가기로 동의하였다. 모자크는 즉시 동의했고, 로저가 그것을 해낼 수 있다는 "믿음"을 보였다. 로저는 왜 모든 일이 그렇게 힘들어졌는가에 관하여 의아스럽게 생각했다. 그는 "스물한 살 때는 훨씬 쉬웠어요."라고 말하였다.

치료자: 왜냐 하면, 스물한 살 때, 당신은 자신에 관해 드러나게 낙담하기 시작했고, 스물한 살 때 동성애인 것을 "밝혔기" 때문이지요.

내담자: 예, 정확히 스물한 살 때.

치료자: 그때쯤에 당신은 드러나게 낙담하게 되었지요.

내담자: 글쎄요, 무엇이 일어났죠? 완전한 붕괴의 원인이 무엇이었을까요?……

치료자: 글쎄요, 내 추측에는 시간이 지남에 따라 당신이 생활에서 아무것도 하려 하지 않았기 때문에, 당신 자신에 대한 자신감이 좀먹어 들어간 것 같아요. 그리고는 몇 가지 나쁜 경험이 끼어들어 왔고[로저는 첫사랑 때문에 깊게 상처를 받았다], 당신은 이 모든 것을 함께 짜 맞추었지요. 그리고 이렇게 말했죠, "글쎄, 무슨 소용이 있어?" 그리고 내가 방향을 바꾸고 싶은 곳은 바로 거기에요. 왜냐하면 사람들은 낙담할 때보다 격려받을 때 더 잘 기능하기 때문이지요.

내담자: 이번 주에 아주 중요한 점을 찾았어요…… 나는 실망하는 것이나 다른 사람
이 나를 거부하는 것을 견디지 못해요. 나는 이것이 얼마나 심한지 전혀 몰랐
어요. 이것은 사랑하는 사람, 평범한 사람들, 친구들 이상이 되는 거지요. 그
결과로 나는 선물이나 즐거움을 제공하는 등으로 과도하게 너그러움으로써
사람들에게 정말로 지나치게 열중하지요.

치료자: 당신이 그들에게 인정을 받으려고 노력한다는 말인가요?

내담자: 예, 약간 과도하게.

치료자: 왜 그렇게까지 그들의 인정이 필요하다고 생각하십니까?

내담자: 모르겠어요. 나는 인정 없이 존재할 수 있다고 생각하지 않아요.

다른 사람들이 보기에 로저는 그의 지각된 열등감을 과보상하고 있다. 높은
기준을 가지고 있으면서, 자신을 낮추어 보는 것은 스스로 어느 누구도 그에게
'진실로' 관심을 가지지 않는다고 확신하게 만든다. 따라서 그는 그들의 인정
을 구한다. 모자크는 로저의 목표를 조망하도록 하였다.

치료자: …… 로저, 만약 우리가 어느 정도 인정을 받지 못한다면 우리 중 누구도 존
재할 수 있을 거라고 생각하지는 않아요. 그렇지만 우리가 모든 사람의 인정
을 받아야 하고 그들의 인정을 계속 받아야 하나요?

내담자: 그게 내 문제에요. 나는 끊임없는 인정이 필요해요. 나는 끊임없이 원했고,
끊임없이 그것을 찾았어요…….

치료자: 로저, 당신이 사람들을 기쁘게 하고 그들을 얻으려는 욕망—그런 종류의
일—과 그들에게 거부당하거나 인정받지 못할까봐 두려워하는 것은 정말 야
심 있는 목표군요. 있지요, 가톨릭 신자로서 당신은 하느님을 믿지요. 자, 여
기 하느님이 계셔요, 가장 완벽한 존재, 맞죠? 모든 사람이 하느님을 사랑합
니까?

내담자: [아주 부드럽게] 아니요.

치료자: 어떤 사람은 그분을 거부하기도 하지요?

내담자: [다시, 아주 부드럽게] 물론이지요.

치료자: 그리고 하느님을 사랑하는 사람조차도—그들은 끊임없이 하느님을 사랑할
까요? 자, 여기 기꺼이 인간 존재와 함께할 기회를 가지려고 하는, 가장 완벽

한 존재인 하느님이 계십니다—그렇지만 당신은 하느님이 가지려고 하는 기
회조차도 회피하는군요.

내담자: 좋은 지적이네요.

치료자: 당신은 하느님이 인류에 대하여 갖는 것과 똑같은 기회를 갖고 싶다고 생각
하세요?…… 만약 누군가 당신을 거부한다면…… 무신론자는 언제든지 있
지요.

내담자: 그들이 나를 거부한다고 해서 그들이 무신론자가 되는 것은 아니지요, 그렇
지요?[웃음]

치료자: 글쎄요, 어떤 점에서는 그렇지요.

내담자: 내 생각에 그건—성 로저가 공경받지 않는다. 맞아요—[다시 웃음] 정말 그래
요.

치료자: …… 아마도 로저, 누군가 당신을 거부하더라도 당신 자리는 있지 않을까요?

로저는 인정과 관심을 필요로 하고 거부당할까 봐 두려워한다. 그리고 모자
크는 비현실적이고 도달하기 어려운 그의 목표 본질을 직면시켰다. 그는 로저
가 심지어는 그것에 관하여 농담을 하도록 만들었다. 만약 그가 사람들과 너무
친밀하다면 그들이 로저를 통제할 것이고, 만약 그가 통제를 포기한다면 그들
은 그에게 쉽게 상처를 줄 것이다. 그리고 로저에게 상처를 주는 가장 확실한
방법은 그를 거부하는 것이다. 따라서 로저는 그의 관계를 통제하려고(로저의
언어를 사용하자면 '지배하려고') 할 것이다. 그는 통제할 수 없는 것은 원하지
않는다. 만약 그가 너무 능동적이라면 아버지와 너무 비슷하게 될까 봐 두려워
서 그는 어머니처럼 그것을 수동적으로 한다. 로저는 '이완'이 되기 위해서는
통제 상태에 있어야만 한다고 가정한다. 모자크는 통제를 덜 함으로써 더 통제
할 수 있는 것이라는 점을 그에게 확신시키고자 하였다.

로저는 그가 19세에 했던 약혼에 관한 주제를 제기하였다. 이 주제에 대한
주요 논의는 다음과 같다.

내담자: 나는 어린 여자와 약혼을 했어요…… 우리는 잘 어울렸지요. 그녀는 나를 자
극했지만—어느 정도까지—실제적인 성관계는 없었지요. 그리고 그녀와 헤

어졌어요······ 그녀가 마지막으로 한 말은 "당신은 이상해요"였어요. 분명히 그녀는 뭔가를 알아차렸을 거예요. 내가 그녀와 사귀던 2년 동안은 전혀 거부가 없었어요. 그건 내가 동성애를 표명하기 전이고 동성애가 무엇인지도 모를 때였어요.

치료자: 글쎄요, 무엇보다도, 당신이 동성애를 표명하기 전에 그녀가 당신에게 이상하다고 말한 것은 확실히 거부를 한 거지요. 그녀가 한 말은 당신에게 화가 났다고 하는 거예요······ 그렇지만 두 번째로, 그녀가 당신에게 이상하다고 말한 것은 뭔가를 눈치채서 그런 것이 아니라 당신을 자극하려고 여러 번 시도를 했지만 당신이 반응이 없으니까 당신을 그냥 약 올렸다는 느낌이 들어요. 그녀가 이 모든 문제를 가졌는데 당신이 반응하지 않았기 때문에 단지 불평한 것뿐이지요. 어떤 의미가 있었던 것은 아닌 것 같아요.

내담자: 음, 앞뒤가 맞는 것 같네요.

그들은 로저의 남녀 관계를 계속해서 탐색하였다. 로저는 동성애 주제로 다시 돌아왔다. 그들이 논의한 여러 가지 이유 중에서 로저에게 의미가 있는 것은 세 가지가 있었다. (1) 그는 남자에 대해 아주 나쁘게 생각하고 있어서 성장하면서 남자다움을 거부하였다. (2) 이성애보다 동성애가 더 쉬웠다. 헌신하지 않아도 되고, 책임감도 적었고 친밀감도 더 적다. (3) 로저는 자신이 남성은 더 쉽게 통제할 수 있는 반면에 여성이 그를 통제할까 봐 매우 걱정되었다. 면담은 지난 몇 주 동안 로저를 유혹하려고 했던 여성에 대해 이야기하면서 끝났다.

치료자: 만약 당신이 그 여성의 유혹에 넘어간다면 무슨 일이 생길까요?

내담자: 나는 정서적으로 혼란스러울까 봐 두렵겠지요.

치료자: 그리고?

내담자: 무슨 일이 생길지 잘 모르겠어요. 다만 그것은 내 성미나 기질에 맞지 않을 뿐이에요. 나는 그걸 그냥 받아들일 수가 없어요. 그뿐이에요.

치료자: 그래서 당신은 분명하게 그런 일이 일어나지 않도록 배제하지는 않는 거군요?

내담자: [웃음] 당신은 정말 나를 움직이는 방법을 아는군요?

치료자: [함께 웃으며] 그랬으면 좋겠군요.

내담자: 난 당신을 안 믿어요. 맞아요. 난 '아니'라고 말하지 않았어요. 그래서 아마
도 그런 일이 언젠가 일어날 가능성을 배제하지는 않지요.

치료자: 확실히 그래요.

이 회기는 로저의 동성애에 대해 한 가지를 덧붙이면서 끝났다. 동성애는 생
물학적인 상태가 아니라 선택이다. 만약 로저가 그것을 선택한다면, 공포와 불
확실성이 아니라 '좋은' 이유가 있어서 선택한 것이다.

일곱 번째 회기에서 로저는 좋은 기분으로 시작하였다. 그는 30분 정도 번화
한 시내 거리에서 지나가는 사람을 보면서 서 있었고, 그것을 즐겼다. 공포의
본질에 대해 묻는 것으로 논의가 진행되었다.

치료자: 있지요, 통제 상태에 있어야 하는 사람들만이 두려움의 문제로 곤란을 겪는
사람들이에요. 당신이 통제 상태에 있어야만 한다고 느낀다면, 잘못될 수 있
는 일이 너무도 많기 때문에 항상 두려워해야만 하지요.

내담자: 글쎄요, 어떤 사람들이 그렇게 사는 이유는 무엇일까요?

치료자: 그들이 용기를 잃었기 때문이지요…… 그러니까 용기란 무슨 일이 생길지
모를 때조차도 기꺼이 위험을 감수하는 것이니까요…… 아니면 당신에게 불
리한 일이 일어날 때조차.

내담자: 난 겁쟁이가 아니에요. 내 말은 만약 내 자신을 방어해야만 한다면 나는 싸울
거예요……

치료자: 당신은 완전한 겁쟁이에 대해 말하고 있는데, 어떤 부분에서는 자기 스스로
겁쟁이라고 생각하는 부분이 있겠지요. 집을 혼자 떠나는 것을 두려워할 때
당신은 겁쟁이지요. 안 그런가요?

내담자: 예, 그러나 나는 내 자신을 겁쟁이로 생각하고 싶지 않아요…….

치료자: 글쎄요, 겁쟁이란 무엇인가요?

내담자: 뭔가를 두려워하는 사람.

치료자: [웃음] 그 정의에 따르면, 내 생각에, 어떤 면에선 당신은 겁쟁이지요.

내담자: [약간 물러서면서] 누구도 전에 나를 그렇게 부른 사람은 없어요.

치료자: 글쎄요, 난 당신을 그렇게 부르지 않았어요.

내담자: 글쎄요, 선생님은 그렇게 암시하고 있어요.

치료자: 아니요. 난 당신을 그렇게 부르지 않았어요—내 말은 당신 스스로가 겁쟁이
　　　　로 생각한다는 거지요.

내담자: [아주 부드럽게] 거친 겉모습.

치료자: 자신이 방금 말한 것을 들었어요? "거친 겉모습"이란 말은 그것은 당신이 아
　　　　니라는 말이지요. 그 앞모습을 벗겨내고 나면 당신은 두려워하고 있는 어떤
　　　　사람이지요.

내담자: 내 짐작에는, 내가 아주 강하게 사람들을 대하는 것 같은데요.

치료자: 아주 많은 겁쟁이가 그렇게 하지요. 그들은 어느 누구도 자신을 식별해 내기
　　　　를 원하지 않아요.

내담자: 그렇지만 나는 부두 노동자들과 트럭운전자들을 다루는데요. 나는 정말 그
　　　　들을 혼내줄 수 있어요.

치료자: 그러나 친밀한 관계에서는—성적인 관계를 말하는 거는 아니에요—

내담자: 아니요, 아니요—

치료자: 사람들 사이에서 당신은 두려워하지요.

내담자: 글쎄요, 나는 사람들과 친밀한 관계를 갖지 않는데요…….

치료자: 물론이죠. 당신은 스스로를 겁쟁이로 보니까요. 당신은 모험하기를 꺼리지요.

내담자: 친밀한 관계에서 모험하기를 꺼린다고 해서 꼭 비겁한 건가요? 왜 꼭 친밀
　　　　한 관계를 가져야만 하지요?

치료자: 그럴 필요는 없지만, '어떤 관계도 갖지 않기로 선택하였다.'와 '어떤 관계
　　　　를 갖는 것이 두렵다.' 사이에는 차이가 있지요.

내담자: 맞는 말이네요.

　여기에서 치료자는 두 가지 방향으로 작업을 한다. 첫째는 광장공포증과 관
련된 소득이 계속될 것이라는 점을 확인하는 것이다. 용기의 상실로 증상을 재
구조화(혹은 틀 바꾸기: reframing)함으로써 로저의 합리화하는 능력은 크게 감소
되었다. 아들러학파는 이 기법을 '스프에 침 뱉기'라고 부른다. 그는 여전히 그
렇게 하기로 선택할 수 있지만, 확실히 좋은 '맛'은 아니다. 치료 관계가 잘 형
성되어감에 따라 모자크는 좀 더 직면적으로 그의 해석 스타일을 바꾸었다.

　치료자가 택한 또 다른 방향은 로저를 다른 사람들과 의미 있는 관계를 맺도

록 동기화시키는 것이다. 주어진 제한된 회기 내에서 모자크는 다른 사람들에게 '거칠게' 대하는 로저의 태도에 관해 작업하였다. 그가 통제를 할 때는 거칠었지만(예; 아랫사람과 일을 할 때) 1대 1의 관계에서는 '겁쟁이'였다. 다시 한 번 두려움 때문에 어떤 것을 선택해야만 하는 것과 좋아해서 그것을 선택하는 것 사이의 구별이 이루어졌다. 로저는 두려움 때문에 선택하였다. 그 다음에는 로저가 전반적으로 사람들을 혐오하는 것에 관하여 살펴보았다.

> 치료자: 당신은 사람들의 환심을 사기 위해 모든 일을 했다고 나에게 말했는데요—왜 기본적으로 불쾌한 사람들을 위해 그렇게 하기를 원하나요?……
>
> 내담자: 싫어하는 사람을 [집에] 초대하면 더 흥미롭다고 생각해요…… 그들에게 자신의 우월성을 입증할 수 있고, 그들을 무시할 수 있으니까…….
>
> 치료자: 예, 그렇지만 적어도 내가 배운 바로는—그리고 우연히 나는 그 안에 진실의 요소가 많이 있다고 생각하지만—다른 사람을 밀어내고 자신의 우월성을 획득해야만 하는 사람들은 무엇보다 그들 자신을 많이 생각하지 않는 사람인데요.
>
> 내담자: 당신 말이 옳을 수 있지만 여전히 기분은 좋아요—
>
> 치료자: 그렇다면, 당신이 말한 대로—
>
> 내담자: [가혹하게] 복수는 달콤한 것이다…….
>
> 치료자: 그들[로저가 무시하는 사람들]에 대해 이야기하는 대신에, 이제 당신의 열등감에 대해 이야기해 보지요…… 무엇이 당신을 열등하게 만드나요?
>
> 내담자: 몇 가지가 복합되었어요. 내가 태어난 곳, 환경, 가족, 우리는 뚱뚱한 굼벵이들이었죠. 나는 아무에게도 우리 가족을 보이고 싶지 않았어요. 나는 창피했어요.
>
> 치료자: 그것들이 당신과 어떤 관련이 있나요?
>
> 내담자: 가족들과 정말 한 번도 좋게 지낼 수가 없었기 때문에 나는 언제나 속았다는 느낌을 가졌어요.
>
> 치료자: 글쎄요, 아마도 그건 힘든 일이겠지요. 좋은 가족을 가지지 못한 것은 유감스러운 일이군요. 그런데 현재 그것이 당신이 열등감을 느끼는 것과 어떤 관련이 있나요? 많은 사람이 자신의 불행했던 초기 가족생활을 극복하잖아요…….

내담자: 또 다시 나의 완벽함인데요…… 나는 집 밖을 나갈 수도 없을 거예요, 만약…….

치료자: 다시 말해, 다른 사람들과 동등해지기 위해서는 흠집 하나 없이 완벽해야만 한다는 말이군요.

내담자: 예, 나는 위에 있어야만 해요. 나는 숭배받고 싶어요…… [감정적으로] 나는 사는 내내 무시당해왔고, 사람들은 나를 놀렸어요. 그들은 나를 뚱뚱한 굼벵이, 돼지라고 불렀지요…… 이제 나는 사람들이 나를 보고, 나를 원하기를 바라요. 나는 그들이 내 환심을 사기 위해 애를 태우기를 원해요—남자든 여자든. 정말 그들이 나를 갈망하기를 바랍니다…….

치료자: 방금 내 주의를 끄는 말을 했는데요.

내담자: 그게 뭐지요?

치료자: 남자든 여자든 나를 갈망하기를 바란다. 왜 양쪽 다지요?

내담자: 왜 양쪽 다냐고요? 나는 나를 숭배하거나 특히 내가 아니라고 말할 때, 나와 잠자리를 같이 하기 원하는 여성이 좋아요. 그건 나를 흥분시켜요…….

치료자: 그들을 흥분시키기 위해 당신을 흥분시키는군요.

내담자: 예. 성적으로 [수줍게].

치료자: 그러니까 근본적으로 당신은 자라는 동안 당신을 힘들게 한 세상을 향해 복수하기를 원하는 거군요?

내담자: 자랄 동안만 그런 게 아니에요. 계속해서 그랬어요.

치료자: 그래서 당신은 그 상처를 세상에 돌려주기를 원하나요?

내담자: [후회하면서] 사람들은 상처 주는 방법을 알고 있어요. 그들은 칼을 들이미는 방법을 알고 있지요. 누군가 단지 "맙소사—몸무게가 늘었군요. 엄청나네요" 혹은 그 비슷한 말을 했을 때, 사람들이 개인적으로 겪는 불행에 대하여는 아무도 모르지요…….

치료자: 그래서 세상에 대항해서 계속해서 싸울 계획인가요?

내담자: 아니요. 나는 싸우는 데 지쳤어요…….

치료자: 남은 인생 내내 싸울 준비가 된 것처럼 들리는데요.

내담자: 만약 그럴 필요가…….

그들은 로저가 다른 사람들을 대하는 입장에 대해 계속 이야기하였다. 아들러는 신경증을 마치 그들이 적대적 영역 안에 있는 것처럼 인생을 살아가는 것이라고 묘사하였으며, 그것은 로저의 삶을 살아온 방식을 정확하게 나타낸다. 모자크는 특히 그 자신에 대한 태도를 바꾸도록 격려한다.

> 치료자: 당신은 아마도 싸움을 멈추길 원할 것 같은데요?
> 내담자: 그러고 싶어요. 그러나…….
> 치료자: 그러나 그들이 그렇지 않다고요?
> 내담자: 그러나 그들은 틀림없이 그렇지 않을 거예요. 나는 원하는 것 이상이에요[열정적으로], 싸우는 데 지쳤어요. 오랜 동안 싸워왔거든요…….
> 치료자: 당신이 지쳤다고 이야기할 수 있는 한 가지 방법이 있는데—입으로 그렇게 말하는 것이 아니라 당신의 주먹을 아래로 내리면 되요.

모자크는 로저가 다른 친구들을 찾아보도록 격려하였다. 즉, "싸울" 준비가 되어 있지 않고 많은 결점을 찾을 수 없는 친구들, "나를 잘 대접해 줄 친구를 갖는 것이 좋겠어요."라고 치료자가 덧붙였다.

> 내담자: 있지요-선생님이 맞아요. 이번 주에 내가 아는 사람들의 전체 목록을 마음속으로 살펴봤어요. 그리고 그 사람들을 하나씩 지웠어요. 선생님 말이 맞는데요. 그들 중 몇 명은 정말 형편없는 놈들(assholes)이에요. 그들은 항상 그랬는데, 왜 내가 그들과 10년, 14년을 함께 하면서 신경을 써 왔는지 모르겠어요.
> 치료자: 좋아요…… 형편없는 놈이 아닌 다른 사람을 선택하는 것이 가능할까요?

로저는 노력하기로 동의하였다. 모자크는 "더 쉬운 삶"을 살도록 그를 초청하였다. 로저가 살아왔던 삶은 정말로 힘든 삶이었다. 로저는 사람들을 만났을 때 "시비조"로 말했음을 인정하였다. 그는 그들이 적대적일 것이라 생각하였다. 모자크는 로저가 새로운 사람을 만났을 때 마음에 새겨야 할 이미지를 만들어 내었다.

> 내담자: 이제 나는 그 사람들이 좋은 사람인지 생각해 봐야만 하겠네요.

치료자: 왜 그렇게 생각해야만 하죠? 단지 그들을 대충 훑어보고…… 그냥 그들을 경험하면 어때요, 그들이 정말 좋은지 형편없는지 선입견을 갖지 않고 그냥 알아 가면 어때요?…… 당신은 전에 킁킁거리는 두 마리의 개를 본 적이 있나요? [둘 다 웃는다.] 그들은 서로를 훑어보죠, 알겠어요?

내담자: [웃으며] 그래서 선생님은 내가 "킁킁거리길" 원하나요?

치료자: 그래요. 킁킁거리기, 정확하게……

내담자: 그러면 나는 다시 거절에 대한 두려움을 갖게 될 거예요.

치료자: 그래서요—모든 사람이 당신을 사랑해야만 된다는 의미인가요? 심지어 하느님도 그런 특권이 없다는 걸 기억하세요. 만약 당신이 충분히 좋은 사람이라는 것을 알기만 한다면 그들이 당신을 어떻게 생각하는지를 염려할 필요가 없어요.

내담자: 이젠 내 신전을 허물어야 될 때네요, 그렇죠? 어떤 사람이 내 집에 대해 말했어요. 그는 내가 내 자신만의 신전을 짓고 있다고 했어요. 그때 나는 정말 화가 났지요. 이제 그가 옳았다는 걸 알겠어요. [긴 침묵] 완벽하게. 그건 내가 오래 전에 깨달은 바지만, 난 그걸 인정할 준비가 되어 있지 않았어요…….

치료자: 그러니까 당신의 집조차 당신이 신과 같다는 기준을 반영하는군요.

두 사람은 로저가 잘 알고 있었지만 공식적으로 말하거나 조사해 보지 않았던 주제를 논의하였다. 그는 자신이 가진 "신과 같은" 기준과 강한 열등감, 과도한 민감성, 다른 사람들을 향한 적개심에 직면하였다. 로저의 인생사에 동정을 보이면서도 치료자는 지속적으로 열등감을 느끼고 열등하게 행동하는 것에 대한 책임감에 대하여 로저를 강하게 직면시켰다. 로저는 자신의 과거를 계속 비난할 수 없었다. 언급할 만한 다른 중대한 주제는 아들러학파가 행동을 강조한다는 것이다—만일 로저가 진정으로 싸우는 데 지쳤다면, 그는 "주먹을 내려 놓아야만" 한다. 아들러학파는 행동의 탁월성을 강조한다. 개인은 단순히 "좋은 게임에 대해 말하는 것" 이상을 해야만 한다. 그들은 움직여야만 한다.

로저는 8회기에서 어머니와 그의 관계에 대한 주제를 떠올렸다. 그때에 이르러서는 광장공포증이 거의 사라졌다. 그는 연극에 참가하였고, 그것을 즐겼다. 그는 음주로 인한 문제들이 사라졌다.

치료자: 자, 로저, 나는 만약 누군가가 죄책감을 느끼도록 선택하지 않는다면 아무도 죄책감을 느끼지 않을 것이라고 보는데요…… 왜 당신은 어머니를 존경하는 데 대한 죄책감을 느끼도록 선택했나요?

내담자: 무엇보다 어머니가 맹인에 신체불구자이기 때문이지요. 어머니는 이것을 나에게 대항하는 버팀목의 일종으로 사용해요. 혼자 있는 것을 싫어해서 주변에 늘 사람들이 있어요. 사람들이 함께 살지요.

치료자: 그분이 어떻게 당신이 죄책감이 들도록 만드나요?…… 그대로 말해 보세요.

내담자: "너는 나를 떠났지—내 걱정은 전혀 하지 않고"…… 그런 식으로 계속하고, 계속하는 거지요.

치료자: …… 당신은 뭐라고 말했나요?

내담자: 나는 어머니 감정을 상하게 하고 싶지 않았기 때문에 보통 아무 말도 안 하지요.

문제가 좀 더 명료화된 후에, 모자크는 요점에 이르렀다.

치료자: 몇 가지를 물어보고 싶은데요. 로저, 먼저 어머니가 "너는 나를 떠났지—내 걱정은 전혀 하지 않고 등등."이라고 말할 때, 어머니가 당신이 죄책감을 느끼게 하려 한다고 생각하나요?

내담자: 어머니는 그걸 좋아해요.

치료자: 나는 그분이 무언가 다른 걸 원한다는 기분이 들어요.

내담자: 그래요?

치료자: 예—그리고 당신이 그것을 전달하지 않는다는 기분이 들었어요. 당신이 그걸 전달하고 싶지 않아서가 아니라, 어머니가 요구하는 것이 무엇인지조차 모르기 때문이지요. 내 추측은 어머니는 당신이 그분을 사랑한다고 말하도록 당신을 초대한다는 거죠…… 아마도 어머니는 단지 당신이 그분을 배려하고 있다고 안심시켜주기를 바라지 않았을까요?……

내담자: 맞아요. 나는 한 번도 그 말을 한 적이 없어요. 한번 시도를 해봐야겠네요. 바로 그건 거 같아요. 선생님이 잘 맞춘 것 같아요.

그들은 왜 로저가 죄책감을 느끼도록 선택했나를 논의하기 시작하였다. 일차적인 목적은 완벽하려는 그의 욕망인 것으로 보인다. 이것은 그의 "신과 같아지려는" 목표와 연결된다. 로저는 그가 해야 되는 것이 많다고 느꼈고, 자신의 이상에 못 미치는 일을 할 때는 죄책감을 느꼈다. 이것은 로저가 사람들과 친밀해지는 것 그리고 그의 감정을 보여 주고 표현하는 것을 두려워하는 것과 합쳐져서 그의 어머니가 고통과 불평을 통해 가까워지려는 시도를 하는 것에 대하여 거리를 두게 만들었다.

아들러학파는 우리가 다른 사람의 행동을 변화시킬 수는 없지만 자기 자신의 행동은 변화시킬 수 있다고 믿었으며, 그렇게 하여 상황도 변화시킬 수 있다고 믿는다. 로저는 어머니의 행동을 변화시킬 수 없었지만, 그것에 대한 반응은 변화시킬 수 있었다. 그가 그렇게 했을 때 그를 놀라게 한 일이 일어났다. 로저는 어머니에게 사랑한다고 말했고 진심 어린 관심을 나타냈으며, 로저의 보고에 따르면 그의 어머니는 '좀 더 너그럽게' 되었다. 그는 어떤 오후에 있었던 대화 후에 그들의 관계가 좋아졌다고 보고하였다.

그 다음에 면담은 다른 사람이 그를 지각하는 방식에 대한 로저의 견해로 옮겨 갔다. 로저는 먼 길을 왔음을 인정하였지만, 자신을 다른 사람들에게 너무 많이 개방하는 것을 아직도 두려워하고 있다는 사실에 대해 걱정을 표현하였다. 그들이 "진짜 로저"를 안다면 그를 좋아하지 않을 것이다. 모자크는 그 자신의 규칙 중 하나를 "깨뜨렸다". 그는 교실원들이 참여하도록 하고 그들이 로저에 대해 어떻게 생각하는지 말하도록 하였다. 로저는 어리벙벙하게 되었고 걱정하면서 기다렸다. 그들의 반응은 압도적으로 흥미와 진심 어린 관심이었다. 로저의 기대(마지못해 인정했던)와 다르게, 어느 누구도 지루해하지 않았고 어떤 식으로도 그에 대해 마음에 들지 않는 점을 찾지 못하였다. 교실원들의 반응이 끝났을 때 모자크는 로저에게 어떻게 생각하는지 물었다.

> 내담자: [매우 차분하게] 아주 감동 받았어요…… 그들이 나를 아주, 아주 기분 좋게 했어요—기분이 최고예요…… 그들은 정말로 나를 진지하게 받아들이는군요. 내가 관심받을 가치가 있다는 건 꿈에도 생각지 않았어요.

로저는 모자크와 함께 왜 자신이 그렇게 놀랐는지에 대한 논의를 계속하였다. 사람들은 그의 모든 약점, 흠 그리고 결함을 보았음에도 불구하고 그를 배려하였다. 로저는 진정으로 감동받았다. 치료자가 제기했던 주제는 이제 로저가 새롭게 발견된 지식에 대해 무엇인가 하기를 원하고 사람들과 어떤 기회를 잡고자 할지 모른다는 것이다. 거의 즉시 로저는 "배려하고 있는 것 같은 사람을 만났고, 노력하고 있다."고 말하였다.

로저는 정말로 그를 사랑해 주는 누군가를 원한다는 것을 인정했고 그가 사랑할 사람, 즉 젊은 남자를 발견하였다고 생각하였다. 그들은 한 주일을 같이 보냈고(마지막 치료 회기 이래 2주가 지났다) 그 남자의 애정을 '얻으려는' 로저의 시도에도 불구하고 그 남자는 거절하였다. 그는 진정으로 배려하는 것 같았다. 회기는 로저가 "나는 정말로 사람들에게 관심이 있다."라고 말하면서 끝났다. 모자크는 로저에게 과제를 주었다.

치료자: 숨어 있던 진짜 당신이 나타난다면 우리가 무엇을 볼 것 같아요?

내담자: [웃음] 아마도 굉장한 혼란…… 정서적 파멸, 정말로 대처할 수 없는 사람…….

치료자: [몰래 감정적이 되고 가끔 혼자 있을 때 우는 로저의 성향에 대한 이야기] 우는 것은…… 남자다움(masculinity)―말장난을 하면, 당신이 혼란스럽다고 하니까 혼란스러움(mess-culinity)과 아무런 관계가 없어요.

내담자: 좋은 말이네요. 좋은데요.

치료자: 그것은 단지 인간이라는 것과 관련이 있어요. 나는 당신에게 과제 하나를 주고 싶군요? 당신은 혼란스러워하지 않는 사람을 알고 있나요?

내담자: 예.

치료자: 좋아요. 다음 주 동안 당신이 그런 적절한 사람들 중 한 사람인 것처럼 행동해 보기를 바라요. 자, 그건 연기를 하는 것과 같아요. 그러나 햄릿을 연기하는 사람이 연기를 하고 있을지라도 거짓이 아닌 것처럼 물론 당신의 행동도 거짓이 아니죠. 나는 단지 당신이 그 역할을 시도해 보기를 바라요. 한 주 동안 마치 당신이 혼란스럽지 않은 사람인 것처럼 행동하도록 하세요. 그리고 만약 당신이 그것이 구체적으로 무엇을 의미하는지 모른다면, 의심스러운

상황에 처했을 때, 당신은 "적절한 행동을 하는 아무개가 이러한 상황에서 어떻게 행동할까?"라고 말하세요. 그리고 나서 그렇게 해 보세요.

로저는 건강하고 친사회적인 방향으로 움직이고 있다. 사회적인 관심이 마음 속에 생기고 있다. 그의 태도가 변하고 그의 동기가 수정됨에 따라 모자이크는 행동적 요소를 포함시킨다. 로저는 자신을 "혼란스러운 사람"으로 여기는 데 익숙하다. 그의 완벽을 위한 노력은 보통 열등감과 만나게 된다. 따라서 주관적으로 그는 "몰락한 사람"—혼란스러운 사람처럼 느낀다. 동기는 빠르게 변할 수 있지만, 행동적 요소는 연습과 자기훈련이 필요하고 꽤 자주 동기 변화를 침체시킬 수 있다. 마치 그가 적절한 사람인 것처럼 행동하는 과제는 모델링 원리를 도입한 것인데, 특히 로저에게 그가 알고 있는 적절한 사람인 것처럼 행동하도록 요구할 때가 그렇다. 로저가 과제를 따른다면, 그는 행동적 요소를 좀 더 빠르게 그의 수정된 생활양식에 통합할 것이다. 조만간 적절하게 행동하는 것과 적절한 사람이 되는 것의 구별이 어려울 것이다.

로저는 9회기에 와서 직장에서 일어난 상황을 이야기하였다. 한 여자가 그에게 와서 "당신에게 관심이 있어요."라고 그에게 말했을 때, 그는 삶이 얼마나 '역겨운 것'이며, "모든 사람이 당신을 해치려고 하고 아무도 관심을 가지지 않는다."고 '야단법석'을 떨었다. 그는 자신이 생각할 수 있는 것은 오로지 치료회기에 대한 것뿐이었다고 하였다. 그는 기분이 "아주 좋다."고 말하였다. 그는 미소지었다고 말했고, 그것이 그날 저녁을 통째로 바꾸어 놓았다고 말했다.

면담은 로저의 꿈에 대한 논의로 이어졌다. 아들러학파는 꿈을 생활 문제에 대한 가능한 해결책을 시연하는 것으로 보았다. 꿈은 목적을 가지고 있고 다음 날까지 이어지는 정서를 만들어내고, 개인이 그들의 생활양식과 일관된 특정 방식으로 행동하도록 동기를 부여한다. 로저는 다음과 같은 꿈을 꾸었다.

내담자: 나는 침대에 누워 있었어요…… 눈을 뜨자 침대 끝이 보였어요. 모든 사람이 1800년대 복장을 입고 칵테일파티를 하고 있었어요. 이런 사람들 속에서 한

여자—환상적으로 아름다운 여자—가 다가와서 내 침대 가장자리에 앉아서 말했어요. "당신의 문제를 제가 도와줘도 될까요—우리 그것에 대해 이야기하기로 해요?" 나는 말했어요. "사라져요—이건 마티니나 다른 걸 너무 많이 마셔서 그런 거야." 그러나 우리는 이야기를 했고 그녀는 "뭐가 잘못된 것인지 말해 보세요."라고 말했어요. 나는 우리[모자크와 로저]가 이야기했던 것들을 계속 말했어요. 나는 정말로 기분이 훨씬 좋아졌어요.

치료자: 무엇에 대해 훨씬 더 좋아졌나요?

내담자: 나 자신과 삶에 대해…….

치료자: 좋아요. 그건[꿈] 당신이 창조한 것이죠. 왜 당신은 침대 밑에 여자를 있게 했어요?

내담자: 그것에 대해 생각을 했죠. [웃음] 왜 그런지 잘 모르겠어요…….

치료자: 왜 아름다운 여자일까요? 거기에 못생긴 여자가 있을 수도 있었죠. 로저, 당신은 이성관계를 갖는 사람이 되는 것을 가지고 노는가요? 아니면 적어도 시도하고 있나요?

내담자: 아—예, 나는 그것에 대해 생각해 보고 있어요[매우 수줍어하며].

그들은 로저의 놀라운 시인에 대해 계속 논의하였다. 만약 그가 여자와 관계를 맺는다면, 얽매이게 될까 봐 두려워하였다. 로저는 몰두되지 않고는 여자와 관계를 맺어본 적이 전혀 없었다. 그것은 다시 로저의 이상화된 여성상과 관련이 있다. 그는 여자는 단지 "함께 잠을 자는" 존재는 아니라고 믿었다.

치료자: 로저, 만일 내가 오늘 오후에 도박사를 만나서 다음 6개월 내에 당신이 여자와 함께 잠자리를 할 것인가에 관해 내기를 한다고 해 봅시다. 내가 질까요, 이길까요?

내담자: 당신이 이길 겁니다.

치료자: 좋아요. 확률은 어떻게 될까요?

내담자: 90대 1[그가 여자와 자지 않을 경우].

치료자: 90대 1은 여지가 거의 없는 거네요. 그리고 당신의 [꿈]은 당신의 승산이 90대 1보다 더 크다는 것을 얼마간 암시해 주는데요…….

모자크와 로저는 "확률 게임"을 하였다. 그것은 미래에 개인이 하게 될 잠재적 움직임을 조사하는 방식이다. 비록 로저가 심리적으로, 감정적으로 이성교제를 준비하고 있기는 하지만, 행동적으로 그는 망설이고 있다. 두 사람은 로저가 여자와 더 편안하게 지낼 수 있는 여러 가지 상황을 탐색하였다.

그 회기는 로저가 치료에서 배운 것을 요약하면서 마무리하였다. 그는 걱정하는 것이 줄어들었고 자신을 더 잘 수용하였다. 그는 사람들에게 '아니오' 라고 말하는 것, 스스로 안됐다고 느끼기를 멈추는 것 그리고 '더 잘 활동하는 것' 을 배웠다. 가장 중요한 것으로 로저는 그가 인간이라는 것을 배웠고 그것이 그에게 가장 의미 있는 일이라고 말하였다. 떠나기 전에 그는 직장에서 자신의 직무 수행이 많이 증진되었고, "중요한 승진"을 하게 되었다고 말하였다. 떠나면서 그는 교실원들과 치료자에게 따뜻하게 잘 지내라고 말하였다.

로저는 마지막 면담을 하러 다시 오지 않았다. 뜻밖에 그의 어머니가 매우 편찮아지셨다. 로저는 어머니를 위해 그녀와 함께 있기 원한다고 결정하였다. 어머니는 그가 도착하자마자 돌아가셨다. 연구소에 할당된 시간이 끝나서 로저는 스스로 관리해 보기로 결정하였다.

요약 및 결론

아들러학파 심리학은 인간의 통일성과 일생을 통한 개인의 목표와 움직임을 검토하는 것을 강조하는 총체주의적이며, 목적분석적인(teleoanalytic) 이론이다. 유용한—즉, 건강에 도움이 되고, 협동적으로 기능하는—행동이 치료의 궁극적인 목표로 간주된다. 정서적 및 심리적 요인들로 구성되는 그런 행동은 사회적 관심이라 불린다.

심리치료의 과정 동안 로저는 세상을 적대적으로, 자신을 열등한 사람으로, 다른 사람들을 적으로 보았던 입장에서 다른 사람들과 진실하게 관계를 맺고 자신을 수용하는 입장으로 나아갔다. 자기 주위의 사람들을 통제하고 지배하려는 광장공포증의 증상에 대한 그의 선택에서 가장 두드러지게 나타나는 개인적 우월성에 대한 비현실적으로 높은 목표는 그가 자신에 대해 더 자신감을 얻게 됨에 따라 그리고 그의 열등감이 잠잠해지면서 더 수용적이고, 배려하고, 서로 존중하는 자세로 바뀌게 되었다. 아홉 번의 치료회기에서 그는 생활과 타인 및 자신에 대한 그의 오리엔테이션을 재평가하였고, 더 행복하고 더 생산적인 개인을 드러냈다. 그는 사회적 관심을 발달시켰다.

모자크는 로저가 사회적 관심을 향하도록 여러 가지 기법을 활용하였다. 그는 로저를 격려하고 희망을 주었다. 생활양식 평가를 활용함으로써 치료자는 단지 증상을 제거하는 것이 아니라, 내담자의 잘못된 태도를 수정하는 작업을 하였다. 많은 시간 동안 치료자는 직면, 미래 자서전, 유머, 확률 게임, '마치 ~처럼' 행동하기, 과제설정, 꿈, 다중 심리치료, 해석, '내담자의 스프에 침 뱉기', 조망 갖기, 심상 만들기 및 질문 등의 전술을 이용하였다.

로저의 확신이 더 적응적이고 융통성 있게 되면서, 그의 사적 논리는 더 상식적으로 되었다. 그는 유용하고 협동적인 방식으로 생활이 주는 도전을 직면하는 동기를 더 많이 가지기 시작하였다. 개인심리학은 심리치료자와 내담자에게 그러한 변화를 촉진하는 체계와 철학을 제공한다.

사례3 _ 분석적 심리치료

3

크리스티나

Barbara S. Sullivan

편집자 서문   이 사례에서는 분석적 심리치료의 풍부함과 깊이를 볼 수 있다. 치료자는 내담자가 정서적으로 성장하도록 돕기 위해 전이와 역전이의 분석뿐 아니라 꿈 분석과 내담자의 그림 분석을 사용한다. 내담자와 치료자는 모두 내담자의 개인적 성장과 발달에 관심을 갖고 자신의 아이들을 버린 내담자의 결정에 대한 그들의 강한 정서적 반응을 다루어야만 한다. 남자 치료자가 이 주제를 충분히 이해할 수 있거나, 이것을 효과적으로 다룰 수 있는지 살펴보면 흥미로울 것이다.

치료의 한 시점에서, 내담자는 자신의 치료자에게 매우 비판적이 되어서 드러내 놓고 그녀가 분석적 심리치료를 실시하기에는 부적절하게 훈련받았고, 자격이 없다고 말한다. 설리반은 이 문제를 잘 다룬다. 그녀와 내담자는 이 문제를 작업하고 나서 다른 치료적 주제로 옮겨 간다.

이 사례는 5년에 걸쳐서 매주 세 번씩 만난 치료자와 내담자의 깊이 있는 관계를 기술한다. 이러한 종류의 분석은 정서장애의 치료뿐 아니라 자기 성장에도 목표를 두고 있다.

Barbara Stevens Sullivan (1989). "Two Clinical Examples," *Psychotherapy Grounded in the Feminine Principle* (pp.164-172). Chiron Publications. 출판인의 허락을 받아 발췌 게재함.

크리스티나가 치료를 받게 된 직접적인 문제는 그녀가 자신의 일에서 중요한 창조적 프로젝트를 시작할 수 없고, 인생의 의미나 방향에 대하여 허무감과 혼란감을 갖고 있다는 것이었다. 나를 방문하기 아홉 달 전쯤 그녀는 남편과 사춘기 직전의 두 아이를 떠나 임시 거주지에 세를 얻었다. 그녀의 결혼생활에서 서서히 자라난 절망감은 그곳을 떠난 후에도 별로 나아지지 않았고, 오히려 더 심한 절망으로 이끌었다. 단순히 가족을 떠난다고 해서 새로운 탄생이 이루어지는 것이 아님을 깨닫고 그녀는 나에게 치료를 요청했다.

나는 크리스티나를 심한 자기애적 곤란을 지닌 지적이고, 재능이 많으며, 전문적으로 잘 기능하고 있는 여성으로 보았다. 그녀는 한 주제에서 다른 주제로 건너뛰면서 무질서하게 단편적으로 자신을 나타내었고, 분명히 우리들이 지난 시간에 이야기했던 것을 기억할 수 없거나 어제 또는 지난 주에 기억했던 것을 정서적으로 연결할 수 없었다. 주관적으로 그녀는 분열되고 길을 잃어버렸다고 느꼈다. 작업한 지 두 달쯤 지났을 때 그녀는 자신의 전체성에 깊은 상처가 있음을 보여 주는 꿈을 제시했다.

나는 길고 좁은 그림을 그렸는데, 이것은 나에게 아동도서에 있는 털 달린 네 발(Four Fur Feet)이라는 그림을 생각나게 한다. 꼭대기에는 연한색의 하늘이 있었고, 밑에는 숲이 우거진 장소와 사슴이 있는 풀밭이 있었다. 하나의 목가적인 풍경이다. 그림의 오른편에 나는 플라스틱으로 된 모양 하나를 놓았다. 그것은 팔과 눈이 있는 작은 8자 모양이었다―아이의 생일 축하 케이크에 놓는 촛불과 같은 8자 모양이다 (그림을 보라).

이것은 플라스틱이기 때문에 변화될 수 없는 그림의 한 부분이다. 내가 그것을 만들었기 때문에 '나는 그것이 자위행위가 아니라는 것을 명확히 하기 위해 여기에 손을 둘 것이다.'라고 생각했다. 나는 이 그림을 한 여성에게 보여 주었고 그녀는 사람들에게 그것을 보여 주었으며 그들은 그것을 많이 칭찬했다. 나는 영감을 일으켜 주어 고맙다고 그녀를 칭찬했다.

플라스틱 그림은 크리스티나에게 그녀가 융(Jung)의 작업에서 보았던 도표를 생각나게 했다.

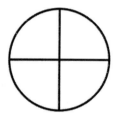

…… 융은 이 도표를 자기 원형의 지도로 사용한다. 크리스티나의 자기상으로서 플라스틱 8자 모양을 해석하는 것은 여덟 살 때 생일 축하 케이크에 대한 그녀의 연상이 지지해 준다. 4는 전형적으로 전체성의 숫자다(예를 들면, 나침판의 네 점, 일 년의 4계절). 8은 4의 두 배다. 변화할 수 없는 요소를 분할된 자기와 연관지으면서, 크리스티나는 자신을 통합하는 것에 대한 그녀의 무의식적인 절망을 표현하고 있다.

그녀의 본질적인 분열은 두 번 꼬인 모양의 8자가 가진 요소들에서 더 잘 표현되었다. 눈은 상반부에 있고 손은 아래쪽에 있다. 눈은 손이 무엇을 하는지 볼 수 없다. 손은 눈의 방향과 단절되어 있다. 우리가 이 심상에서 다른 모든 것처럼 고정되어 있다고 추측해야 하는 손의 위치는, 일어나고 있는 것이 자위행위가 아니라는 것을 명백하게 한다. 따라서 손의 위치는 또한 자위행위를 불가능하게 한다. 크리스티나는 영원히 자신에게 즐거움을 줄 수 없고, 자신의 육체를 사랑할 수 없으며, 자신에게 성행위를 할 수 없다.

이러한…… 비관적인 암시는 꿈의 두 가지 긍정적인 요소 때문에 약화된다.

첫 번째는 그림의 배경을 이루는 전원적인 시골풍경이다. 크리스티나가 기억하는 책, 즉 털 달린 네 발은 알 수 없는 털 달린 동물의 이야기인데 이 동물은 "털 달린 네 발로/세상을 걸어다니고/아무런 소리도 못 낸다." 마찬가지로 조그마한 어린이로서 크리스티나는 자기 말을 들어주지 않을 것이라는 점에서 '결코 소리를 내지 못하는' 존재로 자기 자신을 경험했음이 틀림없다. 그러나 털 달린 네 발이 걸어다니는 둥글고 둥근 세상의 그림은 놀랍게도 다양하고 색깔이 풍부하다. 이 세계는 야생 동물과 물고기, 도시와 철도, 목장, 강 그리고 빛나는 따뜻한 태양을 포함하고 있다. 털 달린 네 발은 놀랍게도 온전하고 생기 있는 주변을 모두 돌아다닌다.

두 번째의 희망적인…… 꿈 속의 요소는 크리스티나와 다른 여성의 관계인데, 이 관계는 우리의 작업과정에 생활의 문제를 가져오도록 할 수 있을 것이다. 이 다른 여성은 크리스티나와 그녀가 한 일에 관심을 보임으로써 분명하게 크리스티나가 자기의 상태를 그리도록 영감을 준다. 비록…… 크리스티나가 정서적으로 자신의 꿈의 의미를 음미할 수는 없었지만, 그 심상은 영구적이었다…… 다른 사람들이 그림을 보았을 때, 그림은 칭찬받았고, 이것은 크리스티나로 하여금 자기 자신을 좋게 느끼게 했고, 그녀를 도왔던 여성을 향해 관대함을 느끼게 했다. 그녀는 칭찬받은 결과 사랑으로 가득 차게 되었으며, 그녀 자신을 사랑하며 자신의 동료를 사랑한다…….

꿈의 지시는 명료한 것처럼 보였다…… 나는 그녀가 그린 그림을 보기로 되어 있었고, 그녀의 노력에 대한 나의 감상을 그녀에게 전달하기로 되어 있었다. 가장 간단히 말하면, 크리스티나는 나에게 소중히 여겨지고 존중받기—사랑받기—를 원했다…….

그러나 다른 사람의 경험을 공감하는 것은 단순하지 않았는데, 우리의 작업 첫 두 해 동안 나는 자신의 아이들을 떠났던 여성인 크리스티나에게 동조하기가 대단히 어려웠다…… 처음에 나는 자기의 아이를 "버렸던" 이 여성에 대한 내 반응의 강도를 충분히 인식하지 못했다. 그러나 회상해 보건대, 나는 얼마

전 내 친구가 자신의 아이들을 두고 떠났을 때 얼마 지나지 않아 친구관계가 깨졌다는 것을 기억했다. 내 안에 들어 있는, 자신의 아이를 두고 떠나는 어머니의 심상에 대한 증오를 떨쳐버릴 수가 없었다…… 그런 여성을 눈앞에서 본다면, 어떤 어머니라도 자기 아이를 두고 떠나려는 자신의 충동에 직면해야만 한다. 누구든지 어머니가 우리를 유기했던 방식에 직면해야만 한다. 크리스티나의 곤경에 동조하는 것은 이런 인간 드라마에서 나쁜 엄마 역할을 하고 있는 여성을 동정함을 의미한다.

한 사례에서 무엇이 진행되고 있는가에 관하여 우리가 가질 수 있는 가장 즉각적인 정보는 역전이 자료이며, 우리 작업의 첫 두 해 동안에 내가 크리스티나와 가졌던 가장 흥미로운 역전이 경험은 그녀와 같이 있는 시간에 내가 신체적으로 냉기를 느낀다는 것이었다. 그녀가 아이들에 대해 이야기할 때면 틀림없이 나는 떨기 시작하는 것을 알아차렸고, 거기에서 출발해서 그녀가 아이들에게 놀랄 정도로 냉담하게 대하는 것에 관해 묘사할 때 그런다는 것을 곧 알게 되었다…….

작업의 초반부 동안에, 내가 그녀 아이들의 문제와 관련해서 그녀에게 취한 이론적 태도는 다음과 같이 요약할 수 있다. 그녀는 아이들을 거부하고 미워하는 감정을 간직할 수 없었기 때문에, 그녀의 감정이 그녀를 소유해 버렸고, 예고 없이 아이들을 떠나게 했다. 나는 그녀 자신의 진정한 부분으로써 그러한 거부 감정을 받아들이고 직면하도록 도와주는 것이 나의 임무라고 보았다…….

만일 내가 자신의 아이들을 두고 떠나는 여성에 대한 외부적 시각으로 분개하지 않았다면, 나는 좀 더 자유롭게 그것의 심리학적 의미에 집중했을 것이다. 작업 초기에 크리스티나는 나와 같이 시작하고 있었던 여행에 대한 은유로써 긴 여행을 하고 있는 꿈을 꾸었다. 꿈에서 그녀가 타고 있는 버스가 자신의 집을 향하여 모퉁이를 돌았을 때 버스가 멈추었다. 크리스는 뒤집혀진 아이 인형 바구니 옆에 있는 구급차와 경찰차를 보았다. 한 어린 소녀가 차에 치여 심하게 다쳤거나 죽었다. 부상을 입은 어린 소녀는 그녀의 모성 본능을 즐기고 기뻐하면서, 어머니 흉내를 내며 놀고 있었다…….

나의 신체적 냉기는 그녀의 정서적 냉담함과 자신에 대한 비공감적인 태도를 내가 파악했다는 사실을 반영한다. 자기혐오에 흠뻑 젖어서 그녀는 증오에 찬 어머니로서 자신의 이미지에 기꺼이 협력하는 것 이상이었다. 그러나 내가 그녀에게 합류하는 것에 덜 열중하게 되자, 나는 그녀가 자신의 결혼 생활에서 얼마나 심한 무력감을 느꼈는지를 인식하기 시작했다. 그녀는 1주일 분의 쇼핑을 하러 슈퍼마켓으로 운전하고 갔을 때 단지 울음을 멈출 수 없었기 때문에, 차에서 내릴 수 없을 정도였다. 그녀는 반복적으로 남편에게 별거를 요구하고 집에서 떠나달라고 요구했으나, 그는 계속 거절했다. 마침내, 그녀는 자신의 집에서 가라앉는다는 느낌을 느끼고 빠져나갈 단 하나의 길은 빨리 뛰쳐나오는 것이라고 믿었다. 그리고 자신의 아이들을 데리고 갈 수 없음을 주관적으로 느끼면서, 그녀의 본질적인 자기를 구하기 위한 필사적인 노력으로 궁극적으로는 자신을 희생하고 아이들로부터 자신을 분리하였다.

이것은 내가 처음에 그녀의 행동에 관해 정의로운 입장을 취하면서, 크리스티나에게 자신의 행동에 대해 책임을 갖고 증오하고 거부하는 충동까지도 자신의 것으로 받아들이라고 요구하던 가혹한 자세와는 상당히 다른 조망이다. 그녀가 자신의 아이들에 대해 증오하고 거부하는 충동을 갖지 않은 것은 아니다. 모든 부모는 이러한 감정으로 고통받는다. 그러나 그녀는 아이들을 떠난 것이 엄청난 상실이었다는 사실—그것은 사실이었다—에 자신을 집중함으로써만 그것들을 통합할 수 있었다. 크리스티나는 그녀의 인생과 아이들 중에서 선택해야만 된다고 느끼는 지점에 도달했으며, 그녀와 나는 그러한 불가능한 선택이 어떻게 그녀 자신에게 지독한 상처를 주었는지에 대해 평가할 필요가 있었다…….

다음 3년 동안 우리는 정서적 혼동 속을 들락날락했으며, 죽음에 이르는 절망으로 고통을 겪었고 때때로 희망이라는 생명수로 고통을 줄이기도 했다. 이러한 주제들은 굉장히 다양한 형태로 반복되었으며, 그 중 일부를 아래에 기술할 것이다.

냉기의 문제는 크리스의 기본적인 상실을 반영했다. 그녀 자신의 일부에 냉담함과 죽음이 있었다. 그녀의 느끼기 기능은 어린 시절에 심하게 상처받았으며, 그 시기에 그녀는 돈으로 살 수 있는 모든 특권을 받았지만 어떤 정서적 경험도 공감받지 못했다. 그녀는 자기 자신을 공감할 수 없었고 느낌의 관점에서 사건의 중요성을 평가할 수 없었다. 어린 소녀 시기는 대충 지나가 버렸고, 크리스는 이것이 중요한 사건인지 아니면 사소한 사건인지 확실히 말할 수 없었다.

크리스의 냉담함은 자신의 파괴적인 잠재성에 대한 두려움에 뿌리를 두고 있었다. 그녀의 증오와 격노는 보통 자신을 향해 확실하게 내부로 향해졌지만, 그러한 증오와 격노로부터 우리들을 보호하기 위하여 타인이 뚫고 들어갈 수 없는 냉담함을 유지할 필요가 있었다. 이러한 냉담하게 소원한 자세는 또한 그녀가 고독감의 고통을 느끼는 것에서 자신을 막아줄 뿐 아니라 내가 그녀에게 상처 주는 것에서 그녀를 보호해 준다.

여러 해에 걸쳐 작업이 진행되었을 때, 크리스 내부의 얼어붙은 영역이 녹기 시작했다. 나는 무엇인가 하고자 하는 내 모든 충동을 억제할 필요가 있었다. 나는 그녀의 역동을 해석하지 않고, 나 스스로 그녀를 돕거나 그녀의 기분이 더 좋아지도록 만드는 것을 중단할 필요가 있었다. 나는 내가 바로 그녀인 것처럼 그녀와 공감하여 고통을 겪으며 일했고, 그녀는 자기에게 향해진 공감 능력을 내사화함(introjecting)으로써 반응했다. 그녀의 자기혐오는 오랫동안 그녀로 하여금 자신을 조각조각 잘라서, 각각의 조각을 심하게 비평하면서 자기 자신을 분석하도록 했다. 그녀가 자신에 대하여 다른 태도를 발달하기 시작했을 때, 그녀가 내 사무실로 들어와서 소파에 앉아 있는 융을 발견하는 꿈을 꾸었다. 마루 주위에는 흩어져 있는 원석 보석들이 있었고, 그는 그것들 중 하나를 광택내고 있었다. 그는 그녀에게 "이것이 우리 융 학파가 하는 것"이고 "우리는 윤을 낸다."라고 말했다.

그녀 자신을 하나의 통일된 사람으로 받아들이고 지지함으로써 크리스는 자신을 점점 더 나와 친밀하게 공유할 수 있었다. 그러한 공유의 한 가닥은 나를 비평하는 것을 포함하고 있었는데, 내가 그것을 그녀의 진정한 본성의 솔직한 표현이라고 점차로 격려함에 따라 그녀는 주저하면서 얼어붙은 증오와 분노의 희미한 메아리를 나를 향하여 표현했다. 그녀는 내 치료가 여러 가지로 부적절하다는 데 대한 온갖 느낌을 표현했다. 나는 꿈 작업을 하기에 능력이 없었다. 나는 현명하기에는 너무 젊었다. 나는 강력하기에는 잘못된 성을 지녔다. 나의 석사학위는 너무나 부적절했다. 그녀가 매주 세 번씩 오기 때문에 그리고 그녀의 수입이 제한되었기 때문에, 나는 그녀를 만났던 5년 동안 치료비를 올리지 않았다. 시간이 지나자 그녀의 치료비는 현 기준에 비해 낮게 되었다. 그 다음에는 이 치료비가 내가 이류 또는 삼류라는 명백한 증거가 되어 버렸다. 내가 그녀와 함께 치료를 시작했을 때, 융 연구소의 지망자였음을 그녀는 알았고, 이것 역시 나를 신용하지 못하게 했다. 아마 그녀는 내가 아직 훈련을 끝마치지 않았고, 내가 어떻게 이 작업을 해야 할지 몰랐다는 사실의 의미를 충분히 음미하지 못했던 것 같다. 나에 대한 그녀의 가장 심한 업신여김의 하나는 내가 유태인이라는 것이었으며, 이 태도는 그녀의 아버지가 갖고 있는 반유태주의에 희미하게 영향을 받은 것이다. 나는 여기에서 내가 전에 가져본 적이 없었던 상류층의 백인 앵글로색슨 청교도 문화의 친숙한 견해에 들어맞았던 것이다.

우리의 작업 마지막 해에 크리스는 이러한 업신여김이 일차적으로 그녀가 자신을 비난하는 방식을 반영하는 것임을 깨달았다. 이러한 통찰이 유용하기는 하였지만, 그녀 비판의 주요한 가치는 경험 그 자체에 있었다. 그녀의 인간 혐오가 나에게 향해졌고, 나는 살아남았다. 그녀가 때때로 내 감정을 상하게 했지만, 내 긍정적인 자기감은 그녀의 파괴적인 충동을 철회시킬 만큼 충분히 강했다. 그녀에 대한 내 감정은 그녀의 공격을 통해서도 상당부분 깨지지 않은 채로 유지될 수 있었다. 그리고 그것은 그녀가 자신의 어두운 면을 포함해서 자신의 모든 것에 대한 어떤 감정을 발달하고 유지시키는 데 결정적인 도움이 되었다.

그녀가 나와 친밀하게 자신을 공유한 또 다른 면은 좀 더 긍정적인 방향이었다…… 그[녀]는 나를 향해 다양한 의존적 요구를 표현할 수 있게 되었다. 그녀는 내가 휴가를 떠나거나 매 시간을 끝냄으로써 그녀를 버릴 때 자신에게 몰려드는 절망감에 대해 말했다. 그녀는 나와 함께 집에 와서 내 아이가 되는 소원을 함께 나누었다. 상당한 불안과 고통을 가지고, 나에 대한 성적 느낌을 말했다. 내가 그녀를 향한 내 냉담함을 충분히 훈습할 때쯤 크리스는 오르가슴을 일으키지 않은 선정적인 꿈을 꾸었다. 꿈은 계속되었고 꿈 속에서 그녀는 나에게 자신의 꿈을 말하기 시작했다. 그것에 관해 나에게 이야기하는 과정은 그녀로 하여금 오르가슴을 갖도록 이끌었다…… 우리 관계의 따뜻함이 그녀의 얼어붙어 있던 자신의 몸과 자기를 즐기는 능력에 생기를 주었다. 크리스의 분열된 자기에 대한 초기 꿈의 비유는 생생한 것으로 보였다. 나는 그녀의 정신과 나의 정신 내에서 그녀가 사랑할 수 있도록 하는 초기 꿈의 일부분을 감상할 줄 아는 청중 역할을 진실하게 할 수 있었다.

가장 많은 변화의 시간 중 일부는 그녀가 신체적인 수준에서 자신을 나와 공유한 것이었다. 우리 작업의 마지막 6개월에 진행된 한 회기에서 그녀는 내가 새끼발가락에 티눈 반창고를 한 것을 주목했다. 그녀는 당황함을 누르면서 자신의 마음 속에서 불쑥 튀어나온 내 신체적 비대함에 대한 모욕적인 생각을 나에게 말하려고 애썼다. 그리고 나서 그녀는 계속해서 편안하고 친밀하게 최근에 치질을 거울로 관찰했던 것처럼, 자신의 신체가 가진 다양한 전반적인 무능력에 관해 말했다(이 순서에서, 우리는 부정적이고 비판적인 생각의 표현이 긍정적인 대인 관계적 연결로 이어지는 문을 열 수 있는 방법을 볼 수 있다). 그녀의 신체에 대한 이러한 언어적 공유는 그 내용이 가진 정신역동적 '의미'가 중요한 것이 아니라 그것이 일으킨 생생한 대인 관계적 경험 때문에 중요하다. 다른 사람의 신체에 대한 이런 종류의 아주 친밀한 견해는 정상적으로 단지 갓난아이의 어머니에게만 해당된다. 그녀가 사적인 신체적 자신에 대해 나에게 말하는 것은 우리 사이에 깊은 합체가 창조되고 유지되는 한 가지 방법이다. 그러한 친밀한 관계의 열매는 그녀가 딸을 낳는 꿈에서 나타났다. 나는 그녀의 발 옆에 서서 내 손을 그녀 안으로 깊숙이 넣어 애기가 나오도록 도와주고 있었다……..

크리스의 의사소통은, 비판적인 것과 사랑스러운 것 모두가, 우리가 즐거움과 고통 모두에서 단일체로 융합되었다는 사실을 표현한다. 아기를 낳는 꿈이 지적하는 것과 같이 크리스는 우리의 작업에서 다시 태어나는 경험을 했다. 이러한 경험은 무덤 속에서 심한 고통으로 갇혀 누워 있는 기간과 고통에 빠진 상태에서 긴 기지개를 켜는 것이 교대로 일어난다. 우리는 같이 무덤 속에서 죽은 듯한 경험과 매번 그 뒤에 이어서 새로 태어나는 부드러운 경험 사이를 주기적으로 순환했다.

나는 5년 동안 크리스를 보았다. 비록 정신 내적인 수준에서 우리의 작업이 끝난 것은 아니지만, 외적 징후들의 측면에서는 우리의 작업이 꽤 성공적이라고 볼 수 있었다. 외부적으로, 아이들과 그녀의 관계가 변화하였다. 내가 그녀를 처음 만났을 때 그녀는 아이들을 서너 주에 한 번씩 만나는 정도였다. 그리고 그 만남은 모든 면에서 악몽이었다. 전 가족이 다른 가족원 각자에게 계속되는 분노를 가지고 있었다. 작업한 지 3년째경에 그녀는 일주일에 여러 번 아이들을 보았고, 그들과 함께 지내고 관심을 갖고 보호하는 엄마가 될 수 있었다. 그들의 접촉은 주로 긍정적이고 사랑스럽고 확실히 모든 참여자가 즐거워했다. 전 남편과 그녀의 관계는 격노한 공생관계와 소원한 관계를 오가던 것에서 그들의 두 아이들과 관련되어 잘 지내는 합리적으로 협동하는 관계로 바뀌었다. 작업의 말기쯤 그녀는 자기가 시작할 수 없었던 창조적인 프로젝트를 완성시켰고 전문적으로 실질적인 진전을 나타내는 일을 부여받았다.

그녀의 생활에서 이룬 극적인 향상은 그녀와 내가 함께 항해했던 전이 경험의 직접적인 결과라고 나는 믿는다. 마지막 시간에 크리스는 우리의 작업이 그녀에게 무엇을 의미하는지를 표현하려고 애썼다. 나는 그녀의 생활에서 향상을 지적하려고 했는데, 그녀는 단호하게 우리 작업을 측정하는 것을 거부했다. 사실상 그녀는 내 개입 때문에 심하게 오해받았다고 느꼈다. 그녀는 결국 스스로 평가를 했다. "수년 동안 나는 고통으로 가득 차 있었다. 아이들과 고통이 있었고, 일할 때, 전 남편과 있을 때, 애인과 있을 때도 고통이었다. 우리의 작업은 나에게 그런 모든 고통을 담는 그릇을 제공했다. 여기에서 나는 위로받고 지지받음을 느꼈다." 나와 관계에서, 크리스는 자신을 만나서 붙잡아 주는 내 능력을 내사화함으로써 그녀의 전체적인 자기를 알고 지지하는 능력을 발달시켰고, 그녀의 두려운 충동으로 손상됨 없이 그녀를 통일시켰다. 우리 관계의 그릇에서 그녀는 자신의 내부세계를 더 많이 탐색하여 자신에 대한 그녀의 친밀함과 그녀가 본래 되어야 하는 전체적인 사람이 되고자 하는 자신의 능력을 확장하였다.

사례4 _ 인간 중심 치료

오크 부인의 사례

Carl R. Rogers

> **편집자 서문**　　칼 로저스(Carl Rogers)는 성격이론뿐 아니라 상담과 심리치료 분야의 거장 중 한 사람이었다. 그는 예민한 치료자, 뛰어난 교사였으며, 그를 알고 있는 모든 사람에게는 좋은 친구였다. 그는 또한 훌륭한 연구자였고, 다음 사례가 예시하는 것처럼 타고난 작가였다.
>
> "오크 부인"은 내담자가 로저스 박사와 함께 일련의 치료 회기를 보내는 동안 개인적 성장을 이루는 것을 보여 주는 고전적 사례연구다. 치료관계에서 무조건적인 긍정적 수용의 경험으로 오크 부인은 점차로 자신을 좋아하게 되고, 자신의 성격의 핵심이 긍정적이고 건강하다는 것을 깨닫게 된다. 로저스는 심리치료와 성격에 대한 그의 대부분 신념을 예시하는 방법으로 이 사례를 이용한다.
>
> 불행하게도, 여기에 제시된 '오크 부인의 사례'는 지면의 제한 때문에 이 사례에 대한 두 개의 보고 중 더 짧은 것이다. 더 길고 자세한 보고는 로저스와 다이몬드(Dymond)의 저서 『심리치료와 성격 변화(Psychotherapy and Personality Change)』를 보기 바란다.

Carl R. Rogers (1961). *On Becoming a Person*, Houghton Mifflin Company. 허락을 받아 게재함.

모든 사례에서 분명한 치료 과정 중 한 측면은 경험에 대한 자각 또는 심지어 "경험을 경험하기"라고 한다. 나는 이것을, 비록 이 또한 정확한 용어는 되지 못하더라도 "자기에 대해 경험하기"로 이름을 붙였다. 내담자 중심치료자와 함께 하는 안전한 관계에서, 자기에 대한 어떤 실제적이거나 내포된 위협을 받지 않으면서 내담자는 자신의 경험의 다양한 측면이 실제로 그에게 느껴질 때, 그것들이 그의 감각과 내장 기관을 통하여 터득될 때, 기존의 자기 개념에 들어맞도록 그것들을 왜곡하지 않고 자신이 경험의 여러 가지 측면을 탐색하도록 할 수 있다. 이들 중 다수는 자기 개념과 극도의 모순상태에 있음이 나타나고, 일반적으로 완전히 경험될 수 없으나 이 안전한 관계에서 왜곡 없는 자각을 통해 서서히 확산되는 것이 허용된다. 따라서 그들은 종종 도식적 패턴을 따른다. 즉, "나는 이러저러하다. 그러나 나는 이 느낌이 내 자신과 매우 모순되는 것을 경험한다", "나는 부모님을 사랑하지만, 때때로 그분들을 향한 놀랍도록 괴로운 면이 있음을 경험한다", "나는 정말 형편없다. 그러나 때때로 내가 모든 사람보다 더 나은 것처럼 느껴진다." 따라서 처음에는 "나는 내 경험의 일부와는 다른 자기다."라고 표현된다. 후에 이것은 잠정적인 패턴인 "아마 나는 상당히 다른 몇 가지 자기를 가지고 있거나, 아마 내 자기는 내가 꿈꾸었던 것보다 더 모순된 것들로 구성되어 있을 것이다."로 변한다. 그 후에는 패턴이 다음과 같이 변한다. "나는 내 경험을 할 수 없다고 확신했다—그것은 매우 모순되었다—그러나 지금 나는 내 모든 경험을 할 수 있다고 믿기 시작했다."

아마도 치료의 이러한 측면이 가진 특성의 일부는 오크 부인 사례에서 두 개의 초록을 통해 전해질 것이다. 오크 부인은 30대 후반의 가정주부였고, 치료받으러 왔을 때 결혼과 가족관계에 어려움을 가지고 있었다. 많은 내담자와 달리 그녀는 예리했고 자신의 내부에서 진행된다고 느끼는 과정에 흥미가 있었고 그녀의 면담 기록은 많은 자료를 포함하고 있었는데, 그것은 무엇이 일어나고 있는지 그녀가 지각하는 바에 따른 그녀 자신의 참조 준거에 의한 것이다. 따라서 그녀는 다른 내담자들이라면 말로 하지 않는 함축된 내용을 말로 표현하는 경향이 있었다.

다섯 번째 면담 초기 부분에서 우리가 논의해 온 경험의 자각을 기술하는 자료가 나온다.

내담자: 그건 모두 꽤 모호해요. 그러나, 있지요, 내가 계속 생각하는 것은, 나에게 일어나는 이 모든 과정은 일종의 그림 맞추기 조각을 조사하는 것 같아요. 나는, 나는 현재 실제로 별로 의미 없는 개별 조각들을 탐색하는 과정에 있는 것 같아요. 아마도 그것들을 다루면서 이제 막 패턴을 생각하기 시작하는지도 몰라요. 그건 내게 계속 밀려들어요. 그리고 이건 아주 흥미로운데요, 왜냐 하면 나는, 나는 정말로 조각 그림 맞추기를 좋아하지는 않기 때문이지요. 그것들은 항상 나를 초조하게 해요. 그러나 그건 내 느낌이에요. 그리고 그러니까[그녀는 이 대화를 하는 동안에 자신의 말을 예시하기 위해 몸짓을 한다.] 하나의 패턴으로 그것들을 보지 않으면서 단지 그것들을 다룬다는 느낌 말고는 절대적으로 아무런 의미가 없는, 그러나 건드리는 것만으로도, 나는 아마도, 그것이 여기 어딘가에 적합할 것 같이 느끼면서 작은 조각들을 골라요.

치료자: 그리고 그 순간에, 그 과정은, 그냥, 그래 그것들이 어딘가에 맞을지도 모르는, 약간의 배경에 있는 느낌을 가지고, 여러 다른 조각의 느낌과 모양을 배치하지만, 대부분의 주의는 "이건 어떻게 느껴지지? 그리고 그것의 짜임새는 무엇이지?"에 초점이 맞추어지는 거군요.

내담자: 맞아요. 거기에는 거의 신체적인 어떤 면이 있어요. 하나의—

치료자: 당신은 손을 사용하지 않고는 그것을 잘 기술할 수 없군요. 실제적인, 거의 감각적인—

내담자: 맞아요. 다시 말하지만, 그건 아주 객관적인 느낌이고, 그렇지만 나는 내 자신에게 그렇게 가까웠던 적이 거의 없어요.

치료자: 거의 한 번에 그리고 동시에 당신 자신에게서 멀리 떨어져 자신을 쳐다보고, 그러나 어느 정도는 그런 방식으로 자신에게 더 가까워지는—

내담자: 음-음, 그리고 여러 달 만에 처음으로 내 문제에 대해 생각하지 않았어요. 정말로 안 했어요. 나는 그것들을 다루고 있지 않아요.

치료자: 나는 당신이 "자신의 문제"를 다루기 위해 자리잡고 앉아 있지는 않다는 인상을 받아요. 전혀 그런 느낌이 아니에요.

내담자: 맞아요. 맞아요. 내 짐작에는, 내가 실제로 의미하는 것은 내가 자리잡고 앉아서 내가 무언가, 그림을 봐야만 하겠다는 듯이 이 퍼즐들을 맞추려고 하지는 않는다는 거지요. 그건 아마도, 사실은 이렇게 느끼는 과정을 즐기는 것 같아요. 아니면 분명히 어떤 것을 배우고 있고요.

치료자: 적어도 사물 자체의 느낌을 느끼려는 직접적인 목표에 대한 감각이 있고, 그림을 보기 위해 이것을 하지는 않지만, 실제로 각 조각과 익숙해지면서 얻어지는 만족감이 있죠, 그거는—

내담자: 바로 그거예요, 바로 그거예요. 그리고 그건 여전히 일종의 감각, 즉 촉감이 돼요. 꽤 흥미롭지요. 어떤 때는 전적으로 즐겁지는 않아요. 그러나—

치료자: 좀 다른 종류의 경험이죠.

내담자: 예, 상당히.

이 초록은 자기의 일부로 자료들을 소유하거나, 의식 속의 다른 자료들과 관계를 맺으려는 아무런 시도도 하지 않으면서 그것들이 자각되도록 허용하는 것을 아주 분명히 보여 준다. 그것을 가능한 한 정확하게 표현하자면, 그것은, 바로 그 순간에, 자기와 그들의 관련성에 대한 아무런 생각이 없이, 광범위한 경험을 자각하는 것이다. 후에 경험한 것이 모두 자기의 일부가 된다는 것을 깨닫게 될 수도 있다.

이것이 새롭고 드문 형태의 경험이라는 사실은 여섯 번째 면담에서 언어적으로는 혼동되지만 정서적으로는 분명하게 표현된다.

내담자: 어, 나는 몇 회기 동안 내 자신의 생각 속에 사로잡혀 있었어요. 어, 나는 노래를 해 왔다고 할 수 있어요. 이제 그 소리는 희미하고, 어—실제로 노래하는 것은 아니지만—아무 음악도 없는 노래라고 할 수 있어요. 아마 한 편의 시가 될 거예요. 그리고 나는 그 생각이 좋아요. 그러니까 그것이 무엇으로, 무엇으로 만든 것이 아니라 그냥 나에게 다가온다는 거지요. 그리고—그 다음에, 다른 종류의 느낌이 다가, 다가왔어요. 글쎄요, 나는 스스로 물어봤어요. 사례들이 가지는 모양새가 이런 건가? 내가 그냥 말을 하고, 때때로 내 자신의 말에 도취되는 것이 가능한가? 그리고, 어, 그 뒤에, 온 것은, 글쎄요,

내가 단지 당신의 시간을 낭비하고 있는 건가? 그리고 의심, 의심. 그리고 또 다른 것이 나에게 일어났어요. 어, 어디에서 왔는지, 모르겠어요, 사고의 실제적인 논리적 순서가 없어요. 그 생각이 내게 달라붙어 있어요. 우리는 조금씩 해요, 어, 우리는 장님이 손가락으로 읽는 것, 즉 브라유식 점자를 배울 때, 그럴 때 압도되거나, 의심하거나, 염려를 보이거나 혹은, 혹은 큰 흥미를 보이지 않지요. 모르겠어요—그냥 일종의, 모두 뒤섞여 버렸어요. 내가 지금 경험하고 있는 건 그런 것인 거 같아요.

치료자: 내가 그, 그 느낌의 순서를 좀 따라갈 수 있는지 볼까요. 첫째, 마치 당신이 일종의, 첫 번째는 꽤 긍정적인 느낌인 것 같은데요, 마치 당신이 여기에서 시를 만드는 것 같은—음악이 없는 노래 같지만 여하튼 꽤 창조적인 것을 창조하는 느낌, 그리고는 그것에 대한 많은 회의를 느끼는 '아마도 나는 단지 말을 할 뿐이고, 내가 이야기하는 말로 밀고 나갈 뿐이고, 그리고 그건 모두 허튼 소리에 지나지 않을지도 모른다.' 그리고 나면 그 뒤의 느낌은 당신이 마치 장님이 손가락 끝의 느낌에서 무엇인가 의미를 찾아내려고 할 때 정말로 새로운 것을 경험하듯이 거의 새로운 유형의 경험을 배우려고 하는 느낌인 것 같아요.

내담자: 음-흠. 음-흠[멈춤]…… 그리고 때때로 내 자신에 대해 생각하죠. 글쎄요, 우리가 이런 사건 저런 사건을 다룰 수도 있겠지요. 그리고 여하튼 여기에 왔을 때, 뭔가, 진실이 아닌, 거짓으로 보이는 것이 있었어요. 그런 다음에 뭔가 그냥 강요되지 않은 이런 말의 흐름 같은 것이 있고, 그리고는 때때로 슬며시 이러한 의심이 생겨나요. 글쎄요, 그건 마치 일종의 형태를 취하는, 그냥 음악을 만드는 것일 수도…… 오늘 이 모든 것이 의심스러운 것은 아마도 그것이 강요되지 않은 어떤 것이기 때문인 것 같아요. 그리고 정말로 내가 해야만 한다고 느끼는 것은, 그것을 체계화하는 것이에요. 일을 더욱더 열심히 하고 그리고—

치료자: 무언가 해야 되거나 해결해야 한다고 밀어붙이지 않는, 않는 자기를 가지고 나는 무엇을 하고 있는가 하는 일종의 심오한 질문을 하는 것 같군요?[멈춤]

내담자: 그리고 내가 정말로, 이것, 모르겠어요, 콕 찌르는 느낌이라고 부르는 또 다른 종류의 것을 좋아한다는 사실, 그러니까—나는 이전에 한번도 이런 느낌을 느껴본 적이 없어요. 나도 역시 그것이 좋아요. 아마 그건 그렇게 하는 걸

거예요. 단지 오늘은 내가 모를 뿐이죠.

여기에서, 깊이가 있는 치료에서 거의 항상 발생하는 전환이 일어나고 있다. 그것은 내담자가 '나는 문제를 해결하고자 여기에 왔고, 이제 내 자신을 경험하는 나를 발견한다.' 라는 느낌을 갖게 되는 것으로 도식화할 수 있다. 그리고 이 내담자의 경우처럼 이 전환은 보통 그것이 틀렸다는 지적인 공식화와 그것은 '느낌이 좋다' 는 사실을 정서적으로 음미하는 것을 수반한다.

이 단락에서 말하고자 하는 것은, 치료과정이 택하는 기본적인 방향 중 하나는 유기체의 실제 감각과 내장 반응을 자유롭게 경험하는 것이며, 이 경험들을 자기와 연관시키려는 노력을 너무 많이 하지 않는 것이라고 결론 내릴 수 있다. 이것은 보통 이 자료가 자기에 속하지 않고 자기로 조직화될 수 없다는 확신을 수반한다. 이 과정의 종착지는 내담자가 온갖 다양성과 표면적 모순을 안고서, 그 자신의 경험으로 존재할 수 있음을 발견하는 것이다. 그는 들어맞지 않는 요소들을 자각하기를 부인하면서 그의 경험에 따라 자기를 공식화하려고 노력하는 대신에, 그의 경험을 벗어나 자기 자신을 공식화할 수 있다.

정서적 관계를 충분히 경험하기

우리는 최근에, 치료에서 내담자가 다른 사람의 긍정적 느낌을 충분히, 자유롭게 그리고 두려움 없이 받아들이는 것을 학습하는 정도가 치료의 요소 중 하나임을 알게 되었다. 이것은 모든 사례에서 분명하게 나타나는 현상은 아니다. 특히, 장기 사례에서는 이런 현상이 나타나지만 획일적으로 발생하는 것은 아니다. 그러나 그것은 매우 깊은 경험으로써 우리는 그것이 치료과정에서 아주 의미 있는 방향인지 여부를 묻기 시작했으며, 아마도 모든 성공적인 사례에서는 어느 정도 이러한 경험이 비언어적인 수준에서 일어날 것이다. 이 현상을 논의하기 전에 오크 부인의 경험을 말함으로써 그것을 제시하기로 하겠다. 그 경험은 29번째와 30번째 면담 사이에서 갑자기 발생했고, 그녀는 다음 회기의 대부분을 그것을 이야기하는 데 할애했다. 그녀는 이런 방식으로 30번째 면담을 시작했다.

> 내담자: 그런데 아주 놀라운 발견을 했어요. 알아요. 그건—[웃음] 당신이 정말로 일이 어떻게 되는지 배려한다는 것을 알게 됐어요. [둘 다 웃음] 그건 이런 느낌이었어요. 마치—"아마도 내가 당신이 행동하도록 할 거라는" 그런 종류의 것이요. 그건—다시 말하지만, 시험지에 정답을 쓰게 될 것이라는 거죠, 그러니까—그러나 그것이 갑자기 나에게 내담자-상담자 관계로 이해되기 시작하고, 당신이 무슨 일이 일어나는지 **실제로 배려하고** 있다는 거죠. 그리고 그건 폭로—아니에요. 그게 아니에요. 그건—글쎄요, 제일 가깝게 표현한다면, 일종의 이완이에요—내려놓는 것이 아니고 [침묵] 말이 된다면, 긴장하지 않고 더 뻗어나가는 것, 모르겠어요.
>
> 치료자: 말씀 듣기에, 새로운 생각은 아닌 것 같지만, 내가 배려하고 있다는 것을 정말로 느끼는 새로운 경험을 하셨고, 나머지 부분을 살펴보면 당신이 나로 하여금 배려하도록 기꺼이 허용해 주는 것 같은데요.
>
> 내담자: 예.

이 사례에서 내담자가 상담자와 그의 따뜻한 관심을 자신의 생활에 들어오도록 허용함(letting)은 의심할 여지 없이 치료의 가장 깊은 측면 중 하나였다. 치료의 결론에 뒤이은 면담에서 그녀는 자발적으로 이 경험을 주목할 만한 것으로서 언급한다. 그것은 무엇을 의미하는가?

이 현상은 거의 확실히 전이나 역전이는 아니다. 정신분석 훈련을 받은 경험 있는 심리학자들이 이 사례가 아닌 다른 사례에서 관계의 발달을 관찰할 기회를 가졌다. 그들은 이 현상을 기술하기 위해 전이와 역전이라는 용어의 사용을 처음으로 반대하였다. 그들 논평의 요점은 이것은 상호 간에 이루어진 적절한 무엇이라는 것이었다. 반면에 전이 혹은 역전이는 그 특성상 일방적이고 실제 상황에 부적절하다.

우리가 이러한 현상을 더욱 자주 경험하는 한 가지 확실한 이유는 치료자로서 우리가 내담자에 대한 우리의 긍정적인(혹은 부정적인) 감정에 대해 덜 두려워하기 시작했기 때문이다. 치료를 진행함에 따라 그 사람의 용감하고 깊은 투쟁을 그 자신의 것으로서 볼 때, 치료자의 수용하는 느낌과 내담자에 대한 존중은 경외에 가까운 어떤 것으로 변하게 된다. 내 생각에, 치료자 내면에 인간의 기본적인 공통성에 대한―형제애라고 말해야 할 것 같은데―심오한 경험이 있다고 생각한다. 그 결과로 그는 내담자에 대해 따뜻하고, 긍정적이고, 정서적인 반응을 느낀다. 이것은, 이 사례에서처럼, 내담자가 종종 다른 사람의 긍정적인 느낌을 수용하는 것이 어렵다는 것을 발견할 때 문제가 된다. 그러나 일단 받아들여지면, 내담자는 필연적으로 이완하게 되고 다른 사람이 호감을 느끼도록 허용하여 생에 직면하는 것에 관한 긴장과 두려움을 감소시키는 반응을 하게 된다.

그러나 우리는 우리의 내담자를 눈앞에 두고 있다. 이 경험이 그녀에게 일어났을 때 또 다른 어떤 측면들이 있는지 알아보기로 하자. 초기 면담에서 그녀는 자신이 인간을 사랑하지 않고, 다른 사람들이 그녀가 틀렸다고 볼 때조차도 약간 애매하고 완고한 방식으로 자신이 옳다고 느낀다고 말했다. 그녀는 이 경험이 타인에 대한 그녀의 태도를 분명히 해 준다고 논의하면서 이것을 다시 언급한다.

> 내담자: 내가 생각하고 또 생각하고 있는 나를 볼 때 나에게 생긴 다음 일은, 뭐랄까―왜 그런지는 모르겠는데요―"나는 인간을 사랑하지 않아요."라고 말했을 때 내가 받은 배려와 같은 종류의 것이에요. 그거는 항상 일종의―그러니까 항상 그것을 확신했다는 거지요. 그래서 그러니까, 그건―그게 좋은 줄은 알고 있었어요. 그래요. 그리고 내 안에서 그걸 명료화했다고 생각해요―이 상황과 무슨 관련이 있는지, 모르겠어요. 그렇지만 내가 알아낸 것은, 아니에요, 나는 사랑하지는 않지만 관심은 정말로 있다는 거지요.

치료자: 음-흠. 음-흠. 알겠어요…….

내담자: 무엇이 일어나는지 정말로 관심이 있다고 말하는 것이 더 나은 표현이 될지
도 모르겠어요. 그렇지만 배려한다는 것은—어떤 형태가 있고—그것의 구
조는 이해와 속임을 당하지 않는 것에 있거나 내가 거짓이라고 느끼는 것에
의하지 않고—나에게는 그것이 사랑 속에—속에 **최종** 요인이 있는 것 같아
요. 당신이 배려를 할 때는 충분히 하시지요. 그건—

치료자: 말하자면, 바로 **그거예요.**

내담자: 예, 제게는 이 다른 것, 이 배려, 그건 좋은 용어가 아닌데요—그러니까, 이
런 종류의 것을 묘사하려면 뭔가 다른 말이 필요하다는 거지요. 그게 비인간
적(impersonal)이라고 말하는 건 아무 의미가 없어요. 왜냐 하면 비인간적
이지 않으니까. 그러니까 내가 아주 많이 전체의 한 부분인 것처럼 느껴진다
는 거예요. 그런데 뭔가 멈추지 않는 무엇이 있어요…… 내게는 마치 우리가
인류애, 사람을 사랑하는 이런 감정을 가질 수 있고, 동시에—사람들에게 신
경증을 만들어 주는, 그들을 아프게 만드는 요인에 기여한다는 거지요—그
게, 내가 그런 것에 저항을 느끼는 거예요.

치료자: 당신은 이해하고 싶고 더 많은 신경증과 인간의 삶에 그런 측면을 만들어 내
는 어떤 것에도 기여하기를 피하고 싶다는 데 충분히 마음을 쓰고 있군요.

내담자: 예, 그리고 그건—[**멈춤**] 예, 그건 그런 종류의 것이에요…… 글쎄요, 다시,
내가 또 다른 것에 대해 어떻게 느끼는지 되돌아가야겠어요. 그건—나는 정
말로 내가—일종의 경매 같은 것에서—내 자신을 바치도록 부름을 받은 것
같지는 않아요. 아무것도 끝나지 않았어요…… 때때로 내가, 나 자신에게
"나는 인간을 사랑하지 않는다."라고 말할 때 괴롭지요. 그렇지만 나는 항상
긍정적인 어떤 면이 있다는 것을 알고 있었어요. 아마 내가 옳았을 거예요.
그리고—지금 내가 완전히 궤도를 벗어났을 수도 있지만, 내 생각에는 어느
정도—이 느낌에—묶여 있는 것 같아요. 내가, 내가 지금 가지고 있는 느낌,
어떻게 치료적 가치를 관철시킬 수 있는가. 지금은, 그것을 해결할 수도
없고, 그것을 연결할 수도 없어요. 그러나 그것이 내가 내 자신에게 설명할
수 있는 가장 가까운 거예요. 나의—글쎄요, 학습 과정에 대해 말해야 할 것
같아요, 내가 깨달은 바에 대하여—네, 당신은 주어진 상황에서 정말로 배려
를 해요. 그렇게 단순한 거죠. 그리고 전에는 그걸 몰랐어요. 내가 이 문을 닫

고 나가서 치료에 관해 논의하면서 말할 수 있지요, 그래, 상담자는 이러저러하게 느껴야만 한다고, 그렇지만, 그러니까, 나는 역동적인 경험을 하지 못했어요.

이 부분에서 그녀가 자신의 감정을 기술하려고 애쓰고 있지만, 그녀가 말하고 있는 것은 치료자가 내담자에게 가지는 태도의 특징도 될 수 있는 것처럼 보였다. 치료자의 태도는, 가장 좋은 상태에 있을 때, 우리가 사랑이라고 부르는 대부분의 경험에서 보상적(quid pro quo) 측면을 배제한 것이다. 그건 한 개인이 단순하게 다른 사람에게 보내는 인간적 감정이고, 그 느낌은 내가 보기에는 성적인 느낌이나 부모로서의 느낌보다 더 기본적인 것이다. 그것은 당신이 그의 발전에 간섭하기를 원하지 않으며, 어떤 경우에도 자신의 자기를 강화하는 목표를 위해 그를 이용하기를 원하지 않는 그 사람에 대한 충분한 배려다. 당신의 만족은 그가 자기 방식대로 스스로 성장하도록 자유롭게 해 주는 데서 온다.

우리의 내담자는 그녀가 과거에 타인에게서 어떤 도움이나 긍정적인 감정을 수용하기가 얼마나 힘들었는지, 그리고 이 태도가 어떻게 변화되어 가고 있는지를 논의했다.

> 내담자: 나는 어떤 감정을 가지고 있는데요…… 자기가 뭔가 스스로 해내야만 하는 일이 꽤 많이 있지만, 어느 정도는 다른 사람과 함께 할 수 있어야 한다는 것. [그녀는 자신이 다른 사람들로부터 인간적 따뜻함과 친절을 수용할 수도 있었던 '수많은' 시간이 있었다고 말한다.] 나는 그냥 내가 유린당할지도 모른다는 두려움을 느껴요. [그녀는 상담 그 자체와 상담에 대한 자신의 느낌에 대한 이야기로 돌아간다.] 그러니까 이 눈물이 나 자신을 통해 흘러나왔다는 거지요. 거의—그러니까, 그것을 느꼈다는 거구요—그러니까 그것을 때때로 언어화하려고 애쓴다는 거죠—일종의—때로는 거의 당신이 다시 말하는 것을 원하지 않고, 반영하기를 원하지 않아요, 그건 내 거예요. 물론, 그것이 저항이라고 말할 수 있어요. 그러나 지금 그건 나에게 형편없다는 의미가 아니에요…… 내 생각에—이

특정한 것과의 관계에서, 그러니까—아마 때때로, 제일 강한 느낌은, 그게 내 것이다, 내 것이라는 거지요. 나는 그것을 차단해야만 했어요, 아시겠어요?

치료자: 그건 말로 정확하게 표현하기에는 굉장히 어려운 경험이기는 하지만, 그래도 여기 이 관계에서 어떤 차이가 느껴지는데요. '이것은 내 것이야.' '나는 그렇게 해야만 했어.' '나는 그것을 하고 있어.' 등등의 느낌을 형성하는 것과—조금 다른 감정인 '나는 당신을 들어오게 할 수 있다' 는 것 사이에.

내담자: 예, 그런데, 그러니까, 그게—그건—글쎄요, 그건 일종의, 이렇게 말하면 어떨까요, 제2권이에요. 그건—그건—글쎄요, 일종의, 글쎄요, 나는 여전히 그 속에 혼자 있어요, 그렇지만 나는 아니에요—있잖아요—나는—

치료자: 음-흠. 예, 그런 역설로 요약할 수 있지요, 그렇지 않나요?

내담자: 예.

치료자: 이 모든 것에서, 어떤 느낌이 있는데, 그건 여전히—내 경험의 모든 측면은 내 것이고, 그건 피할 수 없고, 필수적이고, 등등의 느낌이죠. 그렇지만 그것이 전체 그림도 아니죠. 어느 정도는 그건 나눌 수 있거나 다른 사람의 관심이 들어올 수 있고 어떤 방식으로는 새로운 것이지요.

내담자: 예, 그리고 그건—그건 마치 꼭 그래야 하는 것 같아요. 그러니까, 그게—그래야만 한다는 거지요. "그리고 이것은 좋다"라는 느낌이—느낌이 있어요. 그러니까, 그것이 표현해요, 그건 나를 위해서 명료화해요. 이 배려 속에서, 마치—당신이 뒤에 물러서 있는 듯한—멀리 떨어져 있는 듯한—느낌이 있고, 만약 내가 그것을 완전히 잘라내기를 원한다면, 그건—오, 키 큰 잡초를—마구 베어내는 거죠, 나는 그걸 할 수 있어요, 그리고 당신도 할 수 있고—그러니까 당신이 그것을 통해 걸어 나갈 때, 역시, 방해를 받지 않는다는 거지요. 모르겠어요. 그리고 말이 안 돼요. 그러니까—

치료자: 당신이 가지고 있는 느낌이 옳다는 아주 실제적인 감각을 제외하고는, 음?

내담자: 음-흠.

이 초록이 사회화 과정의 핵심을 나타낸다고 볼 수는 없을까? 다른 사람에게서 오는 긍정적 감정을 수용하는 것이 감당할 수 없는 일이 아니며, 반드시 해를 입히며 끝나지 않고, 삶을 직면하는 자신의 투쟁에 다른 사람이 함께한다는 것이 실제로는 '기분이 좋다'는 것을 발견하는 것, 이것은 치료에서든 아니든, 개인이 맞이할 수 있는 가장 심오한 학습 중의 하나일 것이다.

새로움에 대한 어떤 것, 이 경험의 비언어적 수준이 오크 부인의 30번째 면담의 마지막 부분에 묘사되었다.

> 내담자: 나는 새로운 유형을 경험했어요—아마도 유일하게 배울 가치가 있는 것인 듯한데—내가 아는 것이 여기에서는 아무런 도움도 되지 않는다고 말해 왔다는 것을—알고 있어요. 그러니까, 내가 알고 있었던 지식이 나에게 도움이 안 된다는 거예요. 그러나 이곳의 학습과정은—아주 역동적이고, 그러니까, 나의 모든 것의 일부, 그러니까, 거기에서 내가 무엇인가를 단지 얻었다면, 그건 무엇인가, 그러니까—내가 여기서 경험한 것을 내가 가지고 있는 기존의 지식에까지 뻗어나가도록 할 수 있을지 모르겠다는 거죠.
>
> 치료자: 달리 말하면, 여기서 행해진 학습의 종류는 상당히 다른 종류의 것이고 상당히 깊이가 다르군요. 아주 생기 있고, 아주 실제적인. 그리고 그건 당신에게 그리고 그 자체로서 상당히 가치 있지만, 당신이 가지고 있는 질문은 '여기에서 얻은 더 깊은 학습 수준에 대해 분명한 지적인 그림을 그릴 수 있을까?' 이군요.
>
> 내담자: 음-흠. 그 비슷한 거예요.

무의미 철자의 기억에서 소위 학습의 원리를 이끌어 내어 치료에 적용하고자 하는 사람은 이 초록을 주의 깊게 연구하면 좋을 것이다. 치료에서 다루는 학습은 자기와는 거의 관계가 없는 사소한 재료에 대한 지적인 학습과 동일한 원리를 따르거나 따르지 않을 수 있으며 전체적이고, 유기체적이고, 흔히 비언어적 유형을 가진다. 그렇지만 이것은 지엽적인 것이다.

이 단락의 본질을 재구성함으로써 결론을 맺고자 한다. 깊거나 의미 있는 치료의 특징 중 하나는 내담자가 그를 향한 타인, 즉 치료자의 긍정적인 느낌을 자신의 경험으로 전적으로 받아들이는 것이 감당할 수 없는 일은 아니라는 점을 발견하는 것이다. 아마도 이것이 그렇게 어려운 이유 중 하나는 본질적으로 그것이 '나는 좋아할 만한 가치가 있다.' 라는 느낌을 포함하기 때문일 것이다. 이것은 다음 단락에서 살펴볼 것이다. 지금은 치료의 이러한 측면은 다음과 같이 일반화할 수 있는 감정적 관계를 '자유롭고 완전하게 경험하기' 라고 지적할 수 있을 것이다. "나는 나를 배려해 주는 누군가를 허용할 수 있고, 내 안에 그 배려를 완전히 수용할 수 있다. 이것은 내가 타인을 위해 그리고 타인에 대해 배려하는 것, 그리고 깊게 배려하는 것을 인식하도록 허용한다."

자신을 좋아하기

내담자 중심 치료에 관해 출판된 여러 가지 저서와 연구에서 치료의 방향과 결과로서 자기의 수용을 강조해 왔다. 우리는 성공적인 심리치료에서 자기에 대한 부정적인 태도는 감소하고 긍정적 태도는 증가된다는 사실을 입증해 왔다. 우리는 자기 수용의 점진적인 증가를 측정해 왔고, 이와 상관된 타인에 대한 수용의 증가도 연구해 왔다. 그러나 내가 이 진술들을 조사하여 그것들과 좀 더 최근의 사례들을 비교했을 때, 진실이 제대로 전달되지 못했음을 느낀다. 내담자는 스스로를 수용할 뿐 아니라—불가피한 것을 인색하게 마지못해서 수용한다는 의미를 가질 수도 있는 구절—그는 실제로 그 자신을 좋아하게 된다. 이것은 자만하거나 자기 주장적인 좋아함이 아니다. 그것은 오히려 자기 존재에 대하여 상당히 즐거워하는 것이다.

오크 부인은 33번째 면담에서 비교적 근사하게 이 경향을 예시해 준다. 치료자가 배려하도록 처음으로 허용한 면담이 있은 지 열흘 뒤에 이런 일이 생겼다는 것이 의미가 있을까? 이 시점에서 우리의 생각이 어떻든, 이 부분은 우리 문화에서 그러한 경험을 했을 때 필연적으로 느끼게 되는 미안해하는 태도와 함께 자기로서 존재하는 것의 기쁨을 아주 잘 나타내고 있다. 면담의 끝 무렵에 시간이 거의 다 된 것을 알면서 그녀는 말한다.

내담자: 한 가지 걱정이 있는데요—항상 거기로 돌아갈 수 있으니까 서두르겠어요—때때로 나는 어쩔 수가 없다는 느낌이 들어요. 제 스스로 꽤 즐거운 상태에 있음을 느껴요. 또 다시 Q기법 말인데요.[1] 한번은 여기서 나가서, 충동적으로 첫 번째 카드를 던졌어요. "나는 매력적인 성격을 가졌다" 그것을 보고 깜짝 놀랐지만 그냥 놔두었어요. 그러니까, 정직하게 보면, 그러니까, 바로 그렇게 느꼈기 때문이지요—글쎄요. 그 때문에 괴로웠고, 이제 그걸 알겠어요. 가끔가다가 일종의 즐거운 느낌, 우월한 느낌은 아니고, 그렇지만 그냥—모르겠어요, 일종의 기쁨이에요. 멋지게 돌아가는 방법이에요. 그리고 그건 나를 괴롭혔어요, 그렇지만—좀 의아한데요—내가 여기서 말한 것을 좀처럼 기억할 수가 없는데, 그러니까 내가 왜 확신을 했는지 의아하고, 그리고 내가 의심했던 상처받았다고 느끼는 무엇에 대한—누군가 아이에게 "울지 마."라고 말하는 것을 들었을 때 느끼는 내 느낌. 그러니까, 나는 항상 느꼈지만, 그건 옳지 않아요. 그러니까, 상처를 입었다면 울게 놔두라는 거지요. 글쎄요, 그리고는, 내가 경험하고 있는 기쁨이에요. 내가 최근에 느끼기 시작했는데요. 그건—거의 비슷한 무엇이 거기 있어요. 그건—우리는 아이들이 스스로 기쁨을 느낄 때 반대하지 않잖아요. 그건—그러니까, 허망한 것이 아니라는 거지요. 그건—아마 사람들이 그렇게 느껴야만 하는 걸지도 몰라요.

치료자: 당신은 이 느낌에 대해 스스로 의심하는 경향이 있었지만, 그것을 좀 더 생각해 보니, 그건 그림의 양면을 보는 것처럼 보였군요. 만약 아이가 울기를 원한다면, 그는 왜 울지 말아야 하지? 그리고 만약 그 아이가 스스로 즐겁기 원한다면, 그는 스스로 즐거울 완전한 권리가 있지 않나? 그리고 이와 연결되는 특성으로, 내가 보기에 당신이 자주 경험했던 당신 자신에 대한 감사지요.

내담자: 예, 예.

---

1) 이 부분은 설명이 필요하다. 다른 직원과 함께 하는 연구의 일환으로 이 내담자는 치료 기간 동안에 여러 번, 그녀 자신의 자기를 나타내는 방법으로, 자기 서술적 문장들을 포함하고 있는 여러 묶음의 카드들을 분류하도록 요청받았다. 분류의 한쪽 끝에는 가장 자기와 비슷한 카드(들)를 놓고, 다른 한쪽 끝에는 가장 자기와 비슷하지 않은 카드(들)를 놓는다. 따라서 그녀가 첫 번째 카드에 "나는 매력적인 성격을 가졌다."를 놓았다면, 그것은 그녀가 이 항목이 가장 자기 자신을 특징적으로 나타낸다고 보았다는 뜻이다.

치료자: "나는 실제로 상당히 풍요롭고 재미있는 사람이다."

내담자: 그 비슷한 거예요. 그리고는 내 자신에게 말하지요, "우리 사회는 우리를 밀어붙이고 우리는 방향을 잃었다."라고. 그리고는 아이에 대한 생각으로 계속 돌아가죠. 그런데 아마 아이들은 우리보다 더 풍요로울 거예요. 아마도 우리—그건 우리가 성장하는 과정에서 잃어버린 어떤 것일지 몰라요.

치료자: 아이들은 우리가 잃어버린 지혜를 가지고 있을지도 모르지요.

내담자: 맞아요. 시간이 다 되었군요.

많은 다른 내담자가 그랬던 대로, 그녀는 여기에서 잠정적으로 자신을 좋아하고, 즐기고, 감사하게 되었음을 약간은 미안한 마음으로 형성한다. 개인이 자발적으로 이완된 기쁨의 느낌, 태고의 삶의 기쁨(joie de vivre)을 느낄 때, 그건 아마 초원에서 뛰노는 어린 양이나 우아하게 파도를 타는 돌고래와 유사하다. 오크 부인은 그것이 유기체나 유아의 본질적인 어떤 것으로, 우리가 발달의 뒤틀린 과정 중에 잃어버린 어떤 것으로 느낀다.

이 사례의 초기에 이 느낌의 전조가 되는 어떤 것, 아마도 그것의 근본적인 특성을 더욱 분명하게 해 주는 사건을 볼 수 있다. 오크 부인은 9번째 면담에서 다소 난처해하면서 항상 혼자 간직해 왔던 어떤 것을 드러낸다. 몇 분에 이르는 긴 침묵이 앞섰다는 사실에서, 그녀가 어느 정도 부담을 가지고 그것을 꺼냈다는 것을 알 수 있었다. 그리고 그녀는 말했다.

내담자: 이것은 좀 바보 같은 소리인데요. 전에는 아무에게도 이 말을 하지 않았는데 [신경질적인 웃음] 아마도 나한테 좋을 거예요. 몇 년 동안, 오, 아마 어릴 때부터, 아마 열일곱 살 정도부터, 나는, 나는 스스로에게 말하는 것이 있었어요. 나 자신에게 "온전함의 섬광"이라고 말했어요. 나는 결코 아무한테도 이 말을 하지 않았어요[또 다른 난처한 웃음]. 정말로 나의 온전함을 느꼈어요. 그리고 그리고 삶을 꽤 자각하고 있었죠. 그리고 항상 얼마나 멀리 떨어져 있는지, 우리가 실제로 얼마나 탈선했는지에 관하여 지독한 염려와 슬픔을 가지고 있었어요. 그건 가끔씩 지독히 혼란스러운 세상에서 총체적 인간으로서 나 자신을 찾은 느낌이에요.

치료자: 그건 순식간의 일이고, 드물게 일어났지만, 세상에서, 매우 혼란스러운 것이 틀림없는 세상에서 총체적인 당신이 기능하고 느끼는 것 같은 때가 있었군요.

내담자: 맞아요. 그리고 그러니까, 그리고 실제로 우리가 총체적인 건강한 사람, 사람으로부터 얼마나 멀리 벗어났는지 알고 있어요. 그리고 물론, 사람들은 이런 용어를 쓰지는 않지요.

치료자: 노래하는 당신에 대해 이야기하는 것은 안전하지 않은 느낌이죠[2] —

내담자: 그 사람은 어디에 살죠?

치료자: 마치 그런 사람이 존재할 공간은 거의 없는 것 같군요.

내담자: 물론이죠. 아시듯이, 그건, 그건 나를—잠깐만요—아마도 내가 여기에서 일차적으로 왜 느낌에 관심이 있는지를 설명해 주어요. 아마 그럴 거예요.

치료자: 왜냐하면 총체적인 당신이 당신의 모든 느낌과 함께 존재하기 때문이죠. 그런가요, 당신은 느낌을 더 자각하나요?

내담자: 맞아요. 그건, 그건 느낌을 거부하지 않아요. 안 하지요—바로 그거예요.

치료자: 총체적인 당신은 어떻게든 느낌을 한쪽으로 밀어 놓기보다는 어떻게든 느낌으로 사는군요.

내담자: 맞아요. [멈춤] 실제적인 관점을 가정해 본다면 해야만 하는 것은 어떤 문제를, 일상생활의 문제를 해결해야만 한다고 말할 수 있어요. 그렇지만, 나는, 나는—내가 하려고 애쓰는 것은 더 큰, 사소한 하루하루의 문제보다는 훨씬 더 중요한 또 다른 무엇을 해결, 해결하는 거예요. 아마 전체를 그렇게 요약할 수 있을 것 같네요.

치료자: 이 말이 당신의 의미를 왜곡할지 모르겠는데, 고지식한 사람의 관점에서 보면 특정한 문제를 생각하는 데 시간을 보내야만 하지요. 그렇지만 당신은 이 총체적인 자신에 대해 의심이 없고 아마도 일상적 문제를 해결하는 것보다 더 중요한 것이 있는지 궁금해하는군요.

내담자: 그렇다고 생각해요. 아마 그런 의미일 거예요.

만약 우리가 논리적으로 이 두 개의 경험을 통합한다면, 그리고 만약 우리가

---

2) 치료자는 바로 전 치료 면담에서 그녀가 노래한다고 말한 것을 인용하고 있다.

그것을 전형적인 것으로 간주하면서 정당화한다면, 우리는 치료에서 그리고 그녀의 이전 생활을 통한 어떤 순간적인 경험에서, 그녀가 총체적이고 기능적인 창조물로서 자기 자신에 대하여 건강하고, 만족스럽고, 즐거운 감사의 경험을 했다고 말할 수 있을 것이다. 그리고 이 경험은 그녀가 자신의 느낌을 거부하지 않고 느낌으로 살 때 일어난다.

내가 보기에는, 중요하면서도 종종 치료적 과정에 대하여 간과되고 있는 진실이 하나 있다. 치료 과정은 개인이 완전히 경험하도록 허용하는 방향으로 작용하고, 그의 느낌과 정서를 포함하는 모든 반응을 자각하면서 작용한다. 이것이 일어날 때, 개인은 자신에 대한 긍정적인 호감을 느끼고, 전체적으로 기능하는 단위로서 자기 자신을 진술하게 존중하고, 그것이 치료의 중요한 종결지점 중 하나다.

성격의 핵심은 긍정적임을 발견하기

임상적 경험에서 생긴 가장 혁명적인 개념 중 하나는 인간 본성의 가장 안쪽의 핵심, 성격의 가장 깊은 층, "동물적 본성"의 뿌리는 본질적으로 긍정적이라는 것, 즉 기본적으로 사회화되고, 앞으로 움직이고, 합리적이고 그리고 현실적이라는 인식의 증가다.

현대 문화에서는 이런 견해는 너무도 낯선 것이므로 나는 그것이 수용되리라고 기대하지 않으며, 그것이 함축하고 있는 의미는 너무도 혁명적이므로 그것을 철저하게 탐구하지 않고 수용해서도 안 된다. 종교, 특히 개신교 전통에서는 사람은 원죄가 있으며 기적에 가까운 어떤 것을 통해서만 원죄가 씻어질 수 있다는 개념을 우리 문화에 심어 놓았다. 심리학에서 프로이트와 그의 제자들은 원초아(id)가 인간의 기본적이고 무의식적인 본성으로서, 근본적으로 본능으로 구성되어 있으며, 만약 그것을 표현하도록 허용한다면 근친상간, 살인 및 다른 범죄들을 초래할 것이라는 확신에 찬 주장을 제시해 왔다. 이 집단이 보는 치료의 전체적인 문제는 이러한 길들여지지 않은 힘을 신경증이라는 부담스러운 양식으로가 아니라 어떻게 유익하고 건설적인 방식으로 유지하는가에 있다. 그러나 인간의 핵심은 타인과 자기에 대해 비합리적이고 반사회적이고 파괴적이라는 사실이다. 이것은 거의 의심 없이 수용되고 있는 개념이다. 물론 때때로 항변의 소리가 있다. 그러나 이러한 외로운 목소리는 거의 들리지 않는다. 전체적으로 일반인이나 전문가의 관점은 인간의 기본적 본성 자체가 철저하게 통제 아래 두거나 감추어 두거나 그 양쪽을 모두 해야 한다는 것이다.

오랜 임상적 경험과 연구를 회고해 보았을 때, 나는 이 대중적이면서 전문적인 개념이 가진 오류를 매우 늦게 인식한 것처럼 여겨진다. 내가 믿기에, 그 이유는 치료에서는 적대감과 반사회적인 감정들이 계속적으로 드러난다는 사실에 있고, 그러므로 이것은 더 깊은 따라서 기본적인 인간의 본성을 나타낸다고 가정하기가 쉽다. 아주 천천히 이 거칠고 반사회적인 감정들이 아주 깊지도 않고 아주 강하지도 않으며, 인간 성격의 내부적 핵심은 유기체 그 자체이며, 이것은 본질적으로 자기 보존적이고 사회적이라는 것이 분명해졌다.

이 논쟁에 대해 더 구체적인 의미를 부여하기 위해 오크 부인의 사례로 다시 돌아가 보자. 이는 중요한 점이기 때문에, 나는 앞에서 제시한 진술에 근거한 경험의 유형을 예시하기 위해 녹음된 사례를 다소 길게 인용할 것이다. 아마도 이 초록은 우리가 가장 깊은 요소에 이를 때까지, 성격의 층이 하나씩 드러나는 것을 예시해 줄 것이다.

여덟 번째 면접에서 오크 부인은 첫 번째 방어의 층을 물리치고, 그 밑에 있는 괴로움과 보복에 대한 욕구를 발견한다.

> 내담자: 성적 장애라는 이 영역을 아시지요. 나는 그것이 꽤 나쁘다는, 꽤 나쁘다는 것을 발견하기 시작한 느낌이에요. 나는 정말로, 그, 괴롭다는 것을 알게 됐어요. 지독하게 힘들죠. 나는─그리고 나는 내 자신, 내 자신에게로 돌아가게 하지 않아요…… 내가 느낀 것은 아마 "나는 속아왔다."는 어떤 요소라고

생각해요[그녀의 목소리는 매우 메마르고 목이 막히는 듯했다.]. 그리고 나는 매우 근사하게, 의식적으로 관심을 두지 않는 점까지 그것을 묻어 두었어요. 그러나 나는, 나는 바로 그 밑에 일종의, 그것을 승화라고 불러야 하겠는데요. 그것을 실천하고 있음을 발견하고 약간 놀랐어요—또 말인데요—일종의 수동적인 힘이, 수동—아주 수동적이지만 그건 동시에 일종의 지독한 힘이 있어요.

치료자: 그러니까, "나는 정말 속아 왔다. 나는 관심을 두지 않으려고 묻어 두었지만 그 밑에는 일종의, 어, 잠재되어 있었지만 매우 생생한 아주, 아주 강한 괴로움이 있다."는 느낌이 있군요.

내담자: 아주 강해요. 나는—나는 알죠. 그건 무시무시하게 강력해요.

치료자: 거의 지배적인 힘이군요.

내담자: 나는 그것을 거의 의식하지 못해요. 거의 한 번도…… 글쎄요, 내가 그것을 묘사할 수 있는 유일한 방법은…… 그건 지독한 것이지만 난폭하진 않아요…… 그건 되갚고 싶은 것 같은 느낌이죠…… 그리고 물론, 나는 되갚지는 않지만, 그렇게 하고 싶어요. 정말 하고 싶어요.

이 지점까지는 일상적인 설명이 완벽하게 들어맞는 것처럼 보인다. 오크 부인은 사회적으로 통제된 그녀의 행동의 저변에 무엇이 있는지 볼 수 있었고, 기저하고 있는 지독한 증오감과 되갚고자 하는 욕망을 찾을 수 있었다. 이것은 그녀가 이 특정한 감정을 탐색하는 정도만큼 치료에서 상당히 후반까지 진행된다. 그녀는 31회 면담에서 이 주제를 끄집어낸다. 그녀는 진행하기가 힘든 시간을 보냈고, 정서적으로 막힌 듯했으며, 자신을 잘 안다는 느낌을 가질 수 없었다.

내담자: 나는 이건 죄책감이 아니라고 느껴요[멈춤. 눈물을 흘림.]. 물론, 그러니까, 아직은 그것을 말로 할 수 없어요[아주 감정적으로]. 그건 지독한 상처예요!

치료자: 음—흠, 그건 매우 많이 상처를 입힌 어떤 면이 있다는 느낌을 제외한다면 죄가 아니군요.

내담자: [울면서] 그건 아시겠지만, 나는 종종 스스로 거기에 대해 죄책감을 느껴 왔

지만 최근에 나는 부모가 아이들에게 "울지 마."라고 말하는 것을 들으면, 상처받는 것 같은 느낌이 들었어요. 글쎄요, 그들은 왜 아이들에게 울지 말라고 해야 하나요? 그들은 스스로 마음이 아파요. 그리고 그 아이보다 더 스스로 마음 아파할 사람이 누가 있나요? 글쎄요, 그건 일종의—그러니까, 마치 그러니까, 아이가 울게 내버려 두어야 한다고 생각했어요. 그리고—같이 마음 아파해야 된다고. 오히려 객관적인 방식으로. 글쎄요, 그건—그건 내가 경험해 온 그런 것들이에요. 그러니까, 지금—바로 지금. 그리고……

치료자: 그건 마치 당신이 거의 정말로 울 것 같은 느낌을 풍기는군요.

내담자: 예. 그리고 또 갈등을 볼 수 있어요. 우리 문화는 그런—그러니까, 사람들이 자기 연민에 빠지지 않는 것 같아요. 그러나 이것은 아니에요—그러니까, 나는 그런 의미를 함축하고 있는 것은 아니라는 느낌이에요. 그럴 수도 있지만.

치료자: 자신에 대해 안됐다고 느끼는 것에 대한 문화적인 반대가 있다고 생각하시는 것 같군요. 그런데도 당신은 자신이 경험하는 것이 꼭 문화가 반대하는 것도 아니라는 느낌을 가지고 있군요.

내담자: 그리고는 물론, 나는 이것을 보고, 느끼게 되었—되었구요. 나는 그것을 묻어 두었어요[눈물을 흘린다.]. 그러나 너무도 많은 괴로움을 안고 그것을 덮어 두었고, 그것도 다시 덮어야만 했어요. [눈물을 흘리며] 그것이 내가 벗어나고 싶은 거예요! 내가 상처 입는다 해도 별로 상관이 없어요.

치료자: [부드럽게 그리고 그녀가 경험하는 상처에 대한 공감적인 부드러움을 가지고] 당신은 여기 그것의 바탕에서 당신이 그것을 경험할 때 자신을 위한 진정한 눈물을 흘리는 느낌을 느끼지요. 그러나 당신은 그것을 보일 수 없고, 보여서는 안 되고, 그래서 좋아하지 않고, 벗어나고 싶은 괴로움으로 뒤덮였군요. 당신은 괴로움을 느끼기보다—그보다 오히려 거의 상처를 흡수한 것처럼 느끼는군요. [멈춤] 그리고 당신이 강하게 그만두라고 말하는 것처럼 보이는 것은, 나는 상처받았고 나는 그것을 묻으려고 한다는 것이군요.

내담자: 나는 몰랐어요.

치료자: 음-흠, 정말로 새로운 발견 같군요.

내담자: [동시에 말하면서] 나는 결코 정말로 몰랐어요. 그러나 그건—있지요, 그건 거의 신체적인 거예요. 그건—그건 내가 모든 면에서 내 자신을 들여다보는 것 같아요—신경종말과 뭔가 뒤얽혀 있는 사소한 것들을.

치료자: 신체적으로 당신의 가장 예민한 일부가 마치 거의 붕괴되거나 상처받은 것 같은 거군요.

내담자: 예. 그리고요, 나는 "오, 불쌍한 것"이라는 느낌을 받아요. [멈춤]

치료자: 당신이라는 사람에 대해 매우 깊게 안됐다는 느낌을 안 가질 수가 없군요.

내담자: 전 인간을 안됐다고 느끼는 것 같지는 않아요. 어떤 특정한 측면이죠.

치료자: 상처를 보는 것이 안됐군요.

내담자: 예.

치료자: 음-흠. 음-흠.

내담자: 그리고 물론 내가 벗어나고 싶은 지독한 괴로움이 있지요. 그건—그건 나를 고통스럽게 해요. 그건 미묘한 일이기 때문이죠. 그건 나를 가지고 놀아 요. [멈춤]

치료자: 당신이 제대로 할 수 없기 때문에 그 괴로움은 당신이 벗어나고 싶은 어떤 것 이라는 느낌이 있는 것 같군요.

내담자: [눈물. 긴 침묵] 모르겠어요. 나는 어떤 느낌 가운데 있는 것 같아요. 이 죄책 감을 끝내게 하기 위해 세상에 어떤 좋은 일이 있을 수 있을까. 말하자면, 나 에게 흥미 있는 사례사를 제공해 줄 것을 추적하는 거지요. 어떤 좋은 일이 있을까요? 내가 보기에는—핵심은, 진짜는 내가 가진 이 느낌인 것 같아요.

치료자: 당신은 어떤 표시나 다른 것을 추적할 수 있고, 그것을 꽤 추구할 수 있지만, 전체적인 핵심은 일종의 당신이 바로 지금 여기에서 경험하는 것인 듯하다 고 느끼는군요.

내담자: 맞아요. 그러니까 만일—그 느낌에 무엇이 일어날지 모르겠어요. 아무 일도 안 일어날지도 모르지요. 모르겠지만, 내가 어떻게 이해하든지 간에 그건 이 상처받은 느낌의 일부인 것 같아요. 그것을 무엇이라고 부르는 것은 문제가 아녜요. [멈춤] 그리고 나는—사람들은 그렇게 공개적으로 드러나게 상처 입 은 사람과 어울릴 수 없지요. 그러니까 어쨌든 다음 과정은 일종의 치유와 관 계있는 것 같아요.

치료자: 만약 당신의 일부가 그렇게 많이 상처를 입었다면 당신은 전혀 드러낼 수가 없는 것처럼 보입니다. 그래서 당신은 이 상처가 어떻게든 우선 치유되어야 만 하는 것인지 아닌지 모르는 것이군요. [멈춤]

내담자: 그런데, 있지요, 그건—그건 재미있는 일이에요. [멈춤] 완전히 혼란스러운

말 같기도 하고요. 아니면 신경증환자는 자신의 증상을 포기하기 원하지 않는다는 속담 같기도 해요. 그러나 그건 사실이 아니에요. 그러니까 그것이 여기서는 사실이 아니라는 말이죠. 그러나 그건—나는 이것이 내 느낌을 전해 주기를 바랄 뿐이에요. 어떤 면에서 나는 상처받는 것은 상관없어요. 그러니까, 그건 그냥 나한테 일어났고 그걸 심하게 신경 쓰지는 않아요. 그건—내가 더 신경을 쓰는 것은—쓰라린 느낌, 난 알아요, 이 좌절의 원인이 되는 쓰라린 느낌이지요, 그러니까—그것이 어쩌면 내가 더 마음을 쓰는 것이지요.

치료자: 이런 말인가요? 즉, 당신이 상처받는 것을 좋아하지는 않지만, 그것을 받아들일 수 있다고 느끼지요. 그건 견딜 만해요. 당신이 이 순간에 견딜 수 없는 것은 어쩌면, 괴로움과 같은, 그 상처를 묻어두는 것들이지요.

내담자: 예, 바로 그런 거예요. 그건 마치, 글쎄요, 우선, 그러니까, 마치, 그건—글쎄요, 그건 내가 대처할 수 있는 어떤 것이죠. 이제, 그런 느낌, 글쎄요, 나는 아직도 아주 잘 즐길 수 있어요. 아시겠죠. 그러나 이 다른, 그러니까, 이 좌절—그러니까, 그건 아주 다양한 방식으로 나타나지요. 이제 알아차리기 시작했어요, 아시겠죠. 그러니까, 바로 이런 종류의, 이런 종류의 일들이요.

치료자: 그리고 당신이 받아들일 수 있는 상처. 그건 인생의 많은 다른 부분 안에 있는 한 부분이지요. 당신은 아주 잘 즐길 수 있어요. 그러나 당신이 좋아하지 않고, 당신이 원하지도 않으며, 이제 좀 더 자각하기 시작한 좌절과 괴로움이 퍼져나간 당신 인생의 전체를 지니고는……

내담자: 예. 그리고 어쨌든 그건 이제 피할 수 없어요. 아시겠죠, 나는 그걸 훨씬 더 잘 알고 있어요. [침묵] 모르겠어요. 지금 당장, 다음 단계가 무엇인지 잘 모르겠어요. 정말 모르겠어요. [침묵] 다행스럽게도, 이것이 하나의 발전이고, 그래서 그건—너무 급박하게 넘어가는 것은 아니지만—그러니까, 내 말은, 내 생각에, 내가 여전히 기능하고 있다는 거지요. 나는 여전히 나 스스로 즐기고—

치료자: 나한테 알리고 싶은 것은 여러 가지 방식에서 당신이 항상 했던 대로 계속하고 있다는 것이군요.

내담자: 바로 그거예요. [침묵] 오, 이제 그만 하고 가야겠군요.

이 긴 초록에서 우리는 괴로움과 증오 그리고 그녀를 속여 온 세상에 돌아가기 원하는 욕구의 기저에는 반사회적 감정은 훨씬 더 적으며, 깊게 상처 입어온 경험이 있다는 사실에 대하여 분명한 그림을 얻었다. 그리고 이 깊은 수준에서 그녀의 잔인한 감정을 행동으로 옮기고자 하는 욕구가 없다는 것이 또한 분명하다. 그녀는 그것들을 싫어했고 그것들에서 벗어나고 싶어한다.

다음 초록은 34번째 면담에서 뽑은 것이다. 그것은 개인이 어떤 깊은 감정을 언어로 표현하고자 할 때 흔히 그러하듯이 매우 모순이 되는 재료이다. 여기서 그녀는 자기 자신의 깊은 곳에 가 닿으려는 노력을 하고 있다. 그녀는 그것을 말로 하기가 어렵다고 한다.

> 내담자: 나는 내가 그것에 대해 말할 수 있는지 아닌지 모르겠어요. 한번 해보기는 하겠어요. 무언가—그러니까, 어떤 느낌인데—그건—일종의 정말로 벗어나고자 하는 충동이에요. 말이 안 된다는 건 나도 알아요. 내 생각에 아마 내가 벗어날 수 있고, 글쎄요, 좀 더 당연한 방식으로 하게 된다면, 나에게 좀 더 유용한 어떤 것이 되겠죠. 그리고 어떻게 해야 될지 모르겠어요—그러니까, 내가 말하고 싶은 것은 내 자기에 대하여 말하고 싶은 것 같아요. 그리고 물론 내가 보기에는, 그게 내가 여기 있는 시간 내내 한 일이지요. 그렇지만, 아니요, 이것은—그건 나의 자기예요. 나는 최근에 어떤 특정한 말을 거부하기 시작한 것을 알게 되었는데요. 그게 내가 듣기에는—꼭 그런 의미는 아니었는데, 그러니까, 약간 너무 이상적이라는 거지요. 그리고 그러니까, 그보다 좀 더 이기적(selfish)이라고, 좀 더 이기적이라고 항상 말했던 걸 기억할 수 있어요. 그건 나에게 일어난 일이라고 할 수 있는데, 날이 밝아질 때까지는, 예, 그게 바로 내가 의미하는 것이에요. 그러나 내가 이기적이라고 하는 것은, 완전히 다른 의미를 가지고 있어요. 나는 "이기적"이라는 말을 사용해 왔지요. 그리고는 이 느낌—내가—내가 이기적이라는 것에 대해서 이전에 표현해 본 적이 없는데—그건 아무 의미도 없어요. 나는 여전히 그것에 대해 이야기할 거예요. 그건 맥박 같은 거예요. 그리고 항상 자각할 수 있는 어떤 것이죠. 그리고 여전히 거기에 있어요. 그리고 나는 그것도 활용할 수 있었으면 좋겠어요—이것으로 내려가는 한 방법으로. 있지요, 그건 마치—모르

겠어요. 제기랄! 나는 어딘가에서 얻었고, 그리고 그 구조와 익숙한 것 같아요. 나는 그것의 세세한 부분까지 알았던 것 같아요. 그건 자각인 어떤 것이죠. 그러니까, 그건—바보가 되지 않는 느낌, 그것으로 빠져 버리지 않는 느낌, 그리고 안다는 중대한 감각이지요. 그러나 한편으로는—그 이유는, 그것이 감추어져 있고—일상생활의 일부분이 될 수 없기 때문이지요. 그리고 어떤—때때로 그 속에서 거의 약간 끔찍한 느낌, 그렇지만 역시 조금은 끔찍하기는 하지만 그렇게 끔찍하지는 않은 느낌이 있어요. 왜죠? 알 것 같아요. 그리고 그건—그건 또한 내게 많은 것을 설명해요. 그건—그건 완전히 증오가 없는 어떤 거예요. 그러니까, 단지 완전히. 사랑은 아니지만, 완전히 증오가 없어요. 그러나 그것—그것 역시 신이 나는 일이죠…… 나는 아마도, 그러니까, 아마도 심지어 나를 괴롭혀 가면서, 일을 추적하거나 전체를 찾기를 좋아하는 사람인 것 같아요. 그리고 나 자신에게 말해요. 자, 보아라. 이것이 네가 가지고 있는 꽤 강한 감정이다. 그건 지속적이지는 않아요. 그러나 때때로 그것을 느끼고, 그리고 그것을 느끼도록 허용하면, 그것을 스스로 느끼지요. 있지요, 이상심리학에서 그런 것을 표현하는 말이 있어요. 때때로 거의 책에서 읽은 것 같은 것에 해당하는 거의 그런 느낌일지도 몰라요. 그러니까, 어떤 요소들이 있어요—그러니까, 이 맥박, 이 흥분, 이 앎. 그리고 나는 말해 왔지요—한 가지 것을 추적했는데, 그러니까, 나는 아주, 아주 용감했죠. 말하자면—승화된 성적 추동이죠. 그리고 내 생각에, 글쎄요, 거기에서 내가 얻어 냈어요. 나는 정말로 그것을 해결했지요. 그리고 거기에는 그 이상 아무것도 더 없어요. 그리고 잠시 동안, 그러니까, 나는 스스로 상당히 즐거웠어요. 그랬어요. 그리고 나는, 아니, 그게 아니라고 인정해야만 했어요. 그건 내가 성적으로 그렇게 몹시 좌절되기 오래 전부터 나에게 있었던 것이기 때문이지요. 그러니까, 그건 아니었고—그리고, 그렇지만 그 속에는, 그리고는 나는 이것의 가장 핵심에는 성적 관계를 수용하는 것이 있다는 점을 조금 알기 시작했고, 그러니까, 내가 가능하다고 생각하는 유일한 부분이었죠. 그건 그 안에 있었어요. 그건, 그러니까, 성은 승화되거나 대치되는 어떤 것은 아니었어요. 아니에요. 이것 안에는, 내가 그 안에 있다고 알고 있는 것은—그러니까, 확실히 좀 다른 종류의 성적 감정이지요. 그러니까, 만약 당신이 제 말의 의미를 안다면, 성교할 때 일어나는 모든 일을 제거한 다음에 있는 거예요. 거기에는 쫓는 것도 없고, 추구하는 것도 없고, 경쟁도 없고, 글쎄요, 증오도 전혀 없고, 제 생각에는, 그러한 것에 슬며시 스며드는 것 같아요. 그렇지만, 그러니까, 이 느낌은, 오, 약간은 고통스러워요.

치료자: 그게 당신에게 어떤 의미가 있는지 내가 좀 파악할 수 있는지 알고 싶군요. 그건 당신이 일종의 세세한 경험에 근거하여 당신 자신과 매우 깊게 알게 되었을 때, 그리고 그런 의미에서 자기적(self-ish)이 되었을 때, 그리고 정말로—당신의 모든 측면과 별도로 자신의 핵심에 있는 것을 발견하였을 때, 당신은 어떤 깨달음에 도달하였는데, 그건 아주 깊고 꽤 감격스러운 깨달음으로, 내가 말로 표현한다면, 그 자기의 핵심은 증오가 없을 뿐 아니라 정말로 무언가 성자를 닮은, 아주 순수한 그 무엇이군요. 그리고 당신은 그것의 가치를 절하하려고 노력하지요. 당신은 그것이 승화일 수도 있고, 비정상성의 표출일 수도 있고, 별난 것일 수도 있고 등등. 그러나 당신 내부에서 당신은 그게 아니라는 것을 알았죠. 이것은 풍부한 성적 표현을 포함할 수 있는 느낌을 포함하지만, 그건 저것보다 더 크게 보이고 실제 더 깊어 보이는군요. 그리고 이미 충분히 성적 표현의 일부일 수 있는 모든 것을 포함할 수 있죠.

내담자: 그건 아마도 이런 것 같아요…… 그건 일종의—그러니까, 일종의 하강을 의미해요. 당신이 올라가야 한다고 생각했던 지점에 거의 도달할 때 아래로 내려가요. 그렇지만, 아니에요. 그건—확실해요; 그건 내려가는 거예요.

치료자: 이것은 하강하여 당신 자신에 거의 빠져들게 하는군요.

내담자: 예. 그리고 나는—나는 그걸 한 편으로 던져버릴 수 없어요. 그러니까, 그건 그냥, 오, 그건 그냥 그거예요. 그러니까, 이건 정말 중요해서 꼭 말해야 할 것 같아요.

치료자: 내가 이해했는지 알아보기 위해 한번 짚어 봤으면 해요. 당신이 표현하고자 하는 생각은 마치 당신이 올라가 잡아야만 하는 어떤 것이 있는데, 확실하지는 **않다는** 것 같은데요. 사실은, 그 감정은 마치, 거기 더 깊이 있는 어떤 것을 잡기 위해 내려가는, 그런 거지요.

내담자: 그거예요. 그건 정말로—거기에 무엇인가 있죠—그러니까, 이—나는, 물론 때로는 우리가 거기로 가야 하지만, 옳은 것에 대하여 거의 맹렬하게 반대하는, 이상을 거부하는 한 가지 방식이 있어요. 그리고 그것을 표현하는 방식이, 그러니까, 내 말은 그런 뜻이에요. 하나는 내가 모르는 것으로 올라가는

거죠. 그러니까, 나는 내가 따라갈 수 없는 느낌을 가져요. 그러니까, 그건 만약 당신이 그걸 때려눕히기 시작한다면 별거 아니죠. 이것은—왜 그런지 모르겠는데—지독하게 명백히 하강하는 느낌이에요.

치료자: 그건 빈약한 이상(ideal)으로 올라가는 게 아니군요. 이것은 놀랍게도 확고한 현실로 내려가는 거지요—

내담자: 예.

치료자: —보다 정말로 더 놀라운—

내담자: 예, 그러니까, 때려눕힐 수 없는 어떤 것. 그게—모르겠어요—당신이 이 모든 것을 추상화하고 난 다음에 내게는 그게 거기 있는 것 같아요. 그건 영속하는……

이것이 정말로 혼란스러운 방식으로 제시되어 있기 때문에, 그녀가 표현한 연속적인 주제를 살펴보는 것이 좋을 것이다.

- 나는 나 자신을 이기적(혹은 자기적)(self-ish)이라고 말할 것이지만, 그 단어는 새로운 의미를 갖는다. 나는 나 자신의 구조에 익숙해지고 나를 깊게 알게 되었다. 내가 내 자신으로 내려감에 따라 나는 흥미진진한 어떤 것, 즉 완전히 증오가 없는 핵심을 발견한다.
- 그것은 일상생활의 일부분이 될 수 없다—그것은 심지어 비정상일 수도 있다.
- 나는 처음에는 그것은 단지 승화된 성적 추동이었다고 생각했다.
- 그렇지만 아니다. 이것은 성보다 더욱 포괄적이고 깊은 것이다.
- 사람들은 이것이 빈약한 이상 세계로 올라가면 발견할 수 있는 것이라고 기대할 수도 있다.
- 그러나 실제로, 나는 그것을 내 자신 안에 깊이 들어가면서 발견했다.
- 그것은 본질인 어떤 것으로, 영속하는 것처럼 보인다.

이것이 그녀가 묘사하고 있는 신비적인 경험인가? 상담자의 반응에서 풍기는 것을 보면, 상담자는 그렇게 느꼈던 것 같다. 우리는 그러한 거투르드 스타인 (Gertrude Stein, 역자 주: 1874년에 출생해 1946년에 사망한 미국 여류작가로, 프랑스에 건너가 활동하였으며, 헤밍웨이, 피카소, 마티스 등에게 많은 영향을 준 것으로 알려져 있다.)식의 표현에 어떤 의미를 부여할 수 있을까? 나는 많은 내담자가 비록 그렇게 감정적으로 항상 표현하지는 않더라도 그들 자신에 대해 다소 유사한 종결에 이른다고 간단하게 지적하고자 한다. 35번째인 다음의 면담에서는 오크 부인조차 그녀의 감정에 대하여 더 분명하고 더 간결하게, 좀 더 현실적으로 진술한다. 그녀는 또한 그것이 왜 직면하기 어려운 경험이었는지를 설명한다.

> 내담자: 내 자신을 발견한 것이나 내 자신을 데려온 것이나 자기에 대해 말하길 원했던 것이 말할 수 없이 기뻐요. 그러니까, 그건 우리가 잘 이야기하지 않는 매우 개인적이고 사적인 것들이죠. 그러니까, 내가 내 느낌을 이해할 수 있고, 오, 아마 지금은 조금 음미할 수 있을 것 같아요. 그건—내가 예전에는 그냥 거부했던 것 같은 거예요. 그러니까, 서양문명이 나타내는 모든 것요, 아시겠지요. 그리고 내가 옳았는지 궁금해하면서, 그러니까, 그것이 꽤 바른 길이었는지, 그리고 물론, 그게 얼마나 옳았는지 느끼지요, 아시겠죠. 그래서 갈등이 있을 수밖에 없지요. 그리고는 이, 그러니까, 지금 나는 느껴요, 글쎄요, 물론 그게 내가 느끼는 거예요. 제 말은 내가 증오 결핍의 일종이라 이름 붙인 이것은, 그러니까, 매우 실제적이죠. 그건 내가 하고 있는 일들에 영향을 주었고, 내가 믿는 것에…… 괜찮다고 생각해요. 그건 아마 나 스스로에게 말한 것일지 몰라요. 글쎄요, 당신은 내 머리를 온통 강타한 셈이에요. 그러니까, 처음부터, 미신과 금기사항, 잘못 해석된 교리와 법, 그리고 당신의 과학, 당신의 냉장고, 당신의 원자폭탄으로. 그러나 나는 단지 그걸 사지 않았죠. 아시겠죠, 나는 그냥, 당신은 별로 성공을 못했어요. 내가 말하고자 하는 거는, 글쎄요, 그러니까, 단지 그걸 따르지 않는다는 거지요. 그리고 그건—글쎄요, 그런 거예요.
>
> 치료자: 현재 당신의 느낌은 당신이 모든 문화적 압력을 아주 잘 자각해 왔지만—항상 아주 잘 자각한 것은 아니지만, "내 인생에서 그런 일이 아주 많았다—그리고 지금 나는 내가 정말로 느끼는 것을 발견하기 위하여 내 안으로 더욱 깊게 들어간다." 그리고 지금 현재는 마치 당신의 문화에서 자신이 아주 멀리

떨어져 나온 것 같고, 그게 약간 두렵지만, 그건 기본적으로 좋은 느낌이죠. 그게—

내담자: 예. 그런데 나는 지금 괜찮다고 느껴요, 정말로…… 그런데 또 다른 무언가 있어요—그것이 자라기 시작하는 느낌, 글쎄요, 내가 말한 것처럼 거의 형성된 느낌이요. 이런 일종의 결론, 내가 엄청나게 잘못된 무엇인가를 찾기를 멈추게 되었다는 거지요. 지금은 왜 그런지 모르겠어요. 그러나 내 말은, 그냥—그게 이런 종류라는 거지요. 그런데, 나는 지금 내가 아는 것, 내가 발견한 측면에서 말한다고 할 수 있어요—내가 두려움을 제외시켰다는 것은 거의 확실하고, 쇼크를 두려워하지 않는다는 것도 확실해요—그러니까, 그걸 환영한다고 할 수 있어요. 그러나—내가 있었던 곳의 관점에서 보면, 내가 거기에서 배운 것은, 그건, 일종의, 글쎄요, 내가 모르는 것을 고려하면, 일종의, 정해야 하는 것 중 하나일 건데, 말하자면, 글쎄요, 지금은, 그냥, 그냥 그걸 찾을 수가 없어요. 아시겠어요? 그리고 지금은 내가 말해야만 하는 거는, 사과한다거나 감추고 싶은 마음이 전혀—전혀 없이, 단지 지금은 나쁘게 보이는 것을 찾을 수가 없다는 거지요.

치료자: 이런 말인가요? 당신이 더욱더 깊게 자기 자신에게 들어갈수록, 그리고 당신이 발견하고 배웠던 여러 가지에 대해서 생각할 때, 아주, 아주 강하게 드는 확신은 당신이 아무리 멀리 가더라도, 당신이 발견하는 것들이 무섭거나 끔찍하지는 않다는 거지요. 그것들은 아주 다른 특징을 가지고 있고요.

내담자: 예, 그 비슷한 거예요.

여기서 비록 자신의 느낌이 자기 문화의 특성에 대항하는 것이기는 하지만, 그녀는 자신의 핵심이 나쁘거나 아주 틀린 것이 아니라, 무엇인가 긍정적인 것이라고 말해야 할 것처럼 느낀다는 것을 알게 되었다. 통제된 표면적 행동의 층 밑에, 괴로움의 밑에, 상처의 밑에는 긍정적인 자기가 있고, 증오는 없다. 나는 이것이 우리 내담자들이 오랫동안 우리와 만나면서 얻는 교훈이고, 우리가 천천히 학습해 온 것이라고 믿는다.

만약 증오 없음이 어느 정도 중립적이거나 부정적인 개념처럼 보인다면, 아마도 우리는 오크 부인이 그것의 의미를 설명하게 해야 할 것이다. 39번째 면담에서 그녀는 치료의 종결이 다가온다고 느끼고, 이 주제로 돌아간다.

> 내담자: 이걸 분명히 해야 할지 모르겠어요—나에게는 분명해요. 그리고 아마도 문제되는 거는 그것이 전부일지도 모르지요. 여기에—내게 일종의 미움이 없는 접근에 대한 강한 느낌이 있어요. 이제 우리는 그것을 합리적인 수준으로 옮겨 놓았어요. 알아요, 그게 부정적으로 들린다는 걸. 그렇지만 내 생각에, 내—내 생각이라기보다는 느낌인데요—내 생각, 네, 내 생각이기도 하네요—그건 이것보다—사랑보다 훨씬 더 긍정적이고 훨씬 더 쉬운 것이에요—그건 덜 제한적이에요. 그렇지만, 그건 너무도 많은 것, 너무도 많은 교리를 거의 완전히 거부하는 것처럼 들린다는 걸 알겠어요. 아마 그럴 거예요. 모르겠어요. 그러나 그건 나에게 좀 더 긍정적인 것 같아요.
>
> 치료자: 당신은 그것이 누군가에게는 더 부정적인 것으로 들릴 수 있지만, 당신이 생각하는 의미로는, 그건 사랑이 그런 것만큼 내가 그것을 택할 때 소유하는 것, 묶는 것 같지는 않네요. 그건 실제로—[이런 더 옹색한 용어들 어떤 것]보다 좀 더—좀 더 확장되고, 유용한 것처럼 보이는군요.
>
> 내담자: 예.
>
> 치료자: —이런 더 옹색한 용어들 어떤 것보다.
>
> 내담자: 정말로 그래요. 더 쉬워요. 글쎄요, 어쨌든, 나는 그런 식으로 느끼는 게 더 쉬워요. 그리고 모르겠어요. 그건 내가 정말로 보상을 하도록 강요당하지 않고 강제로 처벌을 하지 않는 그런 곳에서 스스로를 찾아가는 하나의 방식으로 보여요. 그건—그건 그렇게 많은 것을 의미하지요. 그건 내가 일종의 자유를 만들어가는 것처럼 보여요.
>
> 치료자: 음—흠. 누군가 보상이나 처벌받을 필요에서 벗어나게 되면, 당신에게는 모든 점에서 훨씬 더 자유로운 것처럼 보이는군요.
>
> 내담자: 맞아요. [멈춤] 나는 그 길에 어떤 어려움이 있을 것에 대해 준비가 되어 있어요.
>
> 치료자: 당신은 그것이 순풍에 돛달기라고는 기대하지 않는군요.
>
> 내담자: 예.

이 단락은 한 내담자의 이야기를 아주 짧게 요약한 것이다. 그녀는 자신에 대해 발견하면 할수록 두려움이 감소하고 자신의 내부에 있는 지독히 잘못된 어떤 것을 발견하는 대신에, 점차적으로 보상받거나 타인을 처벌하기를 원하지 않는 자신의 핵심, 증오가 없는 자기, 깊이 사회화된 자기를 발견하였다. 우리의 유기체적 본성으로 충분히 깊이 내려간다면 인간이 긍정적이고 사회적 동물임을 발견하게 된다는 이러한 유형의 경험을 감히 일반화할 수 있겠는가? 이것은 우리의 임상경험에서 나온 제안이다.

개인의 유기체, 경험으로 존재하기

이 장에서 이제까지 제시된 자료의 많은 부분을 관통하고 있는 실마리는 심리치료(최소한 내담자 중심 치료)가 인간이—자기기만과 왜곡이 없이—유기체가 되어 가는 과정이라는 것이다. 이것은 무엇을 의미하는가?

여기서 우리는 경험의 수준에서 어떤 것에 대해 이야기하고 있는 것이다. 이는 말로 하기 쉽지 않은 현상이며, 만약 언어적 수준에서만 이해된다면, 바로 그 사실 자체로 이미 왜곡이 되는 것이다. 아마도 우리가 만약 몇 가지 종류의 기술적인 공식을 사용한다면, 아무리 미약한 수준에서라도 독자의 경험에 심금을 울릴 수 있을 것이며, "오, 이제 알겠어요. 나 자신의 경험으로, 당신이 이야기하고자 하는 것이 무엇인지"라고 그가 느낄 수 있게 할 것이다.

치료는 기본적인 감각과 본능적인(visceral) 경험으로 되돌아가는 것을 의미하는 것처럼 보인다. 치료 이전의 개인은 자신에게 종종 부지불식간에 "다른 사람들은 내가 이 상황에서 무엇을 해야 한다고 생각할까?" "내 부모나 문화는 내가 무엇을 하기를 원할까?" "나는 무엇을 해야만 한다고 생각하나?"라고 물어보는 경향이 있다. 따라서 그는 자신이 그렇게 행동해야만 한다는 관점에 따라 계속 행동한다. 이것은 그가 항상 타인의 의견에 맞추어서 행동한다는 의미는 아니다. 그는 실제로 타인의 기대에 상반되는 행동을 하려고 시도할 수도 있다. 그런데도 그는 타인의 기대(종종 내사된 기대)의 관점에 따라 행동한다. 치료과정 동안에 개인은 그의 생활공간을 어느 때보다 넓은 관점에서 자신에게 물어본다. "나는 이것을 어떻게 경험하는가?" "그건 나에게 무엇을 의미하는가?" "만약 내가 어떤 방식으로 행동한다면, 나는 그것이 나에게 가질 의미를 어떻게 상징화하겠는가?" 그는 현실주의라고 말할 수 있는, 어떤 행동이 자신에게 가져올 만족과 불만족을 현실적으로 균형을 맞추는 것을 근거로 행동하게 된다.

아마도 만약 내가 이러한 아이디어들 중 일부를 여러 다른 내담자들이 거쳐 가는 과정에 대한 도식화된 공식으로 놓는다면, 나처럼 구체적이고 임상적인 측면에서 생각하는 경향이 있는 사람들을 도울 것이다. 어떤 내담자의 경우에는 이것이 다음과 같은 의미가 될 수 있다. "나는 부모님에게 사랑만을 느껴야 한다고 생각해 왔지만, 나는 사랑과 심한 분노를 모두 경험한다는 것을 안다. 아마도 나는 자유롭게 사랑과 분노를 경험하는 사람이 될 수 있는 것 같다." 또 다른 내담자의 경우에는 다음과 같이 배울 수 있다. "나는 나쁘고 쓸모없다는 생각을 해 왔다. 이제 나는 때때로 대단히 가치 있는 사람으로 나 자신을 경험한다. 또 다른 때에는 별로 가치가 없거나 쓸모가 없는 나 자신을 경험한다. 아마도 나는 다양한 가치 수준을 경험하는 사람이 될 수 있는 것 같다." 또 다른 경우에는, "나는 어떤 사람도 정말로 나를 사랑할 수 없다는 개념을 가지고 있었다. 이제 나는 또 다른 사람의 애정 어린 따뜻함을 경험한다. 아마도 나는 타인에게 사랑받을 수 있는 사람이 될 수 있는 것 같다—아마도 나는 그런 사람일지 모른다." 그리고 또 다른 경우에는, "나는 나 자신을 인정하지 말아야 한다는 느낌으로 자라왔지만—나는 나를 인정한다. 나는 나 자신을 위해 울 수 있지만, 나 자신을 즐길 수도 있다. 아마도 나는 즐길 수도 있고 슬프게도 느낄 수 있는 풍부하고 다양한 사람인 것 같다." 또는 오크 부인의 마지막 예시를 보면, "나는 어떤 심층적인 면에서 내가 나쁘다고 생각하며 내 가장 기본적인 요소는 틀림없이 음산하고 끔찍하다고 생각해 왔다. 나는 그런 나쁨을 경험하지 않으며, 오히려 삶에 대한 긍정적인 욕망을 경험하고 삶을 살려고 한다. 아마도 나는 마음 속에서는 긍정적인 사람이 될 수 있는 것 같다."

이 공식들 각각에서 첫 번째 문장을 제외한 나머지를 가능하게 하는 것은 무엇인가? 그것은 부가적인 자각이다. 치료에서 사람들은 일상경험에 더하여 그가 경험하는 그의 감각과 본능적인 반응에 대한 충만하고 왜곡되지 않은 자각을 한다. 그는 자각하는 데 대한 경험의 왜곡을 끝내거나 적어도 감소시킨다. 그는 자신이 실제로 경험하고 있는 것을 자각할 수 있는데, 이는 단지 그가 개념적인 필터를 통해 철저히 선별을 한 후에 스스로 경험하도록 허용할 수 있는 것은 아니다. 이런 점에서 그 사람은 처음으로 인간 유기체로서 충만한 잠재성을 갖게 되며, 여기에 풍부한 자각의 요소가 감각과 내장 반응의 기본적 측면에 자유롭게 첨가된다. 내담자들이 치료에서 자주 그렇게 말하듯이 그 사람은 자기 자신으로 존재하게 된다. 이것이 의미하는 바는 개인이 경험에서 자기 자신으로, 자각에서, 존재하게 된다는 것이다. 다시 말하면, 그는 완전하고 충만하게 기능하는 인간 유기체다.

이미 나는 일부 독자들의 반응을 느낄 수 있다. "당신은 치료의 결과로 사람이 단지 인간 유기체 혹은 인간 동물이 된다는 의미인가요? 누가 그를 통제할 거죠? 누가 그를 사회화할 거죠? 그리고 그는 모든 금지사항을 던져버릴 건가요? 당신은 인간의 야수적 측면, 원초아를 그냥 해방시킬 건가요?" 이에 대한 가장 적절한 대답은 아마도 "치료에서 개인은 실제로 그것이 함축하는 모든 풍부함을 지니면서 인간 유기체가 됩니다. 그는 현실적으로 자신을 통제할 수 있고, 어쩔 수 없이 자신의 욕구 내에서 사회화됩니다. 인간 안에 야수는 없습니다. 인간 안에는 인간만이 있고, 이것을 우리는 해방시킬 수 있습니다."일 것이다.

그래서 내가 심리치료에서 기본적으로 발견한 것은, 만일 우리의 관찰이 타당한 것이라면, 우리가 "단지" 호모 사피엔스임을 두려워할 필요가 없는 것이다. 오직 인간 동물만이 가지고 있는 자유롭고 왜곡되지 않은 자각의 선물에 만약 우리가 전체 동물 왕국의 특성인 감각과 본능적인 경험을 덧붙일 수 있다면, 우리는 아름답고 건설적으로 실제적인 유기체를 갖게 되는 것이다. 그러면 우리는 유기체 자체가 가지고 있는 음식이나 성에 대한 생리적 요구와 마찬가지로 문화적 요구를 자각하고—자체를 확장시키고자 하는 욕구와 마찬가지로 우호적인 관계에 대한 욕망을 자각하고—타인을 향한 적개심과 마찬가지로 타인을 향한 섬세하고 예민한 부드러움을 자각하게 된다. 따라서 인간 고유의 자각능력은 자유롭고 충분하게 기능하며, 우리는 우리가 두려워해야 하는 동물이나 통제를 해야만 하는 야수가 아니라, 이 모든 자각 요소의 결과로서 놀랄 만하게 통합적인 능력을 가지고 있는 중추신경계를 통하여 균형 잡히고, 현실적이고, 자기를 증진시키고, 타인을 증진시키는 행동을 달성할 수 있는 유기체를 가지게 된다. 다른 말로 하자면, 인간이 완전히 인간이 아닐 때—자기 경험의 다양한 측면을 자각하기를 부인할 때—현재 세계 상황이 증명해 주듯이, 우리는 그 사람과 그의 행동을 두려워해야 할 것이다. 그러나 그가 가장 완전히 인간일 때, 그가 완전한 유기체일 때, 인간의 특별한 속성인 경험에 대한 자각이 완전히 작동할 때, 그는 신뢰받을 수 있고, 그의 행동은 건설적이 된다. 그것은 항상 관습적인 것은 아니다. 그것은 항상 검증되지 않을 수도 있다. 그것은 개별적일 것이다. 그러나 그것은 또한 사회화될 것이다.

맺는 말

나는 여러 해 동안 내 경험에서 나온 확신이 있기 때문에 앞의 단락을 내가 할 수 있는 한 강하게 진술하였다. 그렇지만 나는 확신과 믿음의 차이를 잘 알고 있다. 나는 어느 누구도 내 경험에 동의해 주기를 요구하지는 않으며, 단지 여기에 제시한 공식이 그 자신의 경험과 일치하는지 고려하기를 바란다.

나는 이 글의 사색적인 특성에 대해 사과하지 않겠다. 사색을 해야 할 때가 있으며, 증거가 바뀔 때가 있다. 이 장에 대한 생각과 의견과 임상적 예감이 점차적으로 조작적이고 정확하게 검증되기를 바란다.

5

부모가 정한 규칙을 거스르는 것에
죄책감을 느끼는 23세 여성

Albert Ellis

편집자 서문 앨버트 엘리스(Albert Ellis)는 정신분석가로 훈련받았지만, 정신분석에서 그가 바라던 결과를 얻을 수 없다는 것을 발견한 후, 합리적 정서적 행동치료로 알려진 그 자신만의 독특한 체계를 만들었다. REBT(Rational Emotive Behavior Therapy)는 오늘날 시행되고 있는 많은 인지 및 인지행동 치료의 선구자다.

엘리스의 양식은 그의 강의를 들었거나 운 좋게 치료회기에서 그를 관찰할 기회를 가졌던 사람들이 아는 것처럼 독특하다. 그는 지시적이고, 강력하고, 자신감 있고, 그의 견해가 정확하다는 것을 확신한다.

다음 사례에서 우리는 분명히 비합리적인 사고를 지니고 있으며 REBT 치료자가 훌륭하게 다룰 수 있는 유형의 문제를 제시하고 있는 젊은 여성과 엘리스가 작업하는 것을 관찰할 수 있다.* 엘리스의 양식과 앞 장의 사례연구에서 오크 여사에 대한 로저스의 치료양식을 비교하면 흥미로울 것이다. 엘리스는 훌륭한 임상가로 알려져 있고 로저스 역시 같은 명성을 지니고 있다. 그렇지만 이 사례가 명백하게 보여주는 것처럼, 그들의 치료양식은 극적으로 다르다.

Ellis, A. (1974). *Growth through Reason*, (pp.223-286). Hollywood: Wilshire Books. 저자의 허락을 받아 게재함.
* 나는 초기에 이루어진 이 REBT 사례에서, 보편적으로 사용되고 있는 인지적 철학적 기법

23세의 마샤(Martha)는 자학적이고, 강박적이고, 남성을 두려워하며, 인생의 목표가 없고, 부모와 맺고 있는 관계에 대한 죄책감 때문에 도움을 받으려고 왔다.

첫 번째 회기의 일부

내담자-1: 그런데 내가 대학을 졸업한 후 대략 일년 반 동안 문제가 있다는 걸 느꼈어요. 나는 자신을 학대하는 경향이 있는 것 같아요. 나는 툭하면 사고를 당해요. 평생을 여기저기 부딪치거나 계단에서 떨어지거나 그럴 거예요. 그리고 아버지와 관계는 상당히 골칫거리예요. 나는 내 책임이 무엇인지 부모님과 관계에서 무엇을 해야 하는지 도무지 알 수가 없어요.

치료자-2: 부모님과 같이 사나요?

내담자-3: 아니요. 3월에 이사 나왔어요.

치료자-4: 아버지 직업은 뭐죠?

내담자-5: 아버지는 신문편집자예요.

치료자-6: 그럼 어머니는 가정주부인가요?

내담자-7: 네.

치료자-8: 다른 자녀도 있나요?

내담자-9: 네, 남동생이 둘 있어요. 하나는 스무 살이고 다른 애는 열여섯 살이에요.

을 강조한다. 그러나 마샤처럼 실패와 거부의 위험을 두려워하는 내담자들에게는 실제적 둔감화나 노출기법 같은 고도로 행동적인 방법을 처음부터 사용한다. 그리고 조작적 조건 형성, 자극 통제, 재발의 예방 및 다른 행동적 방법들을 사용한다. 또한 아주 강력하고 정서적이고 경험적인 방법들과 감정적 방법들, 즉 수치심 공격 연습, 합리적 정서적 심상, 강제적 대처 진술 및 내담자의 비합리적인 신념에 대한 격렬한 논박 등을 사용한다.

이 방법들에 대한 자세한 내용은 다음의 책들을 참고하기 바란다. *The Practice of Rational Emotive Behavior Therapy*(New York: Springer); *A Guide to Rational Living*(Hollywood, CA: Wilshire Books); *Rational Emotive Behavior Therapy: A Therapist's Guide*(San Luis Obispo, CA: Impact Publishers); *How to Control Anxiety Before It Controls You*(Secaucus, NJ: Carol Publishing Group); 외 다른 REBT 출판물.

나는 스물세 살이고요. 열여섯 살 먹은 애는 소아마비고, 다른 애는 심장 비대증이 있어요. 우리는 돈이 많지는 않지만 살면서 항상 사랑과 안정을 느꼈어요. 나를 당황하게 한 첫 번째 사건은 열여섯 살 때 아버지가 심각하게 술을 드시기 시작한 거예요. 내가 볼 때 아버지는 절대로 잘못 같은 거는 안 하는 사람이었어요. 아버지가 말하는 것은 무조건 옳았죠. 내가 이사 나온 후 줄곧, 그리고 이사 나오기 전에도 가족에 대한 내 책임 소재에 관해 궁금했어요. 가족들이 나에게 뭘 요구했는데, 그것을 못하면 죄책감을 느꼈기 때문이지요.

치료자-10: 가족들이 당신에게 요구하는 것은 어떤 것들이죠?

내담자-11: 글쎄요, 가족들은 결혼도 안한 여자가 나가서 사는 게 잘못됐다고 생각해요. 또한 나는 진실이 불쾌한 것이라면 진실을 말하는 것보다 거짓말하는 것이 더 쉽다는 것을 알았어요. 나는 근본적으로 남자들이 두렵고 결혼을 전제로 남성과 친밀한 관계를 맺기가 두려워요. 우리 부모님은 내가 누구랑 함께 나가는 것을 절대 허락하지 않아요. 이런 걸 생각해 볼 때, 거의 무의식적으로 부모님께 허락받지 않고 내 마음대로 어떤 사람을 찾는 일은 못할 것 같아요.

치료자-12: 지금 사귀는 사람은 있나요?

내담자-13: 네, 두 사람이요.

치료자-14: 그리고 둘 중 한 사람하고는 진지한 관계인가요?

내담자-15: 정말 모르겠어요. 한 사람은 나를 그런대로 진지하게 대하지만, 그 사람은 나에게 무슨 문제가 있어서 그것을 고쳐야 한다고 생각해요. 나는 때때로 되는 대로 행동하지만, 그렇게 되는 것을 원치 않아요.

치료자-16: 섹스를 즐깁니까?

내담자-17: 특별히 그렇지도 않아요. 내 생각에―나 자신을 분석해서 왜 내가 되는 대로 행동하는지를 알아내려 했는데, 그렇지 않은 것을 두려워하는 것 같아요.

치료자-18: 그 사람들이 당신을 좋아하지 않을까 봐 두려운가요?

내담자-19: 네, 내가 만나는 한 남자친구는―사실은, 둘 다―내가 나 자신을 좋게 평가하지 않는다고 말했어요.

치료자-20: 무슨 일을 하세요?

내담자-21: 광고회사의 카피라이터예요. 이게 무슨 의미가 있을지 모르겠지만, 대학에 다닐 때 전공을 정할 수가 없었어요. 나는 네다섯 개의 전공을 이수했어요. 대학을 선택할 때 매우 충동적으로 했어요.

치료자-22: 최종적으로 선택한 것은 뭐지요?

내담자-23: 일리노이 대학에 갔어요.

치료자-24: 최종 전공은 뭐였죠?

내담자-25: 전공은—복수 전공이었는데, 광고와 영어예요.

치료자-26: 대학생활은 괜찮았나요?

내담자-27: 네, 나는 파이 베타 카파 클럽(Phi Beta Kappa)(역자 주: 1776년에 미국에서 설립된 성적이 우수한 대학생과 졸업생으로 구성된 조직) 회원이었고, 우등으로 졸업했어요.

치료자-28: 당신은 어려움이 없었군요—마음을 정하기 힘들었는데도—공부하는 자체에는 어려운 점이 없었나요?

내담자-29: 네, 아주 열심히 공부했어요. 우리 가족은 항상 내가 학교에서 잘할 수 없을 거라고 했고, 그래서 열심히 해야만 했어요. 항상 열심히 공부했죠. 나는 무엇을 하려고 마음먹으면 언제라도 그것을 열심히 했어요. 그리고 항상 사람들과 관계에 대해 확신이 없었어요. 결과적으로 나는 거의 언제나 한 사람 이상과 동시에 사귀었죠. 아마도 거부에 대한 두려움 때문이었던 것 같아요. 또한 무엇보다 나를 더 괴롭혔던 것은 내가 소설을 쓰는 능력을 가지고 있다고 생각하는 것이었어요. 그러나 나 자신을 단련할 수 있는 것처럼 보이지 않았어요. 글쓰기에 관한 한, 시간을 현명하게 보내는 대신에 그냥 내버려 두고, 내버려 두다가 일주일에 며칠 밤은 외출을 하는 거예요. 이것이 나에게 도움이 되지 않는 것을 알아요. 나 자신에게 왜 그러냐고 물어보지만, 모르겠어요.

치료자-30: 당신은 충분히 좋은 글을 쓰지 못하는 게 두려운가요?

내담자-31: 근본적인 두려움이 있어요.

치료자-32: 맞아요. 그것은 근본적인 두려움이에요.

내담자-33: 나는 스스로 재능이 있다고 꽤 확신하고 있지만, 그것을 나에게 적용하는 것이 두려워요. 어머니는 항상 내가 글 쓰는 것을 격려해 주셨고, 내가 하는 것은 무엇이든 더 잘할 수 있을 거라고 격려해 주셨어요. 남자애들과 사귀기 시작했을 때, 열세 살, 열네 살 때인데요. 한 남자애에게만 관심 갖는 것을 결코 바라지 않으셨어요. 어딘가에 항상 더 좋은 것이 있었지요. "나가서 그것을 찾아봐라." 그리고 만약 어떤 사람이 모든 점에서 나를 만족시키지 못하면 "나가서 다른 사람을 찾아봐라."고 하셨어요. 나는 이것이 내가 어떤 사람에게 흥미를 느꼈을 때, 항상 다른 사람을 찾는 감정에 영향을 주었다고 생각해요.

치료자-34: 네, 나도 그것이 가능하다고 확신합니다.

내담자-35: 그러나 내가 무엇을 찾는지 모르겠어요.

치료자-36: 당신은 완전한 것을 찾는 것처럼 보여요. 당신은 안정감, 확실함을 찾는 거예요.

일반적으로 심리치료에서 나는 첫째로 증상을 확인하는 배경 정보를 어느 정도 얻는다. 증상을 확인해서, 구체적으로 그녀의 근본 철학이나 가치 체계가 무엇이고 이것을 어떻게 바꿀 수 있는지에 사용한다. 그래서 나는 '치료자-30'에서 "당신은 충분히 좋은 글을 쓰지 못하는 게 두려운가요?"라고 물었다. 이것은 REBT에 근거해서, 그녀가 글을 쓰지 않았던 몇 가지 이유가 있고, 이것이 아마도 그 중 하나라고 가정했기 때문이다. 그녀가 일단 글쓰기에 실패하는 것에 대한 두려움을 시인하면, 나는 이것이 그녀의 일반적인 혹은 근본적인 두려움이 될 수 있음을 강조한다. 그래서 내담자는 실패에 대한 두려움이 만연되어 있다는 것과 그녀가 언급한 다른 역기능적 행동에도 이것이 적용된다는 점을 알아 갈 것이다. '치료자-36'에서 나는 단호하게 그녀가 완벽함과 확실함을 찾는 것이라고 말했다. 이 진술로 그녀가 얼마간 놀라기를 바랐다. 나는 결국은 글쓰기 두려움(그리고 다른 증상들)이 그녀의 완벽주의 때문에 생겼다는 것을 보여 주려고 했다. 이런 일이 일어났을 때 그녀는 아직 내 가설을 받아들일 준비가 되어 있지 않았다. 그래서 나는 조만간에 그녀로 하여금 자신의 장애 행동 뒤에 있는 몇 가지 개념에 주의를 기울이도록 하게 될 것을 알기 때문에, 때를 기다린다.

내담자-37: 근본 문제는 내가 가족에 대해 걱정한다는 거예요. 나는 돈 걱정을 해요. 그리고 절대 편안해질 수 없을 것 같아요.

치료자-38: 왜 가족 걱정을 하죠? 우선 그것부터 살펴보지요. 무엇에 대해 염려하는 건가요? 그들은 당신이 따르고 싶지 않은 요구를 하는데요.

내담자-39: 나는 이기적이어서는 안 된다고 생각하도록 자랐어요.

치료자-40: 오, 우리는 당신 머리에서 그것을 몰아내야겠어요!

내담자-41: 나는 그것이 제 근본적인 문제들 중 하나라고 생각해요.

치료자-42: 맞아요. 당신은 나이팅게일이 되도록 자랐군요.

내담자-43: 네, 나는 가족 내에서 일종의 미래 나이팅게일처럼 자랐어요. 지금 나는 우리 가족사의 모든 패턴을 분석하고 있어요…… 우리 아버지는 내가 대학에 가 있을 때 진짜로 알코올중독이 됐어요. 어머니는 작년에 유방암이 발견되어 한쪽 유방을 제거했어요. 아무도 건강하지 않아요.

치료자-44: 아버지는 지금 어떤가요?

내담자-45: 글쎄요, 아버지는 많이 좋아지셨어요. 아버지는 단주모임에 나가시고, 아버지를 보는 의사가 현상유지를 위해 약을 주지요. 아버지는 매주 꽤 많은 돈을 약을 사는 데 쓰세요. 아버지는 하루라도 약을 안 드시면 절대로 살아갈 수가 없어요. 어머니는 내가 집을 떠나지 말아야 한다고—식구들과 있어야 한다고 느껴요. 내가 해야 하는 일에 대해 염려가 돼서 잔소리를 해요.

치료자-46: 왜 염려를 하죠? 왜 당신은 그렇게 해야만 하나요?

내담자-47: 나는 항상 자신을 희생해야 한다고 배우면서 자랐기 때문에 그렇게 느끼는 것이라고 생각해요. 만약 자신을 생각한다면, 그건 잘못된 거예요.

치료자-48: 그것은 하나의 **신념**이에요. 왜 당신은—그 나이에—그렇게 믿어야만 하죠? 당신이 더 어렸을 때 많은 미신을 믿었어요. 왜 그것들을 계속 간직해야 하죠? 당신의 부모는 그것이 그분들의 신념이기 때문에 이런 말도 안 되는 소리를 심어준 거예요. 그러나 왜 당신은 여전히 인간이 이기주의가 되어서는 안 된다고 반드시 희생적이어야 한다고 믿어야 하죠? 그 철학은 누구에게 필요한 거죠? 지금까지 당신에게 주어진 모든 것은 죄책감이에요. 그리고 그것이 계속 당신을 사로잡을 거예요!

내담자-49: 나는 지금 그것을 부수려고 해요. 예를 들어, 식구들이 전화해서 "일요일

에 오지 않겠니?"라고 하는데 만약에 내가 "형편 되는 대로 갈게요."가
아니고 "바빠서 못 가요."라고 말한다면 그들은 엄청나게 상처받을 것
이고 나는 위가 온통 뒤틀릴 거예요.

치료자-50: "또 이러는구나. 식구들에게 헌신하지 않는 나는 형편없는 인간이다!"
라고 자신에게 말하기 때문이지요. 그런 헛소리를 자신에게 말하는 한,
당신의 위가 뒤틀리거나 다른 부분이 요동치기 시작할 거예요! 그러나
이것은 당신의 철학이고, 당신의 신념이고, 자신에 대한 선고예요—"나
는 형편없이 나쁘다! 어떻게 그렇게 천박하게 행동할 수 있는가?" 그것
때문에 당신의 위가 요동치는 거지요. 자, 그것은 잘못된 선고예요. 당
신이 그들보다 자신을 더 좋아하기 때문에 형편없이 나쁜 사람이어야
한다는 이유가 뭔가요? 그것은 결국 그렇게 되는 것이에요. 당신이 좋
은 사람이 아니라고 누가 그래요—예수 그리스도? 모세? 누가 그렇게
말했나요? 그 대답은, 당신의 부모가 그랬다지요. 그리고 부모가 그렇
게 말했기 때문에 당신은 이것을 믿는 거예요. 그러나 도대체 그들이 누
군가요?

내담자-51: 맞아요. 나는 부모님이 말하는 것은 모두 옳다고 믿으면서 자랐어요. 그
리고 나는 이런 믿음을 멈출 수 없어요.

치료자-52: 당신은 그렇게 하지 않았어요. 당신은 할 수 있지만, 하지 않았어요. 그
리고 당신은 지금 말하지요. 당신이 그들에게 말할 때마다 같은 헛소리
를 자신에게 하지요. 그리고 스스로 이런 허튼 소리를 하는 것을 보게 될
겁니다! 모든 인간이 혼란이 올 때는—신체적 통증이 있을 때를 제외하
고는—혼란이 일어나기 직전에 항상 자신에게 개똥 같은 소리를 하지
요. 보통은, 그 개똥 같은 소리는 "이것은 끔찍해."라는 형태를 갖는
데—당신의 경우에는 "그들을 만나러 그곳에 가기 원하지 않는 것은 끔
찍하다!"라는 모양새를 갖지요. 혹은 사람들은 자신에게 "나는 이렇게
하지 않아야만 해!"라고 하는데 당신의 경우에는 "나는 이기적이지 않
아야만 돼!"이지요. 자, "이건 끔찍해. 나는 이렇게 하지 않아야만
해!"—이런 말들은 가정이고 전제예요. 당신은 그것들을 과학적으로 확
인할 수 없어요. 당신은 부모님이 그것이 진실임을 믿게 주입시켜서 어
떤 증거 없이도 그것들이 진실이라고 믿는 거예요…… 이것을 믿을 뿐

아니라 자신에게 계속 주입하는 거죠. 그게 정말로 해로운 이유는 바로 그 때문이지요. 그 때문에 이게 존속하는 거예요—부모님이 그렇게 당신에게 가르쳤기 때문이 아니에요. 그것은 잠시 후 자연적으로 사라집니다. 그러나 당신은 계속해서 자신에게 말하지요. 부모님께 전화를 드릴 때마다 이 선언문을 자신에게 말하지요. 그리고 만약 우리가 당신이 그렇게 말하고 있는 것을 보게 하고, 그것들을 반박하고 도전하도록 시키지 않으면, 당신은 영원히 그렇게 말할 거예요. 그리고 해로운 결과를 맞게 될 거예요. 두통, 자기 처벌, 거짓말, 당신이 할 수 있는 어떤 것이라도. 이런 결과들은 불합리한 원인이나 잘못된 전제의 논리적인 결과지요. 그리고 이런 전제에 대하여는 의문을 가져야만 합니다.

'내담자-45'에서 마샤가 자기를 우선적으로 생각할 때마다 자기가 틀렸다는 성가신 염려를 한다고 말하자마자, 나는 그녀에게 이 생각은 단지 의견에 지나지 않으며, 경험적으로 정당화될 수 없고, 나쁜 결과를 낳을 것이라고 보여 준다. 여기에 덧붙여서 고전적인 합리적인 정서적 방법을 설명할 뿐 아니라 마샤의 자기 패배적 전제와 가치를 공격하고, 적극적으로 어떻게 그녀의 근본적으로 잘못된 관점을 공격하는지를 가르치려고 노력한다.

내담자-59: 나는 그렇게 비논리적인 자신에게 화가 나요.

치료자-60: 또 그러는군요! 당신은 자신이 비논리적이라고 말할 뿐 아니라 그렇게 되지 않아야만 한다고 말합니다. 왜 그렇게 되면 안 되는가요? 비논리적인 것은 신경질이 나게 하지요. 이것은 불쾌함이에요. 그러나 당신이 잘못하면 그것은 사악한 것이라고 누가 말하는가요? 그것은 당신 부모의 철학이에요.

내담자-61: 예, 그리고 또한 종교적인 문제기도 해요. 나는 엄하고 제약이 심한 침례교도로 자랐어요. 그리고 나는 더 이상 그걸 받아들일 수가 없어요. 계속 그래왔어요—[주저함] 글쎄, 의심을 하기 시작한 건, 고등학교 다닐 때였어요. 어느 누구도 내 질문에 답해 주지 않았어요. 그래서 나는 계속 목사님에게 물었고, 그분은 질문에 대답하지 않았어요. 그래서 대학에 갔을 때 독서를 시작했죠. 처음 대학 2년 동안은 아주 열심히 노력했고, 늘 교회에 갔어요. 만약 의문이 생기면 목사님에게 물었죠. 그러나 아무런 대답도 얻을 수 없었지요. 그래서 지금은 사실상 침례교를 믿지 않아요.

치료자-62: 좋아요. 그러나 당신은 믿지 않는 것에 대해 죄책감을 가지고 있나요?

내담자-63: 죄책감을 가지고 있을 뿐 아니라 내가 믿지 않는 것을 부모님께 말할 수 없는 것이 최악의 부분이죠.

치료자-64: 그런데 왜 말을 해야만 하나요? 필요성이 뭐죠? 아마 그분들이 받아들이지 않을 것이기 때문이겠죠.

내담자-65: 글쎄요. 그분들은 받아주지 않았어요. 나는 대학을 졸업하자마자 유태교 친구와 결혼을 하기로 했지요. 그리고 당연히 종교적인 문제가 그때 나타났어요. 그리고 나는 내가 믿는 것을 옹호하지 않았어요. 모르겠어요. 나는 법석을 일으키기보다는 비겁자의 길을 갔어요. 그리고 지금 부모님과 함께 주말을 보낼 때—드물게—부모님과 함께 교회에 가요. 그리고 이것이 내가 진실을 말하기보다 오히려 거짓말을 한다는 말이지요.

치료자-66: 알겠어요. 아마도 그것이 가장 극단적일 수 있겠는데—교회에 가는 것, 왜 교회에 가야만 하지요?

내담자-67: 나는 법석을 일으키는 게 싫어요.

치료자-68: 항상 한 그릇의 죽을 위해 당신의 영혼을 판다는 뜻인가요?

내담자-69: 네.

치료자-70: 왜 당신이 그렇게 해야만 하는지 모르겠군요. 그것은 당신을 불성실한 상태로 남아 있게 만들지요. 지금 당신이 침묵하는 것과 당신이 믿음을 잃었다는 것에 대해 부모님에게 말하지 않는 것에 대해서는—왜냐 하면 부모가 그것을 받아들이지 않을 것이고 그분들 자신이 매우 당황할 것이기 때문에—당신이 원하는 대로 하는 것이 괜찮아요. 그들의 면전에서 당신이 무종교라고 말해도 소용 없겠지요. 그러나 자신을 교회에 가도록 강요하고 그럼으로써 당신의 성실성을 포기한다—그건 말도 안 돼요. 필요하다면, 당신은 "나는 더 이상 그것을 안 믿어요."라고 말할 수도 있어요. 그리고 만약 법석이 일어난다면 일어나는 거지요. 만약 그분들이 자살하게 된다면, 자살하는 거지요! 당신은 그분들에게 신체적으로 상처를 주는 것 이외에는 실제로 상처를 줄 수 없어요. 당신은 야구

방망이를 휘두르지 않는 한 어느 누구에게도 상처를 줄 수 없어요! 당신은 부모가 좋아하지 않는 일을 할 수 있고, 그분들이 그것을 너무 심각하게 받아들여서, 스스로 상처받을 수는 있어요. 그러나 당신은 말이나 생각으로 부모에게 상처를 줄 수는 없어요. 그것은 말도 안 되는 소리예요. 그분들은 당신이 그런 난센스를 믿도록 가르쳤어요. "얘야, 너는 만약 네가 해야 한다고 우리가 생각하는 대로 하지 않는다면 우리에게 상처를 주는 것이란다!" 그것은 아주 저질스러운 푸념이에요! 부모님은 당신이 어떤 일을 하도록 파시스트적인 요구를 함으로써 자신들에게 상처를 주고 나서, 당신이 그걸 하지 않을 때 그들 스스로 심란하게 만들지요. 당신이 상처를 주는 것이 아니에요—부모님이지요. 만약 당신이 더 이상 침례교도가 아니라고 말했기 때문에 부모가 상처를 받았다면, 그것은 그들의 일이에요. 그분들 스스로 상처받는 것이에요. 당신이 상처를 주는 것이 아니에요. 부모님들은 말하겠지요. "어떻게 네가 우리에게 이럴 수 있어?" 그러나 그것이 사실인가요? 당신이 부모님께 어떻게 했나요, 아니면 부모님 스스로 했나요?

내담자-71: 아니요. 나는 아니에요.

치료자-72: 그러나 당신은 부모에게 상처를 주고 있다고 믿고 있어요. 그건 헛소리죠!

치료자-104: …… 당신이 해야 하는 일은 비교적 단순해요—그러나 그렇게 쉽지는 않죠. 그리고 그것은—당신은 이미 해야 되는 것 중의 일부는 했어요. 자신의 근본적인 철학의 일부를 변화하였지요—특히 종교에 관해서—그것은 인간이 할 수 있는 큰 변화지요. 그러나 당신은 자신의 철학을 충분히 변화시키지 못했어요. 여전히 당신은 어떤 근본적인 교리를 믿어요. 대부분 사람은—유태교, 가톨릭, 신교든지 간에—어떤 교리를 믿죠. 주요 교리는 우리가 자신보다 다른 사람에게 헌신해야 한다. 우리는 타인, 특히 자신의 가족에게 사랑받고 수용되고 받아들여져야 한다. 그리고 우리는 잘해야 하고, 위대한 성취를 해야 하고, 성공해야 하고, 옳은 일을 해야만 한다 등이지요. 그리고 당신은 이런 중요한 생각들을 확고히 믿어요. 거기에서 벗어나는 것이 좋을 거예요.

내담자-105: 어떻게 그렇게 하죠?

치료자-106: 무엇보다도 당신이 혼란스러울 때마다 자신에게 어떤 미신적인 신조를 말했고—어떤 개똥 같은 소리를 했는지 보는 거지요. 예를 들면—어떤 것을 성공적으로 하지 않았기 때문에 나쁘다거나, 또는 자신이 인기가 없거나, 이기적이고, 자신이 그래야 하는 것만큼 대단하지 않기 때문에 경멸할 만한 인간이라는 것. 그리고는 당신이 이런 난센스를 자신에게 말해 왔다는 것을 알았을 때 자신에게 질문을 해야 해요. "나는 왜 성공적이어야 하는가? 나는 왜 항상 받아들여지고 승인받아야 하는가? 나는 왜 완전히 사랑받고 흠모를 받아야 하는가? 누가 그렇게 말했나? 예수? 도대체 그는 누구인가?" 이런 일들이 그렇게 되어야만 한다는 증거는 없어요. 당신은 사회의 대부분 사람들이 믿는 신념, 이런 난센스, 이런 헛소리를 단지 앵무새처럼 되뇌는 겁니다. 그리고 당신의 부모만이 그렇게 가르치는 것은 아니지요. 당신이 읽은 이야기들, 당신이 들은 전설들, 당신이 본 TV 쇼들이 모두 그래요. 그들은 모두 이 엉터리를 포함하고 있어요!

내담자-107: 알아요. 하지만 이것을 극복하려 할 때마다 다른 곳에서 같은 것을 직면하게 돼요. 나는 알게 됐어요—깨닫게 되었어요—있지요, 자신을 똑바르게 하려고 노력했던 것들은 내가 내 판단에 확신을 가지도록 배워야 하는 것임을 알아요.

치료자-108: 반면 당신은 다른 헛소리를 진정 믿고 있어요!

내담자-109: 네, 나는 아주 자신감이 없어요.

치료자-110: 당신은 그래야만 해요—왜냐하면 당신은 이런 것들을 믿기 때문에요.

나는 적극적으로 마샤를 계속 가르치고 역선전(depropagandizing)을 한다. 나는 그녀가 가진 불합리한 철학을 다룰 뿐 아니라, 예방하는 의미에서 다른 사람들을 언급하고 공격한다. 나는 몇 가지 기본적인 근거 없는 생각을 그녀에게 보여 주려고 계속 노력하며—그녀가 사랑받아야만 하고 매우 잘 수행해야만 한다는 생각 같은—그리고 그녀에게 자기희생과 자기 확신의 부족과 같은 증상들은 이런 바보 같은 생각이 가져오는 자연스러운 결과라는 것을 보여 준다.

내담자-127: …… 나는 또―근본적으로는 같은 거라고 생각하는데요―왜 내가 닥치는 대로 살고, 왜 거짓말을 하는지 알았으면 좋겠어요.

치료자-128: 사랑을 위해서, 나는 당신이 스스로 가치와 값어치를 얻는 단 한 가지 방법은 사랑받고 인정받고 수용되는 길밖에 없는 벌레라고 생각한다는 인상을 받아요. 그리고 당신이 닥치는 대로 사랑을 얻으려고 했는지도 모르겠군요. 왜냐하면 그것이 쉬운 방법이기 때문에, 당신은 그 방법으로 쉽게 수용될 수 있지요. 부끄럽기 때문에 거짓말할 수도 있지요. 아마도 진실을 말한다면 그들이 당신을 받아들이지 않는다고 느낄지도 모르지요. 이런 것들은 매우 일반적인 결과예요. 필사적으로 사랑받으려는 사람들―당신이 생각하는 것처럼, 빈약한 철학을 지니고 살면 당신은 닥치는 대로 살 것이고, 거짓말을 할 것이고, 자신이 실제로 원하는 것을 하는 것보다 그리고 자기 자신의 승인을 얻는 것보다 오히려 바보 같은 다른 일을 하겠지요.

내담자-129: 그게 바로 나에게 없어요. 전혀 없어요.

치료자-130: 당신은 결코 그것을 얻으려고 노력하지 않아요! 당신은 다른 사람들의 승인을 얻으려고 자신의 목표를 벗어나요. 부모님의 승인이 첫째이고 다른 사람들의 승인이 둘째예요. 그것이 닥치는 대로 사는 이유지요. 그것이 거짓말하는 이유이고. 그리고 자기수용을 얻기 위해서는 아무런 일도 하지 않아요. 왜냐하면 당신이 자기존중을 얻는 유일한 방법은 다른 사람이 생각하는 것만큼 비난을 하지 않는 것이기 때문이에요. 다른 방법은 없어요. 그것이 자기수용이 실제로 의미하는 것이지요. 자기 자신에게 진실하다는 것.

'치료자-130'의 내 반응에서, 나는 REBT와 대부분의 다른 "역동적인" 치료체계 사이에서 한 가지 주요한 차이점을 강조한다. 정신분석학을 기초로 하는 치료자는 아마도 그녀의 혼란과 거짓말이 어린 시절의 경험에서 나오는 것임을 마샤에게 보여 주려고 하겠지만, 나는 그런 종류는 어느 것도 믿지 않는다. 나는, 예를 들어, 어린 시절의 거짓말은 그녀 자신의 내부에 있는 왜곡된 사고를 향한 경향 때문이고, 이것은 다시 부모가 그녀에게 강요하는 것에 비효과적으로 반작용하도록 했다고 가정한다. 그러므로 중요한 것은 그녀 자신의 반응이지 부모의 행위는 아니다. 나는 또한 이론적 근거를 바탕으로 마샤가 현재 제멋대로 살고 거짓말을 하는 것은 아마도 비정상적으로 사랑받고자 하는 욕구 때문일 수도 있다고 믿는다. 그리고 그녀는 이에 관한 내 교육적인 추측을 자유롭게 받아들인 것처럼 보인다(그녀는 전에 '내담자-19'에서도 그랬음.).

만약 이 추측이 잘못된 것이라고 판정되었다면 나는 당황하지 않고 다른 가설—예를 들면, 그녀의 혼란은 일종의 자기 비난일 수 있다. 왜냐하면 그녀는 자기가 다른 점에서는 가치가 없다고 생각하기 때문이다—을 찾으려고 할 것이다. 합리적 정서적 치료자로서 나는 내 첫 번째 가정이 틀릴 수 있다는 가능성을 기꺼이 받아들일 것이다. 왜냐하면 내가 옳다면 내담자의 시간을 꽤 절약해 줄 수 있기 때문이다. 더욱이 잘못된 방식을 받아들이면, 나 자신과 내담자가 올바른 길로 가도록 도와줄 수 있다. 그러나 만약 내가 내담자 행동의 "진정한" 이유에 도달하기 위하여 정신 역동적으로 내력을 찾아가는 길을 시도한다면 (a) 나는 결코 이러한 실제적인 이유가 무엇인지 알아내지 못할 것이고(왜냐하면 그것들이 존재하지 않기 때문에 또는 수년 동안 탐색하여도 결코 나타나지 않기 때문에), (b) 여전히 잘못된 추리에 도달할 수 있으며, (c) 내담자를 매우 심각하게 옆길로 벗어나게 하여, 그녀가 자신이 근본적으로 장애를 일으키는 철학이 무엇인지를 결코 알 수 없게 만들어서 그것을 변화시키기 위해 아무것도 할 수 없게 만들 수 있다. 그러므로 여러 가지 이유로 나는 마샤에게 매우 직접적으로 접근하였다.

내담자-131: 다른 사람들을 향해서 단단한 껍질 같은 것을 발달시켜야 하는 건가요?

치료자-132: 글쎄요. 그것은 실제로 단단한 껍질이 아니에요. 그것은 자신의 목표와 자신감을 많이 발달시켜서 다른 사람들의 관점과 욕망이 당신에게 영향을 미치도록 허용하지 않는 거예요. 사실상 만약 이렇게 한다면 다른 사람들에게 더 친절하고 좋게 되는 것을 배울 것입니다. 우리는 당신이 사람들에게 반대하거나, 적대감을 갖거나 반항하도록 하려는 것이 아니에요. 다른 사람이 생각하는 것 때문에 덜 상처를 입을수록 당신은 더 민감하고 친절하고 사랑스러울 수 있습니다. 왜냐하면 당신은 실제로는 사랑하지 않으면서 부모에게 가면을 쓰고 대해 왔기 때문이에요. 마음 속에선 당신은 분개하고 있었고 사랑하지 않았어요.

내담자-133: 그렇지만 나는 사랑할 수 있어요.

치료자-134: 맞아요. 그러나 먼저 자신에게 솔직해야 해요. 그리고 자신에게 솔직해지는 것을 통해서 다른 사람을 더 많이 보살펴 줄 수 있어요. 모든 사람은 아니고 부모도 아닐 수 있어요. 당신이 부모를 사랑해야만 한다는 법은 없어요. 부모가 당신의 취향에 안 맞을 수도 있어요. 사실상 어떤 면에서는 그분들은 당신 취향이 아닌 것 같아요. 그러나 그분들이 그렇다면 좋을 거예요. 당신이 부모를 좋아하고 좋은 관계를 가진다면 좋겠죠. 그러나 그것은 결코 사실일 수는 없습니다. 당신이 부모에게서 정서적으로 도망가는 것이 당연해요. 어느 정도까지는—모든 사람에게는 아니지만 아마도 부모에게서 어느 정도—당신 자신에게 진실해지기 위해서죠. 왜냐하면 나에게 그들은 착취자, 파시스트, 정서적으로 협박하는 사람처럼 보이기 때문이에요.

내담자-135: 그래요, 그거예요. 정서적으로 협박하는 사람. 나는 알아요. 이것은 내 생애를 통해서 입증되었어요. 정서적으로 협박하는 사람!

모든 점에서 나는 마샤에게 부모에게서 정서적으로 물러서 있는 것을 죄스럽게 느낄 필요가 없으며, 자기가 하고 싶은 것을 하고, 생각하고 싶은 대로 생각하는 것에 죄책감을 느낄 필요가 없음을 보여 주려고 노력한다. 나는 그녀가 부모를 비난하거나 적대시하도록 하지 않는다. 오히려 그 반대다! 그러나 나는 부모 자신이 논리적인 생각을 하는 데 문제를 지니고 있으며, 그녀가 그들의 정서적 협박에 저항하는 게 좋다는 것을 그녀에게 끊임없이 보여 주고 있다. 그것이 밝혀졌을 때, 그녀는 항상 이것을 알고 있었던 것처럼 보인다. 그러나 내가 적극적으로 그녀의 주의를 불러일으키는 것이 지금 그녀가 알고 느끼는 것을 행동으로 옮기도록 도와줄 것이다. 그러므로 나는 솔직하고 지시적인 논의를 통해 그녀의 진실한 감정에 닿아서 실제로 그것을 따를 수 있도록 돕는다.

치료자-136: 맞아요. 그리고 당신이 이런 협박을 받아들여 왔어요. 당신은 어린 시절에 그것을 받아들여야만 했지요—당신은 어쩔 수가 없었어요. 당신은 의존적이었으니까. 그러나 아직도 그것을 받아들여서는 안 돼요. 당신은 지금 부모가 협박하고 있는 것을 볼 수 있지요. 그리고 지금은 조용히 그분들에게 화내지 않고 이것에 저항할 수 있죠. 그리고 그 협박은 효과가 없지요. 그들은 입에 거품을 물거나, 발작을 하거나, 별짓을 다하겠지요. 힘들죠!—그래서 그들은 거품을 물겠지요. 글쎄요, 당신이 변할 수 있다는 데는 의문이 없어요. 이제 시간이 다 됐어요. 그러나 전체적인 문제는—내가 조금 전에 말했듯이—당신의 철학인데, 그것은 실제로는 부모의 철학을 내재화한 것이죠. 그리고 만약 어떻게 비열한 철학이 당신에게 영향을 주는지에 대한 증거가 있다면, 이거예요. 그들은 완전히 비참할 거예요. 그리고 계속 이 방법으로 나간다면 당신 역시 비참할 것입니다. 만약 당신이 자신의 철학을 바꾸는 걸 배우고 싶다면, 이것은 내가 하는 치료에서 하는 건데요. 사람들이 자기 패배적인 생각을 멈출 때까지 사람들의 미친 생각을 때려 부수는 거예요. 그것이 당신이 하고 있는 모든 것이에요. 자신을 패배시키는 것!

나는 그녀의 머릿속에서 철학적으로 진행되고 있는 것과 그녀가 자신의 생각을 바꾸는 게 낫다는 것을 끊임없이 보여 주기 위해 마샤 자신의 삶에서 나온 자료를 계속 사용한다. 마샤와 함께한 첫 면접은 치료자가 처음 시작할 때부터, REBT에 대해서 상술하고, 내담자의 증상보다 가치 체계에 대해 더 많이 이야기하도록 격려하고, 그녀가 가지고 있는 장애를 일으키는 생각을 밝히고 그것을 공격하는 데 주어진 정보를 어떻게 사용하는지를 나타낸다. 나는 이 회기가 또한 내가 여러 가지 점에서 마샤의 가정을 반박하는 것에 주저하지 않았음에도 불구하고, 계속해서 (a) 나는 그녀 편이고, (b) 그녀를 도와줄 수 있다고 생각하고, (c) 그녀가 가진 장애의 실제적인 근원이 무엇인지를 확신하고 있고, (d) 그녀가 이런 근원을 보는 것과 그것을 밝혀 내기 위해 무엇인가를 하는 것에 몰두한다면 훨씬 덜 혼란스럽게 바뀔 수 있다는 점을 보여줌으로써 본질적으로 그녀를 지지했다는 것을 보여 준다고 생각한다. 그러므로 나의 "공격"은 보통 "자아 강화"라고 부를 수 있다. 혹은 REBT 전문용어로 말하면, 그녀 자신을 호되게 비난하기보다 오히려 자신을 완전하게 받아들이도록 도와주기 위해 설계된 것이다.

이런 목적에서 나는 마샤에게 칼 로저스(1961)의 "무조건적인 긍정적 존중"이라 부르는 것을 계속 지니고 있었다. 그 이유는 내가 그녀의 곤란과 어리석음에도 불구하고 그녀를 수용했기 때문이고 그녀가 우선적으로 자신을 위해 살고 일함으로써 왜곡된 사고를 극복할 수 있다고 믿었기 때문이다. 나는 또한 내가 개인적으로 그녀의 매력, 영리함 또는 유능함 때문이 아니라 모든 인간이 우선적으로 자신을 위해 살 권리가 있다고 느끼기 때문에 마샤의 편이라는 것을 보여 주었다.

두 번째 회기의 일부

이 회기는 첫 번째 회기가 있은 후 닷새 후에 있었다. 마샤는 이미 어느 정도 진전을 보였고, 상당히 차분해졌으며, 이제 그녀의 기본적인 문제를 작업하기 위한 좋은 상태에 있었다.

치료자-1: 어떤가요?

내담자-2: 잘되고 있어요. 월요일 저녁에 부모님을 찾아뵈었어요. 그리고 매번 내가 부모님의 정서적인 협박에 희생되려고 할 때마다 나는 당신이 말했던 것을 기억했고 그래서 그것과 싸울 수 있었어요.

치료자-3: 좋습니다!

내담자-4: 어머니는 유방을 제거했기 때문에 아직도 고생을 해요. 어머니는 거의 말이 없어요. 어머니는 정말로 안개 속에 있는 것 같아요. 어머니는 안절부절못하고 가족을 지배하기 위해서 그것을 사용하지요. 지난번 밤에 어머니는 희생자처럼 행동하고 있었어요. 그리고 보통 나는 굴복을 해 왔는데, 그 날은 "희생자 노릇은 그만하세요! 주무세요."라고 말했어요. 어머니는 나를 이상한 존재인 것처럼 쳐다봤어요!

치료자-5: 그리고 당신은 그것 때문에 당황하지 않았나요?

내담자-6: 아니요. 나는 당황하지 않았어요. 나는 옳은 일을 하고 있다고 느꼈어요. 내 생각에 그것은 지난 며칠 동안에 얻은 가장 큰 성취였어요.

치료자-7: 예, 꽤 좋은 성취였네요.

내담자-8: 이제 어떤 더 큰 위기가 다가올지는 모르지만, 그것에 어떻게 직면해야 할지 모르지만, 그러나 할 수 있을 것처럼 보여요.

치료자-9: 네, 그리고 당신이 이런 작은 위기가 일어나는 대로 계속 직면하면—그리고 그것들은 계속될 경향이 있지만—더 큰 위기 또한 직면하지 못할 이유는 없지요. 왜 그럴까요?

내담자-10: 좋은 습관을 쌓아 가는 경우라고 생각해요.

치료자-11: 그래요, 맞아요. 부모님이 어떤 일을 하든, 그분들이 어떤 상처를 받든, 그것은 당신의 기본적인 문제가 아니라고 정말로 믿기 시작하는 거지요. 당신이 의도적으로 부모를 망쳐 놓는 것은 아니에요. 단지 자기 자신을 지지한 것뿐이에요.

REBT에서 종종 일어나는 것처럼, 이것이 두 번째 회기임에도 불구하고 마샤는 이미 첫 번째 회기 동안 논의한 몇 가지 중요한 생각을 이행하기 시작했고, 스스로 변화하고 있었다. 나는 그녀가 부모와 관계에서 자신을 다룰 수 있다는 새로운 의견을 의도적으로 지지하고, 그녀가 그들의 관점과 행동에 대해 당황하는 반응을 보일 필요가 없다는 것을 계속 반복한다. 그리하여 나는 그녀의 새로운 패턴을 승인하고 그녀를 보상하거나 강화한다. 그러나 나는 또한 반복적으로 가르친다. 그녀가 자신을 위해 생각할 수 있고 부모나 타인이 그녀를 좋지 않게 본다고 해서 부정적으로 반응할 필요는 없다는 것을 기회가 있을 때마다 거듭 주장한다.

내담자-40: 학교에서 내가 한 가지 일을 잘못하거나 단 한 번만 시험을 잘못 봐도—그리고 작은 위기가 다가오면—내가 원하는 만큼 하지 못하면.

치료자-41: 당신은 자신의 머리를 때리나요?

내담자-42: 네.

치료자-43: 왜죠? 요점이 뭐죠? 완벽해지기를 기대하나요? 왜 인간이 실수를 하면 안 되고, 불완전하면 안 되죠?

내담자-44: 아마 항상 자신이 완전해지기를 기대하기 때문일 거예요.

치료자-45: 네, 그렇지만 그것이 건강한 건가요?

내담자-46: 아뇨.

치료자-47: 왜 그렇게 하죠? 왜 비현실적인 기대를 포기하지 못하죠?

내담자-48: 그러나 그런 나를 받아들일 수가 없어요.

치료자-49: 당신은 "실수하는 것은 부끄러운 것이다."라고 말했어요. 왜 그게 부끄러운 것이죠? 왜 당신은 실수했을 때 다른 사람에게 가서 "그래, 내가 실수했어."라고 말하지 못하지요? 그게 왜 그렇게 끔찍하죠?

내담자-50: 모르겠어요.

치료자-51: 거기에는 합당한 이유가 없어요. 단지 당신이 그렇게 말할 뿐이죠. 최근에 나는 전문적인 간행물에 논문을 썼고, 그들이 이것을 받아들였고, 다른 심리학자에게 그것에 대한 비평을 쓰게 했어요. 그는 비평을 썼고—꽤 맹렬한 비평을 했어요—그는 내가 동의하지 않는 어떤 점을 지적했고, 그래서 나는 그렇다고 답변했지요. 그러나 그는 그가 제대로 본 어떤 점을 지적했어요. 내가 사례를 과장했고 실수했다는 점. 그래서 나는 그냥 이렇게 말했어요. "그가 옳다. 내가 실수했다." 자, 무엇이 무섭지요? 왜 나는 실수를 하면 안 되나요? 내가 누구인가요?—예수 그리스도?, 당신은 누구인가요?—성모 마리아? 그렇다면, 왜 당신이 다른 사람들처럼 잘못을 저지르기 쉬운 인간이 되거나 실수를 하면 안 되죠?

내담자-52: 당신 말대로, 이것은 승인에 대한 욕구로 거슬러 올라가야 할 거예요. 만약 내가 실수를 하지 않는다면 사람들은 나를 존경할 것이다. 내가 완벽하게 해낸다면—

치료자-53: 그것은 잘못된 신념이에요. 즉, 만약 당신이 절대 실수를 하지 않으면 모두가 당신을 사랑할 거라는 것과 그들이 그렇게 하려면 이것이 필요하다는 것. 그게 큰 부분이지요. 하지만 사실일까요? 당신이 결코 실수하지 않는다면, 사람들이 그런 당신을 사랑할까요? 당신이 너무 완벽하기 때문에 아마 그들은 당신을 싫어할 거예요. 안 그래요?

내담자-54: 그렇지만 항상 그런 것은 아니에요. 그런 때가 있어요—드물게. 인정하겠어요—그러나 가끔 나는 다른 사람들이 좋아하지 않는 입장에 설 때가 있어요. 그렇지만 그런 일은 드물어요!

치료자-55: 네, 그렇지만 당신이 잘못했다는 것을 알 때는 어떻죠? 그런 때를 생각해 봅시다—우리가 이야기해야 할 것은 그것입니다. 당신이 잘못했다고, 실수했다고 알고 있어요. 의문의 여지가 없어요. 왜 당신은 이런 때에 형편없는 인간인가요? 왜 자신의 실수를 인정하는 게 부끄러운가요? 왜 자신을 우리 모두처럼 실수할 수 있는 인간이라고 인정하지 못하죠?

내담자-56: [주저함] 아마도 나 스스로 자신이 얼마나 완벽한지를 계속 말하면 내가 얼마나 불완전한지 인식하지 못할 거라는 생각을 가지고 있는 것 같아요.

치료자-57: 네, 하지만 왜 사람이 불완전하다는 사실을 받아들일 수 없죠? 이것은 본질적인 질문이에요. 완벽하지 못한 것이 뭐가 부끄럽죠? 왜 인간은 천사가 되어야 하죠—왜 당신은 그렇게 되려고 하죠?

내담자-58: 그럴듯한 이유는 없는 것 같아요.

치료자-59: 없지요. 그렇다면 당신은 왜 **그것을** 보지 않죠? 그럴듯한 이유가 없어요. 이렇게 정의하는 거죠, "좋고, 완벽하고, 가치 있는 인간이 되기 위해서 나는 완벽해야만 한다. 만약 결점이 있다면 나는 전혀 좋지 않다."고. 그리고 당신은 그 명제를 입증할 수 없어요. 이것은 말도 안 되는 명제예요. 그러나 당신은 그것을 믿죠. 당신이 그것을 믿는 이유는 사회가 그것을 믿기 때문이죠. 이것은 당신의 어리석은 사회가 가지고 있는 근본적인 교리입니다. 분명히 당신 부모도 이것을 믿습니다. 만약 그들이 당신의 잘못이나 실수 중 60분의 1을 안다면—특히 성에 관한 실수!—그들은 기가 막혀 할 거예요. 그렇죠?

내담자-60: 맞아요.

치료자-61: 당신도 똑같이 어리석은 두려움을 느낄 거예요! 부모님은 당신이 성적 욕망이 없는 천사여야 한다고 생각하기 때문에, 당신도 자신이 그래야 한다고 생각하는 거죠.

내담자-62: [침묵]

치료자-63: 당신은 그분들의 어리석은 판단을 받아들였어요—아버지가 음주를 하고 어머니를 철저히 비참하게 만드는 것과 동일한 판단을. 그분들은 당신의 인생 전부를 비참하게 했죠. 그게 완벽주의가 가져오는 결과입니다. 아름다운 객관적인 교훈이 거기 있어요! 완벽한 것을 추구하는 사람은 누구나 혼란을 겪고 불행하게 되는 경향이 있고, 때로는 결국 미치게 되죠. 완벽의 복음!

내담자-64: 나는 그걸 다루어야 돼요. 나는 부모님처럼 되기를 원치 않기 때문이에요.

치료자-65: 아니요. 당신은 이미 부분적으로는 부모와 같아요—우리는 그것을 변화시켜야 해요. 이것은 그렇게 되는 것의 문제가 아니에요—당신은 이미 그렇게 됐어요! 직면하기로 하지요. 당신은 그분들이 했던 것과 같은 종류의 행동을 하지는 않지만 당신이 그렇게 하지 않을 때 자신을 미워하죠. 당신은 실수를 합니다. 그들은 실수를 하지 않지요. 그러나 그때 당신은 말하지요. "나는 좋지 않다! 내가 어떻게 이렇게 할 수 있었을까? 이것은 끔찍한 일이다! 나는 프로랜스 나이팅게일이 아니다. 나는 남자와 잔다. 나는 나쁜 짓을 한다. 나는 큰 실수를 저지른다. 얼마나 무서운가?" 그것은 부모님이 가지고 있던 철학과 같은 것이지요, 그렇지 않은가요? 그리고 이것은 우리가 그렇게 살려면 정말로 천사가 되어야 하기 때문에 불가능한 철학입니다. 천사는 없어요! 당신 부모님조차도 천사는 아니지요.

부모님과 사회가 이렇게 믿도록 가르쳤기 때문에 자신이 가치 없다고 믿는다고 그녀에게 말했을 때 나는 실수를 했다. 나는 사실상 모든 인간이 이런 헛소리를 믿는 경향을 가지고 태어나는 것 같다는 점을 명심하지 못했다. 즉, 그들은 꽤 완전해야 하고 만약 그렇지 못하면 좋은 사람이 아니다. 그래서 부모나 사회가 쉽게 이것이 '진실'이라는 것을 믿게 한다.

그렇지만 내가 마샤에게 말했을 때, 그녀가 이미 부모님의 관점을 싫어하게 되었고 그 결과 만약에 내가 얼마나 그녀의 관점이 부모님의 관점과 같은지 강조한다면 자신의 생각이 해로운 것임을 볼 수 있을 것이라고 임상적으로 느꼈다. 합리적 정서적 행동치료자로서, 내가 의도적으로 어떤 내담자에게 작용할 것이라고 생각하는 점을 호소하기 때문에, 나는 솔직한 선전원이다. 그러나 나는 단지 어떤 사람이 스스로 쓸모없는 인간이라고 정의하는 경험적 현실로 드러난 것에 따라서만 선전을 할 뿐이다. 나는 단지 마샤의 승인을 얻기 위해서만 선전을 하지는 않으며, 극적으로(감정적으로) 삶의 현실에 그녀가 주의를 보내도록 한다.

합리적 정서적 행동치료자들은 가끔 자신이 갖고 있는 세상에 대한 선입관을 내담자에게 강요한다는 비난을 받는다. 실제로는 그들은 인간 실존에 대한 사실과 보편적인 인간의 본성에 근거를 둔 견해를 가지고 있다. 그리고 그들은 장애가 있는 사람들에게 이러한 사실을 보도록 그리고 현실적으로 받아들이고 그것을 작업하도록 가르친다. 그들은 내담자가 일반적으로 잘못된 관점을 심하게 감정적으로 쉽게 근절되지 않는 방식으로 유지하고 있다는 점을 고려해서, 더 효과적으로 요점을 지적하고자 극적이거나 정서적인 방법으로 가르칠 수 있다.

내담자-66: [침묵] 그것이 이 실패에 대한 심한 두려움인 것 같아요. 그것이 내가 정말로 하고 싶어하는 집필에 집중하지 못하게 하는 것일 수도 있어요. 있지요, 나는 실수할까 두려워요.

치료자-67: 그래요. 그것은 또 다른 대단한 비극이지요. 당신이 실패에 대해 심한 두려움을 가진다면 두 가지가 일어납니다. 당신이 방금 말한 것처럼, 첫째, 당신은 불안하고 불행하고 창피합니다. 두 번째, 당신은 생활할 수 없어요. 하고자 하는 것을 하지 못합니다. 당신이 그렇게 하면 실수할지도 모르고, 잘못할 수 있고, 졸필이 될지 모릅니다—당신의 정의에 따르면, 두렵지 않겠습니까? 그래서 당신은 그렇게 하지 않았습니다. 그건 부모를 반복하는 것이니까요. 아무것도 하지 않으면서 그분들은 어떻게 행복할 수 있었을까요? 그리고 당신은 똑같은 일반적인 유형을 따랐습니다. 당신은 아직 극단적으로 가지는 않았지만, 아무리 깎아내려도 똑같은 헛소리입니다. 그리고 당신의 경우 쓰는 것을 두려워합니다. 왜냐하면 만일 당신이 글을 쓴다면, 스스로를 위태롭게 하는 것이지요. 만일 스스로 위태롭게 한다면, 얼마나 겁나는 일입니까!

내담자-68: 나는 지난번에 선생님을 만난 이래로 줄곧 많은 생각을 했어요. 그리고 새로운 각오를 하고 타자기 앞에 앉았어요. 정말로 쓰고 싶었어요—집에 빨리 가서 쓰고 싶었어요. 대단한 일은 일어나지 않았지만, 나는 마치 그것에 집중하기만 하면, 그리고 이런 식으로 느끼기만 하면, 그냥 글 쓰는 것을 계속하기만 하면 될 것처럼 느꼈어요.

치료자-69: 그러면 두 가지 중 하나가 일어날 것입니다. 당신이 충분한 작업과 연습을 해서 좋은 작가가 되든지, 또는 그렇지 않다는 것을 증명하든지—그것도 괜찮은 일이지요. 당신이 쓰지 않는 것보다는 작업을 해서 좋은 작가가 아님을 증명하는 것이 훨씬 더 좋아요. 만일 당신이 쓰지 않는다면, 남은 인생 내내 스스로를 혐오할지도 모르니까요. 반면 당신이 매일 열심히 작업한다면, 그리고 당신이 이 분야에 받아들여지지 않는다면, 그것은 힘든 거지요. 그래서 당신은 작가가 되지 않을 것이고—당신은 다른 무엇인가가 될 거예요. 그런 경험으로 배우는 것이 더 좋을 수 있지요.

내담자-70: 맞아요. 왜냐 하면—모르겠어요—타자기 앞에 앉아서 일을 하고 있으면 다르게 느껴져요. 즐길 수가 있어요.

치료자-71: 그럴 거예요!

내담자-72: 그러나 전에는 고통스러웠어요.

치료자-73: 당신이 이런 말을 해서 고통스럽게 하기 때문에 고통스러운 거예요. "세상에! 만일 실패한다고 해 봐라! 얼마나 두려운 것인가!" 자, 그렇게 계속 말한다면 어떤 것도 고통스럽게 돼요.

내담자-74: 또 다른 것이 나를 괴롭혀요. 생각하건대—이것은 행동의 전반적 유형이고, 내 삶에 있는 모든 방식인데요. 이것은 일종의—"자, 이제 이것을 하자, 그러면 모든 것이 잘될 것이고 해결된다." 부모님이 항상 말했듯이, "우리가 돈이 없다 하더라도, 자, 이것을 하자. 그러면 돈은 어딘가에서 들어올 것이다."

치료자-75: 맞아요. "하나님 안에서 우리는 믿는다!"(역자 주: 미국 화폐에 찍혀 있는 말)…….

내담자-84: 그리고 "바보같이 굴지 마. 넌 이것을 할 수 없어. 그러니까 하지 마."라고 스스로에게 말할 때, 그것을 어쨌든 하고 싶은 유혹을 받아요.

치료자-85: 그래요. 당신이 스스로 더 강하게 그리고 더 크게 말하기 때문이지요. "저절로 잘될 거야. 운명이 나를 위해 개입할 거야. 하나님이 마련해 주실 거야!"라고.

내담자-86: 그런데 나는 그렇게 하는 나 자신에게 화가 나요.

치료자-87: 그것이 불합리한 거예요! 스스로에게 화내는 대신 '실없는 소리 그만 하자.' 라고, 왜 말하지 않습니까? 스스로 화내는 것이 어떤 도움이 되나요?

내담자-88: 그렇지 않아요. 더 긴장만 일으켜요.

치료자-89: 정말 그래요. 그것은 어쨌든 전혀 좋은 것이 아니지요. 자기 비난은 하지 않기로 하지요. 그렇다고 모든 비평을 하지 않는다는 의미는 아니에요. "나는 이것을 잘못하고 있다. 나는 얼마나 형편없는 사람인가! 나는 좋지 않아. 나는 벌 받아야 해!"라고 하는 대신—"그래, 나는 이것을 잘못하고 있어. 그러면 어떻게 하면 내가 이것을 잘못하지 않을 수 있을까?" 라고 말하는 거지요.

나는 마샤가 일을 잘못하더라도 자신을 비난하지 않으면서도 변화하는 기회를 가질 수 있다는 것을 끈질기게 보여 주고자 한다. 가능할 때마다 나는 그녀가 가지고 있는 (a) 실패하며, 스스로 가치 없는 개인으로 정의하고, (b) 어려운 상황을 극복하고자 세상이나 운명에 비현실적으로 의존하는 기본적인 철학적 관심으로 되돌아간다. 그녀는 꾸준히 자신의 감정을 말하지만 나는 그 이면에 있는 생각으로 되돌린다. 그러면 그녀는 내 해석을 받아들이는 것 같고 그녀의 장애를 일으키는 생각에 대항하여 작업하는 것을 심각하게 고려해 보는 것 같다. 내 끈기와 결정 때문에 그녀는 내 설명을 잠정적으로 받아들이고 스스로 그것을 사용하게 되는 것 같다.

내담자-90: 내가 어떤 것을 특별히 걱정할 때는 아주 이상한 꿈을 꿔요. 뭐라고 설명할 수는 없지만, 일주일에 몇 번씩 그런 꿈을 꿔요.

치료자-91: 이상할 것은 없어요. 그것들은 아마도 불안한 꿈일 겁니다. 그 꿈들이 말하는 모든 것은—만일 당신이 내게 무엇인지 말해 주면, 내가 바로 당신에게 보여줄 수 있는데요—당신이 낮 동안 스스로에게 말하고 있는 것과 똑같은 종류의 것입니다. 그것들은 애매하고 더 추상적으로 나타납니다. 그러나 그것 모두가 낮 동안 스스로 말하는 허튼소리의 반복입니다. 꿈에서 우리 뇌는 우리가 깨어 있을 때처럼 능률적이지 않아요. 그래서 상징이나 애매한 표상들, 간접적인 것 등등을 사용하지요. 그러나 꿈은 우리가 낮 동안 생각한 똑같은 허튼소리를 우리에게 말하는 것이지요.

내담자-92: 지난주에는 혼란스러운 꿈을 꾸었어요. 직장 상사와 같이 어딘가로 도망쳤는데, 그의 부인이 침대에서 우리를 발견했어요. 나는 너무 당황했어요—정말 그랬어요. 왜냐하면 의식적으로는 한 번도 그 사람을 성적으로 생각하지 않았거든요.

치료자-93: 그 꿈이 나타내는 것은 당신이 상사를 성적인 측면에서 생각한다는 의미가 아닙니다. 그 꿈을 더 명확히 설명할 수 있는데요. 그 꿈 전체가 사실 말하고 있는 것은, 당신이 잘못했다는 것과 그것을 알고 있다는 것입니다.

내담자-94: 그렇게 생각해 본 적이 없었어요.

치료자-95: 아마도, 그게 말하고 있는 전부일 겁니다. 그리고 우리 사회에서 당신이 할 수 있는 가장 나쁜 일은 무엇입니까? 당신 상사와 관계를 가졌고, 그의 아내가 알았다! 그게 전부예요. 이것은 아마도 성하고는 거의 관계가 없을 거예요. 그리고 당신이 아마 상사에게 무의식적으로 욕정에 불타올라 덤비지는 않을 것입니다.

내담자-96: 예, 내가 그렇다고 생각하진 않아요.

치료자-97: 그래요. 그러나 만일 당신이 그와 성 관계가 있었다면 잘못된 것이겠지요. 물론 당신 직장이 위태로울 수도 있습니다. 그것이 당신의 꿈에서 말하는 모든 것입니다. 만일 내가 나쁜 짓을 했다면, 나는 정말 별 볼일 없는 사람이야. 내 직장을 잃을 수도 있어, 나는 굉장히 불리할지 몰라 등등. 그것이 바로 당신이 하루 내내 말한 것입니다, 안 그래요? 왜 밤에 꿈에서는 이것을 표현하면 안 되지요? 똑같이 헛소리인데요!

REBT에서, 꿈은 지나치게 강조되지 않으며 흔히 약간만 이용될 뿐이다. 왜냐하면 내가 마샤에게 말한 것처럼, 그것들은(프로이트가 믿었던 것처럼) 무의식으로 가는 왕도가 아니고, 개인이 깨어 있는 동안 가지고 있는 생각과 그가 하는 행동을 약간 왜곡되고 혼합되게 표현한 것이기 때문이다. 그것들은 상징적이고, 애매하고, 분명치 않은 방식으로 경험되기 때문에, 그리고 잘못 해석되기 쉽기 때문에(개인적으로 치료자가 우연히 갖게 되는 편파가 무엇인가에 따라), REBT 치료자는 내담자의 의식적 사고, 정서 및 행동과 그것에서 추론될 수 있는 무의식적인(혹은 자각하지 못하는) 사고 및 정서에 오히려 충실해야 한다. 꿈은 중복되는 요소라고 할 수 있으며, 만일 그것을 너무 심각하게 다루면 상당한 치료기간을 낭비할 수 있다. 더구나 장황한 꿈 분석은 더 잘할 수 있는 모든 것, 즉 삶에 대한 그의 철학 및 그것들을 변화시키기 위해 열심히 작업하는 것에서 쉽게(그리고 극적으로!) 내담자를 빗나가게 하기 쉽다.

REBT 접근의 아름다움은 내담자가 아무리 혼란을 겪는다 해도, 치료자가 혼란을 겪을 이유가 전혀 없음을 재빨리 보여 줄 수 있다는 것이다. 따라서 만일 마샤의 꿈이 나타내는 것이 (a) 상사에 대한 욕정, (b) 통제할 수 없음, (c) 어떤 다른 종류의 실수라 하더라도 REBT 이론은 그녀가 탕녀일 수 없다는 것과 그러므로 심한 불안, 죄책감, 분노, 우울을 겪을 필요가 없다는 것을 주장한다. 그녀는 꿈에서 일어난 사건이나, 이러한 사건에서 드러날 수 있는 어리석은 동기나, 그녀의 실제 생활에서 일어나는 것 때문이 아니라 이러한 사건, 동기 또는 우연한 사건에 대한 자신의 태도 때문에 혼란스러운 감정을 스스로 만든다. 그리고 치료자로서 나는 일상생활이나 수면 생활에서 드러나는 것보다 그녀의 태도에 더 많이 관심을 갖는다. 그러므로 REBT가 지속적으로 계속된다면, 어떤 정서적인 문제라도 그것의 철학적인 근원(또는 개인이 자신, 다른 사람, 또는 세상을 비난하는 방식들)까지 추적해 갈 수 있으며, 그 후에 이러한 철학이 도전되고, 공격받고, 변화되고, 근절될 수도 있다.

내담자-192: 내가 가지고 있는 많은 생각들을 마음에 간직하는 것이 중요한 것 같아 보여요—내가 그런 생각을 할 때는 언제든지 그것에 도전해 보는 게 좋을 것 같아요.

치료자-193: 맞아요. 그것이 근거가 없다는 것을 보는 거지요. 처음에 당신은 혼란스럽다는 그 감정에서 시작합니다. 그 다음에 이론적인 근거를 바탕으로 당신이 근거가 없는 생각을 가졌다는 것을 아는 거지요. 왜냐하면, 어리석은 생각을 먼저 하지 않는데 부정적 감정이 생기지는 않기 때문이지요. 그 다음에 당신은 그 생각을 들여다보지요—그것은 대부분 꽤 명백해요. 당신은 항상 자신을 책망하거나 그렇지 않을 땐 어떤 것이 두렵다고 말합니다. 그리고는 말하지요. "왜 이것이 이렇게 두렵지? 이러이러한 일이 일어나면 왜 그렇게 두렵지?"라고. 이것에 도전하세요. 의문을 가져요. 직면하세요. 이것이 그 과정입니다. 그리고 만일 당신이 그 과정을 통과한다면, 당신의 생각은 지속될 수 없습니다. 왜냐하면 그것들은 이제 당신의 비합리적 사고이기 때문입니다. 그것들은 더 이상 당신 부모의 생각이 아니에요. 당신은 그것들을 내면화했어요.

내담자-194: [오랜 침묵] 그래야만 할 것 같아요.

치료자-195: 그래요. 그리고 그렇게 하면 큰 이득을 얻을 거예요—당신이 이미 이번 주에 시작한 것처럼. 그런 방식으로 행동할 때는 기분이 좋지요, 안 그래요?

내담자-196: 다시 타자기 앞에 앉은 이래로, 다른 식으로 생각하게 되었어요. 내가 이전에 할 수 있었던 것처럼, 저 자신을 사고의 명백한 패턴 속에서, 떨어져서 볼 수 있었어요. 그러니까 상징과 은유로써만 생각하는 것이 아니라, 예리하게 사물들을 서술할 수 있거나, 최소한 사물에 대해 서술적인 인상을 갖는다는 거지요.

치료자-197: 그래요. 그것은 당신이 스스로 놓아주었기 때문이지요—당신은 스스로를 그렇게 몰아세우지 않지요.

내담자-198: 그래요, 맞아요. 내가 지난 주에 그런 행동을 많이 해서가 아니라, 더욱 편해진 것같이 느껴져요.

치료자-199: 한 주 동안에 일어난 매우 좋은 진전이군요! 당신은 그것을 유지해야만 해요—그리고, 조금 더 나아가는 거예요.

내담자-200: 그리고 내가 해 왔던 또 다른 것이 있어요. 나는 그렇게 해야만 한다고 느꼈기 때문에 아버지에게 전화하지 않았어요. 그리고 아버지는 내게 전화하지 않았고요—그것은 중요한 것입니다.

치료자-201: 좋아요! 다음에는 언제 만날까요?

REBT에서는 일반적으로 마샤가 보인 것 같은 분명한 진전이 일어난다. 한두 번의 능동적-지시적 회기 후, 내담자는 흔히 그들이 전에는 결코 할 수 없었다고 생각했던 어떤 것이 이제 그들의 삶의 목록에 있다고 보고한다. 이것은 그들의 정서적인 장애가 정말 '치유' 되었다는 의미는 아니다. 그러나 그들이 이러한 장애가 가지고 있는 적어도 한두 개의 주요 측면을 풀고자 하는 좋은 방법이라는 의미를 가지고 있다.

마샤 같은 내담자가 빨리 도움을 받았다고 해서, REBT 치료를 받는 모든 혹은 대부분 사람이 이와 유사하게 완화된다는 의미는 아니다. 물론 많은 사람이 그렇지 않다. 그렇지만 나는 적어도 일부 사람들은 REBT 접근으로 거의 곧바로 효과를 볼 수 있다고 가정한다. 그리고 내가 얘기하고 있는 어떤 개인이 이러한 소수 중 하나일 수 있다고 가정한다. 내 추측이 옳다고 증명된다면, 좋다! 만일 그렇지 않다면, 필요하다면, 나는 바람직할 정도로 많은 회기 동안 그 접근을 계속하도록 준비한다—내담자가 결국 자신이 스스로 혼란을 일으켰음을 보기 시작하고, 그러한 혼란을 일으키게 된 구체적인 의미와 신념을 관찰할 수 있고, 강력하고 지속적으로 논박하고 이러한 믿음에 도전할 수 있고, 그래서 상당히 덜 혼란스럽게 될 수 있을 때까지.

세 번째 회기

마샤의 세 번째 회기는 평범한 것이었다. 그녀는 비용이 많이 드는 신체적 병으로 시달려 와서 재정적 어려움이 있었기 때문에, 한동안 치료를 계속하지 못하겠다고 결정했다.

네 번째 회기의 일부

마샤의 네 번째 회기는 세 번째 회기가 있은 지 아홉 달 후에 있었다. 그녀는 오기로 기대했던 것보다 좀 더 늦게 왔으나, 그동안 잘 지낼 수 있었고 논의하고자 하는 특정 문제가 있을 때까지 돌아올 마음이 별로 없었다. 그녀는 지금 남성과 관계된 문제에 직면하고 있다.

치료자-1: 어떻게 지냈어요?

내담자-2: 상당히 잘 지냈다고 할 수 있어요. 내가 선생님에게 보낸 몇 사람에게서 선생님에 관한 좋은 말을 들었어요. 특히, 매트(Matt)에게요. 그는 선생님이 그에게 상당한 도움을 주었다고 생각해요.

치료자-3: 그분이 그렇게 생각하니 기쁘군요.

내담자-4: 그리고 선생님은 평소처럼 편안해 보이네요. 지난번에도 그러셨는데, 신발 벗고, 발을 올리고.

치료자-5: 그래요. 그것이 내가 항상 하는 방식이에요.

내담자-6: 나는 글 쓰는 데 도움이 필요해서 1월에 왔었지요. 그리고 또한 부모님들을 어떻게 대해야 할지 몰랐고요.

치료자-7: 네.

내담자-8: 글쎄요, 나는 그 두 문제를 상당히 잘 해결했다고 생각해요. 이제 부모님과 아주 잘 지내고 있어요. 내가 부모에게 굴복해서 그런 것은 전혀 아니에요. 나는 부모님과 완전히 별개로, 한 인간으로서 나 자신을 세웠어요. 그리고 다른 일도 찾았어요. 전에 말씀드렸던 것처럼 나는 광고 회사에서 일하고 있었지요. 그러나 그것은 그 당시에 아무런 흥미도 주지 않았어요. 나는 굉장히 지루했고, 혼자 글을 쓸 수 있다고 느꼈어요. 그렇지만 두려웠지요. 그리고는 소설을 쓸 생각을 가지고 있을 때, 출판사가 제안을 했고, 그동안 계속 소설을 써 왔어요. 최근에 몇몇 젊은 소설가의 책으로 성공하고 있는 출판사에서 내 책이 봄에 출판될 거예요.

치료자-9: 알겠어요. 잘됐군요!

내담자-10: 그래서 모든 것이 매우 잘 진행되고 있어요. 그러나 나를 귀찮게 하는 뭔가가 있는데, 선생님이 도움을 줄 수 있을 거라고 생각했어요. 나는 결혼에 대해 생각하고 있었어요. 무엇보다도 결혼 전반에 대하여 생각해 왔어요. 그러나 그러기 전에—내가 누군가를 사랑하는 방법을 알고 있는지 분명하지 않은 것 같아요. 사랑에 공식이 있다고 생각해서 그런 건 아니에요. 그러나 어떤 면에서 나는 항상 어떤 면에서 남성을 두려워해 왔어요. 또 하나는 나와 결혼하고자 하는 사람이 있다는 것입니다. 그리고—아마도 어떻게 이런 모든 일이 일어났는지 말하는 게 좋을 것 같군요.

치료자-11: 물론이죠.

내담자-12: 나는 그것을 분석하려고 노력했어요—그것을 알아내려고 노력하면서—아버지에게로 돌아가서 시작해야 될 것 같아요. 아버지는 멋있는 분이셨지만, 내가 12살 때 이래 줄곧 알코올 중독자였어요. 그리고 내가 지난번에 선생님을 만날 때까지 점점 더 나빠졌지요. 그러나 어린 소녀였을 때 나는 아버지를 절대적으로 숭배했어요. 그리고는 그분이 한 인간임을 깨달았을 때, 그분은 우상의 위치에서 추락했지요. 이제 나는 그것에 얼마나 많이 귀인시켜야 할지 모르겠지만, 결코 남자들을 믿을 수가 없을 것 같아요. 내가 그 사람에게 완전히 헌신한다면, 조만간에 그는 나를 떠날 것이라고 두려워했던 것 같아요. 그리고 어떠한 종류의 교제를 하든, 이것이 항상 나를 위협해 왔어요. 나는 항상 그들보다 한 걸음 앞서 가야만 하지요.

치료자-13: 그래요. 만약에 당신이 스스로 "그들은 내가 얼마나 가치 없는가를 알아낼 것이고 나를 떠날 것이다!"라고 계속 얘기한다면, 그것은 당신을 위협할 겁니다.

내담자-14: 맞는 것 같아요.

치료자-15: 그리고 만일 당신이 그 두려움을 제거한다면—스스로에게 조금 전에 말한 것처럼, 그것은 두려움이지요—당신은 누군가를 사랑할 것이라는 것이 상당히 확실하지요. 나는 당신이 누구를 사랑할지는 모릅니다—당신이 말한 그 사람, 당신과 결혼하고자 하는 그 사람 또는 다른 사람일지도—그러나 나는 만일 당신이 "세상에! 나는 얼마나 하찮은가? 언제 그가 이것을 알까?" 하는 것에 말려들어가지 않는다면 사랑할 역량이 있다고 확신합니다. 아시겠어요?

내담자-40: 내가 행동하는 것으로 생각되는 또 다른 일은, 누군가에게 관심이 있을 때마다 매번 다른 남성을 바라보는 나 자신을 발견하게 돼요.

치료자-41: 그래요, 그럴 수 있지요. 그러나 또한 만일 당신이 어떤 사람하고 결혼할까 하고 생각하지만 다른 사람에게 관심이 있다면, 당신의 경험에 비추어 첫 번째 사람하고 결혼해야 할지 확신이 가지 않을 수도 있지요. 그러므로 당신은 다른 사람을 시도해 볼 수 있지요. 그래서 당신이 느끼는 것 중의 일부는 정상이라고 할 수 있고, 또 어떤 면에서는 관여하는 것에 대한 두려움일 수 있어요. 기본적인 문제는 여전히 당신이 두려워하지 않도록 되는 것에 있습니다—아무것도 두려워할 필요가 없다는 것을 깨닫는 것……

내담자-42: 글쎄요, 나는 이것을 극복하고 싶어요. 두려워하고 싶지 않아요—그들이 나를 떠날지도 모른다고.

치료자-43: 당신이 전에 말한 것처럼, 그들은 기본적으로 당신을 거부할 수 있어요. 이제 그들이 그렇게 했다고 생각해 봅시다. 당신이 정말 그와 함께 지내려고 스스로 허용했는데, 이유가 어쨌든 간에 그가 결국 당신을 떠났다고 생각해 봅시다. 당신은 이러한 일에 대해 어떻게 결론 내릴 수 있습니까?

내담자-44: 나는 항상 나 때문이기보다는 그가 결점을 갖고 있다고 생각해요.

치료자-45: 그러나 그가 심각한 결점이 없고, 당신을 거부했다고 생각해 봅시다. 그는 완벽한데 그가 당신을 퇴짜 놓았다고 생각해 봅시다. 이제 그것은 무엇을 증명합니까?

내담자-46: 모르겠어요.

치료자-47: 증명되는 것은 그가 어떤 결점 때문에 당신을 좋아하지는 않는다는 것입니다. 이것이 증명하고 있는 것은, 당신이 어떤 결점이 있는데 당신의 결점에 대해 그가 객관적 위치에 있다고 해 봅시다. 그러나 이러한 결점이 당신이 쓸모 없다는 것을 증명해 주나요? 또는 당신이 완전히 부적합하거나, 당신이 별로라는 것을 증명해 주나요?

내담자-48: 그렇진 않아요.

치료자-49: 바로 그거예요! 그렇지만 당신은 매번 자동적으로 그렇게 생각하지요. 그것은 당신이 어떤 나쁜 면이 있다는 의미라고. 그건 바로 당신의 부모가 믿는 것입니다. 당신이 결점이 있고 누군가가 그걸 안다면, 그것은 총체적인 인간으로서 쓸모없다는 것을 증명한다. 그것이 그분들의 철학 아닙니까?

내담자-50: 그런 것 같아요.

치료자-51: 부모님은 수없이 많이, 너무도 여러 번 당신에게 말해 왔지요—그분들이 얼마 전까지 그렇게 했다고 당신이 말했던 것처럼. 그분들이 당신에 대해 좋아하지 않는 어떤 것을 발견했을 때—그분들이 하라는 대로 하지 않는 것 같은—당신은 별로 그분들을 좋아하지 않는 딸 정도가 아니지요[모든 것이 분명합니다]. 아니에요, 당신은 형편없고—좋지 않아요! 그분들은 이 세상에 있는 모든 나쁜 것으로 당신을 불렀어요. 당신이 말했듯이 그분들은 당신에게 죄책감을 갖게 하려고 했지요. 부모님은 당신에게 여러 번 전화를 했지요. 그렇지 않나요? 그분들은 누군가가 그분들이 보기에 결점이 있을 때 그 사람을 얼간이라고 생각합니다. 이것이 그분들의 철학입니다. 당신이 천사가 아니라면, 당신은 좋지 않은 사람입니다.

내담자-52: 방금 내가 그걸 받아들인 것 같아요. 그걸 받아들이겠어요.

치료자-53: 그래요. 당신은 스스로 그걸 받아들일 수 있어요—그것은 충분히 정상적입니다. 대부분 사람이 그렇게 합니다. 그러나 결과를 보세요! 만일 좋은 결과가 나왔다면, 만일 이것이 정말 당신을 행복하게 한다면, 우리는 말할 수 있습니다. "그대로 해라!" 그러나 그 결과는 정상적 결과이거나—또는 당신의 경우에는 비정상이지요. 당신은 항상 "나는 얼마나 쓸모없는가! 그리고 그는 얼마나 빨리 이것을 알까? 그리고 그가 이것을 알기 전에 그와 헤어지는 것이 더 좋겠다."라고 걱정을 하기 때문에 한 남자를 사랑할 수가 없지요. 이것은 비합리적 전제에서 나온 당신의 논리적 결론입니다. 그 전제는 사람들이 당신의 결점을 안다면 당신을 거부할 것이고, 당신은 완전히 별 볼일 없는 사람이라는 것입니다. 실제로 여기에는 두 가지 전제가 있습니다. 하나는, 그들이 당신의 결점을 알 것이라는 것 그리고 그 때문에 당신을 거부할 것이라는 점—그것은 상당한 억측이지요! 둘째, 만일 그들이 당신을 거부하면, 당신은 정말 별 볼일 없는 사람이라는 것입니다. 이러한 것은 두 개의 완전히 비합리적인 전제입니다. 그것들은 어떠한 증거로도 지지되지 않아요.

나는 마샤를 혼란스럽게 하는 것은 남자 친구가 아니라 자신의 태도임을 보여 주고자 하며, 비록 그녀가 아무리 결점이 많더라도 그리고 남자 친구(또는 어느 누구든)가 아무리 안 좋은 상태로 떠난다 해도, 그녀는 여전히 충분히 자신을 받아들일 수 있고 더 좋은 관계를 맺기 위해 노력할 수 있다는 것을 보여 주고자 한다. 비록 내가 그녀에게 자신의 결점을 인정하도록 하는 점에서 사정을 봐주지 않았지만, (전형적인 합리적 정서적 행동치료 방식으로) 그녀가 자신을 무조건적으로 수용할 가능성을 크게 지지한다. REBT에서 치료자는 일반적으로 따뜻하고 개인적인 애정을 주지 않는다(치료자나 집단이 그를 배려하기 때문에 그가 "좋다"고 잘못 생각할 수 있는 위험이 항상 존재하므로). 대신에 합리적 정서적 치료자(그리고 집단)는 무조건적인 수용을 하고자 한다. 즉, 내담자가 어떤 잘못을 저지르더라도 완전한 관용을 보이고 전혀 비난하지 않는다. 마샤와 함께 한 이 회기들을 주의 깊게 읽으면 내가 그녀에게 애정이나 온화함을 보이지는 않았지만 자주 그녀에 대한 완전한 수용을 보여 주는 것을 알 수 있을 것이다.

내담자-56: 이것이 잘못이라는 것을 어떻게 스스로 확신할 수 있나요?

치료자-57: 이것이 잘못된 것이라고 스스로 확신하기 전에 먼저 해야 할 일은 당신이 이런 신념을 가지고 있다는 것을 스스로 확신하는 겁니다—즉, 스스로를 완전히 받아들이는 것이지요. 당신이 그런 신념을 가지고 있다는 것을 완전히 받아들이지 않는 한 당신은 그 신념을 잘 다룰 수가 없어요. 이것을 본 다음에 두 번째 할 일은 당신이 어느 정도나—아주 거대하고 강하게 가지고 있는—이것을 가지고 있는지 보는 것입니다. 처음에는 추정을 해 볼 수 있습니다—자신의 행동을 관찰하고 그 이면에 어떤 생각이 있는지 스스로 묻는 것으로. 자신의 행동 자체는 두려워할 필요가 없기 때문이지요. 공황 상태에서는 감정의 형태를 취하거나, 방어적이 될 수 있지요.

내담자-58: 글쎄요. 내 행동은 대개 방어적이에요.

치료자-59: 좋아요. 그럼 우리는 당신의 방어적인 행동에서 시작해야만 하겠군요. 이것을 보고, 의문시하고, 도전하세요. 그리고—처음엔, 추정에 따라—당신이 두려워한다면 그렇게 될 수밖에 없다는 것을 보도록 하세요. 만일 당신이, 밑바탕에서 무엇인가 또한 두려워하지 않는다면, 방어적이 되어야 할 이유가 어디에 있나요? 우리가 당신이 가진 두려움의 진정한 빈도와 강도를 볼 때까지, 하루에 얼마나 많은 시간을 당신이 과도하게 제한적이고 방어적으로—그리고 따라서 두려움을 갖게—되는지 볼 수 있게 해 준다면, 그러면 적어도 우리는 그 암 덩어리가 정말로 무엇인지 볼 수 있도록 해 줄 거예요. 당신은 그것의 깊이를 살피지 않고는 그 암 덩어리가 무엇인지 진정으로 이해할 수는 없어요. 좋아요, 우리는 첫 단계에 있어요. 그리고 이것은 당신이 가지고 있는 암적인 사고의 깊이를 완전히 보도록 해 주었지요. 그리고는 당신이 이것을 보기 시작했으니, 두 번째 단계는 당신이 이것을 침착하게 평가하도록 하는 것입니다. 첫 번째 암 덩어리는 당신의 방어와 그 이면에 있는 두려움이에요. 두 번째 암 덩어리는—이것이 그렇게 많은 사람이 방어적인 이유인데요—만일 당신이 스스로 "세상에! 내가 얼마나 무서울 정도로 두려워하는 사람인가!"라고 자신을 인정하게 되면, 그것 때문에 당신은 자신을 비난하게 될 것입니다. 다시 말하자면, 당신은 우선 "맙소사, 나는 잘못하고 있는 사람이다. 따라서 굉장히 쓸모 없는 사람이고, 아무도 이것을 알게 하면 안 되겠다." 그래서 당신은 방어적이 됩니다. 왜냐하면 당신의 진짜 철학은 "나는 불완전하기 때문에 정말로 쓸모 없는 인간이다. 나는 부족하다. 나는 결점이 있다."이기 때문입니다. 그래서 그 첫 번째 수준은 쓸모 없다는 감정 때문에 스스로 두려움을 만드는 거예요—결점을 가진 인간은 별 볼일 없는 사람이라는 철학. 그리고는 첫 번째 수준의 파생물로서, 두 번째 수준에 이르게 되지요. "나는 결점이 있기 때문에, 두려워하기 때문에, 신경증적이기 때문에, 그러한 이유 때문에 나는 하찮고 쓸모없다. 그래서 나는 진실로 그 두려움이 있다는 것을 부정하고자 한다. 왜냐하면 (a) 사람들이 그것에 대해 알아낼 것이고 나를 미워할 것이기 때문에, 그리고 (b) 내가 얼마나 형편없는지 스스로 증명하는 데 두려움을 사용할 것이기 때문에."

그러므로 우선 우리는 당신이 두려워하고 방어적이고 등등의 사실을 인정하도록 해야만 해요—당신은 쓸모없다는 감정을 갖고 있는 경향이 있는 완벽주의자라는 것. 그 다음에 우리는 당신이 두려움과 방어성을 인정함으로써 이러한 특성을 가지고 있다는 것 때문에 형편없지는 않다는 것을 보도록 해야 해요. 그리고 단지 쓸모없다는 감정을 가졌다는 그 이유만으로 정말로 쓸모없는 사람은 아니라는 것을 당신이 보도록 해야 합니다. 그래서 우리는 당신에게 (a) 당신이 스컹크 같은 느낌이라는 점을 인정하고, (b) 당신이 그런 존재라고 믿고 있다는 것을 객관적으로 지각하고—비난하는 방식으로 지각하는 게 아니라, 그리고 (c) (이것은 사실은 단지 b의 확장인데) 스컹크가 된 것 같다는 이 개념에 도전하기 시작하는 거지요…….

내담자-72: 그러나 실제로, 부모는 우리를 그런 식으로 키우잖아요. 버릇없이 굴었기 때문에 벌을 서고, 저녁을 굶지요. 매를 맞거나, 이런 말을 듣지요, "그것은 좋지 않아. 그것은 훌륭한 일이 아니야!"

치료자-73: 맞아요. 부모들은 때리기만 하는 게 아니지요—그건 그렇게 나쁘지는 않아요. 왜냐하면 그때 그들은 벌을 주기 때문에—그러나 그들은 또한 "너는 나빠!"라고 말하지요. 그리고 그분들이 매를 때릴 때는 화를 내는 태도로 하지요. 그리고 그 분노가 전체적으로 의미하는 것은 당신이 쓸모 없다는 거예요. 사람들은 아이를 훈련시키기 위해 이렇게 하지요. 그리고 이것은 매우 효과적인 훈련방법이에요. 그러나 그것이 가진 엄청난 피해를 보세요! 말하자면, 우리가 당신이 자기 비난적인 경향을 하지 않도록 바라는 주요 이유 중 하나는, 만일 당신이 결혼해서 아이가 있게 되면 당신은 자신이 당했던 것을 그 아이들에게 똑같이 하려 할 것이기 때문입니다—당신이 겪은 일과 그것을 지속하기 위하여 지금 하고 있는 일을 아주 분명하게 보지 못하는 한.

내담자-74: 그리고 또한, 나는 누군가의 엄마가 된다는 것이 굉장히 두려워요.

치료자-75: 그래요, 맞아요. 당신이 얼마나 무능력한지 그리고 얼마나 당신이 모든 것을 망칠 수 있는지 보세요! 그리고 그것은 무시무시하지 않은가요!

내담자-76: 있지요, 나는 수도 없이 스스로에게 질문해 왔어요.

치료자-77: 그래요, 그러나 그런 것을 잘라 내야만 하지요. 그 문장을 택해 보지요. "나는 누군가의 어머니인데, 내 아이를 잘못 길렀다고 가정해 보자." 그것이 당신이 말하고 있는 거예요. 이 문장을 어떻게 끝내겠습니까?

내담자-78: 엄청나지 않은가! 나는 무서운 사람이 아닌가!

치료자-79: 맞아요. 자, 그것은 관찰한 사실에서 나온 논리적 결론입니까? 당신이 아이를 잘못 길렀다는 것이 사실이라고 가정해 봅시다. 그렇게 가정해 보지요. 당신이 쓸모없는 얼간이라는 것이 여전히 따라다닙니까?

내담자-80: 아니에요. 그렇지 않아요. 왜냐하면 내가 그렇게 정의하고 있기 때문에―바로 그래요―내가 부족한 게 무엇이든, 내가 나쁘게 행한 것이 무엇이든 쓸모없다고 정의하기 때문이지요.

치료자-81: 맞아요. 당신이 만들고 있는 공식은 '내 결점은 내가 쓸모 없다는 것과 같다.'입니다. 그것이 정확한 방정식입니다―그리고 그것이 정의입니다. 이제 그 정의가 참입니까?

내담자-82: 아니요.

치료자-83: 만일 당신이 그것을 참으로 만든다면, 그것은 참이거나 정확한 정의입니다―만일 당신이 그것이 참이라고 주장한다면.

내담자-84: 그러나 반드시 올바른 것은 아니에요.

치료자-85: 맞아요. 그리고 당신이 그러한 정의를 내릴 때 무엇이 일어납니까?

내담자-86: 그러면 쓸모없다고 느끼지요. 왜냐하면 스스로 쓸모없다고 정의하기 때문에.

치료자-87: 네, 실제적인 면에서, 당신은 스스로 패배시켰습니다. 만일 이것이 좋은 결과를 가져오는 정의였다면, 그것은 좋을 수 있겠지요. 그러나 그것이 좋은 결과를 가져왔나요?

내담자-88: 아니요. 모든 것을 (긍정적으로) 보기보다 부정적으로 보는 경향이 있기 때문에―나는 "긍정적인 사고"라는 말로 들리기 때문에 '긍정적으로'라는 말을 하기 싫은데요. 그런 말이 아니기 때문이지요.

> 치료자-89: 그래요, 당신이 편견 없이 보기보다 부정적으로 어떤 것을 보게 만든다
> 고 말합시다.
> 내담자-90: 네, 편견 없이.

'치료자-77' 반응에서 '치료자-89'까지 나는 앞에서 사용한 직설적인 강의와 설명 대신에 질문식의 대화에 의지했다. 나는 마샤에게 계속해서 그녀가 자신에게 무어라고 말하고 있는지, 그것으로 어떤 결과를 얻고 있는지, 그녀가 자신에게 말하고 있는 것과 자신의 행동에 대하여 설정하고 있는 정의가 정말로 정확한 것인지 질문했다. 그녀의 대답에서, 그녀는 내가 이전에 설명하였던 대로 따르고 있다는 것을 보여 주었고, 아마도 이 자료를 미래의 삶에서 사용할 것임을 보여 주었다.……

> 치료자-95: …… 많은 경우에 아이는 그 자신을 망나니라고 정의할 겁니다. 왜냐하
> 면 만일 그가 실패를 하면, 그는 여러 번 실패를 할 텐데—그럴 수밖에
> 없으니까—어머니가 그를 얼간이라고 부르지 않을 때조차, 그 자신이
> 쓸모없다고 생각할 수 있기 때문이지요. 어린 아이에게는 그것이 일종
> 의 정상적이고 자연스러운 결과인데, 어리기 때문에 똑바로 생각할 수
> 없는 아이는 "나는 A, B, C, D에서 실패했기 때문에 X, Y, Z에서 실패
> 할 것이다. 그러므로 나는 완전히 모든 일에 무능력하다."라고 말하겠지
> 요. 그것은 우리가 과일반화라고 부르는 것인데, 인간은, 특히 어린 아
> 이는, 과일반화를 하는 경향이 있지요. 지금, 불행하게도, 우리는 또한
> 사회에서 그렇게 하도록 돕고 있어요—사실은 모든 사회에서. 그러나
> 그들은 사회적 도움 없이도 이것을 잘할 수 있어요. 비록 정도가 덜 하기
> 는 하겠지만. 어쨌든, 우리는 그들이 덜 과일반화하는 방식으로 생각하
> 도록 도와야 할 의무가 있어요. 우리는 과일반화하는 경향이 있는 아동
> 을 데리고 침착하게, 필요하다면 천 번이라도 "자, 얘야, 네가 A, B, C,
> D를 잘 못했다는 것은……."
> 내담자-96: "—네가 X, Y, Z를 잘 못할 것이라는 의미가 아니야."
> 치료자-97: 맞아요! "그리고 네가 A, B, C, D를 잘 못했을 때조차, 그리고 또 X, Y,

Z를 잘 못했다 해도, 그것은 네가 형편없다는 의미는 아니야. 그것은, 객
관적으로, 네가 결점이 있다는 의미지. 그러니까 너는 레오나르도 다빈
치가 아닌 거야. 힘들지!" 그러나 우리는 그들에게 그런 것을 전혀 가르
치지 않습니다.

내담자-98: 그래요. "너는 모든 일에 뛰어나야 해. 만일 그렇지 못하면, 아주 나빠!"

치료자-99: "끔찍하지요! 우리는 그것이 나쁘다는 말조차 하지 않아요. 물론, 그것
이, 객관적으로 나쁘기 때문이지요. 그것은 불편한 거예요. 당신이 실패
한다는 것은 불쾌한 거예요. 그리고 당신이 계속 실패한다면 어떤 잘못
된 결과를 얻게 되지요. 그러나 그것은 하나의 인간으로서, 개인적으로,
당신에 관해 무엇을 말해 주는 것은 아닙니다. 가끔 실패할 수 있는 사람
이라는 점을 제외하면. 그것은 당신이 하찮다는 말은 아니에요—당신이
그렇게 정의하지 않는 한.

내담자-100: 글쎄요. 내가 무엇을 찾아봐야 할지 알 것 같아요.

치료자-101: 네, 약간의 연습이 필요하지요. 당신의 경우에는 오래 걸리지 않을 거
라고 확신합니다. 왜냐 하면 당신은 윤곽을 잡고 있고, 그리고 내 생각
에 이것은 매우 중요한데, 당신은 이러한 종류의 사고를 아주 잘할 수
있기 때문입니다. 많은 사람이 일부러 이러한 것에서 멀리 뒷걸음질쳐
서, 결코 그것을 보지 않습니다. 어떤 의미로, 그들은 그것을 보기를 원
하지 않기 때문에 희망이 없어요. 그들은 스스로 변하기를 원하기보다
오히려 세상을 변화시키거나 다른 사람을 변화시키기를 원합니다. 그
러나 당신은 그것을 보기를 원했고, 최근에 부모님 얘기를 하면서 이
미 이것을 상당히 많이 다루었습니다. 내가 당신을 짧은 기간 동안 본
것과 당신이 해 온 일을 생각해 볼 때 당신은 뛰어나게 잘해 왔습니다.
이제 당신이 더 큰 것—부모와 관계보다 당신 자신에게 더 많은 것이
적용되는 것들—을 보지 못할 이유가 없습니다.

자, 이제부터 우리가 이제까지 말해 왔던 이러한 것들을 찾아보세요.
내가 말한 것처럼 만일 일주일 동안 일어난 스스로 괴롭히는 일들을 기
억하지 못한다면, 목록을 만드세요. 당신이 언제 주로 심란한지 또는
당신이 겉으로 심란한 대신에 방어적으로 행동한다고 믿을 때는 언제
인지를 표로 작성하세요. 이런 것들을 찾아보세요. 오셔서 그것들에

대해 이야기해 보지요. 피아노를 배울 때 자신이 배운 바를 체크하는 것처럼, 당신이 발견한 것을 체크할 것입니다. 그러면 자신의 방해물을 더 명백하게 볼 수 있을 것입니다. 그렇게 안 할 이유가 없지요.

나는 마샤가 이제까지 좋은 진전을 보여 왔다는 것을, 그리고 그녀가 계속 그렇게 할 수 있다는 것을 보여 주고자 계속 격려한다. 그러나 나는 지금은 그녀 자신이 이러한 것을 완전히 잘하지 못할 수도 있다는 점을 강조하고, 그러므로 그녀를 괴롭히는 것에 대한 자신의 생각을 체크하고 그녀를 잘못 이끌고 있는 그녀의 내면화된 철학에 대항해 같이 작업할 것을 확신하고자 나를 계속 만나러 오는 것이 가장 좋을 것이라고 말한다.

> 내담자-102: 지금 당장 이것이 필요하다는 것을 알고 있기 때문에, 제 말은 그것의 필요성을 느낄 수 있다는 거지요. 논리적으로 남성과 관련된 내 고민이 대단한 방해물이라는 것을 압니다. 그리고 이것이 내가 극복해야만 하는 것입니다.

> 치료자-103: 네, 내가 조언해 주고 싶은 것은 한 주일이나 두 주일에 한 번씩 치료를 위해서 나를 보러 오라는 것, 그리고 또한 가능하다면 한동안 내 치료 집단에 참여하라는 것이에요. 거기에서는 당신과 비슷한 문제를 갖고 있는 다른 사람들을 만나고 관계를 맺게 될 거예요. 그들을 보면서 자신이 해 온 것에 대해 어느 정도 통찰을 얻을 수 있고, 그들에게 어떻게 그들의 어려움을 풀어야 할지 보여 줄 수 있을 것입니다. 그것은 또 다른 도움이 되는 방법인데, 우리가 흔히 자신에게 너무 가까이 있기 때문이지요. 그러나 우리가 어떤 사람에게서 동일한 종류의 행동을 본다면 우리는 "오, 나 역시 그러는데!"라고 말하지요.

> 내담자-104: 그 집단은 언제 만납니까?……

그 내담자는 개인 회기를 한 번 더 했고, 집단 회기를 몇 번 참석했다. 그리고는 자신이 매우 잘 지내고 있고, 스스로 일들을 관리할 수 있다고 느꼈다. 그녀는 여러 해에 걸쳐서, 주로 그녀의 부모, 남편 및 아이들 또는 다른 친밀한 사람들에 대한 문제를 논의하기 위하여, 다른 회기에 때때로 참석하였다. 그녀는 계속 아주 잘 지내고 있다. 그녀는 주로 친구와 친척을 치료에 의뢰하기 위하여 여전히 간헐적으로 나와 접촉한다. 그녀는 부모와 현실적인 문제(정서적이라기보다)를 갖고 있다. 그녀는 행복한 결혼 생활을 하고 있고, 씩씩하고 외관상 거의 혼란이 없는 두 자녀들 두고 있다. 그녀는 남편의 개인적 단점에도 불구하고 남편과 잘 지내고 있다. 그리고 그녀는 성공적으로 책을 쓰고 있고 자신의 일에 대단히 만족해한다. 그녀가 모든 혼란에서 자유스러운 것은 아니다. 왜냐하면 그녀는 사람들이 자신을 불공정하게 대하면 여전히 긴장하는 경향이 있기 때문이다. 그러나 거의 완전히 자신을 받아들이는 것 같고, 원래 가지고 있던 대부분 문제는 풀렸거나 다스리게 되었다. 그녀는 여전히 합리적 정서적 치료가 비교적 적은 회기에 자신의 기본적인 불안을 일으키고 적대감을 유발하는 인생철학을 발견하고, 이해하고, 변화하도록 도와준 것에 대하여 놀라워하면서 그녀의 새로운 친구들에게 계속해서 이에 관하여 이야기하고 있다.

사례6 _ 행동치료

성도착에 대한 내현적 민감화

David H. Barlow

편집자 서문

이 사례는 심각한 임상적 문제인 성도착 치료에 중요한 행동적 기법인 내현적 민감화(Covert Sensitization)를 적용한 예다.

우리가 이 사례를 선택한 이유는 행동치료자들이 치료 도구로써 인지를 사용하는 방식을 예시해 주기 때문이었다. 게다가, 이 사례는 현재 행동치료에서 가장 중요한 인물인 데이비드 발로우(David Barlow) 박사가 쓴 것이다. 발로우 박사는 경험적으로 지지된 치료 방법들을 사용하자고 설득력 있게 주장해 온 사람이다.

이 사례를 주의 깊게 읽으면 행동 기법들이 성격적 요인들이나 가족 역동을 고려하지 않고 융통성 없이 적용된다는 잘못된 믿음뿐 아니라, 행동치료자들이 관계 변인들을 개의치 않는다는 신념이 사라질 것이다. 우리는 발로우 박사가 환자의 독특한 요구들에 따라 그의 치료 방법을 조정하는 예민한 치료자임을 곧 알게 된다. 또 이 사례는 매우 곤란을 느끼고 있는 성직자를 치료자가 어떻게 배려하는가를 엿보도록 해 줄 것이다.

독자들은 『현대 심리치료』에 제시되어 있는 다른 치료적 접근들을 사용하는 치료자들이 어떻게 이 특정 문제에 대한 병인론과 치료를 개념화할 것인지 생각해 보고, 치료 방법과 성과가 어떻게 다를 수 있는지를 추정해 보는 것이 유용할 것이다.

J. R. Cautela, A. J. Kearney, L. Ascher, A. Kearney, and M. Kleinman and 17 others(1993). *Covert Conditioning Casebook*, First Edition. Wadsworth, a division of Thomson Learning. 허락을 받아 게재함.

사례의 배경

치료에 소개되었을 때, 성직자 X는 중서부 출신으로 51세의 기혼자였다. 그는 1남 2녀를 두었으며, 막내딸은 19세였다. 그는 키가 크고, 꽤 진지했으며, 협조적이기는 했지만, 초기 면접 때 기꺼이 많은 정보를 제공하지는 않았다. 그는 이성 소아에 대한 이상성욕 행동자로, 치료가 가능한지 평가해 달라고 다른 주에 있는 유명한 정신과 의사가 나에게 의뢰하였다.

성직자 X는 자신이 20년 이상 10~16세 사이의 어린 소녀를 애무하고 만진다고 보고하였다. 이 시점에 이르러서는, 그가 어떤 식으로든 관계를 가진 소녀는 아마 50명이 넘을 것으로 추정되었다. 가장 전형적인 행동은 소녀들을 껴안거나 가슴을 만지는 정도였다. 경우에 따라서는 그들의 생식기도 만졌다. 그는 소녀들에게 자신을 노출하지는 않았고 어떤 식으로든 그를 만지라고 요청하지도 않았다. 일반적으로 이런 종류의 접촉을 하는 동안에 부분적으로 발기가 되었지만 한 번도 사정은 하지 않았다고 보고하였다. 그는 이것을 에로틱한 경험으로 보고하지 않고 애정을 주고받은 것이라고 계속 암시하였다. 사실 초기 면담 동안 그는 "밝혀지는" 것이 그의 가족과 경력에 미칠 효과에 대해 크게 근심을 하고 있었는데도 이런 행동에 대하여 거의 양심의 가책을 느끼지 않는다고 보고하였다.

치료가 시작되기 12년 전쯤에 그의 행동이 처음 발견되었고, 그는 중서부 다른 교회로 옮기도록 강요받았다. 그러나 그 일은 비교적 조용히 지나갔고, 그는 다른 주의 새로운 자리로 부임하여, 치료를 받기 직전까지 그 자리에서 일했다. 그는 치료를 받았고, 새로운 교회에서 어린 소녀와 육체적인 상호작용을 자제하기로 동의하고 다짐하였는데도 그의 이러한 행동은 계속되었다. 이런 행동은 치료에 오기 몇 달 전까지 계속되었다.

성직자 X에 따르면, 어린 소녀들은 대부분이 그의 접근을 긍정적으로 받아들이고 놀라지 않았다고 했다. 몇몇 경우는 그 소녀들과 몇 달 동안 지속적으로 이런 행동을 했고, 생식기를 만지는 경우도 있었다.

이 기간 동안 그는 전체 교구의 행정적이고 영적인 책임을 지고 있었지만, 지역 걸스카웃 같은 어린 사춘기 소녀들이 하는 활동에 특히 관심을 가졌다. 이러한 활동에 덧붙여 작은 유방을 가진 사춘기 소녀에게 특별히 매력을 느꼈던 성직자 X는 "나체주의자 잡지" 같은 곳에서 찾은 이러한 모습의 소녀들 사진을 보며 일주일에 1~2번 정도 자위행위를 했다. 사실 그는 광범위한 소아애적 포르노 잡지 시리즈를 더 즐겨 구독하였는데, 그 잡지는 사건 후 몇 달 동안 그의 옛 목사관에 발송되었고, 새로운 주인이 그것을 받게 되었으며 그와 그의 가족을 당황하게 만들었다.

치료가 표면화되기 몇 달 전, 그는 11세 된 걸스카웃의 부모로부터 그들의 딸에게서 육체적 접촉을 가졌다는 "이상한 이야기"를 들었다고 항의를 받았다. 그의 행동은 오해였다고 알려졌으며, 그 사건은 처음 소녀의 부모와 유사한 경험을 한 다른 소녀의 부모가 언급할 때까지 감추어졌다. 그 이야기는 급속히 퍼져서 주교(혹은 감독, bishop)가 그를 교구에서 면직하였고 치료받아야 한다는 강력한 경고와 함께 정직 처분을 내렸다.

성직자 X는 10대에 소녀들과 지속적인 사회적 접촉을 가지지 못하고 성장했다. 그는 26세에 결혼했을 때 처음 성교를 하였다. 그는 22세쯤에 데이트를 처음 해 보았고, 결혼 전에 딱 한 번 가벼운 애무를 해 보았을 뿐이다. 고등학교 때 자위행위에 대한 환상은 유방을 중심으로 발전했다.

이전 교구에서 12년 전에 증상이 발견되었을 때, 그는 몇 가지 장기 심리치료를 받았다. 그는 이 치료들 중 어떤 것도 자신의 성적 각성 패턴에 대해 아무런 효과도 없었다고 보고했다. 그의 이전 치료자들 중 적어도 한 사람은 그의 결혼관계에 결함이 있다는 접근법을 택하였다. 이것은 그를 화나게 했고, 그의 부인이 정상적이고 만족스러운 성관계와 결혼관계를 보고함으로써 그렇지 않음이 증명되었다.

이런 사건이 있었는데도 그의 가족관계는 훌륭히 유지되었다. 그의 아내는 온갖 어려움에도 불구하고 그와 함께 하기로 결심했으며, 최대한 그를 도와주었다. 그의 자녀들 또한 꽤 협조적이었는데, 그들은 이 사건을 잊어버리거나 그냥 과장이며 해명거리에 지나지 않는다고 부인하고 싶어 했다. 그는 자녀들에게는 한 번도 성적으로 접근하지 않았다.

평가와 행동분석

성직자 X를 소개받은 후 부딪힌 가장 놀라운 측면은 그의 정신과 의사가 언급했던 것처럼 그가 조금도 양심의 가책을 가지지 않는다는 점이었다. 성직자 X 자신은 비교적 양심에 가책이 없다고 말했으며, 그가 적어도 자기 행동의 심각성에 대한 지적인 인식은 있었기 때문에, 이 점에 대해 혼란스러워했다. 내현적 민감화로 공식적인 중재를 하기 전에, 내현적 민감화 절차를 성실하게 따르는 데 영향을 줄, 그의 변화에 대한 동기를 먼저 다룰 필요성이 있음이 분명했다. 따라서 치료에 대한 동기를 방해할 수 있는 일종의 합리화를 제거할 필요가 있었다.

소아애증을 가진 사람들은 일차적인 합리화를 사용하는데, 그들이 어떤 식으로든 아동들에게 사랑과 애정을 제공하여 도와준다는 인식을 갖는다. 즉, 다른 출처에서는 이러한 애정을 받지 못하거나 제한될 수밖에 없다는 것이다. 사실 성직자 X도 분명히 이러한 합리화를 하고 있었는데, 그는 때때로 생식기를 만지고, "나체주의 잡지"를 보고 자위행위를 했는데도 자신의 행동을 일차적인 애정표현으로 간주했다. 내담자는 다양한 구체적인 합리화의 목록을 만들도록 지시받았다. 그는 집에서 이러한 합리화에 대해 작업하기 시작했다. 그는 또한 그의 접촉을 소녀들이 어떻게 받아들였는지 그가 어떤 부정적인 단서들에 부주의하였는지 그렇지 않았는지를 숙고해 보도록 요구받았다. 그는 소아애증 행동에 대한 '적절과 부적절' 사이에 강한 '경계'를 세우고 있음이 명백했다. 예를 들어, 보통 사람들처럼 아동과 성교를 하거나 강요하는 것은 그 역시 반대한다. 하지만 유방이나 생식기 애무는 애정표현이다. 합리화의 증거가 다음의 관찰이나 보고에서 드러났다. (1) 그는 대부분 어린 아이들이 그가 접근할 때 적극적으로 반응을 보였다고 보고했다. (2) 그의 에피소드를 묘사할 때 많은 부분을 삼인칭을 사용하여 객관화하였다. (3) 그 사건 후에 그에게 반응했던 대부분의 교회 위원회에게 매우 화가 나 있었고, 그렇게 오랫동안 교구를 위해 봉사했던 자신의 공을 그들이 어쨌든 인정하지 않았다고 생각했다. (4) 그는 이전에 언급한 바와 같이 소아애증적 행동에 대한 "좋고 나쁜 것" 사이에 경계를 설정하고 있었다.

이런 장벽을 어느 정도 부수기 위한 시도로써 그가 고려해 보도록 두 개의 시나리오가 제시되었다. 첫째, 만약 그의 딸 중에 하나가 낯선 성인 남자에게서 애무나 희롱을 당할 때 어떻게 반응할 것인지 물었다. 처음에 그는 가상 질문의 문제에서 빗나갔지만, 그 후에 그럴 가능성에 대해 생각해 본 적이 없고 아마도 그런 일을 막을 것이라고 대답했다. 사실 그 회기의 나머지 시간에 그것을 이야기하려고 계속 시도했는데도 그는 그 주제에 대해 생각하기를 거절했다. 교구민들의 반응과 관련하여, 만약 그의 주교가 몇 해 동안 토요일 밤 도시의 어두운 골목에서 여자를 강간해 왔다는 것이 발견되었다면, 그가 어떤 반응을 할 것인지를 물었다. 그는 자신의 행동이 적어도 주교의 가설적 행동만큼이나 거슬리는 것임을 인정할 수 있었고, 그것은 참으로 놀라운 것이었다.

이러한 주제에 대하여 회기 내에서 그리고 회기 사이에 생각을 해 보게 되자 성직자 X는 자기 문제의 몇 가지 측면에 대하여 민감하게 되었고, 적어도 합리적인 수준에서 자신의 행동이 다른 사람에게 불러일으킬 공포감과 그 행동 자체의 거슬리는 성질에 대해 인식할 수 있었다. 그런데도 그는 이제 회기 내에 딸이 성폭행당하는 것을 상상하면서 최대한 생생하게 묘사하도록 요구받았다. 그는 그러한 상황들에 대해 감정적으로 느끼고 그것에 대한 반응들을 보고하도록 지시받았다. 둘째, 모든 교구신자가 보고 있는 가운데 가장 최근의 피해자와 성기 접촉을 하고 있는 유사한 상황에 대해 상상하도록 요청받았다.

이러한 기간 동안 아동 성학대의 결과에 대한 자료들을 주고 그것을 읽도록 했다. 사실은 그는 전에도 이런 자료와 비슷한 것들을 읽었지만, 좀 더 추상적이고 지적인 수준에서 읽었다고 보고하였다. 다음 몇 주간 그가 자위를 할 때의 환상들이 이름 없고 얼굴 없는 사람들이 그를 보고 있는 이미지로 통합되고, TV세트의 정지 화면처럼 조금은 몽롱하고 흐릿한 것이 되었다고 보고하였다.

대략적으로 네 번째 회기쯤에 이르러, 환자는 그의 행동에 대한 공포와 혐오감을 확실히 경험하게 되고 실제로 부적인 정서와 약간의 눈물을 나타내었다. 이것은 이전의 회기에서 그의 행동을 토의하는 동안 어떠한 종류로든지 거의 혹은 아무런 감정이 없었던 것에 비하여 확연히 눈에 띄는 변화였다. 모든 종류의 자위행위는 멈추었고, 이 시점에서 내현적 민감화를 적용하기 위한 예비적 단계들이 시작되었다.

그의 행동을 세세히 묘사하고 그가 상상할 수 있는 가장 혐오스러운 결과들에 대한 예비적 탐색을 하여 공식적인 내현적 민감화를 시행하기 이전에 행동 분석을 할 수 있게 하였다. 이 시점에서, 자기 탐지(self-monitoring)를 통해 소아애적 환상이 간간이 관찰되었다. 그의 환상의 빈도가 줄어든 것은 최근에 발견된 행동에 대한 처벌적 효과와 관련이 깊었다. 그런데도 그의 소아애적 행동은 꽤 지속적이었다. 전형적으로 그는 교회 휴게실에 있는 방에 우연히 혼자 있는 소녀나 그가 어디론가 운전을 해 줄 때 차 안에 있는 어린 소녀에게 장난스럽게 접근하였다. 그는 팔로 소녀를 감싸안고, 손을 점점 가슴부위 때로는 성기에 갖다 대었다. 그는 소녀가 미리 반응을 보일 가능성에 대하여 그리고 성적 접촉을 하는 동안 반응을 보이는 상태로 있는지를 확인하기 위하여 아주 주의를 기울였다. 저항이나 반응도가 부족할 경우, 그는 재빨리 성행위를 그만두거나 가슴이나 성기에 접촉하지 않는 레슬링이나 다른 놀이 활동으로 전환시켰다. 드문 경우이지만, 여름에 이러한 종류의 행동이 부근 호수에서 수영하는 중 발생하기도 했다.

이러한 제한된 행동양식과 더불어 내담자는 어린 소녀들을 다양한 장소에서 만나는 것에 대해 많은 충동을 느꼈다. 이러한 충동은 어린 소녀를 보는 동안 연속적으로 일어나는 완전한 성적 사고들에서 그가 말하는 '곁눈질'까지 이른다. 곁눈질하는 동안에 그는 드러나는 성적인 생각을 자각하는 것은 아니지만, 자신의 직접적인 시야 내에 없는 한 어린 소녀를 쳐다보면서 그 소녀의 나이와 성적 발육이 적당치 않아서 전혀 성적 호기심을 끌지 않는다는 것은 알아차릴 수 있었다.

이 시기에는 아무런 행동이 일어나지 않고, 환상(어린 소녀가 없는 상황에서 일어나는 성적인 생각)도 일어나지 않았기 때문에, 위에서 묘사된 "충동들"에 한하여 자기 탐지가 이루어졌다. 이러한 "충동"은 다시 한 번 사춘기 소녀를 보는 순간의 성적인 생각, 이미지, 충동으로 정의되었다. 내담자는 늘 지니고 다니는 자기 탐지 기록지에 모든 성적 충동을 기록하였다. 그 기록은 하루 단위로 하였으며 매일 완전한 성적 충동과 '곁눈질'이 일어난 횟수를 기록하였다. 환자는 이러한 충동이나 곁눈질이 일어나면 곧바로 기록하도록 지시받았다. 또한 성기의 긴장 정도를 측정하여 성적 각성 양식의 생리학적인 측정이 이루어졌다. 이러한 측정은 소아애적 자극에 대해 계속적으로 뚜렷한 반응성이 있음을 보여 주었다.

'내현적 민감화'를 시도하기 전에 한 가지 측정과정이 필요하다. 그것은 환자 자신의 마음에서 자신의 행동이 일으킬 수 있는 최악의 결과를 결정하는 것이다. 성직자 X는 그가 처음 몇 치료 회기 동안에 보인 반응과 일관되게 이러한 행동을 하고 있는 것을 관찰당하는 것이, 특히 상당히 부정적인 정서적 반응들을 일으킨다고 보고하였다. 그는 또한 구역질과 구토하는 것을 상상하는 것에 대하여 어느 정도 민감성을 보였고, 이것들이 내현적 민감화를 할 때 보편적인 혐오 장면들을 구성하게 되었다. 구역질과 구토가 그다지 혐오스럽지 않은 경우에는 상처를 입고 피를 흘리는 장면들이나 뱀이나 거미들이 사람의 피부를 기어오르는 장면들이 효과적일 수 있다. 이러한 정보를 가지고 이 환자는 '내현적 민감화'를 시도할 준비가 되었다.

치료 프로그램

'내현적 민감화'를 시작하기 전에, 성직자 X에게 다음과 같이 치료의 논리를 제시하였다.

우리는 지금 '내현적 민감화'라는 기법을 사용해서 어린 소녀들을 향한 남아 있는 성적 흥분을 직접적으로 줄이기 위한 목적을 가지고 이 과정을 시작할 겁니다. 이 치료과정은 실제 경험했거나 그들을 대상으로 자위했던 어린 소녀와 성관계를 갖는 장면들을 상상하는 것과 그러한 장면에 대한 혐오스러운 이미지를 짝짓는 것을 포함합니다. 이러한 과정은 과거에 유사한 문제들을 가진 사람들에게 성공리에 적용되어 왔으며, 당신의 경우에도 매우 성공적으로 적용될 것으로 확실히 믿습니다.

내현적 민감화의 목적은 어린 소녀들에 대한 아주 자동적이고 통제할 수 없는 성적 흥분을 중화시키는 것입니다. 이것은 당신에게 전형적으로 성적 흥분을 일으키는 장면과 연합된 매우 불쾌한 장면들을 반복적으로 상상하는 것으로 이루어집니다. 내가 제시하는 모든 장면을 최대한 생생하게 상상하는 것이 아주 중요합니다. 게다가 이 과정은 당신이 과거에 성적으로 발기했던 상황들에 대해 적용할 수 있는 기술을 배우게 될 것이기 때문에 매우 유용합니다. 다시 말하자면, 어린 소녀를 보고 자신이 발기되는 것을 발견한다면, 당신은 자제력을 가지고 혐오스러운 이미지들을 이용할 수 있고 매우 빨리 그러한 발기 상태를 가라앉게 할 수 있습니다. 이것은 기본적으로 기술을 배우는 것이기 때문에, 회기와 회기 사이에 적당한 양의 숙제를 하는 것이 매우 중요합니다.

처음에는 우리가 지금까지 얘기한 모든 것을 기초로 하여 성적으로 흥분하게 되는 장면들을 생생하게 묘사할 것입니다. 편안하게 눈을 감고 마치 자신이 거기에 있는 것처럼 그 장면을 상상하십시오. 당신이 그 장면을 '생생하게' 경험하는 것이 매우 중요합니다. 이미지의 모든 부분을 느끼고, 듣고, 감지해야 합니다. 장면 속에 있는 자기를 보는 것이 아니라, 실제로 거기에 있어야만 합니다. 우리는 또한 우리가 이미 흥분을 일으키는 장면들과 연합된다고 논의했던 노선을 따라 몇몇 혐오스러운 장면들을 개발할 것입니다.

언급했던 것처럼, 성직자 X는 그가 생각해 낼 수 있는 자연스럽게 일어나는 가장 혐오스러운 사건은 그런 행동을 하고 있을 때 가족과 가까운 친구들에게 들켜서 그들이 이를 관찰하는 것이라고 하였다. 이에 덧붙여 몇 가지 예비적인 탐색을 한 결과 구역질과 구토에 대한 민감성을 보여 주었다. 따라서 이러한 두 가지 혐오스러운 장면들이 '내현적 민감화' 시행에 사용되었다.

의자에 편히 앉아서 최대한 긴장을 푸세요. 눈을 감고 내가 말하는 것에 집중하세요. 교회의 휴게실에 있는 방을 떠올리세요. 가구…… 벽…… 그리고 방에 있다는 느낌에 주의를 기울이세요. 한쪽에 열세 살 먹은 조앤(Joan)이 서 있어요. 그 애가 당신에게 다가올 때, 그녀의 머리색깔…… 입고 있는 옷…… 걷는 모양 등을 눈여겨 봅니다. 소녀가 다가와서 당신 옆에 앉습니다. 그녀는 애교가 있고 매우 귀엽습니다. 당신은 그 소녀의 머릿결을 장난스럽게 만지며, 발기되기 시작합니다. 그녀는 성교육에 대해 당신에게 질문을 하고 당신은 그녀를 만지기 시작합니다.

당신이 점점 더 흥분되기 시작할 때, 그녀의 옷을 벗기기 시작합니다. 그녀의 옷을 벗기는 당신의 손가락을 느낄 수 있습니다. 그녀의 팔을 만지고…… 등과 가슴…… 을 만집니다. 이제 당신의 손은 그녀의 무릎과 엉덩이로 다가갑니다. 당신이 더욱 흥분이 되고, 그녀의 다리 사이로 손을 넣습니다. 그녀는 당신의 페니스를 문지르기 시작합니다. 당신은 그것이 얼마나 기분 좋은지 주의를 기울입니다. 당신은 그녀의 무릎과 성기를 쓰다듬으며 점점 더 흥분합니다.

당신은 비명소리를 듣습니다! 당신이 뒤돌아섰을 때, 두 딸과 아내가 보입니다. 그들은 거기에 서서―당신이 벌거벗고 어린 소녀를 성희롱하는 모습을 봅니다. 그들은 울기 시작합니다. 그들은 신경질적으로 흐느껴 웁니다. 부인은 힘없이 주저앉아서 두 손으로 얼굴을 감싸 안습니다. 부인은 '난 당신을 증오해, 증오해!'라고 소리칩니다.

당신은 그녀를 부축하기 위해서 건너가지만, 부인은 당신을 두려워하고 멀리 달아나 버립니다. 당신은 미칠 것 같아 자제력을 잃습니다. 당신은 죽고 싶고 그걸로 모든 게 끝입니다. 당신은 자기 스스로 한 일들을 볼 수 있습니다.

혐오 장면들을 성적 흥분을 이끌어 내고 상상의 과정을 촉진하기 위해 아주 자세히 묘사하였다. 처음에는, 이러한 장면들을 행동연속의 맨 끝 부분에 제시하였다. 치료가 진행될수록 혐오 장면들을 흥분을 일으키는 순서의 초반에 제시하였다. 성직자 X가 그의 가족에게 발각된 이러한 장면에 더하여, 매스꺼움과 구토를 포함한 다른 이미지를 사용하였다. 이 이미지에서는 그가 어린 소녀들에게 생식기 접촉을 시작할 때 점점 더 구역질이 날 것 같은 느낌을 느끼고…… 구토증이 목까지 치밀어 올라서 그것을 다시 삼키기가 어려움을 느끼기 시작할 것이다. 그 시점에서, 그는 토할 때까지 통제할 수 없을 정도로 웩웩거리기 시작하고 코와 입으로 점액들이 흘러나와 그의 옷과 어린 소녀의 옷 위에 온통 흘러내릴 것이다. 이 특별한 경우에 나는 그 장면을 그가 계속해서 어린 소녀의 무릎 위에 토하여 그 소녀의 살이 실제로 썩어 그의 눈앞에서 벌레들과 구더기들이 주변을 기어다니기 시작하도록 꾸몄다. 이러한 꾸밈은 모든 사람에게 효과적이지는 않지만, 성직자 X에게는 매우 효과적이었다. 이러한 장면 동안 그는 의자에서 일어나 뚜렷한 긴장을 보였고, 그 회기 끝날 때쯤에는 기운이 빠져 있었다. 구토 장면을 하는 동안 환자들은 그들이 실제로 그 회기 동안 구토를 할 수도 있다는 두려움 때문에 새 셔츠를 가져올 것이다. 이것은 다시 한 번 장면의 생생함에 한계가 없다는 것을 보여 주며, 만일 환자가 효과적인 방식으로 장면들을 진행할 수 있다면 적어도 초기에 치료자가 어떤 극적인 제시를 하는 것은 매우 도움이 될 수 있다.

앞에 제시된 실례에서 그 환자는 혐오적인 장면이 소개되기 전에 일련의 성적 행동들에서 꽤 멀어져 있었다. 일반적으로 치료가 진행됨에 따라 혐오 장면들은 흥분이 일어나기 전 초반부에 소개된다. 이런 방법으로 치료가 종결될 때쯤에는 혐오 장면들은 곁눈질 같은, 행동 연속의 아주 초기 부분과 짝지어진다. 자제력을 가진 이 특별한 사례에서 이런 장면들이 두 가지 형식으로 제시되었다. 첫 번째 형식은, "처벌"로서 성적으로 흥분되는 장면을 제시하였고 앞에서 언급한 혐오장면들이 뒤따랐다. 두 번째 형식은, "도피"로서, 환자는 성적으로 흥분되는 장면에서 시작하여 혐오적 결과들을 짧게 생각하고, 그 다음에 최대한 빨리 그 상황을 피하거나 달아나며, 그 상황에서 멀리 떠났을 때 크게 안도감과 이완감을 느끼게 된다.

성직자 X를 위한 회기에서는 세 개의 처벌과 두 개의 도피 혹은 그 역순으로 된 다섯 개의 장면들을 제시하였다. 그 장면이 일어나는 장소는 이 특정한 환자에게 적합한 전형적인 장소임을 확인하기 위해 변화를 준다. 두 개의 혐오장면들을 무선적으로 바꾸어 제시하거나 때로는 통합하거나 혼합하였다.

환자가 이러한 이미지를 생생하게 상상할 수 있고 정보를 충분히 처리하고 있음이 명확할 때, 치료자의 면전에서 스스로 그것을 시행하도록 요구받았다. 명확한 이미지를 상상하는 데 어려움을 극복하는 방법이 토론되고 연습되었다. 회기 내에서 치료자가 안내하는 시행과 자기 스스로 시행하는 것이 번갈아 이루어졌다. 몇 회기 후에 환자가 치료자만큼 효과적으로 진행을 스스로 실행할 수 있을 때 과제 할당이 지시되었다. 그 환자는 0에서 100 척도로 그 스스로 실행한 회기들의 강도에 대해 자기 탐지를 했다. 이때 0은 전혀 강도가 없는 것을 말하고, 100은 실제 생활에서만큼 생생한 강도를 나타냈다. 처음에 그가 수행한 회기들은 10%에서 50% 범위의 비율이었다. 시간이 계속 지남에 따라 수행 회기들은 50%에서 70% 범위의 비율로 더 일관성 있게 되었고, 그것은 기대하는 효과들을 가져오는 데 충분한 강도라고 판단되었다. 초기에는 하루에 한 회기씩 세 번(세 장면을 상상하는 것) 수행하도록 요구하였다. 몇 주 후에는 이것의 강도를 최대화하기 위해 한 주에 두 번의 연습으로 줄였다. 장면들은 습관화되는 것을 막기 위해 환자가 약간씩 변형시켰다.

이 기간 동안 자기 탐지를 한 결과 때때로 충동과 곁눈질이 있었지만, 환상이

나 자위행위는 없었다. 사실 앞에서 말했듯이 환자는 체포당한 바로 뒤부터 자위행위를 줄였고, 치료가 시작되기 직전에 그 행동을 완전히 멈추었다. 그런데도 그를 열심히 도와주는 부인과 이따금씩 하는 면담에서 그들의 성 행동이 주당 평균 두세 번으로 약간 증가했음이 드러났다. 그들의 관계는 두 사람 모두 증진되었고, 완전히 만족스럽다고 보고하였다.

이 시점에서 내현적 민감화의 마지막 단계가 소개되었다. 이 단계에서 그 환자는 충동이 일어나거나 심지어는 곁눈질이 일어날 때마다 자기통제 방법으로 현장에서 혐오적 이미지들을 사용했다. 이 정보는 또한 어떤 충동이나 곁눈질도 혐오적 이미지로 이어진다는 것처럼 자기 탐지의 형태로 기록되었다. 그가 처음에는 이것이 다소 어렵다고 생각했지만, 성직자 X는 치료부분을 수행하는 기술이 증가했고, 점차적으로 충동과 곁눈질의 횟수가 줄었음을 보고했다.

결 과

비교적 초기의 치료 과정에서 성직자 X의 행동에 대하여 지역사회에서 보인 반응은 치료의 진전을 위협하였다. 그가 목사관과 교회에서 멀리 떠났지만, 가족 중 몇 사람은 그곳에 남아 있었다. 때때로 그는 내 사무실과 가까운 곳에 있는 임시 거주지에서 그와 부인이 계획하고 있었던 이사 문제와 관련된 실제적인 일들을 돕기 위해 마을로 돌아왔다. 그는 또한 몇 명의 옛 친구를 만났다. 이 기간 동안 이전에 그가 체포당한 것에 대해서 아주 흉한 반응이 그 지역사회에서 일어났다. 그가 단지 범죄에 대한 책임을 피하고 공소시효가 끝나기를 기다리기 위해서 다른 주에 살고 있다는 것을 비롯해서 그의 행동을 매우 과장되게 묘사하는 소문이 돌았다. 또한 그가 치료를 그만두고 자신의 문제에 대해 무관심한 태도를 취한다는 소문도 돌았다. 그의 가족에게도 영향을 끼친 이 지역사회의 반응은 치료에 심각한 영향을 주었다. 짧았지만 깊은 우울이 치료의 진행을 지연시켰고, 지역사회의 반응이 가지는 함축성을 토론하는 동안 내현적 민감화 회기가 일시적으로 중단되는 상황이 일어났다. 사실 성직자 X는 악랄하고 근거 없는 소문 때문뿐 아니라, 수년 동안 그를 존경하고 깊은 지지를 보였던 지역사회가 치료가 완성되었을 때 팔을 벌리고 어쨌든 그가 되돌아오도록 환영할 거라는 생각이 착각이었음이 분명해졌기 때문에, 그 사건으로 인해 깊게 고통받았다. 이러한 일이 일어나지는 않을 것이라는 점을 충분히 인정했을 때, 그는 치료와 함께 완전히 이사하는 것에 관한 실제적인 계획들을 세우기 시작했다.

4개월의 치료 후에 소아애증 충동은 0으로 떨어졌고 그 상태가 지속되었다. 이때 성직자 X와 그의 부인은 다른 주로 완전히 이사를 했다. 그곳에서 그는 하드웨어 판매점에서 일하게 되었다. 그는 치료 회기를 유지하기 위해 편도에 대략 다섯 시간 걸리는 거리를 와야만 했기 때문에 두 주마다 한 번 긴 회기를 갖기로 했다. 6개월의 치료 후에, 전반적인 평가를 한 결과 훌륭한 반응이 나타났다. 치료를 종결하고 한 달 뒤에 첫 추수 회기를 갖고 그 후에 점차로 간격을 줄이자는 계획을 하였다.

논 의

내현적 민감화는, 앞에서 언급했던 것처럼, 소아애증의 흥분 패턴에 매우 효과적인 것으로 증명되었다. 그런데도 의심할 여지 없이 이 사례에서 치료를 촉진시킨 측면이 몇 가지 있었다. 성직자 X는 초기 위기 동안뿐 아니라 치료의 전 과정을 통해 가족에게 깊이 수용되고, 지지되었다. 이러한 지지는 지역사회에서 그의 문제를 알았던 옛 친구들 중 최소한 몇 명에게도 확대되었고, 점차적으로 새로운 지역사회에서 알게 된 친구들에게도 확대되었다. 물론 그들은 그가 가진 문제를 모르고 있었다. 성 범죄자에게 부여되는 치욕적인 관점 때문

에, 종종 가까운 가족과 친구들에게 부당한 버림을 받는 현실에서 이러한 지지
는 의심할 여지 없이 성직자 X에게 매우 가치 있는 것이었다.

이에 덧붙여, 이 기간 내내 그는 깊은 종교적 태도와 신념을 유지했다. 그는
규칙적으로 예배에 참석했고, 시간제로라도 교회에서 예배 준비를 다시 시작하
려는 소망을 계속 표현했다. 교회 성직자단에게 몇 가지 요구를 했는데도 그의
요구에 대해 아무런 응답을 받지 못했으며, 25년 동안 그의 삶에 깊은 의미를
제공했었고 그의 존재 한가운데 자리잡고 있었던 경력으로 다시 돌아갈 수 있
는 가능성은 거의 희박했고 그는 희망을 포기하기 시작했다.

2년 이상의 추후 접촉과 치료가 시작된 지 거의 4년 만에 가졌던 또 다른 추
후 방문으로 어떤 경우에도 소아애적 흥분이 재발되지 않음을 확인했다. 성직
자 X는 그의 새로운 직업을 계속 아주 잘 수행했고, 당시 하드웨어 판매점의
작은 지점에 부지배인으로 있었다. 교회는 여전히 그가 가끔 보내는 신분 회복
을 요구하는 편지를 계속 묵살했으며, 그는 시간제로 교회에서 일하려는 모든
희망을 포기했다. 그런데도 그는 여전히 그렇게 오랫동안 봉사했던 교회가 언
젠가 적어도 일시정지를 풀어 주어, 직계가족에게는 가끔 종교의식을 수행하도
록 그에게 허락할 수도 있다는 희망을 가지고 있었다. 그 이외에 그의 생각은
새로운 공동체 속에서 이루어지는 매일 매일의 삶과 10년 또는 15년이 지나서
남쪽에 있는 어느 곳에서 그의 부인과 함께 은퇴 후에 보낼 삶에 대한 장기계
획에 집중했다.

사례7 _ 인지치료

자살 경향이 있는 우울한 환자의 면담

Aaron T. Beck

편집자 서문 인지치료를 이끄는 인물인 아론 벡(Aaron Beck)은 자살과 우울증의 대가다. 이 사례에서 독자는 벡이 어떻게 우울한 전문직 여성과 함께 작업하는지 볼 수 있다.

인지적 치료 접근은 정확하고, 간결하며, 방법론적이다. 벡은 사례의 소개에서 치료를 위한 일종의 지도를 제시하며 그 다음에 실제 치료 회기들이 어떻게 치료계획과 연결되는지 설명한다. 엘리스처럼 환자의 비합리적인 신념에 도전하지만, 그는 좀 더 탐색적이고 인지치료의 기초를 형성하는 협동적 경험주의 원리와 일관된 소크라테스적인 방식을 사용한다. 이 사례는 인지치료, REBT, 인지행동치료 사이에 있는 미묘한 차이를 훌륭하게 설명한다.

Aaron T. Beck et al. (1979). *Cognitive Therapy of Depression*. (pp.225-243). Guilford Publications, Inc. 저자의 허락을 받아 발췌 게재함.

인지치료의 적절성을 가름할 수 있는 가장 중대한 도전은 이 치료가 심각하게 자살 경향이 있는 환자를 효율적으로 다룰 수 있는가에 관한 것이라고 할 수 있다. 그러한 사례들에서 치료자는 종종 기어(방식)를 바꾸어야만 하며 절망과 체념의 장벽을 꿰뚫어 보려고 매우 적극적인 역할을 취해야만 한다. 치료적 개입이 환자의 생명을 구하는 데 결정적일 수 있기 때문에, 치료자는 여러 개의 즉각적인 목표를 동시에 혹은 빠른 순서로 성취하려고 시도해야만 한다. 환자와 치료 관계를 세우고, 우울증과 자살 소망의 심각성을 평가하고, 환자의 생활 상태에 대한 개요를 얻으며, 자살하려고 하는 환자의 "이유"를 정확히 찾아내고, 환자의 자기 객관성의 역량을 측정하고, 현실성의 요소들을 소개하기 위해 환자의 현상학적 세계 속으로 발을 들여놓기 위한 어떤 개입 시점을 탐색해야 한다.

다음의 면담에서 나타나는 것처럼, 그러한 모험은 인지치료의 체계에서 이끌어 내는 적절한 전략들을 적용하는 것뿐 아니라 "훌륭한 치료자"의 모든 자질―진솔한 온정, 수용 및 공감적 이해―을 요구한다.

환자는 최근에 애인에게 버림받은 40세의 임상 심리학자였다. 그녀는 12세 때부터 간헐적 우울증의 내력이 있었으며 많은 심리치료 과정, 항우울제, 전기 충격 치료 및 입원 치료를 받았다. 저자는 7~8개월의 기간에 걸쳐 환자를 다섯 번 면담하였다. 이 면담을 할 때 그녀가 우울한 것은 분명했고, 이전 일화에서 나타났던 것처럼 자살 경향이 있을 수도 있었다.

면담의 첫 부분에서 주요 목표는 임상적 평가를 하고 주요한 심리적인 문제들을 밝히기 위하여 적절한 질문들을 하는 것이었다. 무엇보다도 먼저 치료자는 환자가 얼마나 우울하며 얼마나 자살하려는 경향이 심한지를 평가해야 했다. 치료자는 또한 자신이 어느 정도나 영향력(leverage)을 가졌는지 결정하기 위하여 그녀가 어느 정도나 면담(치료자-1; 치료자-8)을 통해 도움을 받을 것으로 기대하는지 평가해야만 했다. 이 면담시간 동안에 대화가 이어질 수 있도록 치료자는 환자의 진술을 반복해 주어야만 했다.

자살적 소망이 드러났기 때문에 이것이 현저한 임상적 문제라는 것과 그녀의 절망이(치료자-7) 개입을 위한 가장 적절한 목표가 될 수 있다는 것이 분명하였다.

몇 가지 점을 면담의 초반에 정할 수 있었다. 치료자는 환자가 죽음에 대한 욕망이 심각하다는 점은 받아들였지만, 그것을 토론할 문제로, 앞으로 더 검토할 주제로 다루었다. "우리는 이익과 불이익에 대해 토론할 수 있어요."(치료자-11) 그녀는 약간의 흥미를 가지고(호의적인 신호) 이 말에 반응했다. 치료자는 또한 자신과 자신의 문제를 객관적으로 바라보는 환자의 능력을 검토하려고 노력했다. 치료자는 또한 그녀의 비합리적 생각의 경직성과 그녀를 도우려는 자신의 소망을 환자가 수용하는지 검토하려고 했다(치료자-13~치료자-20).

면담의 첫 부분에서 무슨 일이든 잘 되지 않을 거라는 환자의 강한 신념 때문에 치료자는 많은 진행을 할 수 없었다. 그녀는 자살이 유일한 해결책이라고 결심했으며, "그녀의 마음을 변화시키려는" 시도에 분개했다.

면담의 다음 부분에서 치료자는 환자의 현재 우울과 자살 관념에 관여하는 요인, 즉 애인과의 결별을 분리하려고 했다. "나는 아무것도 가진 게 없다."(내담자-23) 라는 말의 의미는 치료자가 이별의 의미를 탐사하려고 노력함으로써 분명해진다. 그 다음에 치료자는 "나는 아무것도 가진 게 없다"를 표적으로 선택해서 이러한 결론에 상반되는 정보를 환자에게서 이끌어 내려고 시도한다. 그는 환자가 "나는 아무것도 가진 게 없다"고 믿지 않았던, 또한 남자를 사귀지 않았던 이전의 시간들을 조사한다. 그 다음에 그는 그녀에게 중요한 다른 목표와 대상들을 조사하기 시작하여(치료자-26) 만족의 확고한 근원을 찾고자 한다(치료자-24~치료자-33). 환자가 실제로 "무엇인가 가지고 있다"는 것을 입증하려는 치료자의 시도는 그녀의 삶에서 어떤 긍정적인 특징들을 깎아내리려는 환자의 경향 때문에 빗나갔다(내담자-32).

마침내 환자가 정말로 치료자와 힘을 합하고, 기꺼이 자기 자신을 자신의 문제와 분리하고 문제 해결 방법을 생각하려는 것이 면담의 후반부에서 분명해졌다. 그 다음에 치료자는 그녀의 절망감에 기저하고 있는 기본적 가정, 즉 "나는 남자 없이 행복할 수 없다"를 고려하는 것으로 옮겨간다. 반대되는 과거 경험을 지적함으로써 그는 이 가정이 틀렸음을 증명하려고 노력한다. 그는 또한 그 가정을 "나는 나 자신을 행복하게 만들 수 있다"로 바꾸는 것의 가치를 설명하려고 한다. 그는 환자가 자기 자신을 다른 사람의 변덕에 따라 상태가 좌우되는 수동적 수용기가 아니라 만족의 근원을 추구하는 적극적인 행위자로서 간주하는 것이 좀 더 현실적이라는 점을 지적한다.

녹음된 면담을 실제적인 이유 때문에 60분에서 35분으로 편집하여 축어록으로 제시하였다(오로지 환자의 신원을 보호하기 위한 부분만 변화시켰다). 면담은 다섯 부분으로 되어 있다.

1부. 중요한 정보를 이끌어 내기 위해 질문하기

1. 환자는 얼마나 우울한가? 얼마나 자살하고자 하는가?
2. 치료에 임하는 태도(치료에 대한 기대).
3. 자살하고픈 소망들의 출현: 직접적인 위기 문제.
4. 치료적 개입을 위한 최적의 지점을 찾아내려는 시도: 절망감—미래에 대한 부정적 태도(내담자-7).
5. 죽으려고 하는 환자의 욕망에 대한 심각성을 받아들이지만 그것을 앞으로 조사가 필요한 주제로 다루기—"이익과 불이익에 대해 토론하기"(치료자-11).
6. 그녀 자신을 바라보는 능력을 검사하기—객관성; 그녀의 비합리적인 생각에 대한 경직성을 검증하기; 치료자에 대한 반응성을 검사하기(치료자-13~치료자-20).

2부. 환자의 조망을 확대하기

1. 촉발 요인을 고립시키기—애인과 결별; 질문의 사용을 줄이기.
2. 결별이 환자에게 의미하는 것을 결정하기.
3. 즉각적인 심리적 문제: "나는 아무것도 가진 게 없다."
4. "나는 아무것도 가진 게 없다"는 결론에 대해 질문하기.
5. 그녀에게 중요한 다른 대상을 탐색하기: 만족의 확고한 근원(치료자-24~ 치료자-33).
6. 현실 검증과 긍정적인 자기 개념을 지지하기(치료자-35~치료자-37).

3부. "대안적 치료"

1. 치료자는 환자가 자신의 문제를 이해하고 다루는 데 관심을 갖도록 매우 적극적임. 환자가 선택할 수 있는 것들을 검토하도록 유도함(치료자-38). 선택 사항에서 자살을 "제거함."
2. 환자가 자기 자신, 미래 그리고 자신의 경험들을 양적인 확률로 받아들이게 함으로써 환자의 실무율적(all-or-nothing) 사고를 약화시킴(치료자-45).
3. 피드백: 면담의 성공에 관한 중요한 정보. (a) 감정의 변화, (b) 자신에 대한 긍정적 진술, (c) 문제 해결에 관하여 환자와 의견 일치를 찾음(내담자-47).

4부. 좀 더 정확한 자료를 얻기

1. 좀 더 나은 치료적 협력: 치료적 기법과 이론적 근거에 대한 논의.
2. "만족스럽지 않다"는 환자의 결론을 검증하며, 간접적으로 그녀의 결론을 논박하기.
3. 환자의 자발적인 진술, "긍정적인 말을 해도 되나요?"
4. 유쾌한 반응을 자아내기 위한 정기적 시도.

5부. 마감

독립심(치료자-106), 자립, 낙천주의를 강화함.

치료자-1: 음, 지난번에 나와 이야기한 이후로 기분이 어땠어요?······

내담자-1: 나빴어요.

치료자-2: 기분이 나빴군요······ 자, 그것에 대해 말해 주겠어요?

내담자-2: 이번 주에 시작됐어요······ 모든 것이 애를 써야만 되는 것같이 느껴져요. 무슨 일을 하는 목적이 정말 하나도 없어요.

치료자-3: 그러면 두 가지 문제가 있군요. 모든 것이 애를 써야 하며, 어떤 일을 하는 데 목적이 없다고 당신이 믿는 것.

내담자-3: 모든 일을 하기가 너무 어려운 것은 어떤 일을 하는 데 목적이 없기 때문이에요.

치료자-4: [상호 교환을 유지하며 또한 환자의 감정을 인정하기 위해 그녀의 말을 반복함.] 목적이 없고 모든 것이 애를 쓰는 것으로 느껴지기 때문에······ 그러면 오늘 당신이 여기로 올 때도 같은 식으로 느꼈나요?

내담자-4: 음, 일을 하고 있을 때는 그렇게 나쁘게 여겨지지는 않아요. 주말과 특히 휴일에 나빠요······ 그럴 것이라고 다소 기대했어요.

치료자-5: [회기에 대한 기대를 이끌어 냄.] 휴일을 나쁘게 보낼 거라고 기대했군요……
그러면 여기로 오려고 사무실을 나설 때, 그때는 어떻게 느꼈나요?

내담자-5: 비슷해요. 해야만 하는 모든 일을 할 수 있다고 느끼지만, 하고 싶지는 않
아요.

치료자-6: 자신이 해야만 하는 일들을 하고 싶지 않군요.

내담자-6: 아무것도 하고 싶지 않아요.

치료자-7: 좋아요…… 그리고 어떤 느낌이 들었나요? 침울한 느낌?

내담자-7: [목표가 될 절망감] 희망이 없다고 느껴져요. 내 미래가…… 모든 것이 공허
하고, 희망이 없다고 느껴져요.

치료자-8: 그럼 오늘 면담에 대해서는 어떤 생각이 들었나요?

내담자-8: 항상 그랬던 것처럼 도움이 될 거라고 생각해요…… 기분이 좋아지겠지
요—일시적으로. 하지만 다시 기분이 나빠질 거라는 것을 알기 때문에 그
게 기분을 더 나쁘게 해요.

치료자-9: 그게 당신의 느낌을 더 나쁘게 한다고요?

내담자-9: 예.

치료자-10: 그러면 그 이유는 당신이 기분이 좋아졌다가 다시 가라앉을 것이기 때
문이고요?

내담자-10: [즉각적인 문제-자살의 위험] 끝이 없는 것처럼 느껴져요. 이런 식으로 영
원히 진행될 것만 같고, 더 나아질 수 없는 것처럼 느껴져요…… 내 인생
에서 지금처럼 죽고 싶을 때가 없었어요…… 사실은 자살하는 쪽에 더
가까워지고 있다고 느껴요.

치료자-11: 우리가 자살하는 것에 대한 이익과 불이익에 대해서 이야기해 보지 않
았기 때문에 아마도 그것에 대해 조금 이야기해야 할 것 같군요.

내담자-11: [웃으면서] 당신은 모든 일을 매우 논리적으로 만드는군요.

치료자-12: [치료적 동맹을 검증함.] 그게 나쁜가요? 이성(reason)이 당신의 가장 커
다란 동맹자라고 당신이 전에 썼던 것을 기억해 보세요. 이성에 알레르
기를 일으키게 되었나요?

내담자-12: 그렇지만 더 이상 노력할 수가 없어요.

치료자-13: 이성적으로 되려면 노력이 필요한가요?

내담자-13: [전형적인 "자동적 사고"] 내가 비이성적이라는 걸 알아요. 그 생각들이 너

무 현실적이어서…… 그 생각들을 변화하려면 노력이 필요해요.

치료자-14: 자, 그 생각들을 변화시키는 것이 쉬웠다면—그것들이 그렇게 오랫동안 지속됐을 거라고 생각하세요?

내담자-14: 아니요…… 있지요, 나는 이것이 다른 사람들에게 소용없다는 말은 안 했어요. 그렇게 말하려는 게 아니에요. 그렇지만 그게 나에게 작용한다 고 느껴지지는 않아요.

치료자-15: 그러면, 그것이 당신에게 작용했다는 증거는 있나요?

내담자-15: 어느 기간 동안은 작용해요. 그때는 진짜 나(Real Me)가 드러나는 것 같아요.

치료자-16: 자, 일을 망쳐 놓을 것 같은 이상한 일이 있었나요?

내담자-16: 이번 주말에요?

치료자-17: 꼭 이번 주말은 아니라도. 아시다시피, 당신은 치료가 잘 되고 있다고 느 꼈고 자신의 용기를 발견한 겁쟁이 사자(역자 주: 오즈의 마법사에 나오 는 겁이 많은 사자를 말함.)처럼 되려고 결심했어요. 그 다음에 무슨 일 이 일어났나요?

내담자-17: [안절부절하여 머리를 숙임.] 너무 어려워요…… 죽는 게 더 쉽겠어요.

치료자-18: [객관성을 회복하려고 시도함. 이전의 극복했던 경험을 회상시켜서 조망을 주입함.] 말씀하시는 것처럼—당장에는 죽는 게 더 쉬울지도 몰라요. 그렇지만 옛날로 돌아가 볼까요? 당신은 판단과 조망을 잃어 가고 있어요. 우리 가 이야기한 후에 그 면담을 녹음하고, 그것을 좋아했던 걸 기억해 보세 요. 당신은 그 다음날 편지를 써서 용기가 생겼음을 느꼈고 바로 그 지점 에 도달하는 데 노력이 별로 필요 없었다고 말했어요. 자, 당신은 남자와 사귀기 전까지 이성적으로 잘 지냈어요. 맞죠? 그리고 나서 짐(Jim)을 사귀었죠. 맞나요? 그런 다음 예상대로 관계가 끝났을 때 당신은 심하 게 우울함을 느꼈어요. 자, 그것에서 어떤 결론을 내리나요?

내담자-18: [괴로워하며, 치료자의 시도를 거부함.] 결론은 내가 남자와 계속 사귈 수 없 기 때문에, 항상 혼자 있어야만 할 거라는 거예요.

치료자-19: 맞아요. 그것이 한 가지 가능한 설명이죠. 어떤 가능한 설명이 또 있나 요?

내담자-19: 그게 유일한 설명이에요.

치료자-20: 단지 남자를 깊게 사귈 준비가 되지 않았으니 낙심하게 된다는 게 가능한 것인가요?

내담자-20A: 그렇지만 나는 절대로 준비가 안 될 것처럼 느껴져요. [눈물 흘림.]

내담자-20B: 일 년 동안 한 번도 그를 볼 수 없었을 때조차도 결코 그를 포기하지 않았어요. 그는 항상 내 마음 속에 있었어요. 그러니 그를 그냥 보내 버리겠다고 지금 어떻게 생각할 수 있겠어요.

치료자-21: 지금까지 절대로 마지막은 아니었어요. 항상 희망은 있었죠…….

내담자-21: 없었어요. 그리고 그는 나와 사귈 수 없다고 아주 분명히 말했어요.

치료자-22: 맞아요. 그렇지만 1월 이전에는 마음이 아주 평온했죠. 당신은 그와 심각하게 사귀지는 않았어요. 1월에 다시 사귀기 시작했죠. 그가 당신에게 진지한 관심을 보였지요.

내담자-22: 4년 만에 처음으로요.

치료자-23: [조망을 회복하고자 시도함.] 맞아요. 그때가 당신이 다시 그를 사귈 때죠. 1월 이전에는 그를 사귀지 않았고, 그를 항상 생각하지도 않았으며, 지금과 같은 상황에 있지도 않았고, 때때로 행복감을 느꼈어요. 당신은 행복하다고 나에게 편지를 썼죠. 그렇죠? 좋아요. 1월로 돌아가서 보면, 당신은 행복했고 짐을 사귀지 않았어요. 이제 5월인데, 당신은 단지 그와 헤어졌기 때문에 불행해요. 자, 왜 7월, 8월, 또 9월에도 여전히 불행해야만 하나요?

내담자-23: [구체적인 표적 신념을 제시함.] 나는 가진 게 없어요.

치료자-24: 1월에는 불행하지 않았어요, 그렇죠?

내담자-24: 처음에는 그랬지요. 그래서 전화를 드렸어요.

치료자-25: 좋아요. 12월은 어땠어요? 12월에 당신은 불행하지 않았어요. 12월에 당신은 무엇을 가졌나요? 당신을 행복하게 만든 어떤 것을 가졌군요.

내담자-25: 나는 다른 남자들을 만나고 있었어요. 그게 나를 행복하게 했죠.

치료자-26: 남자들 이외에도 당신의 인생에서 당신이 아주 좋아한다고 말했던 다른 일들이 있지요.

내담자-26: 그래요. 그리고 나는…….

치료자-27: [표적 신념을 겨냥함. 그녀가 가졌던 그리고 지금 가지고 있는 것을 보여 줌.] 글쎄요, 당신이 전에는 중요했지만 바로 지금은 중요하지 않다고 말하는 다른 것들이 있지요. 맞나요? 12월, 11월 그리고 10월로 돌아가서 당신에게 중요했던 것들은 무엇이었나요?

내담자-27: 모든 것이 중요했어요.

치료자-28: 모든 게 중요했군요. 그게 어떤 일들이었죠?

내담자-28: 내가 소중히 여겼던 일들을 생각하기조차 힘들어요.

치료자-29: 좋아요. 자, 당신의 직업은 어때요?

내담자-29: 내 직업.

치료자-30: 당신의 직업은 중요했지요. 당신은 직업에서 어떤 것을 성취하고 있었다고 느꼈나요?

내담자-30: 거의 대부분 그랬죠.

치료자-31: [계속 표적 신념을 겨냥함.] 거의 대부분은 자신이 직업에서 어떤 일들을 성취하고 있다고 느꼈군요. 그리고 지금은 어때요? 지금도 직업에서 어떤 일을 성취하고 있다고 느끼나요?

내담자-31: [긍정적인 면을 깎아내림.] 내가 할 수 있는 만큼은 아니에요.

치료자-32: [긍정적인 면을 재도입함.] 당신이 할 수 있는 만큼 많은 것을 성취하지 못하고 있는 게 아니라 당신이 "일을 쉴 때"조차도 많은 다른 직장인만큼 혹은 그 이상으로 잘하고 있는 것으로 나는 이해하고 있어요. 맞지 않나요?

내담자-32: [긍정적 진술을 실격시킴.] 왜 그렇게 말씀하시는지 이해할 수 없군요. 어떻게 그걸 알죠? 내가 당신에게 그렇게 말했기 때문에? 그게 사실이라는 것을 어떻게 알죠?

치료자-33: 나는 기꺼이 당신의 말을 믿어요.

내담자-33: 비이성적인 사람의 말을.

치료자-34: [만족과 성취의 긍정적 증거를 제시함.] 자, 당신처럼 자신을 비합리적으로 낮추어 보는 사람은 긍정적인 것이 아무에게도 오해의 여지가 없을 정도로 아주 강력하지 않는 한 자신에 관해서 긍정적인 말을 할 가능성이 거의 없지요. 어쨌든, 당신은 지금 그 직업에서 어느 정도 만족을 얻고 있고 비록 당신이 원하는 만큼 혹은 당신이 할 수 있는 능력만큼 하고 있는 것은 아니지만 이성적으로 잘하고 있다고 느끼고 있어요. 당신은 여전히 이성적으로 일을 잘하고 있어요. 당신 스스로 확인해 볼 수 있어요.

당신의 내담자들의 계획은 향상되고 있나요? 그들은 도움을 받고 있나요? 당신이 애써 주어서 감사하다고 말하는 사람들이 있나요?

내담자-34: 예.

치료자-35: 그들이 당신에게 말한다고요? 그런데도 당신은 자신이 아주 비이성적이니까 당신이 말하는 것을 믿지 말라고 하는군요. 당신은 내담자에게 "당신은 멍청한 내담자입니다…… 전혀 판단력이 없군요."라고 말합니까?

내담자-35: 나는 어떤 사람에 대해서 그렇게 말하지 않아요.

치료자-36: 그런데 자기 자신에 대해서는 그렇게 생각합니까?

내담자-36: 예.

치료자-37: [불일치를 지적함. 그녀의 이성적인 능력을 강조함. 그녀의 전문가적 역할을 강화함.] 그래서 당신은 내담자의 말은 신뢰하지만, 자신의 말은 신뢰하지 않는군요. 당신은 자신의 내담자가 비이성적이라고 생각하지는 않으면서, 자신이 내담자일 때는 비이성적이라고 생각하는군요. 어떻게 자신이 치료자일 때는 이성적이 되고, 환자일 때는 비이성적이 될 수 있나요?

내담자-37: 나는 세상의 다른 사람에 대한 기준과 나 자신에 대한 기준을 다르게 가지고 있어요.

내담자-37B: 내가 결코 그것을 극복하지 못할 경우를 생각해 보았나요?

치료자-38: [선택사항을 바꿈-자살 이외의 해결책을 고려함. 끝까지 견디거나 문제 해결을 위해 싸움.] 당신이 그것을 절대로 극복하지 못할 경우를 생각했냐고요? 글쎄요, 우리는 당신이 그것을 절대로 극복 못할지, 그렇지 않을지 몰라요…… 당신은 두 가지 일을 할 수 있어요. 하나는 당신이 수동적으로 그것을 받아들이고, 바라보고, 거의 모든 사람이 애도 반응에서 벗어나듯이 당신도 극복할 거라는 걸 알게 되는 거예요. 아니면, 당신은 공격적으로 문제와 싸우고, 적극적으로 당신 스스로 견고한 토대를 세울 수 있어요. 바꿔 말하면, 당신은 기회를 잡을 수 있다는 거예요…….

내담자-38: [다른 남자를 찾을 것에 대해 생각함.] 나는 절망적으로 느껴져요. 지금 당장 다른 사람을 찾아야만 되겠다고 느껴져요. 바로 지금.

치료자-39: 좋아요. 당신이 지금 당장 어떤 사람을 찾는다면 어떻게 될까요?

내담자-39: 똑같은 일이 다시 일어나겠지요.

치료자-40: [선택사항들 중 하나로서 자살을 생략시킴.] 자, 우리가 짐(Jim)에 대해서 이야기했을 때 그리고 당신이 1월로 돌아가서 무엇인가 긍정적으로 이루어질 거라는 가능성을 가지고 사귈 기회가 있었고 그 기회를 잡기로 결정했다고 말했던 것을 기억해 보세요. 자, 당신은 이 순간에 두 가지 선택권이 있습니다. 당신은 지금 그것을 견디고, 그것과 계속 싸우려는 생각을 가지고 극복할 수 있고, 또는 누군가 또 다른 사람과 사귀어서 이러한 멋진 해결을 얻을 기회를 갖지 못할 수도 있습니다. 자, 어떤 길로 가길 원하나요?

내담자-40: [다른 사람과 사귀려는 강박성] 나는 그러고 싶지 않지만 내몰리는 느낌이 들어요. 나는 내가 왜 계속 그것과 싸워야 하는지 모르겠지만, 그러겠어요. 나는 지금 어떤 사람과도 사귀고 있지 않고, 그러고 싶지도 않지만 강박적 충동이 느껴져요.

치료자-41: 맞아요. 당신이 매우 심하게 상처를 입고 있기 때문이죠. 맞지 않나요? 상처를 입지 않았다면, 당신은 강박적 충동을 느끼지 않을 거예요.

내담자-41: 그렇지만 나는 아직 아무것도 한 게 없어요.

치료자-42: [이상적 선택사항을 강조함. 또한 불이익을 이익으로 전환하기.] 자, 당신은 자신이 결정해야 한다는 걸 알지요. 당신이 누군가를 찾는다 해도 아무도 나무라지 않을 거예요. 그렇지만 나는 여기 기회가 있다는 것을 보여주고 싶어요. 다시는 가져 보지 못할 수도 있는 특별한 기회지요―그건 혼자 그것을 견디어 내면서…… 스스로 우울증을 해결하는 것이지요.

내담자-42: 그것은 내가 남은 여생 동안 행해야 할 것이지요…… 그래서 걱정이 돼요.

치료자-43: 당신은 자신을 정말로 "승산 없는" 상황에 집어넣는군요. 당신은 방금 다른 남자와 사귄다면 아마도 기분이 더 좋을 거라고 인정했어요.

내담자-43: 일시적으로는, 그렇지만 그리고 나서, 똑같은 일을 겪을 거예요.

치료자-44: 이해해요. 그러니까 지금, 당신은 다른 남자에게 의지하지 않아도 되는 기회가 있지만, 그 대가를 치러야만 하죠. 나중의 이득을 위해 지금 고통이 따르는 거지요. 지금, 그 대가를 치르고 싶나요?

내담자-44: 걱정되는 건 내가 즉시 어떤 사람을 사귀지 않는다면…… 그게 이분법적 사고라는 건 알아요…… 내가 즉시 사귀지 않는다면 아무도 다시 못 만날 것같이 생각돼요.

치료자-45: 그건 실무율적(all-or-nothing) 사고이지요.

내담자-45: 알아요.

치료자-46: [자살 이외의 선택사항에 대한 합의를 추구함.] 그것은 실무율적 사고예요. 자, 당신이 실무율적 사고의 토대 위에서 그것을 하려 한다면, 그건 별로 현명한 처사가 아니에요. 당신이 '고통이 너무 커서 나는 더 이상 그것을 견디고 싶지 않다.' 라는 토대 위에서 그것을 하려 한다면, 좋아요. 그러면 당신은 임시로 아스피린을 먹고 나중에 그것을 처리해야만 할 거예요. 문제는—지금 당장 그것을 견디고 싶습니까? 자, 지금 견디어야 할 점은 무엇인가요?

내담자-46: 모르겠어요.

치료자-47: 당신은 이것을 진정으로 믿지는 않는군요.

내담자-47: [합의에 도달함.] 이론적으로 사실 남자 없이 행복할 수 있다고 나 자신에게 증명할 수 있다는 걸 알아요. 그래서 내가 미래에 남자와 사귀게 된다면 절망감을 느끼지 않고 거기에 뛰어들 수 있을 거고, 과거에 이런 관계와 연결되었던 불안과 우울을 제거할 수 있을 거예요.

치료자-48: 그러니까 적어도 이론적으로는, 이런 일이 일어날 수 있다는 논리적 근거에 동의하는군요. 당신이 그것을 견디려고 한다면…… 자, 이런 일이 일어날 수 있는 확률은 얼마라고 생각하나요?

내담자-48: 저에게요?

치료자-49: 당신에게요.

내담자-49: 다른 사람이라면 확률이 아주 높다고 말하겠어요.

치료자-50: 당신의 내담자 중 한 사람에게요?

내담자-50: 예.

치료자-51: 기분 진료소(Mood Clinic)에 오는 우울한 사람들의 평균은…… 그들 중 대부분은 7년 또는 그 이상 우울하게 지내 왔어요. 당신은 그래도 그들에게 높은 확률을 주는군요.

내담자-51: 들어보세요. 나는 평생동안 우울했어요. 나는 열네 살 때 자살하려고 생각했어요.

치료자-52: [확률을 제안함으로써 절대적 사고를 약화시킴.] 글쎄요. 여기에 오는 다른 많은 사람도 역시 이런 방식으로 많이 느끼지요. 여기 오는 사람들 중 일부는 아주 젊기 때문에 아주 오랫동안 우울하게 될 시간을 갖지 못했지요…… 좋아요. 이 이야기로 돌아가지요. 이런 일이 일어날 수 있다고 가정해 봅시다. 이것은 거의 모든 사람에게 일어날 수 있고, 어떤 사람에게나 일어날 수 있어요. 그렇지만 당신은 그것이 자신에게 일어날 수 있다고 생각하지 않아요. 맞아요…… 그것은 당신에게는 일어날 수 없어요. [있지요, 우리가 짐과에 대한 가능성에 대해 이야기했을 때, 그것에서 좋은 일이 생길 수 있는 확률은 아마도 100에 5라고 생각했어요.] 그러나 당신이 폭풍을 지나서 더 강한 사람이 되고 전에 해 왔던 것보다 남자에게 덜 의존하게 될 수 있는 가능성은 얼마인가요?

내담자-52: 나는 그 가능성이 최소라고 말하겠어요.

치료자-53: 좋아요. 그러면 100에 1 정도의 최소량인가요, 백만에 1 같은 최소량인가요?

내담자-53: 글쎄, 아마도 10%의 확률.

치료자-54: 10%의 확률. 그러니까 더 강한 사람이 나타날 수 있는 확률이 열 번 중한 번이군요.

내담자-54: [더욱 조망을 가짐: 증거를 실격시킴.] 내가 왜 이런 말을 하는지 아시겠어요…… 여름 내내 남자도 없고 행복하지 않게 지냈던 경험을 바탕으로…… 그런 다음 내가 지금 있는 지점에 이른 것을 말하는 거예요. 그것은 진전이 아니에요.

치료자-55: [근거 자료를 사용하여] 나는 그것이 증거라고 말하고 싶군요. 지난 여름이 매우 유력한 증거예요.

내담자-55: [자료를 인정하지 않음.] 글쎄요, 내가 지금 어디에 있는지 보세요.

치료자-56: 그러니까, 당신은 지난 여름에 아주 잘 했고, 어떤 과학자가 보더라도 당신이 스스로의 힘으로 기능할 수 있다는 걸 증명했어요. 그렇지만 당신 자신에게는 그것을 증명하지 못했어요. 당신이 한 남자를 사귀자마자 그 경험은 지워졌어요. 독립의 경험은 지난 여름 이후에 당신의 마음 속에서 무효가 되었어요.

내담자-56: [기분 전환. 좋은 신호] 일이 그렇게 된 건가요?

치료자-57: 물론이죠. 내가 당신을 처음 만나서 이야기했을 때, 당신은 "나는 남자 없이는 행복해질 수 없어요." 라고 말했어요. "당신이 남자와 사귀지 않았던 때가 한 번이라도 있었나요?" 라고 내가 마지막으로 말할 때까지 약 35분 내지 40분 동안 우리는 그것을 살펴봤어요. 그리고 당신은 "세상에, 내가 대학원에 다닐 때요." 라고 말했어요. 아시겠어요, 갑자기 한 줄기 빛이 들어왔어요. 당신은 남자 없이 기능할 수 없었다는 생각을 나에게 거의 팔려고 하였어요. 하지만 그것이 증거예요. 내 말은, 내가 이 방을 가로질러 갈 수 없다고 말했는데 당신이 내가 방을 가로질러 걸어갈 수 있다는 것을 나에게 보여줄 수 있다면, 당신은 내가 방을 가로질러 걸어갈 수 없다는 내 생각을 사겠어요? 있지요, 객관적 현실이 여기 있어요. 나는 당신에게 타당하지 않은 정보를 주려는 게 아니에요. 사람들이…….

내담자-57: 나는 이렇게 말하고 싶어요. 일어나지 않은 일을 어떻게 부정할 수 있나요?

치료자-58: 뭐라고요?

내담자-58: [설명을 요구함. 좋은 신호] 내 마음의 뭐가 잘못되었는지, 말하고 싶어요. 한때 일어났던 일을 어떻게 부정할 수 있을까요?

치료자-59: [환자의 합리성과 동맹함.] 왜냐하면 불행히도 지배적인 태도와 일치되지 않는 경험을 부정하는 것은 인간 본성이기 때문이지요. 그것이 바로 태도 치료가 추구하고 있는 전부예요. 당신은 매우 강한 태도를 지녔고, 그 태도와 일치되지 않는 것들은 모두 인지 부조화를 일으키지요. 그것에 대해 틀림없이 들어 봤을 거예요. 그리고 사람들은 인지 부조화를 좋아하지 않지요. 그래서 그들은 자기의 지배적인 신념과 일치하지 않는 것들은 던져 버리죠.

내담자-59: [의견일치 성공] 알겠어요.

치료자-60: [낙관적 반격] 당신은 지배적인 신념을 가지고 있어요. 다행히도 그 지배적인 신념이 틀리게 되는 일이 일어나요. 놀랍지 않나요? 당신을 불행하게 하는 지배적인 신념을 가지고 있는데, 그것이 틀리게 되는 일이 일어나다니! 그렇지만 그것이 잘못되었다는 것을 당신에게 확신시키기 위해서 많은 노력과 설명이 필요하게 되지요. 왜 그럴까요?

내담자-60: 모르겠어요.

치료자-61: [환자가 지금 협력하고 있기 때문에 그는 교훈적인 전략으로 바꾼다. 목적은 환자의 이성적 능력을 강화하기 위한 것이다.] 왜 그런지 이유를 지금 알고 싶으세요? 당신이 그것을 항상 가지고 있었기 때문이죠. 왜냐고요? 무엇보다도, 이 신념은 아주 어린 나이에 생겨요. 우리는 당신의 어린 시절로 돌아가지는 않겠으나, 분명히, 당신은 어렸을 때 자살 기도를 했거나 또는 자살하는 것에 대한 생각을 했을 거예요. 그것은 아주 어린 나이에 있었던 신념이지요. 그것은 아주 어린 나이에 아주 깊게 심어지죠. 왜냐하면 그때는 아주 취약했으니까요. 당신의 머리 속에 그때 이후로 그게 얼마나 많이 반복되었나요?

내담자-61: 백만 번이요.

치료자-62: 백만 번. 그래서 나와 이야기하는 다섯 시간이 과거에 백만 번 계속되어 온 어떤 것 자체를 돌려놓을 거라고 기대하나요?

내담자-62: 내가 말했던 것처럼, 그리고 당신이 동의한 것처럼, 이성은 내 동맹자였어요. 내 지능은 소용이 없을까요? 왜 나는 내 지능의 도움을 받을 수 없을까요?

치료자-63: 예. 지능이 이성을 뒷받침해 주어야 하는 이유가 그것이지요. 하지만 그것이 정확하게 내가 당신에게 하도록 시도하려는 것이기도 해요. 당신의 지능을 사용해서요.

내담자-63: 내 지능에는 잘못된 것이 하나도 없어요. 난 그걸 알아요.

치료자-64: 이해해요. 지능은 괜찮아요. 그렇지만 지능을 사용할 도구가 있어야 돼요. 당신이 의자를 들어올리려면 신체적 힘이 있어야 하는 것처럼. 하지만 당신이 그런 힘이 있다고 믿지 않는다면, 노력을 하지 않겠죠. 당신은 "소용 없어요"라고 말하려고 해요. 한편, 더 강력한 예를 든다면, 당신이 무거운 돌을 들 수 있는 신체적 힘이 있을 수도 있지만, 그것을 정말로 들기 위해서는 지렛대를 사용해야 할 수도 있어요. 그래서 바른 도구를 가지고 있는지가 문제가 되지요. 단지 본래 지능을 갖고 있는지의 문제가 아니에요. 올바른 도구를 사용하고 있는지의 문제이지요. 지능이 있는 사람이 미적분 문제를 풀 수 없을까요, 있을까요?

내담자-64: 푸는 방법을 안다면. [웃는다.]

치료자-65: [성숙에 대한 자신감을 강화함.] 맞아요. 자, 좋아요. 공식을 알아야지요. 당신이 여기에 오는 목적이 그것 때문이죠. 당신이 지적인 사람이 아니라면, 공식을 이해할 수 없었을 것이지만 당신은 공식을 아주 잘 이해하고 있어요. 그뿐 아니라, 당신은 자신에게 그 공식을 사용할 때보다도 더 많은 자신감을 가지고 당신의 내담자에게 사용하고 있어요.

내담자-65: [자기 칭찬. 치료자의 진술을 확고히 함.] 당신이 내가 사람들에게 말하는 것을 들었다면 나를 믿지 않았을 거예요. 내가 딴 사람이라고 생각할 거예요. 왜냐하면 나는 다른 사람들에 대해서 아주 낙천적이 될 수 있거든요. 나는 어제 내담자를 포기하려는 치료자에게 용기를 주었어요. "포기하면 안 돼요."라고 말했어요. "당신은 아직 모든 것을 시도해 보지 않았어요."라고 했어요. 그녀가 포기하게 그대로 둘 수가 없었어요.

치료자-66: 맞아요. 그래서 당신의 마음 속에 그 구조를 가지고 있었기 때문에 이번 주말에 그 도구를 사용할 기회조차 없었어요. 그리고 몇 가지 우연적 요인으로 그렇게 할 수 없었어요. 그렇지만 당신은 "나는 아주 무능해서 그 도구를 사용할 수 없기" 때문에 그 도구가 작동하지 않는다고 주말에 결론 내렸어요. 그것은 단 한 번의 검증도 거치지 않았어요, 그렇죠? 자, 다음 주말에는……

내담자-66: [동의한다]…… "그건 진정한 검증이 아니었어요."…….

치료자-67: 그래요. 그것은 당신이 할 수 있었던 것이거나 그 도구가 할 수 있었던 것에 대한 공정한 검증이 아니었어요. 자, 주말 동안, 당신은 자신에게 독립기념일[7월 4일]을 준비하는 거예요. 그 구조를 적어서 주말을 준비하시고, 그것이 엉망이 될 경우를 대비해서 몇 가지 예비 계획을 세워야 합니다. 당신은 자신에게 만족을 가져다 줄 수 있는 많은 것을 자신의 조직망 내에 정말로 가지고 있다는 것을 알고 있어요. 지난 주부터 당신에게 만족을 주었던 몇 가지 일들은 무엇이었나요?

내담자-67: 마가레트(Margaret)를 극장에 데리고 갔어요.

치료자-68: 무엇을 보았나요?

내담자-68: 코미디요.

치료자-69: 네?

내담자-69: 코미디요.

치료자-70: 좋은 생각이었군요. 무얼 보았나요?

내담자-70: [웃음] Mother, Jugs, and Speed라는 영화였어요.

치료자-71: 예. 나도 봤어요.

내담자-71: 당신도 그걸 봤어요?

치료자-72: 예. 금요일에 봤죠.

내담자-72: [웃음] 재미있었어요.

치료자-73: 정말 좋았죠. 영화에 액션이 많았죠. 그러니까 그걸 즐겼군요. 당신은 여전히 좋은 영화를 즐길 수 있다고 생각하나요?

내담자-73: 할 수 있어요. 내가 정신이 산란해지더라도, 괜찮아요.

치료자-74: 그래서 그게 뭐 잘못되었나요?

내담자-74: 왜냐하면 그때 무슨 일이 있었냐면…… 내가 정신이 산란해지면 통증이 커지고 그것이 나를 덮칠 때 충격이 더 커지거든요. 어젯밤에 저녁 식사하는 동안 두 친구를 만났을 때처럼. 괜찮았어요. 친구들이 거기에 있는 동안…… 나는 내 자신을 바쁘게 하려고 이 모든 활동을 꼼꼼하게 준비했죠…… 그리고 친구들이 거기 있었던 동안은 좋았어요. 그러나 친구들이 떠났을 때…….

치료자-75: 정말 좋군요.

내담자-75: 결과는 이 모든 통증이 축적되어 충격이 더 커졌다는 거예요…….

치료자-76: 당신이 통제할 수 없었기 때문인지 우리는 몰라요. 그렇지만 당신이 만족스러운 경험을 한 후에 침체되었다는 것은 의심할 여지가 없군요…… 그러니까 당신은 그 침체를 다루는 기제를 구축해야만 해요. 자, 당신이 했던 일은 자신을 침울하게 만들고, 스스로 마구 친 다음 말합니다. "글쎄…… 내가 친구들을 전혀 만나지 않았던 것보다 지금이 더 나빠." "친구들이 여기 있었고, 그들이 여기 있었을 때 나는 좋았어. 그리고 나서 나중에 침울해지는 걸 느꼈어."라고 그것을 단지 현상학적으로 받아들이는 대신에. 그러니까 분명히 해야 되는 것은 뭐지요? 나중에 침울해진다는 것이죠. 친구들은 몇 시에 떠났죠?

내담자-76: 9시쯤요.

치료자-77: 그리고 보통 당신은 몇 시에 자나요?

내담자-77: 10시쯤요.

치료자-78: 그러니까 당신은 한 시간만 계획을 세우면 되는군요.

내담자-78: 기분 나쁜……

치료자-79: 좋아요. 기분 나쁜 한 시간. 그게 이 상황을 보는 하나의 방식이에요. 그
　　　　　것이 그렇게 나쁘지는 않네요. 그렇지요? 단지 한 시간이에요.

내담자-79: 하지만 그때 그 한 시간 동안 굉장히 기분이 나빴어요. 그때가 죽고 싶다
　　　　　고 생각하는 때였어요.

치료자-80: 좋아요. 기분 나쁜 느낌이 왜 그렇게 나쁜가요? 우리가 몇 사람들과 했
　　　　　던 일이 있는데요? 아주 잘 되었어요. 우리는 과제를 주었지요. "지금,
　　　　　하루 중 한 시간씩 기분 나빠 보라는 숙제를 내주고 싶군요."라고 말했
　　　　　죠. 그걸 당신에게 말했나요? "당신이 할 수 있는 한 기분 나쁘게 느끼
　　　　　시기 바랍니다."라고, 그리고 사실 때때로 회기 중에 그것을 연습까지
　　　　　했어요. 오늘은 시간이 없지만 아마 다른 때는 할 시간이 있을 거예요.

내담자-80: 시간이 제한되어 있죠.

치료자-81: [**동료 치료자로서 환자와 협조함.**] 네. 나는 그 사람들에게 "당신이 할 수 있
　　　　　는 한 가장 나쁜 기분을 느껴 보세요. 가능한 한 끔찍하게 황량하고, 정
　　　　　서적으로 고갈된 상황에 대해 생각해 보세요."라고 말했어요. 그리고 그
　　　　　들은 실제로 한 회기 동안 그렇게 할 수 있어요. 그들이 느끼고 싶어도
　　　　　다시는 나쁜 기분을 느낄 수 없게 된 후에 끝나요. 마치 그들 스스로
　　　　　그것을 다 소모한 것처럼 되었고, 그들은 또한 그것에 대한 어느 정도의
　　　　　객관성을 얻었죠.

내담자-81: [**거들어 줌.**] 통제된 상황에서 행해져야만……

치료자-82: 구조화된 상황에서 행해져야만 하지요.

내담자-82: 통제되어야 해요.

치료자-83: 정말 그래요. 그래야만 해요—그게 "먼저, 여기서 그것을 하라"고 말하
　　　　　는 이유예요.

내담자-83: 네.

치료자-84: 그런 후에 나는 그 상황에서 그들을 끌어낼 수 있어요…… 당신은 안전
　　　　　핀을 가지는 게 필요해요.

내담자-84: 만약 집에서 그것을 한다면…… 아마도…….

치료자-85: 맞아요. 치료자는 특정한 방식으로 이것을 구조화해야만 하죠. 내 말은
　　　　　하루에 한 시간 정도 나쁜 것이 반드시 치료에 반대되는 것은 아니라는
　　　　　거지요. 그래서 당신이 한 시간을 나쁘게 보냈다고 해서 자살을 해야만

한다는 의미가 아니지요. 당신이 해야 할 것은 '오늘의 나쁜 한 시간' 으로 이것을 생각하라는 겁니다. 그것이 그 상황을 바라보는 한 가지 방식이에요. 그리고 나서 당신은 10시에 잠들고 나쁜 일은 끝나 버리지요. 당신은 12시간 중 나쁜 한 시간을 보낸 거예요. 그건 그렇게 끔찍하진 않아요. 음, 당신은 그 시간 동안 스스로에게 이처럼 얘기할 수 있어요. "봐. 나는 꽤 괜찮은 하루를 보냈고, 지금 나는 나쁜 한 시간을 겪었어. 그리고 이것은 이런 걸 의미하지. 내가 아프고, 엉망이고, 내 자아는……"

내담자-85: 있지요, 나는 '결코 끝나지 않는다' 고 생각하고 있어요.

치료자-86: 한 시간 동안, 하지만 음, 그러나 그것은 결코 사실이 아니죠. 왜냐하면 당신은 과거에 좋은 시간을 전혀 갖지 못했다고 생각했지만, 어제처럼 최근에도 좋은 시간을 가진 적이 있기 때문이지요.

내담자-86: 하지만 그것에 힘을 부여하는 것은 그게 끝나지 않을 거라는 생각이에요.

치료자-87: 아마 그 생각이 잘못된 것일 수도 있어요. 그 생각이 틀렸다는 걸 어떻게 알까요?

내담자-87: 모르겠는데요.

치료자-88: [회고적인 가설 검증] 글쎄요, 그것을 조작적으로 정의해 봅시다. "끝나지 않을 거야"라는 게 무슨 의미예요? 당신 평생동안 다시는 좋은 느낌을 느낄 수 없다는 뜻인가요? 아니면, 당신이 밤낮, 매 시간, 매 분, 끊임없이, 확고부동한, 불변의 슬픔을 겪고 있다는 뜻인가요? 나는 그것이 당신의 신념이라고 생각해요. 그것은 그 순간을 위한 하나의 가설이죠. 자, 회고적으로 가설을 검증해 봅시다. 지금, 당신은 이런 생각을 가지고 있어요. "이것은 결코 끝나지 않을 거야." 당신은 언제 그런 생각을 했나요? 어제 오전 9시?

내담자-88: 예.

치료자-89: 이제 그 가설이 옳았다면, 당신이 오늘 아침 깨어난 이후로 매분마다 끝나지 않는, 확고부동한, 끊임없이, 피할 수 없는 슬픔과 불행을 겪었어야만 함을 의미해요.

내담자-89: [가설을 부정함.] 그렇지는 않아요.

치료자-90: 틀리죠.

내담자-90: 글쎄요, 있지요, 내가 아침에 일어났을 때, 심지어 내가 잠에서 깨어나기 전에도, 어쩔 수 없이 마음 속에 첫 번째로 떠오르는 것은 일어나고 싶지 않다는 거예요. 나는 살아야 할 목적이 없어요. 그리고 그것은 하루를 시작하는 방식이 아니죠.

치료자-91: 그게 우울증을 가진 사람이 하루를 시작하는 방식이지요. 당신이 우울함을 느낀다면 그것은 하루를 시작하는 완벽한 방식이에요.

내담자-91: 깨어나기 전이라 해도?

치료자-92: 물론이죠. 사람들이 잠잘 때 그들은 심지어 나쁜 꿈을 꾸기도 하죠. 당신은 꿈에 대한 논문을 읽었겠죠. 그들은 나쁜 꿈을 꾸지요. 그러니 어떻게 밤중 내내 나쁜 꿈을 꾼 후에 좋은 기분으로 깨어나길 기대할 수 있겠어요? 그리고 우울증은 세월이 지나감에 따라 어떻게 될까요? 그들은 나아지는 경향이 있죠. 왜 그런지 아세요? 그들이 더 나은 현실감을 얻기 때문이에요—그들의 신념에 현실이 끼어들기 시작하지요.

내담자-92: 그게 그런 건가요?

치료자-93: 그럼요.

내담자-93: 나는 항상 그 날이 끝났기 때문에 다시 잠들 수 있었다고 생각했어요.

치료자-94: 더 나쁜 꿈을 꾸려고 잠을 자요? 현실이 잠식해 들어와 이 부정적 신념이 잘못된 것을 증명해 주지요.

내담자-94: 그게 매일 되풀이되는 이유군요.

치료자-95: 물론이지요. 그리고 우리는 이 부정적 신념이 잘못되었음을 증명했어요. 그렇지 않나요? 당신은 어젯밤 아주 강한 신념을 가졌지요—자살을 하고 싶게 만들 만큼 충분히 강했죠—그것은 끊임없고, 확고부동하고, 피할 수 없고, 불변의 것이 될 수도 있는 강한 신념이었죠.

내담자-95: [쾌활하게] 오늘 아침에 내가 했던 매우 긍정적인 일을 말해도 될까요?

치료자-96: [농담으로] 아니요. 나는 긍정적인 말을 듣는 게 정말 싫어요. 나는 알레르기가 있어요. 좋아요. 참아 보죠. [웃는다.]

내담자-96: [이성적 자기 지시를 회상함.] 나는 깨어나기 전에 생각을 했어요. 그리고 말했죠. '그만 할래? 너에게 기회를 줘 봐. 그리고 그와 같이 너에게 말하는 것을 멈춰.' 라고요.

치료자-97: 그래서 그렇게 말하는 게 뭐가 잘못되었나요?

내담자-97: 알아요. 나는 그게 굉장히 긍정적인 거라고 생각했어요. [웃음]

치료자-98: [진술을 강조함.] 대단하군요. 자, 내가 기억할 수 있게 다시 말해 봐요.

내담자-98: 나는 "그것을 멈춰라. 그리고 너에게 기회를 줘라."라고 말했어요.

치료자-99: [더 희망찬 예언. 자기 충족감] 당신이 친구들과 만났을 때 거기에서 당신은 내재된 의미를 발견했어요. 이것은 남자가 없는 맥락이에요…… 자, 이 별의 고통이 완전히 지워졌을 때, 이 모든 기분 좋은 것들을 스스로 당신의 힘으로 발견하고 그것들에 진실한 의미를 부여할 수 있을 것이라고 생각하나요?

내담자-99: 내 생각엔 고통이 덜하다면…….

치료자-100: 글쎄요, 고통은 지금 당장 더 적은데요.

내담자-100: 그게 문제가 되나요?

치료자-101: 예.

내담자-101: 그렇지만 그건 고통이 계속되지 않을 거란 뜻은 아니에요.

치료자-102: 자, 때가 되면, 알다시피 고통스런 일화들을 딛고 일어서는 것이 인간 본성이에요. 당신은 과거의 고통스런 일화들을 견디어 왔잖아요.

내담자-102: 내가 영원히 그를 계속 그리워할까요?

치료자-103: 네?

내담자-103: 내가 그를 영원히 그리워할 거라고 생각하나요?

치료자-104: 당신이 영원히 그를 그리워할 거라고 생각할 이유가 없어요. 사람들은 그렇게 되어 있지가 않아요. 사람들은 얼마 후에 잊도록, 그리고 나서 다른 일에 몰두하도록 되어 있어요. 당신은 전에 그런 걸 가지고 있었어요.

내담자-104: 당신은 25년 동안 어머니를 그리워했던 남자에 대해 말했지요.

치료자-105: [자기충족을 강조함.] 글쎄요, 모르겠어요…… 이것이 그가 가진 하나의 작은 문제였을 수 있지만, 그 사례는 잘 모르겠어요…… 일반적으로 사람들은 그런 식으로 작용하지 않아요. 사람들은 실연을 딛고 일어서요. 맞죠? 그리고 우리가 그 과정을 빠르게 할 수 있는 한 가지 방식은, 당신이 스스로 당신이 반응할 수 있는, 주변에 있는 것들에 의미를 부여하는 거예요…… 이것은 당신이 증명했어요…….

내담자-105: 즉시 실연을 대체하려고 노력하지 않고요?

치료자-106: [**독립을 강화함.**] 그것을 대체해요? 당신이 하려고 하는 것은 행복을 찾는 또 다른 도구를 찾는 거예요. 그는 행복을 잡기 위한 당신의 도구가 되었어요. 이것이 그 모든 남자 문제에 대한 나쁜 점이에요. 당신과 행복 사이에 어떤 다른 신뢰할 수 없는 존재가 끼어들어 있는 거죠. 그리고 당신은 그 실체를 없애는 거예요. 그러면 당신이 행복을 얻지 못하게 하는 것은 아무것도 없어요. 하지만 당신은 그것을 다시 되돌려 놓고 싶어하죠. 음, 잠시 동안 내버려두면, 볼 수 있을 거예요. 바로 지난 주에 남자를 만나지 않았을 때, 남자 없이도 행복해질 수 있다는 걸 당신은 알아냈어요. 그리고 충분히 긴 시간 동안 그 그림에서 남자를 빼낸다면, 당신은 그가 필요하지 않음을 알게 될 거예요. 그리고 나서 만약 당신이 만족을 가져올 수 있는 많은 일 중 하나로 그를 회상하고 싶어한다면, 그건 좋아요. 그렇게 할 수 있어요. 하지만 당신과 행복 사이의 유일한 연결 통로로 그를 본다면, 당신은 이전의 상태로 되돌아가게 되지요.

내담자-106: 이렇게 생각하는 건 잘못된 일인가요? 그가 필요하지 않다고 내가 진짜로 믿게 되는 점까지 가면, 내가 그를 원하지 않을 것이라고.

치료자-107: 아, 당신은 그에 대해서 이야기하고 있군요…… 나는 다만…….

내담자-107: 어떤 남자라도…… 어떤 남자이든지요?

치료자-108: [**퇴행적인 의존성을 공격함.**]…… 글쎄요, 당신은 그를 여전히 원할지도 몰라요. 당신이 영화를 보러 가고 싶거나 좋은 책을 읽고 싶거나 저녁 식사에 친구를 초대하는 것처럼. 아시다시피 당신은 여전히 친구들과 관계를 가져야만 해요. 하지만 만약 그들이 어제 밤에 저녁 식사에 오지 않았다면, 깊은 실망으로 당신을 밀어 넣지는 않았을 거예요. 나는 어떤 사람이 다른 사람으로부터 얻은 만족을 과소평가하는 게 아니에요…… 그러나 그게 필수적이지는 않다는 거죠. 이것은 당신, 당신 스스로가 일대일의 토대 위에서 관계 맺을 수 있는 어떤 것이에요…… 하지만 한 개인이 다른 사람에게 하듯이 행동하는 거죠. 당신은 한 남자와 관계를 맺을 때 어린아이가 부모에게 하는 것이나 약물 중독자가 약물에 하는 것과 같은 방식으로 관계를 맺어요. 중독자는 약물을 행복을 얻기 위한 도구로 보죠. 그리고 당신은 인위적으로 행복을 얻을 수 없다는 것을 알아요. 그런데 당신은 인위적인 방법으로 남자들을 사용해 왔어요. 마치 그들이 당신에게 행복을 가져다 줄 것처럼…… 당신 스스로 자신에게 행복을 가져오는 데 그들이 외부에 있는 일들 중 단지 하나일 뿐이라고 보기보다는, 당신은 스스로 행복을 가져와야 해요.

내담자-108: 나는…… 의존성에 집중해 왔어요.

치료자-109: [가능한 즐거움을 강조함.] 글쎄요, 당신은 그랬지요. 극장에 감으로써, 내담자들과 일함으로써, 저녁 식사에 친구들을 초대함으로써, 아침에 일어나서 딸과 함께 어떤 일을 함으로써 당신 자신에게 행복을 가져왔어요. 당신은 자신에게 행복을 가져다 주었어요…… 하지만 당신은 부모에게 의지하는 어린 소녀처럼 자신에게 행복을 가져다 주는 누구에게 의지할 수는 없어요. 이것은 효과가 없어요. 나는 그것에 반대하지는 않아요…… 나는 반대할 타당한 이유가 없어요…… 그것은 단지 효과가 없어요. 실증적으로 말해서 그건 어떤 사람의 삶을 이끌어 가는 데 매우 현명하지 못한 방법이에요. 그리고 앞으로 올 어떤 이상적 사회에서는 아이들이 행복을 위한 도구로 다른 사람에게 의지하지 않도록 교육받을 거예요. 사실, 당신은 심지어 딸에게 그것을 실제로 교육할 수도 있어요…… 당신의 행동을 통해서 딸은 그것을 발견할 수 있을 거예요.

내담자-109: 딸아이는 매우 독립적인 아이예요.

치료자-110: [면담에 대한 역반응을 자세히 조사함.] 자, 딸아이는 이미 그것을 발견했어요. 좋아요. 지금 질문이 있나요? 오늘 우리가 토론했던 것 중에서? 오늘 내가 말했던 것 중에 신경을 거슬린 것이 있나요?

내담자-110: 당신은 말했죠. 그것이 상처가 될 수도 있다고…… 상처가 아니라…… 하지만 당신은 내가 다른 남자에게 갔다면 내가 이것을 검증할 더 많은 기회가 있었을 것이라고 생각하지요.

치료자-111: 음, 그건 특별한 기회죠……

내담자-111: 그렇게 특별하지 않아요. 왜냐하면 나는 다른 사람과 사귈 수도 있을 테니까요.

치료자-112: [손해를 이득으로 바꾸기.] 글쎄, 좋아요. 그렇지만 이번은 당신이 오랫동안 느꼈던 것 중—이번이 최악이라고 말했지요—최악의 우울증 같아요. 이것은 매우 깊은 우울증의 수렁에서 매우 견고한 독립적 위치로 어떻게 자신을 끌어낼 수 있는지를 보여줄 수 있는 아주 특별한 기회예요. 다시는 그 기회를 갖지 못할 수도 있어요, 정말로. 그리고 그것은 아주 분명한 대조가 될 거예요. 자, 그것을 반드시 해야만 할 필요는 없지만, 나는 그것이 정말로 좋은 기회라고 말하고 있어요. 그리고 그것은 많은 이득을 의미하죠. 나는 어떤 자기 충족적 가설을 만들고 싶지는 않지만, 당신은 고통을 예상했고, 그것 때문에 용기를 잃지는 않았지요. 자신에게 뭐라고 말하겠어요?…… 만약 오늘 밤에 고통을 느낀다면? 오늘 면담을 끝낸 후에 고통을 느낀다고 가정하면, 자신에게 뭐라고 말할 건가요?

내담자-112: "미래의 이득을 위한 현재의 고통이다."

치료자-113: 자, 지금 절망감 척도 상에서 당신은 어디쯤 있나요?

내담자-113: 15%로 떨어졌어요.

치료자-114: 95%에서 15%로 떨어졌지만, 당신은 그 고통이 구조화된 방식으로 다루어졌음을 기억해야만 해요. 그 방식은 내가 일정 기간 동안 스스로 슬픔을 느끼도록 만드는 사람들에 대해 말했던 거예요. 그것은 구조화되어야만 해요. 만약 당신이 자신의 고통을 구조화할 수 있으면, 이 고통이 미래에 당신을 일으켜 세울 수 있게 해 주고, 정말로 그렇게 될 거예요. 하지만 만약에 당신이 스스로를 자신이 통제할 수 없는 이런 힘들 때문에 희생되는 것으로 본다면…… 당신은 내부적으로나 외부적으로나 정말 무력하게 될 거예요…… 게다가 끔찍하게 느낄 거예요…… 그러면 자신을 무력감을 느끼는 어떤 사람에서 변환하는 일을 해야만 하지요. 맞죠?…… 그리고 당신은 그것을 할 수 있는 바로 그 사람이에요…… 나는 당신을 강하고 독립적으로 만들 수 없어요…… 그렇지만 당신이 그렇게 한다면, 방법을 보여줄 수는 있어요. 당신은 내게서 어떤 것을 얻어서 그렇게 한 게 아니죠. 즉, 당신은 자기 내부의 자원을 끌어내어 그렇게 한 거예요.

내담자-114: 내가 남자를 만나 더 강해짐을 느끼게 된 다음에는 어떻게 되나요? 만약 그런 일들이 일어나면…….

치료자-115: [다른 사람으로부터 힘을 얻는 것에 대한 가정을 상쇄시킴. 경험적 검증] 당신은 '글쎄, 나는 힘의 기둥인 이 남자가 있어. 그리고 내가 기댈 그가 있기 때문에, 나는 강하다고 느껴.'라고 스스로 생각하기 때문에 자신을 강하다고 느끼도록 하는 것을 뜻하죠. 그렇지만 사실 어느 누구도 당신에게 힘을 줄 수는 없어요. 당신이 남자가 있어서 더 강해졌다고 느끼지만 자신의 느낌들을 믿을 수 없다는 것은 잘못된 생각이에요. 당신이 할 것은 필시 바로 당신 자신의 힘을 끌어내는 거예요. 당신은 마음속에 '내가 남자를 사귄다면 나는 더 강해진다.'는 정의를 가지고 있어요. 그렇지만 그 정의를 뒤집으면 매우 위험해요…… 즉, "나는 남자를 사귀지 않으면 약하다."가 되지요. 당신이 이것을 극복하고 싶다면, 당신이 해야만 하는 것은 "나는 남자를 사귀지 않으면 약해진다."가 잘못이라는 것을 증명하는 거예요. 자, 기꺼이 신랄한 검증을 받을 건가요? 그러면 당신은 알게 될 거예요. 좋아요. 내일 전화를 하셔서 당신이 어떻게 하고 있는지 알려 줘요. 그래야 우리가 다른 과제를 살펴볼 수 있지요.

급성 자살 위기가 지나갔다는 것이 면담의 끝에서 분명해졌다. 환자는 충분히 더 유쾌하게 느꼈으며, 더 낙관적이 되었고, 문제에 직면하고 해결하기로 결정했다. 그녀는 그 후에 더욱 규칙적인 인지치료를 받게 되었으며, 그녀의 개인 내적인 문제 및 대인 관계의 문제를 확인하고 대처하기 위해 후배 직원 중 한 사람과 같이 작업했다.

이 면담은 우리의 위기 중재 전략의 전형이지만, 이는 환자의 우울증이 덜 극적인 단계 동안에 사용되는 더욱 체계적인 접근에서는 일탈된 것이다. 우리는 일반적으로 우리의 일상적인 면담에서 협력적 경험주의의 원리를 고수하려고 시도하며, 단지 제한된 시기에만 표준 절차들에서 벗어난다. 일단 위기가 끝나면, 치료자는 덜 강요하며 덜 적극적인 역할로 돌아가고 환자가 문제에 대해 가능한 해결책을 명료화하고 계획하는 데 더 큰 책임감을 갖도록 하는 방식으로 면담을 구조화한다.

뚱뚱한 여인

Irvin D. Yalom

편집자
서문

소설가이며 최근까지 스탠포드 대학의 정신과 의사로 일해 온 어빈 얄롬(Irvin Yalom)은 『집단 정신치료의 이론과 실제』의 저자이면서 『실존 심리치료』의 저자다. 1994년 롤로 메이(Rollo May: 얄롬의 전 치료자)의 사망 이후에 얄롬은 실존치료의 대변인이 되었다. 얄롬과 메이는 『현대 심리치료의 실존적 심리치료』의 장을 공동 집필하였다.

이 자극적인 사례는 얄롬의 저서인 『사랑의 처형자』(역자 주: 이 책은 "나는 사랑의 처형자가 되고 싶지 않다"라는 제목으로 번역 출판되어 있음.)에서 발췌한 것으로, 모든 치료자가 역전이에 대처하려고 할 때 직면하게 되는 문제를 예시하고 있다. 얄롬은 비만인 사람들에 대한 그의 혐오감과 반감을 꽤 개방적으로 드러내고 있으며, 이 사례는 아주 경험이 많은 치료자조차도 치료자로서 경험을 통하여 전문적으로 또 개인적으로 성장할 수 있다는 것을 알 수 있게 해 준다.

이 사례는 또한 내담자들이 실존적 접근의 핵심에 놓여져 있는 어려운 주제를 회피하면서 어떻게 치료에서 표면적인 것에 역설적으로 매달릴 수 있는가를 보여 준다. 얄롬의 환자는 죽음에 대한 불안을 심각하게 다루기 시작했을 때 비로소 비만의 문제

Irvin D. Yalom(1989). *Love's Executioner and Other Tales of Psychotherapy*. Perseus Basic Books, a member of Perseus Books, L., L. C. 허락을 받아 게재함.

에 진전을 보이게 되었다. 실존적 치료를 다른 치료와 구분해 주는 것은 죽음, 고독, 자유 및 무의미성—핵심적인 실존적 주제—의 분석이다.

얄롬은 이 사례를 통하여 치료에서 접촉 문제와 치료 기간을 미리 정하는 것의 이점을 논의하고 있다. 이 사례는 또한 실존 치료자가 치료에서 꿈을 사용하는 방식에 대한 두 가지 예를 포함하고 있다. 독자들은 이 특정한 접근법과 『현대 심리치료』에 나와 있는 다른 접근법들을 비교해 보고, 처음에 보기에 외모나 행동이 꺼림칙한 내담자들과 작업하기를 동의하는 것과 관련된 윤리에 관하여 논의해 보는 것이 도움이 될 것이다.

세계에서 가장 우수한 테니스 선수는 시합에서 자기 약점을 없애기 위해 하루에 다섯 시간을 훈련한다. 높은 경지에 오른 선(zen)의 달인은 마음의 평정을 위해, 무희는 균형을 최대한 유지하기 위해 끊임없이 정진하며, 성직자는 자신의 양심을 끊임없이 검토한다. 모든 전문직 내에는 그 분야의 종사자들이 그 안에서 완전을 추구할 수 있는 가능성의 영역이 있다. 심리치료자들에게는 아무리 노력해서 자기 발전을 거듭해도 결코 졸업할 수 없는, 그들의 분야에서 '역전이' 라고 부르는 것이 이 영역이 될 것이다. 전이는 내담자가 치료자에게 잘못 애착을 느끼는 것(전이시키는 것)이지만 실은 어린 시절의 관계에서 발생한 것이고, 역전이는 이와 반대의 것, 즉 치료자가 내담자를 향해 갖는 유사한 비합리적 감정을 말한다. 때로는 역전이가 매우 극적이어서 깊이 있는 치료를 불가능하게 한다. 유태인이 나치를 치료한다거나, 성 폭력을 당한 경험이 있는 여성이 강간범을 치료한다고 상상해 보라. 그러나 이보다는 약한 형태이지만, 역전이는 모든 치료 과정에 교묘하게 스며든다.

베티(Betty)가 5피트 2인치(약 150cm)에 250파운드(약 110kg: 1파운드는 453g)의 육중한 체구를 이끌고 잘 정돈된 내 하이테크 사무실 의자를 향해 들어오는 것을 보았을 때 나는 대단한 역전이의 시험에 들겠다는 것을 알았다.

나는 항상 뚱뚱한 여자에게 혐오감을 느껴 왔다. 나는 그들이 지겹다. 뒤뚱뒤뚱한 걸음걸이, 몸매라고는 없는 외모―가슴, 허벅지, 엉덩이, 어깨, 턱선, 뺨 등 내가 여성에게서 보고 싶은 모든 것이 살덩이 속에 가려져 있다. 나는 그들의 옷도 싫다―모양 없고 펑퍼짐한 드레스 아니면 더 심하게 넓적다리까지 꽉 끼어 코끼리처럼 빵빵하게 보이는 청바지. 그들은 어떻게 감히 그 몸을 우리에게 내보이는 것일까?

이 유감스러운 감정의 기원은? 한 번도 의문을 가져본 적도 없었다. 너무나 깊은 데서 움직이고 있어서 그것이 편견이라는 생각조차 해 본 적이 없다. 그러나 내게 설명을 하라고 요구한다면, 내 가족 중에 뚱뚱했던 사람들, 특징적으로 어머니를 포함하여 내 어린 시절을 점유하던 통제하는 여인들을 지목할 수는 있다. 비만은 우리 가족의 풍토병이었는데, 이것은 활력에 넘치고 야심만만한 미국에서 태어난 첫 세대였던 내가 내 발에 묻어 있는 러시아계 유태인 마을의 먼지를 영원히 털어 내기로 결정했을 때 뒤에 남겨 두고 떠나야 했던 것들 중 하나였다.

다른 추측도 할 수 있다. 나는 항상, 다른 어떤 남자들보다 더, 여성의 몸매에 감탄해 왔다. 아니, 그냥 감탄이 아니다. 모든 이성의 한계를 넘어서는 단계와 목표까지 추켜세우고, 이상화하고, 황홀경에 빠졌다. 내 욕망을 모독하고 그리고 내가 마음에 품고 있는 각각의 사랑스런 모습을 있는 대로 부풀려 모독하기 때문에 뚱뚱한 여인들에게 분노를 느끼는 걸까? 내 달콤한 환상을 벗겨내고 살집을 드러내서, 미친 듯이 살이 쪄서?

나는 인종차별이 있는 워싱턴 D.C.의 흑인 이웃 중 유일한 백인 가족의 독자로 성장했다. 길거리에서는 내가 백인이라는 이유로 흑인 아이들이 나를 공격했고, 학교에서는 유태인이라는 이유로 백인 아이들이 나를 공격했다. 뚱뚱함은 도처에 있었다. 뚱뚱한 아이, 커다란 엉덩이, 농담의 표적, 운동 팀에서 제일 마지막에 선택되는 아이들, 운동장 트랙을 완전히 돌 수 없는 아이들 등. 나역시 미워할 누군가가 필요했다. 아마 거기에서 그것을 배웠을 것이다.

물론 나만 이런 편견을 가진 사람은 아니다. 문화적으로 도처에서 이런 편견을 강화시킨다. 뚱뚱한 여성을 누가 좋게 말한단 말인가? 그러나 내 경멸감은 모든 문화적 규범을 넘는 것이다. 예전에 나는 가장 가벼운 범죄가 단순 살인인, 흉악범들이 수감되어 있던 교도소에서 일한 적이 있다. 그러나 거기서는 그 환자들을 수용하고, 이해하고, 지지할 수 있는 방법을 찾는 데 별 어려움이 없었다.

그러나 뚱뚱한 여인이 먹는 것을 보면, 나는 인간을 이해하는 사다리의 몇 단계 아래로 내려간다. 그 음식을 뺏어서 치워 버리고 싶다. 얼굴을 아이스크림에 처박으며, "배를 그만 채워 넣어요! 도대체 충분하다는 걸 모르겠어요?" 하며 그녀의 입을 꿰매 버리고 싶다.

아무것도 모르는 불쌍한 베티—하나님 감사합니다. 하나님 감사합니다—는 순진하게도 내 의자를 향해 걸음을 계속했고, 천천히 자기 몸을 낮추어, 접힌 부분을 정리하며, 발이 바닥에 채 닿지 않은 상태로, 기대에 차서 나를 올려다보았다.

그런데 왜, 나는 생각하기를, 저 여자 발이 바닥에 닿지를 않지? 그녀는 그렇게까지 키가 작지는 않았다. 그녀는, 마치 무릎을 꿇고 올라앉은 것처럼, 의자에 높게 앉아 있었다. 넓적다리와 엉덩이가 너무 부풀어서 바닥에 발이 닿으려면 발을 더 뻗어야 되는 건가? 나는 재빨리 이 수수께끼를 마음에서 쓸어 버렸다. 어쨌든 이 여인은 내게 도움을 구하러 왔다. 조금 후, 베티는 영화 〈메리 포핀스(Mary Poppins)〉에 나오는 작고 뚱뚱한 여자 만화 주인공—"슈퍼칼리프라길리스틱세피마리도시오스(Supercalifragilisticexpialidocious)"란 노래를 불렀던—을 생각나게 했고 곧 내가 그 생각을 하고 있다는 것을 의식했다. 노력을 해서 그 생각도 지워 버렸다. 그녀와 있는 시간 내내 집중하기 위해서 내게 떠오르는 경멸 섞인 생각을 지워 버리면 또 다른 것이 떠오르고 하는 식으로 시간이 흘러갔다. 나는 〈환타지아(Fantasia)〉에서 마법사의 견습생이었던 미키마우스를 상상했고, 베티에게 집중하기 위해서 이 이미지 또한 지워야 한다는 생각이 들 때까지 떠오르는 산만한 생각을 지우고, 또 지웠다.

보통 때처럼 인적 배경에 관한 질문들을 하기 시작하였다. 베티는 27세로 미혼이었고, 뉴욕에 대규모 본부를 둔 소매 체인점에서 고객 관련 일을 했는데, 3 개월 전 새로운 지점을 여는 것을 돕기 위해 18개월 간 캘리포니아 근무를 하라고 전보 발령을 받았다고 하였다.

그녀는 텍사스에 있는 작고 가난한 농장에서 무남독녀로 자라났고, 아버지가 15년 전에 죽은 뒤로 어머니는 거기 혼자 살고 있었다. 베티는 훌륭한 학생이 었고, 주립 대학을 다녔으며, 텍사스에 있는 백화점에서 일을 했고, 2년 후 뉴 욕에 있는 본부로 옮겼다. 항상 과체중이기는 했지만 사춘기 이후 두드러지게 비만이 되었다. 갑작스러운 감식으로 40 내지 50파운드가 감소했던 두세 번의 짧은 기간을 제외하고 그녀는 21세 이후 항상 200에서 250파운드 사이를 왔다 갔다 했다.

나는 곧바로 업무로 들어가 표준적인 첫 질문을 했다. "뭐가 괴로운가요?"

"전부 다요." 베티가 대답했다. 그녀의 생활에서 제대로 돌아가는 게 하나도 없었다. 그녀 말에 따르면, 사실 자기에게는 삶이 없다고 했다. 그녀는 일주일 에 60시간을 일하고, 캘리포니아에는 친구도 없고, 사회적 교류도 없으며, 바깥 활동도 안 한다고 했다. 늘 그런 식이기는 했지만, 어쨌든 자신의 삶의 터전은 뉴욕에 있는데 뉴욕으로 전근을 시켜달라고 요구하면, 동료들에게 인기가 없기 때문에 이미 위기에 처해 있는 자신의 직업을 더욱 위태롭게 할 것이라고 말했 다. 회사에서는 원래 여덟 명의 다른 초심자들과 함께 3개월 간의 집중 과정으 로 그녀를 훈련시켰다. 베티는 같이 훈련받았던 다른 여덟 명의 동료들처럼 업 무를 수행하지도 승진을 통해 발전하지도 못한다는 생각에 사로잡혀 있었다. 그녀는 가구가 딸려 있는 변두리 아파트에서 일하고 먹고 18개월이 지나갈 때 까지 하루하루 날짜를 지워가는 것 외에는 아무것도 하지 않고 있다고 말했다.

뉴욕에 있는 정신과 의사 파버(Farber) 박사는 항우울제로 약 4개월 간 그녀를 치료했다. 계속 약을 복용하기는 했지만 별로 도움이 되지 않아서 그녀는 깊은 우울에 빠져 있었고, 매일 저녁 울며 죽기를 바랐고, 불규칙하게 잠을 잤으며, 새벽 4시나 5시면 어김없이 깨어났다. 그녀는 집 주변을 걸레질하고 일을 안

하는 일요일에는 제대로 옷도 갈아입지 않고 종일 TV 앞에서 단것을 먹으며 보냈다. 일주일 전에 그녀는 파버 박사에게 전화를 하였는데, 그가 내 이름을 주며 자문을 구하라고 권하였다.

"생활 속에서 싸우고 있는 것들에 대해 좀 더 말해 보세요." 내가 물었다.

"먹는 걸 조절할 수가 없어요." 베티가 내던지듯 말하고는, 덧붙였다. "내가 먹는 걸 항상 조절하지 못한다고 말할지도 모르겠지만, 이제는 정말로 조절할 수가 없어요. 지난 석 달간 20파운드(약 9kg) 가량 체중이 늘었고, 맞는 옷이 거의 없어요."

그 말은 나를 놀라게 했는데, 그녀의 옷은 전혀 모양이 필요 없어서 무한히 늘어날 것 같았으므로 옷이 맞지 않는다는 걸 상상할 수가 없었다.

"꼭 지금 오게 된 또 다른 이유는요?"

"지난 주 머리가 아파서 의사를 만났는데 혈압이 110에서 220으로 위험할 정도로 높다면서 체중 감량을 시작해야 한데요. 그는 심란해 보였어요. 얼마나 심각하게 받아들여야 할지 모르겠는데 캘리포니아 사람들은 모두 건강에 미친 작자들이니까요. 그는 사무실에서 청바지를 입고 운동화를 신고 있었지요."

그녀는 이 모든 이야기를 재미있는 이야기를 하듯이 했기 때문에 마치 다른 사람 이야기를 하며 키들대고 있거나, 그녀와 내가 대학 2학년쯤 되어 비 오는 일요일 오후에 기숙사에서 수다를 떨고 있는 것 같았다. 그녀는 나를 재미있는 이야기 속으로 끌어들이려고 애쓰는 것 같았다. 그녀는 농담을 했다. 그녀는 악센트를 흉내내는 천부적인 재주가 있어서, 마린 카운티의 쌀쌀맞은 의사와 자기의 중국인 고객, 중서부에 있을 때 상사 등을 흉내냈다. 아마 그 회기 동안 그녀가 스무 번은 웃었을 텐데 내가 그녀의 웃음에 말려들기를 단호하게 거부했음에도 그녀의 생기를 둔화시키지는 못했다.

나는 항상 내담자와 치료적 접촉에 들어가는 일을 매우 심각하게 받아들인다. 일단 누군가를 치료에 받아들이면, 나는 끝까지 그 사람을 지지하는 데 최선을 다한다. 내담자가 진전을 볼 수 있도록 모든 시간과 에너지를 투입한다.

그리고 무엇보다도 내담자와 친밀하고 진실한 관계를 맺으려고 한다.

그러나 내가 베티와 관계를 맺을 수 있을까? 솔직히 말해서, 그녀는 내게 혐오감을 일으켰다. 문자 그대로 살이 겹겹이 접혀 둘둘 감겨 있는데, 그녀 얼굴을 바라보는 것조차 굉장한 노력을 요했다. 마찬가지로 그녀의 바보 같은 해설도 불쾌감이 들었다. 첫 회기가 끝나갈 무렵 나는 화가 나고 지루했다. 내가 그녀를 친밀하게 대할 수 있을까? 나는 이보다 더 친해지고 싶지 않았던 사람을 한 사람도 생각해 낼 수 없었다. 그러나 이건 베티의 문제가 아니고 내 문제다. 25년 간의 치료 경험을 가진 내게, 변화를 요구하는 시간이 온 것이었다. 베티는 역전이에 대한 궁극적인 도전을 의미했으며, 바로 그 이유 때문에, 나는 그때 거기에서 그녀의 치료자가 되기로 했다.

치료자가 그의 기법을 증진하려고 노력한다고 해서 비난할 사람은 아무도 없을 것이다. 그렇지만 환자의 권리는 어떻게 되는가? 나는 불편한 가운데 의문을 가졌다. 치료자가 부적절한 역전이의 오명을 없애려고 노력하는 것과 무용가나 선 스승(zen master)이 자신의 분야에서 완벽을 추구하는 것 사이에는 아무런 차이가 없지 않은가? 자신의 서투른 점을 증진하려는 것과 약하고 문제가 있는 사람을 이용하여 개인의 기술을 연마하는 것은 완전히 다른 문제이다.

이런 생각들이 한꺼번에 떠올랐으나 쫓아 버릴 수가 있었다. 베티가 치료자로서 내 개인적 기술을 증진하는 기회를 준 것이 사실이었다. 그러나 내 미래의 환자들이 내가 얻은 성장으로 이득을 보게 된다는 것도 사실이다. 더욱이 인간에게 봉사하는 전문가들은 항상 살아있는 환자를 대상으로 실습하게 된다. 아무런 대안이 없는 것이다. 예를 들자면, 의과대학에서 학생이 임상 실습을 하지 않고 어떻게 교육을 받을 수 있겠는가? 더 나아가 나는 호기심과 열정을 가지고 있는 책임감 있는 신참 치료자들이 흔히 아주 좋은 치료적 관계를 수립하고 능숙한 전문가만큼이나 효과를 낼 수 있는 것을 보아 왔다.

'관계가 치유를 하는 것이다, 관계가 치유를 하는 것이다, 관계가 치유를 하는 것이다.'는 내가 전문가로서 하는 묵주 기도(rosary)이다. 나는 이 말을 학생들에게 자주 한다. 그리고 환자와 어떻게 관계를 맺는가에 관한 다른 말도 한다. 긍정적인 무조건적 존중, 비판단적인 수용, 진지한 관여, 공감적 이해 등. 나는 어떻게 우리의 관계를 통해서 베티를 치유할 수 있을 것인가? 나는 얼마나 진지하게 공감하고, 수용할 수 있을까? 얼마나 정직할 수 있을까? 그녀가 자신에 대한 내 느낌을 물어본다면 나는 뭐라고 반응하게 될까? 내 희망은 그녀(우리)의 치료가 진전됨에 따라 베티와 마찬가지로 나도 변화하기를 바라는 것이었다. 시간이 지남에 따라 베티의 사회적 상호작용은 매우 유치하고 피상적이어서 통찰력 있는 치료자-환자 관계의 분석이 필요 없는 것처럼 보였다.

나는 비밀리에 그녀의 외모가 어떤 방식으로든 그녀의 대인관계의 특성, 즉 내가 소수의 뚱뚱한 여인들에게서 발견했던 순수한 활기와 정신적 기민성으로 말미암아 상쇄되기를 바랐지만, 맙소사, 그런 일은 일어나지 않았다. 내가 그녀를 더 잘 알게 되면 될수록 그녀는 더 지루하고 피상적이 되는 것 같았다.

처음 몇 회기 동안 베티는 직장에서 만나는 고객과 동료 및 상사와 부딪치게 되는 문제들을 끝없이 세밀하게 묘사하였다. 그녀는 가끔, 내 내면의 신음소리에도 불구하고 몇 사람의 역할을 바꾸어 가면서 특히 진부한 대화들을 묘사하였다. 나는 항상 그것이 지겨웠다. 그녀는 또다시 지루할 정도의 세밀함으로 직장에 있는 모든 매력적인 남자에 대하여 그리고 그들과 몇 마디 대화를 나누기 위하여 그녀가 이루어 내었던 미세하고 감동적인 음모를 묘사하였다. 그녀는 그 표면 밑에 있는 것을 탐색하려는 내 모든 노력에 저항하였다.

우리가 초기에 가진 잠정적인 '칵테일파티 대화'가 끝없이 계속되었을 뿐 아니라, 나는 우리가 이 단계를 지난다 하더라도 표층적인 면에만 머물게 될 것이라는 강한 인상을 받았다. 나와 베티가 만나는 한 우리는 몸무게, 다이어트, 시시한 일거리에 대한 불만, 그녀가 에어로빅 강의에 참석하지 않은 이유 등에 관하여 이야기할 운명이었다. 하느님 아버지, 제 자신을 어떻게 해야 되겠습니까?

이 초반부 회기들에 내가 적어 놓은 노트를 보면 매번 다음과 같이 적혀 있다. "또 한 번의 지루한 회기", "오늘은 3분마다 시계를 보았다.", "내가 만난 환자 중의 가장 지루한 사람", "오늘은 거의 잠들 뻔했다―깨어 있으려고 의자에 곧추앉아 있었다", "오늘은 의자에서 거의 떨어질 뻔했다."

내가 딱딱하고 불편한 의자로 바꿀까 하고 고려하는 도중에 나는 갑자기 롤로 메이(Rollo May)에게 치료를 받을 때 그가 등받이가 직각으로 되어 있는 나무의자에 앉아 있던 것이 생각났다. 그는 자기가 등에 통증이 있다고 말했다. 그러나 나는 그 뒤에도 계속 그를 잘 알고 지냈지만 한 번도 등에 문제가 있다는 소리를 듣지 못했다. 그러면 아마도 그는 나를……?

베티는 파버 박사가 진료 도중에 자주 잠들었기 때문에 그를 좋아하지 않았다고 말했다. 나는 이제 왜 그런지 알았다! 내가 파버 박사와 전화로 이야기했을 때, 그는 물론 자신의 낮잠에 대하여 말하지 않았지만 자발적으로 베티가 제대로 치료를 이용하는 방법을 배울 수 없었다고 말했다. 그가 약 처방을 하기 시작한 이유를 이해하기가 어렵지 않았다. 우리 정신과 의사들은 심리치료에서 어떤 소득을 얻지 못할 때 흔히 약에 의존하게 된다.

어디에서 시작할까? 어떻게 시작할까? 나는 뭔가 손에 잡히는 것을 찾기 위해 고민하기 시작했다. 그녀의 몸무게에서 시작하는 것은 아무 의미가 없었다. 베티는 즉각적으로 자신이 치료에서 몸무게를 줄이는 것을 심각하게 고려하는 지점까지 가기를 바라지만 지금으로서는 너무 요원하다고 말하였다. "내가 이렇게 우울할 때, 먹는 것만이 나를 유지시켜 주지요."

그렇지만 내가 그녀의 우울에 초점을 맞추면, 그녀는 우울이 자신이 처한 상황에서 적절한 반응임을 설득적으로 제시하였다. 인간미 없는 캘리포니아 외곽의 비좁은 임대 아파트에서 18개월 동안 실제 생활―자신의 집, 사회활동, 친구들―과 멀리 떨어져 살면서 우울해지지 않을 사람이 어디에 있겠는가?

그래서 나는 그 다음에 그녀가 처한 생활을 다루도록 도와주려고 했지만 거의 진전이 없었다. 그녀는 수없이 많은 위협적인 설명이 준비되어 있었다. 그녀는 친구를 쉽게 만들지 못했으며, 모든 뚱뚱한 여인이 그런다는 것을 지적하였다(그 점에 관하여는 나를 설득할 필요가 없었다.). 캘리포니아 사람들은 그들만의 탄탄한 동맹관계를 가지고 있어서 낯선 사람들을 환영하지 않았다. 직장 사람들과 갖는 관계가 그녀의 유일한 사회적 접촉이었는데, 거기에서 대부분의 동료들은 그녀가 가지고 있는 감독자의 역할을 불쾌하게 생각하였다. 게다가, 다른 모든 캘리포니아 사람들처럼 그들도 운동―서핑과 스카이다이빙―에 빠져 있었다. 그녀가 그런 운동을 하는 게 가능할까? 나는 그녀가 서핑 보드 위에서 천천히 물 속으로 가라앉는 환상을 지우고 그녀가 요점을 잘 파악하고 있음을 인정하였다. 그녀가 이런 운동을 할 수는 없을 것 같았다.

선택할 수 있는 무슨 다른 방법이 있나요? 그녀가 물었다. 비만인 사람이 독신자의 세계에 참여하는 것은 불가능하였다. 그 요점을 분명히 하기 위하여 그녀는 한 달 전에 했던 절망적인 데이트에 관하여 묘사하였다. 그것은 몇 년 만에 처음 한 데이트였다. 그녀는 지역 신문인 The Bay Guardian의 개인 광고란에 실린 광고에 응답하였다. 남자들이 구하는 데이트 상대자는 거의 대부분이 "날씬한" 여성을 원했으나, 한 남자는 언급이 없었다. 그녀는 전화를 걸어서 조지(Georgy)라는 남자와 저녁식사를 하기로 약속하였다. 그는 그녀에게 머리에 장미꽃을 꽂고 그 지역 식당에 있는 바(Bar)에서 만나자고 했다.

그녀의 보고에 따르면, 그가 처음 그녀를 보았을 때 그는 낭패하는 모습이었으나 자신의 명예를 지키기 위해서 자신이 조지임을 밝히고 저녁식사 내내 신사답게 행동하였다. 그 뒤로 한 번도 조지에게서 소식을 듣지 못했으나 베티는 가끔 그를 생각하였다. 과거에 그런 경우를 몇 번 시도했을 때, 그녀는 자기를 만나러 온 남자가 틀림없는데도 아무 말도 없이 떠나 버린 경우를 겪었다.

어느 정도 자포자기가 되어, 나는 베티를 돕기 위한 방법들을 찾아보기도 했다. 아마도 (내 부정적 감정을 감추기 위한 노력으로) 너무 애를 쓴 나머지 다른 대안을 제시하는 초심자들이 흔히 하는 실수를 하였다. 그녀는 시에라 클럽(Sierra Club)을 고려해 보았는가? 아니다, 그녀는 하이킹을 하기에는 스테미너가 부족하다. 혹은 익명의 과식자 모임(Overeaters Anonymous)에서 사회적 조직망을 제공해 줄 수 있을 것인가? 아니다, 그녀는 집단을 증오한다. 뭔가 다른 길이 있을 것이다.

모든 치료적 변화의 첫 단계는 책임을 지는 것이다. 만약 자신이 처한 곤경에 대한 책임을 전혀 느끼지 못한다면, 그 사람은 어떻게 변화할 수 있겠는가? 베티가 처한 상황이 바로 그러하였다. 그녀는 완전히 문제를 외부의 탓으로 돌렸다. 그녀가 하고 있는 행동 때문이 아니었다. 전보 발령을 받은 것, 혹은 메마른 캘리포니아 문화, 혹은 문화 행사가 전혀 없는 것, 혹은 운동 중심의 사회 감각, 혹은 뚱뚱한 사람들을 향한 사회의 한심한 태도 때문이었다. 내가 최선의 노력을 다했음에도, 베티는 자신의 불행한 생활 상황에 대해 자신이 기여한 것이 전혀 없다고 부인하였다.

물론 그녀는 지적인 수준에서는 만약 자신이 먹기를 멈추고 몸무게를 뺀다면 세상이 자기를 다르게 대할 것이라고 동의하였다. 그러나 그것은 너무도 힘이 들었고, 너무 긴 시간이 걸렸으며, 그녀는 먹는 행동을 전혀 통제할 수가 없었다. 게다가 그녀는 책임감을 면제받을 유전적인 요소(그녀의 가족은 부모 양쪽이 모두 비만의 경향이 있었다.), 낮은 기초 대사율에서부터 미리 정해진 비교적 영향을 받지 않는 몸무게까지 비만의 신체적 비정상성에 대한 최근의 연구 같은 다른 논쟁거리들을 제시하였다. 아니, 전혀 소용이 없다. 궁극적으로 나는 그녀가 자신의 외모에 책임을 지도록 도와주어야 할 것이다. 그러나 지금 시점에서는 이를 달성할 아무런 가능성이 없었다. 더 급한 것에서부터 시작을 해야만 했다. 나는 그 길을 알고 있었다.

심리치료자의 가장 중요한 가치 있는 실천 도구는 "과정"에 초점을 맞추는 것이다. 내용에 대비되는 과정을 생각하자. 대화를 할 때 내용은 발음이 되어 나오는 실제적인 단어들을, 논의되고 있는 것의 실제적 주제를 포함하고 있다. 그러나 과정은 그 내용이 어떻게 표현되는지 그리고 특히 이 표현 양식이 대화에 참여한 사람들 사이의 관계를 어떻게 드러내 주는지에 관한 것이다.

내가 해야만 했던 일은 내용—예를 들면, 베티에게 간단한 해결책을 제공하

려는 시도를 멈추는 것—에서 벗어나서 우리가 서로 어떻게 관계를 맺고 있는
지 과정에 초점을 맞추는 것이었다. 그리고 우리의 관계에서 아주 뚜렷한 특성
이 하나 있었다. 그것은 바로 지루함이었다. 그리고 그것이 정확하게 역전이를
복잡하게 만드는 것이다. 나는 지루함 중의 어느 정도가 내 문제이고, 뚱뚱한
여인이 누구든 내가 얼마나 그 사람을 지루하게 여길 것인지를 분명히 해야만
했다.

그래서 나는 신중하게 진행을 하였다—너무 신중했다. 내 부정적 감정들이
속도를 늦추었다. 내 혐오감이 드러나는 것이 너무도 두려웠다. 내가 더 좋아하
는 환자들에게는 그렇게 신중하게 기다려 본 일이 없었다. 나는 내 자신을 움
직이도록 박차를 가해야 했다. 내가 베티에게 도움이 되려면 나는 어쨌든 내
느낌을 믿고 거기에 맞추어 행동해야 했다.

이 여성이 매우 지루하다는 것이 진실이었고, 나는 수용될 수 있는 방식으로
그녀에게 이것을 직면시킬 필요가 있었다. 그녀는 다른 어떤 것에서도 책임감
을 부인할 수 있었지만—지금 생활하면서 친구가 없는 것, 고된 독신 생활, 도
시 외곽에 거주하는 어려움—나는 그녀가 나를 지루하게 만드는 것에 대한 책
임을 부인하도록 내버려 두어서는 안 되었다.

나는 감히 지루함이라는 단어를 입 밖에 낼 수가 없었다. 너무도 막연했고 너
무도 저질이었다. 나는 정확하면서도 건설적이어야 했다. 나는 정확히 베티의
어떤 부분이 지루한가를 나 자신에게 물어 보았고, 두 개의 분명한 특성을 확
인할 수 있었다. 무엇보다도 그녀는 자신의 내심을 털어놓은 적이 없었다. 두
번째로는 망할 놈의 낄낄거림, 억지로 희희낙락하는 것, 적절하게 심각해지기
를 거부하는 것이었다.

그녀에게 상처를 주지 않고 이러한 특성을 알도록 만드는 것은 어려웠다. 나
는 일반적인 전략을 세웠다. 내 기본 입장은 그녀와 가까이하고 싶은 것이지만
그녀의 행동 특성이 방해가 되었다. 나는 그런 맥락의 틀을 가지고 그녀의 행
동을 비판한다면 반대를 하기가 어려울 것이라고 생각하였다. 내가 그녀를 더

잘 알고 싶어한다는 것을 좋아할 수밖에는 없을 것이다. 나는 그녀가 자기를 드러내지 않는 것에서 시작하기로 했다. 그리고 특히 졸음이 오던 회기의 끝 무렵에 이를 단행하였다.

"베티, 내가 왜 이 질문을 하는지는 나중에 말씀드릴게요. 그렇지만 오늘은 조금 다른 것을 시도해 보았으면 좋겠어요. 오늘 여기에서 같이 있는 동안에 자신을 얼마나 드러내었는지 1에서 10점 사이에 점수를 매겨 보겠어요? 10은 당신이 상상할 수 있는 한 가장 의미 있게 자신을 드러낸 것이고, 1은 영화를 보려고 줄을 서 있는 낯선 사람에게 자기를 드러낼 수 있는 정도라고 생각하고 요."

실수였다. 베티는 왜 혼자서 영화를 보러 갈 수 없는지를 설명하는 데 몇 분을 사용하였다. 그녀는 사람들이 자신이 친구가 없는 것 때문에 불쌍히 여길 것이라고 상상하였다. 그녀는 자신이 옆에 앉음으로써 그들을 밀어낼까 봐 걱정하는 그 사람들을 감지할 수 있었다. 그녀는 자기가 좁은 영화관 의자에 끼어 앉을 수 있는지 지켜볼 때 그들의 얼굴에 나타나는 호기심과 어리둥절한 표정을 보았다. 그녀가 더 탈선하기 시작할 때, 즉 그 논의를 비행기 좌석으로 확장하여 그녀가 자기 자리를 찾으려고 통로를 걸어갈 때 자리에 앉아 있는 승객들의 얼굴이 어떻게 공포로 하얗게 질리게 되는가를 말할 때 나는 그녀를 중단시키고, 내 질문을 다시 하였다. 이번에는 '1'을 '직장에서 하는 일상적인 대화'로 정의하였다.

베티는 자기 자신에게 '10점'을 주었다. 나는 깜짝 놀랐다는 말을 하였다(나는 '2'나 '3'을 기대하였다.). 그녀는 자신이 전에는 한 번도 나누어 본 일이 없는 일들을 이야기했다고 하면서 그렇게 점수를 매긴 것을 방어하였다. 예를 들어, 가게에서 잡지를 훔쳤던 이야기와 식당이나 영화관에 혼자 가기를 두려워한다는 이야기.

우리는 같은 시나리오를 몇 번 더 반복하였다. 베티는 엄청난 모험을 하고 있다고 주장하였지만, 나는 이렇게 말했다. "베티, 당신은 자신에게 10점을 주었지만 나는 그렇게 느껴지지가 않아요. 당신이 정말 나와 함께 모험을 하고 있다고 느껴지지 않아요."

"나는 이런 말을 다른 사람에게 해 본 적이 한 번도 없어요. 예를 들어, 파버 박사에게도 안 했어요."

"이런 말을 나에게 할 때 어떤 느낌이 드나요?"

"기분이 좋아요."

"좋다는 단어 말고 다른 말을 사용할 수 있을까요? 이런 말을 처음한다는 것은 두렵거나 해방감이 느껴질 것 같은데요!"

"나는 그렇게 하는 것이 괜찮아요(O.K.). 선생님이 전문가의 입장에서 듣는 것은 알아요. 괜찮아요. 나는 괜찮다고 느껴요. 선생님이 무얼 원하는지 모르겠군요."

"내가 전문가의 입장에서 듣는다는 것을 어떻게 그렇게 확신할 수 있나요? 아무 의심도 없나요?"

조심하자, 조심하자! 내가 주고자 하는 것보다 더 많은 정직성을 약속할 수는 없었다. 그녀가 내 부정적 감정의 폭로를 다룰 수 있는 방법은 전혀 없었다. 베티는 아무런 의심도 없다고 부인하였다. 그리고 이 시점에서 파버 박사가 그녀와 있을 때 잠이 들었다고 하면서 나는 그보다는 훨씬 더 관심이 많은 것 같다고 덧붙였다.

내가 그녀에게 원하는 것은 무엇이었나? 그녀의 관점에서는 그녀는 많은 것을 드러내고 있었다. 내가 정말로 알고 있는지 확인해야만 했다. 그녀가 자기를 드러내는 것 중에서 나를 움직이지 않게 하는 요소가 무엇이었나? 그녀가 항상 다른 곳—다른 장소, 다른 시간—에서 일어난 일들을 폭로하고 있다는 것을 알게 되자, 나는 놀랐다. 그녀는 우리가 공유하고 있는 그 순간에 자신을 드러낼 수 없거나, 드러내고 싶어하지 않았다. 그래서 내가 지금 여기의 느낌을 물어볼 때마다 그녀는 "괜찮다"거나 "좋다"고 하는 회피적 반응을 보였다.

그것이 내가 베티에 관해 알아낸 첫 번째 중요한 발견이었다. 그녀는 절망적으로 고립되어 있었고, 그녀는 자신의 진정한 삶은 어딘가 다른 곳에서 살고 있다는 신화를 유지하는 미덕 때문에 이 고립감 속에서 살아남을 수 있었다. 친구들, 가까운 사람들은 여기에 없고 어딘가, 즉 뉴욕에 텍사스에 과거에 있었다. 사실상 중요한 것은 모두 어딘가에 있었다. 이때 처음으로 나는 베티에게는 '여기'가 없다는 것을 의심하기 시작하였다.

또 하나, 그녀가 이전의 다른 사람들보다 나에게 자기를 더 많이 드러낸 것이라면, 그녀가 가진 가까운 관계라는 것의 본질은 무엇일까? 베티는 대화하기가 쉬운 사람으로 유명했다고 말했다. 그녀가 말하기를, 자기와 나는 같은 일을 하고 있다. 자기도 모든 사람의 상담자였다고 하였다. 그녀는 자기에게 친구가 많지만, 아무도 자기를 알지는 못한다고 덧붙였다. 잘 들어 주고 재미나게 해 주는 것이 그녀의 전매 특허였다. 뚱뚱한 여자는 쾌활하다는 생각이 자기는 싫지만 그런 고정관념은 사실이었다.

이것은 내가 베티를 그렇게 지루하다고 한 또 다른 일차적 이유로 자연스럽게 이어졌다. 우리가 얼굴을 맞대고 이야기할 때도 그녀는 결코 진실하지 않고 가식과 잘못된 쾌활함뿐이라고 내가 나쁘게 생각하고 있었기 때문이다.

"나는 당신이 쾌활하다 혹은 쾌활한 척한다는 말에 진심으로 관심이 있어요. 당신이 나를 즐겁게 하려고 결정된, 완전히 헌신하는 사람처럼 군다고 생각해요."

"흐으음, 재미있는 이론이군요. 왓슨 박사님."

"당신은 우리가 처음 만나서부터 쭉 그래 왔어요. 절망으로 가득 찬 이야기를 하지만, '우리 즐거운 시간을 보내지 않았나요?' 하는 식으로 활발하게 하지요."

"나는 그런 사람이에요."

"당신이 그렇게 쾌활하게 앉아 있을 때, 나는 당신이 얼마나 고통스러운지 제대로 된 시각을 잃어버려요."

"그게 그 안에서 헤매는 것보다는 나아요."

"그렇지만 여기에 도움을 받으러 왔잖아요. 나를 재미나게 해 주는 게 왜 그렇게 필요하지요?"

베티는 얼굴이 빨개졌다. 그녀는 내 직면에 움찔하는 듯했으며 자기 몸속으로 움츠르들면서 퇴각하였다. 조그만 손수건으로 이마를 닦으며 한동안 꼼짝달싹 못하고 있었다.

"자, 피의자는 묵비권을 행사합니다."

"베티, 오늘은 좀 끈기 있게 가 보려 합니다. 나를 즐겁게 해 주기를 그만두면 어떤 일이 일어나나요?"

"재미있는 게 뭐가 잘못된 건지 모르겠어요. 왜 모든 걸 그렇게 심각하게…… 그렇게…… 모르겠어요. 당신은 항상 굉장히 심각해요. 게다가 이게 나예요, 나는 이런 사람이라고요. 선생님이 무슨 이야기를 하고 있는지 잘 모르겠어요. 내가 선생님을 즐겁게 해 주려 한다는 게 무슨 뜻인가요?"

"베티, 이건 중요해요. 이제까지 우리가 다루었던 것 중에 가장 중요한 것이에요. 그렇지만 당신이 옳아요. 첫째로, 당신은 내가 무슨 말을 하는지 정확히 알고 있어요. 이제부터 앞으로 우리가 만날 때 당신이 나를 즐겁게 해 주려고 할 때마다, 그것이 일어나는 순간에, 내가 중단을 시키고 그것을 지적해도 괜찮겠어요?"

베티는 동의했다. 그녀는 내 제안을 거부할 수 없었을 것이다. 그리고 나는 이제 엄청나게 해방될 수 있는 장치를 자유재량권으로 갖게 되었다. 나는 이제 그녀가 낄낄대거나, 우스꽝스러운 악센트를 사용하거나, 나를 즐겁게 해 주려 하거나 어떤 방해되는 방식으로 행동을 할 때마다 즉각 중단시켜도 좋다는(물론, 우리의 새로운 약정을 상기시키겠지만) 허락을 받은 것이었다.

서너 회기 내에 그녀가 처음으로 진지하게 자기 삶에 대해 이야기하기 시작했을 때 "재미있게 해 주려는" 행동은 사라졌다. 그녀는 다른 사람들에게 계속 관심을 끌기 위해서는 남을 웃겨야 했다는 것을 생각해 냈다. 나는 이 사무실에서는 나를 즐겁게 하려 할수록 진실에서 점점 멀어지며 관심이 점점 적어짐을 느낀다고 말했다.

그러나 베티는 달리 어떻게 해야 하는지를 모른다고 말했는데, 나는 그녀의 사회적 레퍼토리를 몽땅 내다 버리라고 요구하고 있는 것이었다. 자신을 드러 낸다? 그녀가 자기를 드러내 보인다면 무엇을 보여 줄 것인가? 내부에 아무것 도 없는데 말이다. 그녀는 텅 비어 있었다(치료가 계속되어 갈수록 텅 빈이라는 단 어가 점점 더 빈번하게 떠올랐다). 섭식장애를 가진 사람들의 치료에서 심리적 공 허감은 통상적인 개념이다.

이 시점에서 나는 가능한 한 많이 그녀를 지지했다. 이제 나는 베티가 위험을 감수하고 있다는 것을 집어냈다. 드러냄의 척도에서 이제는 8점이나 9점 가까 이 가고 있었다. 그녀는 그 차이를 느낄 수 있을까? 그녀는 요점을 빨리 파악했 다. 그녀는 마치 낙하산도 없이 비행기에서 뛰어내리려 할 때처럼 공포심을 느 낀다고 말했다.

나는 이제 덜 지루해졌다. 시계를 덜 쳐다보게 되었고, 가끔 시간을 점검하였 는데, 전처럼 아직도 내가 견디어야 할 시간이 몇 분 남았는지를 보기 위해서 가 아니라 새로운 주제가 등장했을 때 충분한 시간이 남아 있는지를 점검하기 위해서였다.

또한 그녀의 외모에 대한 경멸스런 생각을 없앨 필요도 없었다. 나는 더 이상 그녀의 신체에 주목하지 않았고 대신에 그녀의 눈을 쳐다보았다. 사실상 놀랍 게도 처음으로 그녀에게 공감이 일어나고 있다는 것을 알게 되었다. 베티가 서 부식 바에 갔는데, 무식한 백인 노동자 둘이 그녀 뒤로 살금살금 다가가 소 울 음소리를 내며 그녀를 놀렸다는 이야기를 들었을 때 나는 몹시 화가 났고 화가 난다고 그녀에게 말했다.

베티에 대한 내 새로운 감정은 그녀에 대한 내 처음 반응들을 떠오르게 했고, 거기에 대해 부끄러움을 느꼈다. 내가 참을성 없이 비인간적으로 관계를 맺었 던 모든 다른 뚱뚱한 여인에 대해서도 반성하며 너무 부끄러워 숨고 싶은 기분 이 되었다.

이러한 변화들은 모두 우리의 치료 관계가 진전을 보이고 있다는 표시였다. 우리는 베티가 고립감과 친밀감에 굶주려 있는 것에 대해 성공적으로 이야기를 나눌 수가 있었다. 나는 누군가 그녀를 충분히 알면서도 관심을 가질 수 있다는 것을 그녀가 알 수 있기를 바랐다.

베티는 이제 치료에 완전히 몰입했다. 그녀는 치료 시간에 했던 이야기에 대해 생각을 하고 그 주 내내 상상 속에서 나와 이야기하였으며, 다음 만남을 기다리고 사업상의 출장 때문에 우리가 만날 수 없게 되면 매우 화가 나고 실망감이 든다는 것을 느꼈다.

그러나 동시에 그녀는 훨씬 더 고통을 많이 느끼고 슬픔이나 불안을 더 많이 보고했다. 나는 이러한 발전을 이해할 수 있는 기회를 놓치지 않고 꼭 잡았다. 내담자가 치료자와 관계되는 측면에서 증상을 발달시킬 때는 언제나 진짜 치료가 시작되는 것이며 이러한 증상에 관해 탐색해 들어가는 것이 중심 주제로 가는 길을 여는 것이다.

그녀의 불안은 치료에 너무 의존하고 치료에 중독이 될까 봐 두려워하는 것과 관계가 있었다. 우리의 치료 회기는 그녀 삶에 가장 중요한 것이 되어 가고 있었다. 그녀는 매주 있는 '고정(fix)'된 일정을 지키지 못하면 자기에게 어떤 일이 벌어질지 알 수 없었다. 그녀는 치료자인 나와의 약속이라는 말보다는 '고정된' 일정이라는 말로써 친밀감에 대해 아직 저항하고 있는 것 같았고, 나는 점차 이것을 직면시켰다.

"베티, 당신에게 내가 문제가 된다고 하면 어떤 위험이 있습니까?"

"나도 잘 모르겠어요. 겁이 나요. 내가 당신을 너무 필요로 할까봐. 날 위해 당신이 거기에 있다는 것을 확신할 수가 없어요. 난 1년쯤 있으면 캘리포니아를 떠나요. 기억하시지요."

"1년은 긴 시간입니다. 항상 나와 있을 수 없기 때문에 지금부터 나를 피하는 건가요?"

"바보 같다는 건 나도 알아요. 그러나 캘리포니아에 대해서도 마찬가지예요.

난 뉴욕을 좋아하고 캘리포니아를 좋아하고 싶지 않아요. 내가 만약 여기서 친구를 만들어서 좋아하기 시작하면 떠나고 싶지 않을지도 모른다는 게 두려워요. 그리고 또 하나는 내가 '뭣 때문에 괴로워해? 라고 느끼기 시작한 거죠. 나는 여기 잠시만 있을 건데요. 누가 일시적인 우정을 원하겠어요?'

"그런 태도가 가진 문제점은 종국적으로 당신이 사람이 없는 삶을 살게 된다는 거예요. 아마 그것이 내면이 텅 비었다고 느끼게 하는 이유이기도 할 거예요. 어떤 방식으로든 모든 관계는 끝이 있어요. 세상에 평생 보장되는 것은 없어요. 그건 마치 해가 지는 걸 보고 싶지 않아서 일출을 즐기지 않겠다고 거부하는 것과 같아요."

"그렇게 비유를 하시니까 꼭 바보 같은 짓을 한 것같이 들리지만 어쨌든 난 그래요. 내가 좋아하는 사람을 새로 만나게 되면 나는 곧장 그들에게 이별을 고하는 상상을 하죠."

나는 이것이 중요한 주제라는 것을 알았으므로, 다시 이 주제로 돌아올 것이었다. 오토 랭크(Otto Rank)는 이러한 삶의 자세를 다음과 같은 멋진 말로 묘사했다. "죽음이라는 빚을 지지 않기 위해서 생명이라는 대출을 받지 않는다."

베티는 이제 단기간의 짧은 우울에 빠졌고 호기심을 끄는 역설적인 방향 전환이 있었다. 우리 상호작용의 친밀감과 개방성 때문에 활기가 생겼지만 반면에 그런 감정을 즐기기보다는 지금까지 자기 인생에 그런 친밀감이 빠져 있었다는 것을 자각함으로써 더욱 슬픔을 느꼈다.

나는 1년 전에 치료를 했던, 지나치게 책임감 강하고 양심적인 44세의 내과 의사가 생각났다. 어느 날 저녁 부부싸움 중에 그녀는 술을 너무 많이 마셔 통제력을 잃고 접시를 벽에 던지고 레몬 파이를 남편에게 집어던져 거의 남편이 맞을 뻔했다. 이틀 후 그녀를 만났을 때 그녀는 죄책감을 느끼고 우울에 빠져 있었다. 그녀를 위로할 요량으로 나는 통제력을 잃는 것이 언제나 파국으로 이어지는 것은 아니라고 이야기했다. 그러나 그녀는 말을 가로막으며 내가 뭔가 잘못 이해하고 있다고 말했는데, 자기는 죄책감을 느끼는 게 아니라 통제력을 잠재우고 진정한 감정이 나오도록 허용하는 데 44년이나 기다려야 했다는 것이 통탄스럽다고 했다.

그녀의 몸무게가 250파운드를 넘었는데도 베티와 나는 그녀의 식사나 체중에 대해서는 거의 이야기하지 않았다. 그녀는 종종(전혀 생산적이지 않게) 자기 어머니나 친구들이 자기가 먹는 것을 통제할 수 있게 도와주려 했던 서사시적인 투쟁사를 이야기했다. 나는 그들이 했던 역할을 피하기로 했다. 그 대신 내가 만약 그녀의 길에 방해가 되는 걸림돌을 치우도록 도와줄 수 있다면, 베티는 스스로 자기 몸을 돌보는 일에 주도성을 가질 것이라는 가설을 내 신조로 삼았다.

그녀에게 고립감에 대해 이야기하도록 함으로써 나는 이미 주요 장애물을 치웠다. 베티의 우울은 사라졌고, 스스로 사회생활을 만들어서 더 이상 음식이 만족의 유일한 원천이 아니라는 것을 알게 되었다. 그러나 그녀가 스스로 다이어트를 시작하겠다고 결정하는 것은 체중이 감소했을 때의 위험 때문에 망설이고 있다는 것을 확실하게 드러낼 때까지는 되지 않을 것이다. 그런데 거의 이 길로 들어섰다.

그녀가 몇 개월간 치료를 받았을 때 나는 개인 치료에서처럼 집단 치료에서도 작업을 한다면 진전 속도가 가속화될 것이라고 판단했다. 그 중 하나는 다이어트하는 동안 만나게 될 어려움을 지탱해 줄 지지적인 모임을 만드는 것이 현명할 것이라고 확신했다. 게다가 치료집단은 우리 치료에서 밝혀진 대인관계 주제—감추기, 웃기려는 욕구, 아무것도 남에게 제공할 것이 없다는 기분—에 대해 탐색할 기회를 베티에게 제공할 것이다. 베티는 무척 두려움을 느꼈고 처음에는 내 제안에 저항했지만, 결국 게임을 하듯 동의하고 두 정신과 레지던트가 이끄는 치료집단에 들어갔다.

그녀의 첫 집단 모임에서 아주 이례적인 일이 있어났는데, 나와 개인 치료를 했던 칼로스(Carlos)("만약 강간이 합법적이라면……"장을 보라.; 역자 주: 「사랑의 처형자」에 포함된 장을 말함.)가 자기는 치료 불가능한 암이 있다고 공개했던 회기였다. 베티가 12살 때 아버지가 암으로 죽었기 때문에 그녀는 암에 공포심을 가지고 있었다. 대학에서 그녀는 처음에 의대 예과 과정에 등록했으나 암 환자와 만나게 될까 봐 두려워 포기했다.

다음 몇 주간 칼로스를 만나는 것이 베티에게 너무나 강한 불안을 일으켜서 응급 회기로 몇 번 그녀를 만나야 했고 집단치료를 계속하도록 설득하느라 애를 먹었다. 그녀에게 스트레스로 인한 두통(그녀 아버지는 뇌종양으로 사망했다.)을 포함해서 등이 쑤시고 호흡이 짧아지는 등 신체 증상이 일어났고, 자기도 암이 있을 것이라는 강박적 생각에 시달렸다. 그녀는 의사를 만나는 것에 공포증을 가지고 있었다. 자기 신체에 대한 부끄러움 때문에 거의 건강검진을 받지 않았고 특히 골반에 대한 검진은 받은 적이 없었다. 그래서 그녀에게 자기의 건강에 대해 확신을 주는 것은 어려웠다.

칼로스가 체중 감소에 대한 증언을 경고조로 했을 때 그녀는 뚱뚱하던 자기 아버지가 12개월 안에 얼마나 살로 뼈에 도배를 한 듯 말라 갔는지 회상하게 되었다. 그것이 불합리한 생각이라는 것은 인지했지만, 그녀는 아버지의 죽음 이래로 체중 감소는 곧 암이 다가오고 있는 것이라고 믿어왔다는 것을 깨달았다.

그녀는 머리카락이 빠지는 것에 대해서도 강한 감정을 가지고 있었다. 그녀가 처음 집단에 참여했을 때 칼로스는(화학 요법의 결과로 머리칼이 다 빠졌다.) 가발을 쓰고 있었으나 자기의 암에 대해 알리기로 한 그 날, 그는 대머리인 채로 모임에 왔다. 베티는 공포심에 사로잡혔고, 자기 아버지의 대머리—뇌수술을 위해 머리를 밀었다—영상이 되살아났다. 그리고 또한 이전에 끔찍한 다이어트를 했을 때 머리가 많이 빠지는 고통이 얼마나 두려웠는지 기억이 났다.

이런 혼란스런 감정들은 베티의 체중 문제와 폭넓게 얽혀 있었다. 음식은 만족감을 주는 유일한 형태일 뿐 아니라 자기의 공허감을 채우는 방법이고, 마른다는 것은 아버지의 죽음이라는 고통을 불러일으키며, 체중을 잃는다는 것은 죽음이라는 결과를 가져온다고 무의식적으로 느꼈던 것이다.

점차 베티의 급성적인 불안은 줄어들었다. 이전에는 누구와도 이러한 주제에 대해 공개적으로 이야기 나눠 본 적이 없었다. 아마 순전히 감정 정화가 도움이 되었을 것이고, 자기 생각이 가진 마술적 속성을 인식한 것이 도움이 되었을 것이다. 그리고 아마도 두려운 생각을 냉정하고 합리적인 방식으로 비추어 보며 단순히 그 이야기를 했다는 것만으로 둔감화가 되었을 것이다.

이 기간 동안 특별히 칼로스가 도움이 되었다. 베티의 가족들은 마지막까지도 아버지의 질병이 갖는 심각성을 부인했다. 그러한 집단적 부인은 항상 남은 자들에게 큰 혼란을 불러일으킨다. 그 덕에 베티는 아버지의 죽음에 대비한 준비도 마지막 인사를 나눌 기회도 갖지 못했다. 그러나 칼로스는 자기의 운명에 대해 매우 다르게 접근하고 있는 모델이 되었는데, 용감하고 합리적이며 자기의 병이나 다가오는 죽음에 대한 감정에 개방적이었다. 더구나 그는 특별히 베티에게 친절했는데, 아마 그녀가 나의 내담자라는 것을 알아서였을 수도 있고, 그의 마음 상태가 관대해졌을 때("모든 이는 심장을 가졌다.") 그녀가 들어왔기 때문일 수도 있고, 자기는 뚱뚱한 여자가 좋다고 항상 말했듯 단순히 그의 기호 때문일지도 모른다(말하기 쑥스럽지만, 그의 괴짜기질 때문에 나는 항상 증거를 더 생각해야 했다.).

베티는 주요 캠페인을 시작해야겠다는 뚜렷한 근거를 마련했기 때문에 자신이 체중을 감소하기 위한 장애물을 충분히 제거했다고 느껴 왔다. 나는 그 시기의 선택과 준비의 복잡함에 놀랐다.

첫째, 그녀는 내가 일하는 곳에서 진행하고 있는 섭식장애 프로그램에 등록을 하고, 복잡한 건강검진(여전히 복부 측정은 거부했다)과 심리검사 배터리가 포함된 그들이 요구하는 기초 자료를 모두 완성했다. 그리고 나서 자기 아파트에서 깡통, 봉지, 병에 든 모든 음식을 치워 버렸다. 그리고 그것을 대신할 사회 활동을 계획했다. 그녀는 달력에서 점심과 저녁 식사 유혹을 지워 버렸다고 말했다. 놀랍게도 그녀는 스퀘어 댄스 그룹('와! 배짱이 두둑한 여자로군.' 하고 나는 생각했다.)과 매주 볼링 시합에 참가했다. 그녀는 아버지가 어렸을 때 그녀를 볼링장에 데리고 갔다고 설명했다. 그녀는 중고 자전거 운동기구를 사서 TV 앞에 세워 놓았다. 그리고 옛 친구들인 감자 칩과 초콜릿, 마지막으로 이별이 가장 어려운 친구인 설탕 듬뿍 얹은 도넛에게 작별 인사를 했다.

또한 내적 준비도 상당히 되어 있었는데, 베티가 '내적인 해결 방안을 모색'하고 있었고 다이어트를 시작할 적절한 순간을 기다리고 있었다는 것 외에 다른 말로 표현하기가 어렵다. 나는 거대한 스모 선수가 자세를 잡고 달려들 기세를 취하고 있는 듯한 상상이 되었고 너무나 재미있어 참을 수가 없었다.

갑자기 그녀는 빠졌다! 그녀는 액체로 된 옵티패스트(optifast) 다이어트를 하며 고체 음식은 전혀 먹지 않았고, 매일 아침 40분간 자전거 타기를 했으며, 매일 오후 3마일을 걸었고, 일주일에 한 번씩 볼링과 스퀘어댄스를 했다. 그녀의 뚱뚱한 윤곽은 해체되기 시작했다. 그녀는 부피를 벗어 던지기 시작했다. 주렁주렁 달려 있던 살덩어리들이 툭툭 떨어져 나가며 씻겨 내려갔다. 체중계의 눈금이 3, 4 어떤 주에는 5파운드씩 죽죽 내려갔다.

베티는 매번 10파운드, 그리고는 20, 25, 30파운드 하는 식으로 진척 상황을 보고하는 것으로 이야기를 시작했다. 240파운드, 그리고 230, 그리고 220으로 내려갔다. 놀랍게도 빠르고 쉬운 것 같았다. 나는 기뻤고 그녀의 노력에 대해 매주 칭찬했다. 그러나 그 초기 몇 주간은 자비심 없는 목소리가 내 안에서 "하느님 아버지, 그녀가 이렇게 빨리 체중이 빠지면 얼마나 많은 음식을 내다 버려야 합니까!"라고 말하는 소리가 들렸다.

시간이 매주 지나갔고, 캠페인은 계속되었다. 3개월 후 그녀는 210파운드가 되었다. 그리고는 200파운드. 50파운드가 빠진 것이다! 그리고는 190. 그 반대 경우의 어려움도 있었다. 때로 어떤 주에는 음식을 안 먹어도 그만큼 체중이 빠지지 않는다고 내 사무실에 울며 들어왔다. 1파운드 1파운드가 싸움이었으나, 베티는 다이어트를 계속했다.

무시무시하게 몇 달이 흘렀다. 그녀는 모든 걸 미워했다. 삶은 고문이었다. 지긋지긋한 액체 다이어트 음식, 자전거 운동기구, 기아의 고통, 사악한 TV 맥도날드 광고, 그리고 도처에 깔려 있는 냄새들, 극장에 가면 나는 팝콘 냄새,

볼링장에서 나는 피자 냄새, 상가를 지날 때 나는 빵 냄새, 휘셔맨스 월프 (Fisherman's Wharf)(역자 주: 샌프란시스코에 있는 해물을 파는 상가)에서 나는 게 (crab) 냄새, 이 세상 어디에도 냄새가 없는 장소는 없단 말인가?

매일 매일이 끔찍한 나날이었다. 그녀 삶에 기쁨을 주는 것은 없었다. 섭식장애 모임의 체중 감소를 위한 집단원 대부분이 포기를 했으나 베티는 지독하게 남아 있었다. 그녀에 대한 내 존경심은 커져만 갔다.

나도 먹는 것을 좋아한다. 때로는 뭔가 특별한 음식을 기대하며 하루 종일을 보내기도 한다. 그리고 그 갈망이 극에 달했을 때, 딤섬을 파는 레스토랑이나 젤라토 스탠드(gelato stand)로 달려가는 나를 막을 수 있는 장애물은 없다. 그러나 베티의 시련이 계속되고 있을 때, 나도 먹는 것에 대해 죄책감이 들기 시작했다. 그녀 쪽에서 볼 때 마치 내가 나쁜 신조에 따라 행동을 하고 있는 것처럼 말이다. 내가 피자나 파스타 알 페스토(pasta al pesto)를 먹으려 하거나 엔칠라다스 콘 살사 베르데(enchiladas con verde) 혹은 독일식 초콜릿 케이크 아이스크림 혹은 베티가 좋아한다고 알고 있는 어떤 음식이라도 별식으로 먹으려고 하면 언제나 그녀 생각이 났다. 나는 그녀가 식탁 앞에서 깡통 따개를 손에 들고 옵티패스트 액이 담긴 캔 앞에 서 있다는 생각을 할 때 부들부들 떨렸다. 그래서 때로는 그녀를 존중하여 안 먹고 넘어가기도 하였다.

이 무렵 나도 내가 정한 체중의 상한선을 넘어서고 있었기 때문에, 3주간 다이어트를 하였다. 내 다이어트란 것은 기본적으로 아이스크림과 프렌치 프라이스를 먹지 않는 것이었기 때문에, 베티에게는 나도 그녀와 같은 심정으로 동참하고 있는 중이라고 감히 말할 수조차 없는 것이었다. 그런데도 그 3주 동안 나는 그녀의 박탈감을 훨씬 예민하게 느낄 수 있었다. 그녀가 어서 잠이 들었으면 하고 눈물을 흘린다고 말했을 때 나는 감동을 받았다. 배고픈 아이가 마치 "먹을 걸 주세요. 먹을 걸 주세요!" 하며 울부짖고 있는 것 같다고 묘사를 했을 때 그녀의 아픔이 그대로 내게 전달되어 나도 마음이 아팠다.

180파운드. 170파운드. 80파운드가 빠졌다니! 이제 베티의 기분(mood)은 무섭게 오르락내리락하였고, 나는 점점 더 그녀에 대해 관심을 갖게 되었다. 그녀는 자부심을 느끼고 기분이 좋아지는 시간(특히 작은 사이즈의 옷을 장만하러 나갔을 때)이 잠깐 있기는 했으나, 주로 의기소침해 있었는데 매일 아침 일하러 나가는 것이 자기가 할 수 있는 전부라는 것이었다.

때로 그녀는 화가 나서 예전에 내게 하던 불평을 다시 하였다. 내가 그녀를 내다 버리는 방법의 하나로, 혹은 내 짐을 좀 덜어 보려고 그리고 부분적으로 그녀에게서 손을 떼려고 그녀를 집단에 의뢰했던가? 왜 그녀의 식습관에 대해 내가 더 묻지 않았나? 궁극적으로, 먹는다는 것은 그녀의 생활이다. 그녀를 사랑하라, 그녀의 먹는 것을 사랑하라(조심하자, 조심하자, 그녀가 점점 가까워지고 있다.). 그녀가 자기에게 의과 대학은 불가능하다는 이유들(자기 나이, 스태미나의 부족, 게으름, 선수 과목을 거의 안 들었다는 것, 학자금 부족)을 댔을 때, 나는 왜 그녀 의견에 동의했던가? 그녀는 이제야 내게 말을 했는데, 내가 가능성 있는 직업으로 간호학을 추천한 것이 좀 깔보는 견해라면서 "여학생은 의과 대학을 갈 만큼 영리하지 않다. 그러므로 간호사가 되게 하자!"는 이야기였다고 비난을 했다.

때로 그녀는 성급해지고 퇴행을 하기도 했다. 예를 들면, 한 번은 내가 치료 집단에서 왜 수동적으로 되어 가느냐고 물었을 때 그녀는 노려보기만 하며 대답하기를 거부했다. 정확히 무슨 생각을 하고 있는 거냐고 압력을 가하자, 아이의 목소리로 "과자를 주지 않으면, 당신을 위해서는 아무것도 안 할 거예요."라고 노래를 불렀다.

우울 기간에 한 번은, 아주 생생한 꿈을 꾸었다.

자살이 합법적이어서 사람들이 자살하러 정상으로 올라가는 메카 같은 장소에 내가 있었어요. 나는 아주 친한 친구와 있었는데 누구였는지는 기억할 수가 없어요. 그녀는 깊은 터널로 뛰어내려 자살하려 하고 있었어요. 난 그녀에게 시신을 수습해 주겠다고 약속했지요. 근데, 나중에서야, 그렇게 하려면 각종 썩은 시신들이 널려 있는 끔찍하

게 무서운 터널로 기어 들어가야 한다는 걸 깨닫고는 그걸 할 수 없을 것 같다는 생
각이 들었어요.

이 꿈에 대해 연상을 하며 베티는 그 꿈을 꾸기 얼마 전에 자기 신체 전부를
내다 버렸다는 생각을 하고 있었고, 자기는 80파운드 체중이 빠졌는데, 자기네
사무실에는 80파운드밖에 안 나가는 여성이 있다고 이야기했다. 그 시기에 그
녀는 시체 해부와 자기가 내다 버린 "몸"에 장례를 지내는 상상을 했다. 이러
한 죽음에 대한 섬뜩한 생각이 자기 친구의 시신을 터널에서 수습하는 꿈 이미
지로 반영된 것이 아닌가 하고 베티는 생각했다.

그 꿈에서 나타난 심상과 깊이는 그녀가 얼마나 멀리 왔는지 내가 분명히 자
각할 수 있게 하였다. 불과 몇 달 전 그녀는 낄낄대고 피상적이기만 한 여성이
었다는 것을 떠올리기 어려웠다. 이제 베티는 매 회기, 매분, 나로 하여금 집중
하게 했다. 공허한 수다를 떨면서 나와 이전 정신과 의사를 무척 지루하게 했
던 그 여인에게서 이렇게 생각이 깊고 자발적이며 민감한 여성이 출현하리라고
그 누가 상상할 수 있었겠는가?

165파운드, 다른 종류의 일이 일어났다. 어느 날 내 사무실에 나타난 베티를
보고 나는, 처음으로, 그녀에게도 무릎이 있다는 것을 발견했다. 나는 다시 봤
다. 무릎이 언제나 거기 있었나? 아마 내가 그녀에게 이제 좀 더 관심이 생겨서
일 수도 있을 것이다. 나는 그렇게 생각하지 않게 되었다. 그녀의 몸매는 턱에
서 발끝까지 항상 부드러운 둥근 곡선이었다. 약 2주쯤 후에 나는 가슴이, 유방
둘이 있다는 표시를 보았다. 1주일 후에는 턱선, 턱 그리고 팔꿈치들이 모두 있
었다. 거기엔 항상 매장된 듯 숨겨져 있던 사람, 아주 아름다운 여성이 있었다.

다른 이들, 특히 남자들은 그 변화를 주시했고 그녀와 이야기를 하면서 그녀
에게 신체 접촉을 하기도 했고 찬찬히 살피기도 했다. 사무실에서 어떤 남자는
주차장까지 그녀와 함께 걸어가기도 했다. 그녀의 미용사는 기꺼이 그녀에게
두피 마사지를 해 주었다. 상사가 자기 가슴을 슬쩍 훔쳐 보았다는 것도 확실

했다.

어느 날 베티가 '159'(약 70킬로그램)를 선포했고, '처녀지(virgin territory)'라고 덧붙였는데 고등학교 때 이래로 150대에 들어서 본 일이 없었기 때문이다. 그녀가 '비 처녀지'로 들어서는 것이 걱정스러운지 궁금해하는 내 반응은 유감스러운 농담이기는 했지만, 섹스에 대하여 중요한 이야기를 시작하게 만들었다.

성생활에 대한 상상은 활발했지만, 남자와 신체적 접촉은 포옹이라든가 키스, 성적인 느낌이 들게 손을 꼭 잡는 것까지도 해 본 적이 없었다. 그녀는 항상 섹스를 갈망했고 비만한 여성에 대한 사회의 태도가 자기에게 성적 좌절을 선고한 데 대하여 화가 났다. 성적인 초대가 이루어질 수 있는 체중에 가까워 온 지금에서야, 자기 꿈이 위협적인 남성상(그녀 배에 커다란 주사 바늘을 찌른 마스크 쓴 의사, 배의 큰 상처 딱지를 떼어 내며 노려보는 남자)으로 가득 찬 지금에서야, 그녀는 자기가 섹스를 무척 두려워하고 있었다는 것을 깨달았다.

이러한 이야기를 하는 과정에서 일생 동안 남자들에게 거부당했던 고통스런 기억이 홍수처럼 쏟아져 나왔다. 그녀는 한 번도 데이트 신청을 받아 본 적이 없었고 학교에서 열리는 무도회나 파티에 가 본 적이 없었다. 그녀는 비밀을 고백할 수 있는 극히 친한 친구 역할을 매우 잘했고 친구들이 결혼 계획을 세우는 데 많은 도움을 주었다. 그들은 지금 거의 다 결혼을 했고 그녀는 영원히 자기가 선택되지 못한 관찰자의 역할을 하리라는 것을 더 이상 스스로에게 감출 수가 없었다.

우리는 곧 섹스로부터 기본적인 성적 정체감이라는 더 깊은 흐름으로 옮겨 갔다. 베티는 자기 아버지가 아들을 진정으로 원해서 자기가 태어났을 때 말은 안 했지만 적잖이 실망을 했다는 이야기를 들은 적이 있었다. 어느 날 밤에 그녀는 잃어버린 쌍둥이 남자 형제에 대한 꿈을 두 가지 꾸었다. 한 꿈에서 자기와 쌍둥이 남자애가 서로를 구분하는 배지를 달고 있었는데, 서로서로 바꾸기를 하고 있었다. 다른 꿈에서 그녀는 그를 제거해 버렸다. 사람이 꽉 차 너무 뚱뚱한 자신은 들어갈 수 없는 엘리베이터에 남자애는 가까스로 탔다. 그런데 엘리베이터가 쿵 내려앉는 바람에 모든 승객이 죽었고, 그녀는 그의 유해를 수습하라고 남겨져 있었다.

또 다른 꿈에서는, 아버지가 자기에게 "숙녀(Lady)"라 불리는 말을 한 마리 주었다. 그녀는 항상 아버지가 말을 선물해 주기를 원했는데, 꿈에서 어린 시절의 소망이 충족되었을 뿐 아니라 아버지는 공식적으로도 자기에게 숙녀라는 별칭을 지어 주었다.

섹스를 실제로 하는 것과 자신의 성적 정체감에 대한 이야기는 심한 불안과 매우 고통스런 공허감을 불러일으켜, 몇 번은 과자와 도넛으로 진탕 배를 채웠다. 이제부터 베티는 저녁 한 끼는 TV 앞에서 약간의 고체 음식을 먹도록 허용되었지만, 이것은 액체만으로 하는 다이어트보다 한층 따라가기가 어렵다는 것을 알게 되었다.

미리 불안해지는 것은 중요한 상징적 표시였다. 100파운드가 빠진 것. 이 특정한 목표는, 한 번도 성취해 본 적이 없는 강력한 성적 의미를 함축하고 있었다. 하나는, 몇 개월 전에 칼로스가 반 농담으로 100파운드가 빠지면 주말에 그녀를 하와이에 데리고 가겠다고 말했던 것이었다. 게다가 다이어트 전의 정신적 준비 기간에 그녀는 100파운드가 빠지면, 신문의 개인 광고란을 보고 연락하여 만났던 조지를 만나 자기의 새로운 육체로 그를 놀라게 해 주고 신사답게 행동했던 그에게 보상을 주겠노라고 스스로 다짐을 했다.

그녀의 불안을 감소시키기 위해 나는 중용을 취하라고 하며 덜 극단적인 단계를 밟으며 섹스에 접근하도록 추천했다. 예를 들면, 남자와 이야기를 하며 시간을 보낸다든지 성에 관한 해부학적 주제나 성의 기제, 자위행위에 대해 스스로 배운다든지 하는 것이었다. 나는 읽을거리를 추천해 주었고, 산부인과 여의사를 찾아가 보도록 권유했으며, 여자 친구들이나 치료집단과 그러한 주제에 관해 탐색해 보라고 하였다.

체중 감소가 급속히 일어나던 이 시기 동안, 또 하나의 아주 특별한 현상이 일어났다. 베티는 순간적으로 정서가 느껴졌던 장면들이 떠오르는 것을 경험했으며 순간적으로 떠오른 생생한 기억들, 이를테면 자기가 텍사스에서 뉴욕으로 떠나던 날 혹은 대학 졸업식 혹은 엄마가 너무 수줍음을 타고 두려움이 많아 자기의 고등학교 졸업식에 오지 않은 데서 생긴 엄마에 대한 분노 등을 이야기하며 치료 시간 내내 펑펑 울었다.

처음에는 그런 순간 장면들이 극단적인 기분 변화를 동반해서 혼란스럽게 시시때때로 나타났다. 그러나 몇 주 후 베티는 거기에 어떤 패턴이 있다는 것을 깨달았다. 즉, 체중이 감소함에 따라 바로 그 체중 때 일어났던 깊은 상처 혹은 해결되지 않은 주된 생활 사건을 재경험하고 있는 것이었다. 그래서 250파운드에서 내려가며 정서적으로 채워졌던 생활 사건들이 시기별로 거꾸로 돌아가 떠오르고 있는 것이었다. 텍사스를 떠나 뉴욕으로(210파운드), 대학 졸업(190파운드), 의대 예과 과정 포기 결정(그리고 자기 아버지를 죽게 만든 암 치료법 발견의 꿈 포기)(180파운드), 고등학교 졸업식의 외로움과 다른 아이들의 아빠와 딸 관계에 대한 부러움, 졸업생을 위한 댄스파티에 가기 위한 데이트가 자기에게는 불가능함(170파운드), 중학교 졸업과 졸업식 날의 아버지에 대한 그리움(155파운드). 무의식 영역에 대한 얼마나 기가 막힌 증명인가! 마음은 오랫동안 잊고 있었던 것을 베티의 몸은 모두 기억하고 있었다.

이 모든 순간 기억들 속에는 모두 아버지에 대한 기억이 스며들어 있었다. 우리가 자세히 들여다보면 볼수록 모든 것이 아버지와 그의 죽음 그리고 그 당시 체중인 155파운드로 이끌리고 있다는 것이 점점 더 분명해졌다. 그 체중에 접근해 갈수록 그녀는 점점 더 우울해졌고 마음은 점점 더 아버지에 대한 추억과 감정들로 가득 찼다.

곧 우리는 회기 내내 그녀 아버지에 대한 이야기로 보냈다. 모든 것을 파헤쳐야 할 시기가 왔다. 나는 그녀에게 기억 속에 푹 빠져 들어 기억나는 모든 것, 그의 질병, 그의 죽음, 마지막으로 병원에서 봤을 때의 모습, 장례식의 세세한 것, 그녀가 입었던 옷, 목사님의 설교, 참석했던 사람들, 모든 것을 표현하도록 격려했다.

전에도 베티와 나는 그녀 아버지에 대해 이야기를 했지만 이토록 강도 높게 그리고 깊이 있게 한 적은 없었다. 그녀는 결코 전에는 볼 수 없었던 상실감을 느꼈고, 2주가 넘게 거의 계속 울었다. 이 기간 동안 우리는 일주일에 세 번을 만났는데, 나는 그녀로 하여금 눈물의 근원을 이해하도록 도우려 했다. 부분적으로 그녀는 자기가 상실한 것 때문에 울었지만, 대부분은 자기 아버지의 삶이 너무나 비극적이었다고 생각했기 때문이었다. 그는 아버지 자신이 원한 만큼 혹은 그녀가 아버지에게 원한 만큼 교육도 받지 못하고 은퇴 직전에 죽음을 맞이했으며 자기가 바랐던 여가 시간을 즐기지도 못했다. 그러나 나는 이 점을 그녀에게 지적했는데, 그녀가 묘사한 바 있는 아버지가 한 활동들은 그의 대가족, 폭넓은 사회 반경, 매일 친구와 함께 가졌던 농담을 주고 받는 시간, 땅에 대한 사랑, 해군에서 보낸 젊은 시절, 오후의 낚시 등 아버지가 아는 사람들과 공동체 속에서 사랑받으며 충만했던 한 폭의 그림 같은 삶이었다.

내가 아버지와 자기 자신의 삶을 비교해 보라고 재촉했을 때, 그녀는 자기 슬픔을 엉뚱한 사람에게 두고 있음을 깨달았다. 충만하지 않아 비극적인 삶은 아버지가 아닌 자기 자신의 삶이었던 것이다. 그러면 실현되지 않은 자기 소망에 대한 비탄은 얼마만큼일까? 이 질문은 베티에게 특별히 고통스런 것이었는데, 그 즈음 그녀는 산부인과 의사를 방문하여 자기가 내분비선 이상이 있어 아기를 가질 수 없다는 이야기를 들었기 때문이다.

나는 우리 치료가 밝혀내고 있는 고통 때문에 이 기간이 너무나 잔인하게 느껴졌다. 매 회기가 엄한 시련이었고, 종종 베티는 무섭게 떨며 내 사무실을 떠났다. 그녀는 급성 공황 발작(acute panic attacks)을 경험하기 시작했고 어지러운 꿈에 시달렸는데, 그녀의 표현을 빌리자면, 하룻밤에 적어도 세 번은 죽었다 깨어났다. 그녀는 아버지가 죽고 난 직후 청소년기에 시작되어 반복되는 두 개의 꿈을 제외하고는 기억할 수 없었다. 하나는, 자기가 벽돌로 꽉 막힌 작은 벽장에 마비된 채 누워 있는 것이었다. 또 하나는, 자기가 병원 침대에 누워 있고, 자기 영혼을 상징하는 촛불이 하나 켜져 있는데, 그것이 침대 머리에서 타고 있는 것이었다. 그녀는 그 불꽃이 다하면 자기가 죽을 것이라는 것을 알고 있었고, 초가 점점 작아지는 것을 보며 무력감을 느꼈다.

아버지의 죽음을 이야기하는 것은 분명 자기 자신의 죽음에 대한 두려움을 불러일으켰다. 나는 베티에게 죽음에 대한 첫 경험과 어린 시절에 가졌던 죽음에 대한 개념을 물었다. 농장에 살면서 죽음에 관한 한 그녀는 멀리 있지 않았다. 어머니가 닭을 죽이는 것을 보았고 돼지들이 도살될 때 지르는 비명 소리를 들었다. 아홉 살에 할아버지의 죽음을 맞이했을 때는 극단적으로 안절부절 못했다. 자기 어머니에 따르면(어머니는 전혀 이것을 기억하지 못한다고 베티는 말했다.), 부모님들은 자기에게 늙은 사람들만 죽는 것이라고 달랬으나 그 후 몇 주 간이나 자기는 자라나서 늙고 싶지 않다고 노래를 불렀고 부모에게 몇 살이냐고 반복해서 물어 그들을 괴롭혔다. 그러나 베티가 자기도 언젠가는 죽는다는 불가피한 진실을 파악하게 된 것은 아버지가 죽은 직후였다. 그녀는 그 순간을 정확히 기억했다.

"장례식이 끝나고 이틀쯤 후였는데, 아직 학교를 결석하고 있었어요. 선생님은 내게 준비가 되었다고 느껴지면 학교에 나오라고 했지요. 더 일찍 학교를 나갈 수 있었지만 나는 그렇게 일찍 학교를 가는 것은 옳지 않은 것 같았어요. 사람들이 내가 충분히 슬퍼하지 않는다고 생각할까 봐 두려웠지요. 나는 집 뒤에 있는 들판을 걸었어요. 추웠지요. 나는 입김이 나오는 것을 볼 수 있었고 땅은 덤불로 가득 차 있고 경작지 이랑은 얼어서 걷기가 매우 힘들었어요. 나는 아버지가 그 땅 밑에 누워 있으니 얼마나 추울까 생각을 하고 있었는데, 갑자기 '다음은 네 차례다!' 하는 소리가 위에서 들려오는 것이었어요."

베티는 여기서 멈추고 나를 바라보았다. "내가 미쳤다고 생각하세요?"

"아니요. 전에도 이야기했지만, 요령 있게 하지 않아도 돼요."

그녀는 미소지었다. "나는 아무에게도 이 이야기를 한 적이 없어요. 실은 잊어버리고 있었지요, 이번 주까지 몇 년 동안이나."

"당신이 기꺼이 나를 믿어 줘서 좋네요. 매우 중요한 것같이 들리는데요. '다음 차례'라는 것에 대해 좀 더 이야기해 주세요."

"아버지는 더 이상 나를 보호해 주며 거기에 있지 않은 것 같았어요. 아버지는 나와 무덤 사이에 서 있었어요. 아버지가 없었기 때문에 바로 다음 줄에 서 있는 사람은 나지요."

베티는 어깨를 추켜올리며 몸서리를 쳤다. "이 생각을 하고 있으면 아직도 귀신이 나올 것 같은 기분을 느낀다는 걸 믿을 수 있으신가요?"

"어머니는? 이런 때에 어머니는 어디 있었나요?"

"전에 말씀드린 것처럼, 저기, 뒷마당 저기에. 엄마는 음식을 만들어 나를 먹였지요. 진짜 요리를 잘하셨어요. 그러나 약했지요. 내가 엄마를 보호해야 했어요. 운전을 못하는 텍사스 사람이 있다는 걸 믿을 수 있어요? 어머니는 운전 배우는 걸 두려워했기 때문에 아버지가 아프기 시작했던 열두 살부터 나는 운전을 하기 시작했어요."

"그러니까 아무도 당신을 막아 줄 사람이 없었군요?"

"그것이 악몽을 꾸기 시작한 때지요. 촛불에 관한 그 꿈이요. 난 그 꿈을 스무 번도 더 꿨을 거예요."

"그 꿈은 전에 몸무게가 줄어드는 것에 대한 두려움, 그러니까 아버지처럼 암으로 죽어 가는 것을 피하려면 몸무게가 많이 나가야 하는 것이라고 당신이 말했던 생각이 나는데요. 촛불이 크게 있으면, 당신은 사는 것이라고요."

"아마요. 그러나 그 이상인 것 같아요."

치료자가 너무 서둘러 해석하는 것이 이처럼 훌륭한 것이었을지라도 이렇게 무의미한 것이 될 수 있다는 또 하나의 좋은 예라고, 나는 생각했다. 내담자는 다른 모든 사람도 그러하듯 그들 스스로 발견한 진실에서 가장 큰 이득을 얻는다.

베티는 계속했다, "그해 어느 때인가 나는 서른 전에 죽을 것이라는 생각이 들었어요. 아시지만, 나는 아직도 그걸 믿고 있거든요."

이러한 이야기들로 죽음에 대한 부인(denial)을 탐색하게 되었다. 베티는 안전하지 못하다고 느끼기 시작했다. 그녀는 부상당할 것을 항상 경계했다. 운전할 때도, 자전거 탈 때도, 길을 건널 때도. 그녀는 죽음이 가진 변덕스러움에 사로 잡히게 되었다. "그것은 언제든지 올 수 있다." 그녀는 말했다. "가장 안전하다고 여길 때에도." 그녀의 아버지는 돈을 모아 온 가족이 유럽으로 여행을 가려고 했는데, 떠나기로 한 날을 며칠 앞두고 뇌종양이 진전되었다. 그녀든 나든 누구든 언제고 갑자기 쓰러질 수 있다. 누구라도, 나라도, 이것을 어떻게 직면할까?

이제 베티가 완전히 '현재'에 있도록 나는 그녀가 묻는 어떤 질문에 대해서도 움츠러들지 않으려 했다. 나는 죽음이라는 단어가 떠오를 때 나 자신이 느끼는 어려움을 함께 이야기했는데, 죽음이라는 사실이 변화될 수 없는 것이라 할지라도 그에 대한 태도는 큰 영향을 받을 수 있다는 것이 요지였다. 개인적 경험으로나 전문가로서의 경험으로나 나는 항상 사람이 자기의 삶을 충분히 살지 못하고 있다고 느낄 때 죽음에 대한 공포가 가장 크다고 믿게 되었다. 이를 공식으로 잘 만들어 보면, 삶을 제대로 살지 못하거나 잠재력을 실현시키지 못했을수록 사람의 죽음에 대한 불안은 커진다.

내가 베티에게 말한 가설은 '그녀가 자기 삶에 충분히 들어가면 죽음에 대한 공포를 잊을 것'이라는 것이었다. 전부는 아닐지라도 어느 정도는, 우리는 누구나 어느 정도는 죽음에 대한 공포에 시달린다. 이는 자각을 허용하는 대가이다.

어느 때에는 베티가 자기의 병적인 주제에 대해 생각하도록 내가 강요하는 것에 분노를 표현하기도 했다. "왜 죽음에 대해 생각해요? 우리는 아무것도 할 수가 없는 걸요!" 나는 그녀에게 죽음이라는 사실은 우리를 파괴하지만, 죽음에 대한 생각은 우리를 구원한다는 것을 이해하도록 도우려 했다. 다시 말하면, 우리가 죽음을 의식함으로써 인생에 대해 다른 시각을 가질 수 있고 중요도의 순서를 다시 한 번 생각해 볼 수 있다는 것이다. 칼로스가 그 교훈을 배웠는데 죽음을 맞이하는 자리에서 자기 삶이 구원을 받았다고 이야기했을 때 의미한 것이 바로 그것이었다.

내가 생각하기에 베티가 죽음에 대한 자각에서 배워야 할 중요한 교훈은 삶은 현재를 살아야 한다는 것이며 그것을 또한 언제까지나 미루고 있을 수만은 없다는 것이었다. 그녀가 지금까지 삶을 피해 온 방식을 설명하기는 어렵지 않았다. 다른 사람들과 관계 맺기를 꺼리는 것(헤어지는 것이 무서워서), 삶에 있는 많은 것으로부터 자기를 떨어져 나가게 하는 결과를 가져왔던, 그녀의 과식과 비만, 슬그머니 과거나 미래로 미끄러져 들어감으로써 현재 이 순간을 회피하는 것 등등이 그녀의 방식이었다. 또한 이런 양식을 고칠 힘이 자기 자신에게 있다는 것을 주장하기도 어렵지 않았다. 사실 그녀는 이미 시작을 했으니까. 바로 그날 그녀가 나와 얼마나 깊이 관계를 맺었는지 생각해 보라!

나는 그녀에게 자신의 슬픔 속에 침잠해 보도록 격려하여 그에 대한 모든 단면을 탐색하고 표현하기를 바랐다. 나는 같은 질문을 다시 던졌다. "누구에 대해, 무엇을 슬프게 생각해요?"

"나는 사랑 때문에 슬퍼하고 있다는 생각이 들어요. 팔을 둘러 나를 안아 준 유일한 사람은 아빠뿐이에요. 아빠만이, 내게 사랑한다고 말해 준 유일한 남자, 유일한 사람이지요. 내게 그런 일이 또 일어날 수 있을지 모르겠어요."

나는 내가 감히 한 번도 가 보지 못한 새로운 영역으로 들어가고 있다는 것을 알았다. 불과 일 년 전만 해도 나는 베티를 쳐다보기조차 힘들었다는 것을 기억할 수 없었다. 오늘 나는 긍정적인 쪽으로 그녀에게 부드러운 마음이 되었다는 것을 느꼈다. 나는 반응할 방법을 찾았으나 아직도 내가 주려 했던 것보다 훨씬 적게 반응하고 말았다.

"베티, 사랑받는다는 것은 오로지 우연이거나 숙명이 아닙니다. 당신이 그것에 영향을 끼칠 수 있어요. 당신이 생각하는 것보다 훨씬 많이요. 몇 달 전보다 당신은 사랑에 대해 훨씬 더 준비가 되어 있어요. 난 그 차이를 볼 수도, 느낄 수도 있어요. 당신은 예전보다 훨씬 예쁘게 보이고, 관계를 더 잘 맺고, 지금은 훨씬 더 접근하기 쉽고 준비되어 있어요."

베티는 나에 대한 긍정적인 감정을 더 개방했고 자기가 의사나 심리학자가 되어 나와 함께 연구 프로젝트를 하는 오랜 환상을 나눴다. 내가 자기 아버지였으면 하는 소망은 항상 자기에게 커다란 고문이었던 슬픔의 마지막 국면으로 우리를 이끌었다. 자기 아버지에 대한 사랑과 함께 그에 대한 부정적인 감정도 가지고 있었다. 아버지의 외모(그는 극도로 비만했다), 야망이나 교육 수준이 낮은 것, 사회적 예절에 대해 무식한 것 때문에 그녀는 자기 아버지가 부끄럽게 느껴졌다. 이 이야기를 하며 그녀는 무너졌고 흐느꼈다. 자기 아버지를 부끄러워한다는 것이 너무 부끄러워서 이 이야기를 하는 것이 어려웠다고 말했다.

대답을 생각하고 있을 때, 내 첫 분석가, 올리브 스미스가 30여 년 전에 내게 했던 이야기가 생각났다. 나는 그것을 잘 기억하는데, 내 생각에 그것이 600시간 동안 그녀가 간접적으로 개인적인—그리고 가장 도움이 되는—이야기를 했던 유일한 것이기 때문이다. 나는 어머니에 대한 무서움을 표현하며 부들부들 떨고 있었는데, 올리브 스미스는 소파에 비스듬히 기대어 부드럽게 "그게 우리가 생겨 먹은 방식 같아요."라고 말했다.

나는 그 말을 매우 소중히 간직했는데, 30년이 지난 지금, 그 선물을 베티에게 이야기하여 전해 주었다. 수십 년이 흘러도 그것이 복원되는 힘은 전혀 부식되지 않는다. 그녀는 깊이 숨을 내쉬었고, 냉정을 되찾으며 의자에 등을 기대고 앉아 있었다. 나는 고등 교육을 받아 성인이 된 사람이 교육받지 않은 노동자 계급의 부모와 관계를 맺는 것이 얼마나 어려운지를 개인적인 경험으로 알고 있다고 덧붙였다.

캘리포니아에서 1년 반을 보내라는 베티에게 내려진 회사의 명령은 이제 거의 끝나가고 있었다. 그녀는 치료를 중단하고 싶지 않아서 캘리포니아의 근무를 연장시켜 달라고 회사에 요구하였다. 그것이 안 되었을 때 그녀는 캘리포니아에서 직장을 구할까도 생각했으나, 결국 뉴욕으로 돌아가기로 결정하였다.

하필 이런 시간에 그만두어야 하나, 이런 중요한 주제를 작업하고 있는 중간에 그리고 150파운드라는 바리케이드 밖에서 베티와 야영 중인 이 때에! 처음에 나는 시기가 이보다 더 나쁠 수는 없다고 생각했다. 그러나 좀 더 생각을 해 보니, 베티는 '시간제한에도 불구하고'가 아니라, '시간제한 때문에' 치료에 깊이 몰입하였을지도 모른다는 것을 깨달았다. 미리 정해 놓은 종결일이 있을 때 종종 치료의 효율성이 높아진다는 것을 이해했던 칼 로저스(Carl Rogers) 그리고 그 전 오토 랭크까지 거슬러 올라가 보면, 이것은 심리치료의 오랜 전통이었다. 베티가 만약 치료를 받을 수 있는 시간이 제한되어 있다는 것을 몰랐다면, 그녀가 예를 들어, 체중 감소를 시작할 필요가 있다는 내적 결정을 내리는 데 훨씬 더 시간이 걸렸을지도 모른다.

게다가 우리가 아주 많이 나아갈 수 있었다는 것은 너무나 자명했다. 치료의 마지막 달에 베티는 새로운 것을 찾아내는 것보다는 우리가 이미 개방했던 주제를 해결하는 데에 더 관심을 보이는 것 같았다. 내가 그녀에게 뉴욕에 가서도 치료를 계속하도록 권하며 적절한 치료자 이름을 제시했을 때, 자기가 치료를 계속할지 확실하지 않다는 말로 시작하여 충분히 한 것 같다고 하며 여지를 주지 않았다.

베티가 더 이상 치료를 받지 않으리라는 증거는 또 있었다. 떠벌리지는 않았지만, 그녀는 더 이상 다이어트를 하고 있지 않았다. 우리는 160파운드(약 72kg)에 이른 그녀의 체중을 유지하는 데 집중하기로 했고, 바로 그 마지막 지점에서 그녀는 완전히 새로운 의상들을 샀다.

치료의 이 시점에서 꾼 꿈은 이것을 조명해 준다.

나는 꿈에서 페인트공이 우리 집의 바깥을 마무리 페인트칠하리라고 생각했어요. 그런데 집을 온통 금새 다 칠할 것 같았어요. 창문마다 페인트 스프레이를 들고 있는 남자가 있었어요. 얼른 옷을 입고 그들을 말리려 했지요. 그들은 집 밖을 전부 페인트칠하고 있었어요. 마루 바닥 사이에서 연기가 온 집안으로 올라오고 있었어요. 나는 얼굴에 스타킹을 뒤집어쓰고 집 안을 칠하고 있는 남자를 봤지요. 그에게 페인트로 끝 마무리만을 해 달라고 이야기했어요. 그는 안팎을 전부 다 칠하라는 명령을 받았다고 말했지요. "이 연기는 뭐예요?" 하고 내가 물었어요. 그건 박테리아라고 말하고는 부엌에서 무시무시한 박테리아가 배양되고 있었다고 덧붙였어요. 나는 무서워져서 자꾸자꾸 "나는 페인트로 끝마무리만 원한다고요."라고 말했어요.

치료를 처음 시작할 때 베티는 정말로 페인트 끝마무리만을 원했으나 그녀 집의 깊은 내부 장식에 대한 재건 작업까지 하게 되었다. 더구나 페인트공인 치료자는 아버지와 자기 자신의 죽음이라는 스프레이를 그녀의 집에 뿌렸다. 이제 그녀는 자기가 충분히 멀리 왔다고 말하고 있고 중단할 시기가 왔다는 것을 이야기하고 있었다.

마지막 회기가 가까워 옴에 따라 나는 고비를 넘어온 듯한 안도감과 기쁨을 느꼈는데, 마치 내가 무엇인가로부터 자유로워진 느낌이었다. 심리치료의 원리 중 하나가, 다른 이에 대한 중요한 감정은 항상 이러저러한 채널을 통해 언어적으로 아니면 비언어적으로 전달된다는 것이다. 내가 기억하는 한, 나는 학생들에게 치료 관계에서 내담자 쪽에서나 치료자 쪽에서 이야기되지 않는 뭔가 큰 것이 있으면, 다른 어떤 중요한 것도 이야기되지 않는다고 가르쳐 왔다.

그러나 베티에 대해 나는 굉장히 부정적인 감정을 가지고 치료를 시작했는데 그 감정을 그녀와 한 번도 이야기하지 않았고 그녀가 감지하지도 못했다. 그런데도 분명히 우리는 중요한 주제를 이야기했다. 의심할 여지도 없이 치료에서 진전을 봤다. 그 원리가 틀렸음을 내가 증명한 것인가? 심리치료에서 "절대적인 것"이란 없어서일까?

마지막 세 시간은 우리가 이별할 시간이 임박한 데 대한 베티의 고통을 작업하는 데 총력을 기울였다. 그녀가 치료 시작 시점에 두려워했던 바로 그것을 극복해야 하는 것이었는데 나에 대한 감정을 깊이 느끼고 이제 나를 잃으려 한다는 것을 자신에게 허용해 주어야 하는 것이다. 나를 신뢰했다는 것의 의미는 무엇인가? 그것은 그녀가 처음 말했던 "관계를 맺지 않으면, 이별도 없다."는 것이다.

이러한 오랜 감정이 되살아나는 것에 나는 낙담하지 않았다. 첫째, 종결이 가까워짐에 따라 내담자는 일시적으로 퇴행한다(절대적인 것은 있다). 둘째, 문제가 치료에서 한 번에 다 해결되는 것은 아니다. 그 대신에 치료자와 내담자는 배운 것을 적용하고 강화하기 위해 불가피하게 거듭 되돌아온다. 실제로 이런 이유 때문에 심리치료를 종종 "되풀이 치료"라고 부르기도 한다.

나는 베티의 낙심과 믿음, 즉 일단 자기가 나를 떠나면 우리의 작업은 아무것도 아닌 것이 될 거라는, 왜냐 하면 자기의 성장은 내게도 그리고 자기 밖의 어떤 대상에게도 남아 있지 않고 혼자 지녀야 하는 자기의 일부로만 남을 것이므로 아무것도 아니라는, 믿음에 착수했다. 만약 예를 들어, 나를 신뢰하고 이전 어느 누구에게보다 내게 자신을 드러내 보였다면, 그녀는 자기 안에 그것을 또 할 수 있는 능력과 아울러 그 경험을 가지고 있는 것이다. 이러한 논지를 분명히 심어주기 위해 나는 마지막 회기에 나 자신을 예로 들었다.

"나도 마찬가지예요, 베티. 우리가 만났던 것을 그리워할 거예요. 그러나 당신을 알게 된 결과로 나는 변화했지요―"

그녀는 울고 있었고, 눈을 내리깔고 있었으나, 내가 말을 시작하자 그녀는 흐느낌을 멈추고 나를, 기대를 담은 눈으로 바라보았다.

"그리고, 우리가 다시 만나지 않게 된다 할지라도, 그 변화는 여전히 내게 지속될 거예요."

"무슨 변화인데요?"

"글쎄, 내가 전에 이야기한 것처럼, 난 별로 전문적인……음……비만 문제에 대한 경험이 없었어요―" 나는 베티가 실망하여 눈을 내리까는 것을 보며 내가 그렇게 비인간적인 데 대해 조용히 한숨을 내쉬었다.

"글쎄, 내가 의미하는 것은 전에는 체중이 많이 나가는 내담자들과 작업을 하지 않았다는 것인데, 나는 새로운 평가를 하게 되었지요. 그 문제에 대해―" 나는 그녀가 더 실망해서 가라앉고 있다는 표시를 볼 수 있었다. "내가 말하는 뜻은 비만한 사람에 대한 내 태도가 바뀌었다는 것이지요. 우리가 시작했을 때 나는 개인적으로 비만한 사람과 함께 있는 것이 편하지 않게 느껴졌어요―"

이상하게도 버벅거리고 있을 때 베티가 내 말을 가로챘다. "호! 호! 호! '편안치가 않았다' ─그건 너무 약한 표현인데요. 처음 6개월 동안 당신은 거의 나를 쳐다보지 않은 걸 아세요? 그리고 1년 반 동안 결코─단 한 번도─나와 신체 접촉을 안 한 것을 아시나요? 악수조차도요!'

나는 심장이 쿵 내려앉았다. 아이고 하느님, 그녀가 옳았다. 나는 결코 그녀에게 손을 댄 적이 없었다. 난 단지 그것을 인식하지 못하고 있을 따름이었다. 그리고 내가 그녀를 매우 자주 보지는 않았다고 추측했을 따름이었다. 나는 그녀가 그것을 주시하고 있다고 예측하지 못했다.

나는 더듬거렸다. "알다시피, 정신과 의사들은 보통 접촉을 잘 안 하지요, 자기의─"

"당신이 더 거짓 핑계를 대어 피노키오처럼 코가 자꾸자꾸 커지기 전에 잠시 내가 방해를 할게요." 베티는 내가 당황한 것을 즐기는 듯했다. "내가 힌트를 하나 드리겠어요. 기억해 보세요. 칼로스와 나는 같은 집단에 참여하고 있어서 집단이 끝난 다음에 당신에 대해 가끔 수다를 떨어요."

우-오, 이제는 알았다. 나는 이것을 예측 못했다. 나는 치료 불가능한 암 환자인 칼로스가 매우 고립되어 있고 너무나 동떨어져 있다고 느껴져서 신체 접촉을 통해 그를 지지하기로 결정했다. 나는 내 시간 시작과 끝날 때 그와 악수를 했고 대체로 그가 사무실을 떠날 때면 그의 어깨에 손을 얹어 토닥거렸다. 한 번은, 그가 암세포가 뇌에 퍼졌다는 것을 알고는 울고 있을 때, 나는 팔로 그를 안아 주었다.

어떻게 말을 해야 할지 모르겠다. 베티에게 칼로스는 특별한 사례고, 그는 그것을 필요로 한다는 것을 이야기할 수가 없었다. 그녀에게 그것이 필요하다는 것은 하느님이 아신다. 나는 얼굴이 달아오르는 것을 느꼈고, 깨끗이 자백하는 수밖에는 선택의 여지가 없음을 알았다.

"음, 당신은 내 맹점을 지적했어요! 사실이에요. 아니, 사실이었어요. 우리가 처음 만났을 때, 나는 당신 신체 때문에 피하려 했어요."

"알아요, 알아요. 그건 그렇게 미묘하지는 않았어요."

"내게 말해 줘요, 베티. 내가 당신을 보지 않는다거나 당신을 불편해한다는 것을 알면서 왜 그대로 머물러 있었나요? 왜 나를 그만 만나고 다른 누군가를 찾지 않았어요? 나말고도 정신과 의사들은 굉장히 많잖아요." 뜨거운 자리에서 내려가기 위한 질문 형태는 아니었다!

"글쎄요. 적어도 두 가지 이유는 생각할 수가 있겠네요. 하나는, 내가 거기에 익숙해 있다는 걸 기억해 보세요. 그건 내가 기대할 수 있는 이상의 것이 아니었어요. 모두들 나를 그렇게 대하지요. 사람들은 내 외모를 싫어해요. 아무도 나와 신체 접촉을 한 적이 없어요. 기억하시나요, 그것이 미용사가 내 두피 마사지를 해 주었을 때 내가 놀란 이유예요. 그리고 나를 쳐다보지는 않았지만, 당신은 내가 이야기해야 하는 것에 적어도 관심이 있는 것 같았어요. 아니, 아니, 그건 맞지 않아요. 당신은 내가 쾌활해지기를 그만두면 내가 이야기할 수 있는 혹은 할지도 모르는 것에 관심을 가졌어요. 사실, 그것이 도움이 되었고요. 또한, 당신은 잠에 빠지지 않았어요. 그건 파버 박사보다 발전이었거든요."

"두 가지 이유라고 말했는데요."

"두 번째 이유는 내가 당신이 어떻게 느끼는지를 이해할 수 있었다는 것이에요. 당신과 나는 굉장히 비슷한 점이 많아요. 적어도, 어떤 면에서는요. 당신이 나를 익명의 과식자 모임에 들어가라고 강요했던 때 기억나세요? 다른 비만한 사람을 만나라고요. 친구를 만들고, 데이트도 하기 위해서?"

"그래요, 기억해요. 당신은 집단을 싫어한다고 말했잖아요."

"음, 그건 사실이에요. 난 집단을 싫어해요. 그러나 그건 다 사실은 아니에요. 진짜 이유는 난 뚱뚱한 사람을 참을 수가 없어요. 속이 뒤집어져요. 난 그들처럼 보이고 싶지 않아요. 그러니 그런 똑같은 감정을 가졌다고 어떻게 당신을 비난할 수 있겠어요?"

우리는 시간이 다 되었다는 것을 시계가 알려 줄 때까지 둘 다 의자 가장자리에 앉아 있었다. 이런 이야기가 오고 간 것은 나를 놀라게 하였고, 나는 끝나는 것이 싫었다. 나는 베티를 만나는 것을 그만두고 싶지 않았다. 나는 그녀와 계속 이야기하고 그녀를 더욱 알고 싶었다.

우리는 떠나기 위해 일어서, 나는 그녀에게 손, 양손을 내밀었다.

"오, 싫어요. 오, 싫어요. 나는 포옹을 원해요! 그것만이 스스로 속죄할 방법이에요."

우리가 서로 껴안았을 때, 나는 내 두 팔로 충분히 그녀를 안을 수 있다는 것을 발견하고 놀랐다.

사례9 _ 게슈탈트 치료

제인의 사례

Frederick S. Perls

편집자 서문　　그의 전 생애 동안 그리고 사후에도 "프릿츠(Fritz)"라고 알려진 프레 드릭 에스 펄스(Frederick S. Perls)는 진정한 자유인이었고, 행동가 였으며, 외로운 탐구자였고, 천재였다. 다른 심리치료를 개발한 많은—혹 은 모든—혁신자들의 사례처럼 "게슈탈트 치료"라고 부르는 치료 체계는 그 자신의 확장이었다. 프릿츠 펄스는 인습을 따르지 않았으며, 감정적이었고, 그 순간에 존재하 였다—그의 치료도 마찬가지다.

펄스는 시간, 특히 지금—여기를 아주 중요시했다. 그는 치료자가 문제의 핵심에 직 접적으로 들어가야 한다고 믿었고, 그것을 직면하고 심지어는 과장하여 치료자가 항 상 문제와 상황을 모두 통제하고 있음을 보여 주어야 한다고 믿었다.

여기에 수록된 사례는 펄스와 게슈탈트 치료가 어떻게 작용하는지를 가장 잘 보여 주는 짧은 예지만, 이 놀라운 인물과 그의 방법론에 대한 맛을 완전히 느껴 보려면 더 긴 사례를 읽어 보아야 할 것이다.

Perls, F. S. (1969) *Gestalt Therapy Verbatim* (pp. 217-272). Lafayette. CA: Real People Press.

다음 축어록은 게슈탈트 치료 워크숍에서 작성된 녹음 기록에서 발췌한 것이다.

프릿츠: 자, 나는 여러분이 모두 꿈에게 말하고, 꿈들이 대답하도록 하기를 바랍니다. 꿈의 내용이 아니라, 마치 꿈이 실체인 것처럼 말하세요. "꿈아, 너는 나를 놀라게 하는구나." "나는 너에 대하여 알고 싶지 않아." 아니면 무엇이라도 그리고 꿈들이 다시 대답하도록 하세요. [모두가 몇 분 동안 그들의 꿈에게 이야기한다.] ……

   자, 이제 여러분 각자가 자기 꿈의 역할을 하도록 하겠어요. "나는 거의 당신에게 다가가지 않아요. 그리고는 단지 조금씩 단편적으로만 다가가지요." 혹은 무엇이든 여러분이 자신의 꿈을 경험하는 그대로. 나는 여러분이 그 꿈이 되기를 바랍니다. 역할을 바꾸시고, 그래서 마치 여러분이 자기 자신에게 말하는 꿈인 것처럼, 전체 그룹에게 이야기해 보세요.

네빌: 나는 당신을 우롱하고 있어요, 안 그런가요? 나는 당신에게 중요한 사실
(Neville) 들을 모두 지니고 있으면서도 당신이 나를 기억하게 하지 않으니까요. 그것이 당신을 몹시 화나게 하겠지요, 그렇지요? 내가 당신을 혼란시키고, 우울하게 만들 때 거기에서 재미를 보지요. 그리고 날이 지날수록 점점 더 깊이 가라앉는 당신을 지켜봐요. 만일 당신이 나에게 조금만 집중한다면 나를 기억하는 것이 전혀 어렵지 않을 거예요. 그래서 나는 당신과 숨바꼭질 놀이를 하면서, 당신의 불편함을 즐겨요. 나는 당신을 완전히 놀리고 있어요. 당신을 완전히 혼동시키기 위해서, 나는 당신과 게임을 하고 그리고는 교묘히 빠져나오죠…… 나는 당신이 내 다른 면을 보게 했어요, 안 그래요?……

글렌: 나는 아주 명확하게 그리고 아주 자주 오지는 않아요. 왜냐하면 당신이 나
(Glenn) 를 아주 잘 이해하는 것처럼 보이지 않기 때문이죠. 만일 당신이 더 많은 주의를 기울인다면 나는 많은 볼거리를 보여 주겠지만, 지금처럼 당신이 나에게 거의 주의를 기울이지 않으면 이대로 형편없이 굴겠어요.

레이몬드: 나는 비열해요. 당신은 내가 여기에 있다는 것을 알지만, 무엇이 일어나고
(Raymond 있는지 모르게 할 겁니다.

블레어: 나는 당신을 속일 거예요. 나는 상징적이고, 이해할 수 없을 거예요……
(Blair)

당신을 혼란시키고…… 막연하게 할 겁니다.

밥:　나는 완전히 안개 속에 싸여 있어요, 저기 있는 저 산처럼 말이죠. 비록 안개
(Bob)　가 사라지더라도 당신이 내게서 뭔가를 알아내기는 힘들 겁니다.

프랭크:　나를 부끄러워하지 마세요. 당신은 자기를 드러내고 나와 더 많은 접촉을 해
(Frank)　야 돼요. 나는 당신을 도울 수 있다고 느껴요. 나는 당신과 더 많이 접촉하고
싶어요.

릴리:　나는 보고, 들을 수 있으며, 느끼고, 말하며 그리고 접촉할 수 있고 당신이
(Lily)　원하는 모든 것을 할 수 있어요.

제인:　나는 즐겁고, 신나고, 흥미로워요. 그리고 나는 당신을 정말로 끌어들일 거
(Jane)　고 그리고 나서 우리가 끝에 이르렀을 때 당신을 내몰 거예요. 그러면 당신
은 결과를 볼 수 없겠지요. 그 다음에 당신은 하루 종일 투덜대며 돌아다니
겠지요. 왜냐하면 당신은 끝에 도달하지 않았기 때문이죠.

샐리:　당신의 잠을 방해하는 것은 우리가 아니에요. 만일 당신이 우리에게 귀 기울
(Sally)　일 기회가 있다면, 그 뒤에는, 번개처럼 분명해질 거예요, 아주 충격적이지
요. 우리는 당신에게 쇼크를 줄 거지만, 당신은 얼마 안 있어 그걸 털어낼 거
예요. 그리고 당신이 일어나서, 그날의 자잘한 일들을 하면서 우리를 데리고
다닐 거예요. 그러나 만일 우리가 반복해서 계속 이렇게 한다면, 마침내 당
신은 아무것도 제대로 되지 않는다는 걸 발견할 거예요. 당신은 자신의 모든
결점이나 두려움을 숨기려고 하지만 우리는 당신을 혼란시키려고 거기에
있을 겁니다.

아베:　아무쪼록 우리가 당신에게 무언가 좋은 순간, 때로는 의미를, 때로는 힘을
(Abe)　주었다는 것을 기억하도록 하십시오. 최근에 우리는 당신에게 공포를 주었
지요—섬뜩한 공포, 그리고 또한 최근에 당신은 우리를 외면하였지요.

쟌:　나는 당신이 나를 정말로 기억하고 싶거나 알고 싶어한다고 생각하지 않아
(Jan)　요. 나는 당신이 나를 즐기려 한다고 느껴지지 않아요. 매번 나는 당신에게
가까이 가려고 하는데, 당신은 항상 "글쎄, 나는 너무 피곤해서 너를 기록할
수 없고 너에게 주의를 기울일 수 없어. 아침에 하지 뭐."라고 말하죠. 나는
당신이 여전히 나를 피하려 한다고 느껴져요.

훠거스:　나는 매우 기묘하지요. 나는 유일하게 정직하고, 유일하게 자발적인 당신의
(Fergus)　일부분이며, 유일하게 자유로운 당신의 부분입니다.

토니:
(Tony) 나는 당신이 매우 안됐다고 생각해요.

낸시:
(Nancy) 나는 당신에게 나를 아는 기쁨이나 성장하는 느낌을 즐기도록 해 주지 않을 거예요.

다니엘:
(Daniel) 당신은 내가 하루 동안 마치지 못하고 남아 있는 온갖 종류의 조각으로 만들어졌다고 알고 있어요. 그리고 내가 그것들에 대해 단지 잊어버리는 것보다는 가지고 있는 편이 더 낫지요. 게다가 때때로 나는 매우 아름답고, 의미 있어요. 그리고 특히 당신이 나를 신중하게 쳐다볼 때는 아주 도움이 되는 일을 하고 있어요.

스티브:
(Steve) 나는 당신을 쓸어버리고, 밀어붙이고, 당신에게 힘을 주는 다색의 가면입니다.

클레어:
(Clair) 당신은 단지 게임을 하고 있고 나는 정말 전력을 기울입니다. 그리고 당신은 나를 영원히 기다릴 수 있어요.

딕:
(Dick) 당신은 내 존재를 아주 많이 자각하고 있지만 대부분은 나를 무시해요.

테디:
(Teddy) 나는 매우 창조적이고, 흥미 있는 상황입니다. 당신이 깨어 있는 시간에는 결코 생각하지 못하는 줄거리들, 병렬상태지요. 나는 훨씬 더 창조적이고, 훨씬 더 무섭고, 단지 그림으로만 당신에게 나타나는 것은 아닙니다. 당신은 내가 거기에 있을 때 무슨 일이 일어나는지 알고 있죠. 후에 당신은 잊어버리겠지만. 그러나 나는 영화 속에 있지는 않아요. 나는 지식의 한 종류예요. 당신은 나를 영상으로 보고 싶어 하지만 나는 나타나지 않아요.

준:
(June) 나는 당신을 비참하게 만들 거고, 파괴할 것이며, 포위할 거예요. 그리고 당신을 바닥으로 밀어붙일 거고, 마치 숨 쉴 수 없을 것처럼 느끼도록 만들 겁니다. 그리고 나는 여기에 머무를 거고 당신 위에 앉아 있을 거예요!……

프릿츠: 좋아요. 어쩌면 여러분 중 상당수가 매우 흥미로운 것들을 알아차렸을 거예요. 어떻게 꿈이 당신의 숨겨진 자아를 상징하는지 말이죠. 나는 여러분이 방금 상상했던 꿈이 되어서 점점 더 많이 행동하도록 집단에서 함께 작업하길 바라요. 꿈의 역할을 했던 분 중에서 자신에게 얼마나 가까이 갈 수 있었는지를 깨달은 분이 몇이나 되는지 모르지만, 이것이 전면으로 꺼내고 싶지 않은 자신의 일부분이라는 것을 여러분 대부분이 쉽게 인식할 수 있다고 꽤 확신합니다. 꿈이 마치 사람인 것처럼 연기하라는 내 요구를 여러분이 문자

그대로 받아들였다면, 이런 지시는 완전한 난센스일 거예요. 어떻게 여러분이 자신의 꿈일 수 있습니까? 그리고는 여러분이 그것을 표현함에 따라 마침내 그것은 너무도 실제적이 됩니다. 여러분은 정말로 사람이 여기에 있다고 느낄 겁니다. 만일 이 사람이 우아함과 자신감으로 가면을 쓰고 있도록 다루어졌다면, 때로는 놀라울 거예요. 예를 들어, 여러분은 준이 얼마나 많이 드러났는지 알고 있을 겁니다. 그렇지만 나는 여러분 중 몇 사람이나 그녀의 엄청나게 파괴적인 힘을 볼 수 있었는지 모르겠군요. 이것은 매우 분명하게 드러납니다. 아주 훌륭해요.

제인 I

제인: 아, 내 꿈에서 나는 어머니와 가족을 방문하기 위해 집에 가고 있는 중입니다. 그리고 나는 운전—나는 빅 서(Big Sur)(역자 주; 미국 캘리포니아 주에 있는 지역)에서 어머니 집으로 운전해 가고 있는 중입니다…….

프릿츠: 바로 지금 무슨 일이 일어나고 있나요?

제인: 정말 여기는 너무도 두려워요. 이렇게 두려울 줄은 몰랐어요. [이 워크숍 회기는 30명의 다른 세미나 그룹의 관찰자들과 함께, 큰 방에서 열렸다.]

프릿츠: 눈을 감으세요…… 그리고 당신의 두려움과 함께 있으세요…… 당신은 두려움을 어떻게 경험하나요?

제인: 가슴이 위쪽이 떨려요. [한숨을 쉰다.] 호흡이 빠르고 불규칙해요. 아, 내 오른쪽 다리가 흔들려요. 내 왼쪽 다리, 지금 내 왼쪽 다리가 흔들려요. 만일 내가 더 오랫동안 눈을 감고 있으면 내 팔이 떨리기 시작할 거예요.

프릿츠: 어떤 순간에 이런 두려움이 생겼나요?

제인: 나는 저기를 보고 있었어요. [웃는다.]

프릿츠: 자, 다시 보세요. 저기에 있는 사람들과 이야기하세요. "여러분은 나를 두렵게 만들어요."라든지 아니면 뭐든지.

제인: 글쎄요, 지금은 그렇게 나쁘진 않네요. 나는 고르고 선택하고 있어요.

프릿츠: 그러니까 누구를 고르고 선택했나요?

제 인: 오, 메리 엘렌(many Ellen), 그리고 알리슨(Alison), 존(John). 나는 여러 사람의 얼굴을 훑어보았어요.

프릿츠: 지금 당신의 아버지와 어머니를 청중에서 부르도록 하죠.

제 인: 나는 그분들을 보지 않을 거예요.

프릿츠: 이것을 그분들께 말하세요.

제 인: 아, 두 분이 어디에 앉아 있든지 나는 두 분을 보지 않을 거예요…… 왜냐하면 나는 아니―설명을 듣고 싶으세요? 오, 아니에요. [웃는다.] 좋아요. 나는 두 분, 엄마와 아빠를 보지 않을 거예요.

프릿츠: 당신이 그들을 보지 않을 때 무엇을 경험하나요?

제 인: 더 불안해요. 나는 꿈을 말할 때 이것과 비슷해요―꼭 같아요.

프릿츠: 좋아요. 나에게 꿈을 말해요.

제 인: 네. 나는 엄마와 아빠를 보러 집에 갈 거예요. 그리고 집으로 운전하고 가는 내내 불안합니다. 그리고 나는―집에 올라가려면 높은 계단이 있어요―약 60계단 정도. 그리고 꿈 속에서 내가 계단을 올라갈 때마다 점점 더 두려워져요. 나는 문을 열고, 집은 매우 어두워요. 그리고 엄마를 소리쳐 불러요―오, 나는 차들이 전부 거기에 있다는 걸 알아차렸어요, 그러니까 전부 집에 있는 거죠. 나는 엄마를 소리쳐 부르지만 대답이 없어요. 아버지를 소리쳐 부르지만 대답이 없어요. 아이들을 부르지만 대답이 없어요. 그래서 나는―집이 아주, 아주 커서 이 방 저 방으로 그들을 찾아다녀요. 그리고 내가―내가 침실에 들어갔는데 어머니와 아버지가 침대에 있었지만, 그들은, 그들은 그냥, 그들은 내 부모가 아니었어요―그들은 해골이에요. 그들은 피부가 없어요. 그들은 아니에요, 그들은 말하지 않아요…… 그들은 아무 말도 하지 않아요. 그리고 나는 떨어요. 이 꿈은 계속 반복해서 꾸는데, 최근에는 내가 그들을 흔들 정도로 충분히 용감해졌어요. 그렇지만…….

프릿츠: 꿈에서 당신은 한 부분을 맡을 수 있어요…… 당신이 그들을 흔들 때 무슨 일이 일어나나요?

제 인: 아, 아무것도 일어나지 않아요. 그러니까, 나는―나는 단지 해골을 느껴요, 해골. 그리고 나는 그 두 명에게 정말로 큰 소리로 외쳐요. 나는 그들에게 일어나라고 말해요. 그리고 그들은 깨지 않아요. 그들은 단지 해골이에요.

프릿츠: 좋아요. 처음부터 다시 시작해 봅시다. 당신은 집에 들어가고 있는 중이에

요, 그래요?

제인: 네. 나는 집에 들어가고 있는 중이고—나는 먼저—나는 먼저 부엌으로 들어가는데 아주 어둡고 내가 기억하던 냄새가 아니에요. 곰팡내가 나요, 마치 오랫동안 청소하지 않은 것처럼. 그리고 아무런 소음도 들을 수 없어요. 보통은 아주 시끄럽거든요—많은 아이의 소음. 그리고 나는 아무런 소음도 듣지 못해요. 그런 다음 나는 전에 침실이었던 곳으로 갑니다. 거기에는 아무도 없고, 모든 게 깨끗해요. 모든 것이 깔끔하고, 손대지 않았어요……

프릿츠: 당신의 꿈 속에서 부엌과 침실을 만나게 해 봅시다.

제인: 부엌과 침실. 좋아요. 나는 부엌이에요. 그리고 나는 늘 나던 냄새가 안 나요. 나는 보통은 음식 냄새가 나요. 나는 보통은 사람 냄새가 나요. 그리고 지금 나는 먼지와 거미줄 냄새가 나요. 나는 보통은 깔끔하지 않지만 지금은 아주, 아주 깔끔해요. 모든 것이 치워져 있어요. 내 안에는 누구도 없어요.

프릿츠: 지금 침실 역할을 해 보세요.

제인: 침실…… 나는—아주 나는 깔끔해요…… 나는 부엌과 만나는 방법을 몰라요.

프릿츠: 당신이 무엇인지에 대하여 단지 자랑만 하세요.

제인: 글쎄요, 나는 당신만큼 깔끔해요. 나도 역시 아주 깔끔해요. 그렇지만 나는 당신처럼 악취가 나요. 나는 향수 같은 냄새가 나지 않고, 사람 같은 냄새도 나지 않아요. 단지 먼지 같은 냄새가 나요. 마루에는 먼지가 전혀 없어요. 나는 아주 깔끔하고 아주 깨끗해요. 그렇지만 나는 좋은 냄새가 나지 않고 내가 보통 느끼는 것 같은 좋은 느낌이 없어요. 그리고 제인이 내 안에 들어올 때 그녀는 내가 너무 깔끔하고 내 안에 한 사람도 없다면 기분이 나쁠 거예요. 그리고 그녀가 꿈에서 당신 안에 들어오는 것처럼 내 안으로 올 거예요. 그리고 그녀는 매우 두려워해요. 그리고 우리는 아주—나는 텅 비어 있어요. 당신이 내 안에서 소리를 낼 때 그것은 울려 퍼져요.

프릿츠: 지금 다시 부엌이 되세요……

제인: 나도 역시 텅 비어 있어요, 나는 아……

프릿츠: 예? 무슨 일이 일어났어요?

제인: 공허감이 느껴져요.

프릿츠: 당신은 지금 공허감을 느끼는군요. / 제인: 그래요. / 그 공허감에 머물러 보세요.

제인: 좋아요. 나는…… 그것을 거기에서 지금 느끼지 않아요. 잠깐만요. 그걸 잃어버렸어요. 나는 아주, 있지요, 나는…….

프릿츠: 당신이 지금 경험하고 있는 것에 머무세요.

제인: 다시 불안감이 들어요.

프릿츠: 당신이 부엌일 때 그렇나요?

제인: 예. 나는 부엌이에요…… 그리고 내 안에는 신선한 공기가 없어요. 좋은 것이 없어요. 나는 침실과 만나기로 되어 있어요. 흠. 오오…….

프릿츠: 침실에게 그냥 이 모든 것을 말해 보세요.

제인: 나는 당신만큼 곰팡내 나요. 그리고 나는 아주 깨끗하고 티끌 한 점 없기 때문에 이것은 전혀 어울리지 않아요. 그리고 제인의 엄마는 보통은 나를 별로 깨끗하게 유지하지 않아요. 그녀는 보통은 너무 바빠서 나를 깨끗하게 해 줄 수 없어요. 뭔가 잘못됐어요. 나는 내가 늘 받는 주의를 받지 못해요. 나는 죽었어요. 나는 죽은 부엌이에요.

프릿츠: 다시 말해 보세요.

제인: 나는 죽었어요. / 프릿츠: 다시. / 제인: 나는 죽었어요.

프릿츠: 죽었다는 것을 어떻게 경험합니까?

제인: 저, 나쁘게 느끼지는 않아요…….

프릿츠: 이제 지금 그대로 머무르고, 오른손과 왼손을 의식하십시오. 그들이 무엇을 합니까?

제인: 내 오른손은 흔들리고 있고, 쭉 내밀어져 있습니다. 그리고 왼손은 아주 단단히 쥐어져 있고 손톱이 손바닥 속으로 밀려들어가고 있습니다.

프릿츠: 당신의 오른손은 무엇을 하고 싶은 건가요?

제인: 이대로 괜찮아요. 이 손이 흔들리지 않기를 원하는 것 같아요.

프릿츠: 거기 덧붙여, 또 다른 건? 멈추고 싶어하나요? 내밀고 싶어하나요? 당신의 오른손을 읽기가 어려워요. 동작을 계속하세요. [제인은 **오른손을 내미는 동작을 한다.**] 당신은 내밀고 싶군요. 좋아요. 왼손은 무엇을 하고 싶나요?

제인: 왼손은 풀고 싶어. 꽉 쥐고 있거든요. 오른손은 느낌이 좋아요.

프릿츠: 그러면 바꾸세요. 왼손은 오른손이 하고 있는 것을 하게 하고, 거꾸로 하십시오. 왼손을 내미세요.

제인: 아니요. 왼손은 내밀고 싶어하지 않아요.

프릿츠: 왼손을 내미는 것이 왜 어려운가요?

제인: 아주 차이가 나요, 그리고 오른손이 쥐어지지가 않아요. 그건 기운이 없어요. 그걸 할 수는 있어요. 나는 할 수 있어요. 그렇지만…….

프릿츠: 이것은 부자연스러울 것입니다. / 제인: 예. / 자, 왼손을 다시 내미세요…… [부드럽게] 나에게 내미세요…… [제인은 손을 내밀고…… 한숨을 쉰다.]…… 자, 무슨 일이 일어났나요?

제인: 떨리기 시작했어요…… 그리고 내가 그것을 멈추었어요.

프릿츠: 원래대로 이제 왼손과 오른손을 만나게 하세요. "나는 물러나고 당신은 뻗치고 있습니다."

제인: 나는 오른손입니다. 그리고 뻗치고 있습니다. 나는 자유로워요. 나는 아주 느슨하고요. 그리고 떨고 있는데도 나쁘게 느껴지지가 않아요. 나는 지금 떨고 있고 기분이 나쁘지 않아요…… 아, 나는 왼손입니다. 그리고 나는 뻗치고 있지 않습니다. 나는 주먹을 만들어요. 지금 내 손톱이 너무 길어서 주먹을 만들 때 나를 아프게 하지요. 아…….

프릿츠: 예, 무엇이 일어났나요?

제인: 내가 나를 다치게 하고 있어요.

프릿츠: 일반적인 경우를 말씀드리고 싶어요. 당신도 그런 경우인지는 잘 모르겠군요. 오른손은 일반적으로 사람의 남성적 부분이고 왼손은 여성적 부분입니다. 오른쪽은 공격적이고 활동적이고 외적인 부분이고, 왼쪽은 민감하고 수용적이고 열린 부분이지요. 이제 그것이 당신에게 맞는지 알아보기 위해서 시험 삼아 이것을 해 보세요.

제인: 좋아요. 아시다시피, 큰 소리로 떠들어 대는 사람은 밖으로 나올 수 있어요.

프릿츠: 예.

제인: 그러나 부드러운 부분은 그렇게 쉽지 않아요.

프릿츠: 좋아요. 다시 한 번 집으로 들어가서 당신이 만나는 것을 만나세요—말하자면, 침묵을.

제인: 침묵과의 만남. / 프릿츠: 예, 침묵이요. / 제인: 침묵이 되나요?

프릿츠: 아니오, 아니요. 당신은 집에 들어가고 거기서 오로지 만나는 것은 침묵이지요, 알겠어요?

제인: 예. 너는 나를 화나게 해. 침묵이 나를 화나게 하지요. 나는 그걸 좋아하지

않아요.

프릿츠: 이걸 침묵에게 말하세요.

제인: 그럴게요. 그는 바로 거기에 앉아 있어요. 너는 나를 화나게 해. 나는 네가 싫어. 나는 네가 말하는 걸 별로 들을 수가 없어. 그리고 듣는다 해도 나는 그게 싫어.

프릿츠: 침묵이 무어라고 대답하지요?

제인: 그러니까, 어렸을 때 당신 주위에는 항상 아이들이 많이 있었고 부모님들은 둘 다 큰 소리를 치고, 그리고 당신도 큰 소리를 치고, 그리고 당신은 정말로 나를 잘 몰랐기 때문에 나는 별로 만날 기회가 전혀 없었어요. 그리고 당신이 나를 두려워할지도 모른다고 생각해요. 당신은 나를 두려워했을까요? 이제 그걸 한번 해 볼까요? 예. 나는 지금 두려움을 느끼지 않지만, 당신을 두려워했을지도 모르지요.

프릿츠: 집에 다시 한 번 들어가서 침묵을 만나세요. 꿈으로 돌아가세요.

제인: 네. 나는 집 안에 있고 아주 조용하고, 그게 싫어요. 나는 조용하다는 게 싫어요. 시끄러운 소리를 듣고 싶어요. 부엌에서, 침실에서, 시끄러운 소리를 듣고 싶어요. 어린아이들의 소리도 듣고 싶어요. [소리가 갈라지기 시작한다.] 부모님이 웃고 이야기하는 것을 듣고 싶어요. 나는—

프릿츠: 그분들에게 그렇게 말하세요.

제인: 두 분이 웃고 말하는 것을 듣고 싶어요. 아이들의 말을 듣고 싶어요. 두 분이 그리워요. [울기 시작한다.] 나는 두 분을 보내드릴 수가 없어요…… 두 분의 목소리를 듣고 싶어요. 두 분의 목소리를 듣고 싶어요…… 듣고 싶어요.

프릿츠: 좋아요. 이제 꿈을 반대로 바꿉시다. 그분들이 이야기하도록 하세요. 그들을 부활시키세요.

제인: 그들을 부활시키라고요. / 프릿츠: 예. / 그분들은 거기에 있는데요.

프릿츠: 당신이 그분들을 흔들려고 애를 쓴다고 했지요. 그들은 단지 해골입니다. / 제인: [두려워서] 어-허. / 성공하기를 바랍니다.

제인: 당신은 내가 맞닥뜨리기를 원하는군요—나는 혼란스러워요. [우는 것을 멈춘다.]

프릿츠: 당신은 침실에 있어요, 맞지요? / 제인: 예. / 당신의 부모님들은 해골입니다. / 제인: 어-허. / 해골은 보통은 말을 하지 않아요. 기껏해야 흔들리고 덜

컥덜컥 소리를 내지요. / 제인: 예. / 당신이 그들을 부활시키기 바랍니다.

제인: 그들을 살아나게 하기 위해서.

프릿츠: 그들을 살아나게 하세요. 지금까지 당신은 그들을 파괴시키겠다고 말을 했어요. 그것이 바로 당신이 꿈 속에서 하고 있는 것이지요.

제인: 나는 꿈 속에서 그들을 흔들어요. 나는 그들을 잡아서 흔들어요.

프릿츠: 그들에게 말을 하세요.

제인: 깨어나라! / 프릿츠: 다시 한 번 /

제인: [큰 소리로] 깨어나라! / 프릿츠: 다시 한 번 /

제인: [큰 소리로] 깨어나라! / 프릿츠: 다시 한 번 /

제인: [큰 소리로] 깨어나라!…… 그리고…… [큰 소리로, 거의 울면서] 내 말을 못 듣는군요. 왜 내 말을 못 듣나요?…… [한숨] 그들은 대답하지 않아요. 그들은 아무 말도 안 해요.

프릿츠: 오세요. 가짜가 되세요. 그들을 만드세요. 그들을 부활시켜요. 가짜놀이를 합시다.

제인: 좋아요. 우리가 왜 당신의 말을 들을 수 없는지 몰라요. 우리는 몰라요. 우리가 당신의 말을 듣고 싶은지도 잘 모르겠어요. 우리는 그저 해골일 뿐이지요. 아니면 우리는 정물인가요? 아니요…… 왜 우리가 당신의 말을 들을 수 없는지 모르겠어요. 우리가 왜 이렇게 됐는지 몰라요. 당신이 왜 이런 모습의 우리를 발견했는지 모르겠어요. [울음] 아마 만약 당신이 결코 떠나지 않았다면, 아마 당신이 결코 떠나지 않았다면, 이런 일은 일어나지 않았겠지요. 맞다고 느껴져요. 그것이 바로 그들이 말하려는 거예요. 그것이 그들이 말하려는 거예요.

프릿츠: 좋습니다. 다시 자리에 앉으세요…….

제인: 내가 너무나 빨리 떠났고—내가 정말로 완전히 떠날 수는 없다는 걸 말하고 싶어요. [거의 울면서]

프릿츠: 그들에게 당신이 아직 그분들을 필요로 한다고 말하세요.

제인: 나는 여전히 두 분이 필요해요.

프릿츠: 그분들에게 당신이 무엇을 필요로 하는지 자세히 말하세요.

제인: 나는 여전히 어머니가 나를 안아 주는 것이 필요해요.

프릿츠: 이걸 그분에게 말하세요.

제인: 나는 여전히 어머니가 나를 안아 주는 게 필요해요. [**울면서**] 나는 어린 소녀이고 싶어요. 때때로—"때때로"는 아니에요.

프릿츠: 당신은 아직 그녀에게 말하고 있지 않군요.

제인: [**흐느끼면서**] 네, 어머니, 어머니. 엄마는 내가 아주 컸다고 생각하지요. 그리고 나도 내가 아주 컸다고 생각해요. 그러나 엄마에게서 떠나지 않은, 떠날수 없는 내 일부분이 있고, 나는 그걸 보낼 수가 없어—없어요.

프릿츠: 이것이 어떻게 지난 번 회기를 이어가고 있는지 아시겠어요? 당신은 거칠고, 뻔뻔스러운 소녀로 시작해서 부드러움이 나왔지요? 이제 당신은 자신이 부드러운 욕구를 가지고 있다는 것을 수용하기 시작했어요…… 자, 당신의 어머니가 되세요.

제인: [**다르게**] 자, 제인, 네가 원하면 언제든지 돌아올 수 있다는 것을 알지. 그렇지만 내가 돌보아야 할 다른 어린애들이 있기 때문에 옛날 같지는 않을 거야. 나는 돌보아야 할 네 자매들이 있고 그 애들은 어린 소녀들이지. 그리고 너는 큰 소녀고 이제는 너 자신을 돌볼 수 있어. 그리고 네가 그렇게 성장해서 기쁘구나. 네가 그렇게 멋진 모습이어서 기뻐…… 어쨌든, 더는 뭐라고 말해야 할지 모르겠구나. 내 말은—나는 알아—너를 존중하지만 나는 너를 반도 이해하지 못했어…… [**흐느낌**] 그리고, 그리고……

프릿츠: 바로 지금 무엇이 일어났나요? 당신이 멈추었을 때 무엇이 일어났습니까?

제인: 배에 통증이 있었어요. 좌절감을 느꼈어요.

프릿츠: 그것을 제인에게 말하세요.

제인: 제인, 나는—[**울면서**] 나는 배에 통증이 있다. 나는 좌절을 느낀다. 네가 그렇게 웃기는 일들을 하니까, 너를 이해하지 못했어. 네가 그렇게 어렸을 때 떠났고 결코 정말로 돌아오지 않았기 때문에. 그리고 너는 내게서 달아났어. 너를 사랑했고 네가 돌아오기를 원했는데, 돌아오지 않았지. 그리고 이제 너는 돌아오고 싶어하는데 너무 늦었구나.

프릿츠: 다시 제인 역할을 하세요.

제인: [**울지 않고**] 그래도 여전히 나는 어머니가 필요해요…… 엄마 무릎 위에 앉고 싶어요. 엄마가 가진 것은 아무도 나에게 줄 수 없어요. 나는 여전히 어머니가 필요해요. [**울면서**]…… 나는 그걸 믿을 수 없어요. 내가 말하고 있는 것을 전혀 믿을 수 없어요. 그러니까, 내가 말하고 있는 것에 동의할 수는 있지만,

그렇지만—

프릿츠: 좋아요. 중단합시다. 당신은 어쨌든 깨어났어요. 집단으로 갑시다. 당신은 우리를 어떻게 경험했나요? 자신이 엄마를 필요로 한다는 것을 집단에게 말할 수 있습니까?

제인: 음. [웃음] [제인 웃는다.] 당신에게 말할 수 있어요, 프릿츠. 아, 아니요, 너무나 많아요.

프릿츠: 좋아요. 이제 이런 것들을 함께 합칠 수 없는지 한번 살펴봅시다. 이제 당신의 아기 의존성과 뻔뻔스러움을 만나게 하지요. / 제인: 좋아요. / 그것들은 당신의 양극입니다.

제인: [뻔뻔스러움으로] 너는 정말로 겁쟁이야. 너는 겁쟁이처럼 말하고 있어. 너는 주변을 맴돌고 있었지. 너는 오랫동안 주변을 맴돌았어. 너는 많은 것을 배웠지. 너는 혼자 지내는 방법을 알지. 도대체 뭐가 문제가 되는 거야? 무엇 때문에 우는 건데?

글쎄. 제인, 나는 때때로 무력하게 되고 싶어. 그리고 네가 그걸 좋아하지 않는다는 걸 알지. 네가 자주 그걸 견디지 못한다는 것을 알지. 그러나 때로는 그것이 그냥 나와, 그게 나오지 않으면 내가 프릿츠와 작업을 할 수 없는 것처럼. 나는 그걸 숨길 수가 없어…… 오랫동안, 그렇지만…… 만약 네가 나를 인정하지 않는다면 나는 정말로, 계속 나타날 거고, 너는 아마 결코 성장하지 못할 거야.

프릿츠: 이걸 다시 말하세요.

제인: 나는 계속 나타날 거고, 너는 아마 결코 성장하지 못할 거야.

프릿츠: 그걸 매우 악의적으로 말하세요.

제인: 나는 계속 나타날 거고, 너는 아마 결코 성장하지 못할 거야.

프릿츠: 좋아요. 뻔뻔스럽게 다시 한 번.

제인: [한숨] 글쎄, 나는 너를 짓밟으려고 했고 너를 숨기고 코너로 몰고 다른 사람들이 네가 존재하지 않는다고 믿게 하려고 했어. 너는 내가 그 이상 무엇을 하기를 바라니? 너는 내게 무얼 원해?……

나는 네가 내 말을 듣기 원해…….

프릿츠: 뻔뻔스러운 제인이 들으려고 할까요?

제인: 나는 듣기 시작했어…… 그래, 나는 너에게 기회를 주려고 해. 나는 마치 내

가 너에게 기회를 주면…… [오른손이 위협적인 주먹을 만든다.]

프릿츠: 예? 예?―아니, 아니, 아니, 그러지 마세요, 그것을 숨기지 말아요. 밖으로 나오세요. 당신은 그녀에게 기회를 주는 게 아니라, 그녀를 위협하고 있어요.

제인: 예, 알아요. 그게 바로 내가 하는 거지요.

프릿츠: 예, 예…… 그녀에게 둘 다 주세요. 그녀에게 위협을 주고 그리고 기회를 주세요.

제인: 좋아, 나는 너에게 기회를 주겠어[오른손이 손짓한다.].

프릿츠: 아, 이거는 "나에게 오라."는 의미이군요.

제인: 예. 함께 어울리자. 함께 어울리려고 노력하여 우리가 무엇을 할 수 있는지 알아보자…… 그렇지만 너에게 경고하는데, [웃음] 제인, 만약 네가 이제까지 하던 식으로 계속 나를 놀린다면, 네 징징거림과 의존성으로…… 너는 결코 나를 성장하게 하지 못할 거야. [사려 깊게] 나는 결코 너를―음[웃음] 글쎄.

프릿츠: 다시 다른 제인이 되세요.

제인: 글쎄, 나는 성장하고 싶지 않아―이 부분은―성장하고 싶지 않아. 지금 있는 그대로 머무르고 싶어.

프릿츠: 이걸 다시 한 번 말하세요.

제인: 나는 이대로 머무르고 싶어.

프릿츠: "나는 성장하고 싶지 않아."

제인: 나는 성장하고 싶지 않아. / 프릿츠: 다시. /

제인: 나는 성장하고 싶지 않아. / 프릿츠: 크게. /

제인: 나는 성장하고 싶지 않아. / 프릿츠: 크게. /

제인: 나는 성장하고 싶지 않아. [목소리가 갈라지기 시작한다.] / 프릿츠: 크게 /

제인: 나는 성장하고 싶지 않아!

프릿츠: 그것을 온몸으로 하세요.

제인: [울면서] 나는 성장하고 싶지 않아! 나는 성장하고 싶지 않아! 나는 성장하는데 지쳤어. [울면서] 그것은 더럽게 어려워……. [한숨]

프릿츠: 이제 다시 뻔뻔스러운 제인이 되세요.

제인: 어렵지. 그게 어렵다는 건 알아. 나는 할 수 있어. 나는 무엇이든 할 수 있어. 나는 항상 그것을 증명하려고 애썼지. 뭐가 문제인데? 너는 항상 내 뒤에 있었잖아. 나는 너를 따라잡아야 해…… 와서 나를 따라잡아……

그래, 너를 따라잡을 거야, 제인, 그렇지만 네가 나를 도와주어야 해.

프릿츠: 그녀가 어떻게 당신을 도울 수 있는지 말해 주세요.

제인: 너는 나를 위협하거나, 처벌하지 않고 내가 존재하도록 허용해야 해.

프릿츠: 이걸 다시 말하세요.

제인: [**거의 울면서**] 너는 나를 위협하거나 처벌하지 않고 내가 존재하도록 허용해야 해.

프릿츠: 눈물을 흘리지 않으면서 이걸 말할 수 있나요?

제인: [**침착하게**] 너는 나를 위협하거나 처벌하지 않고 내가 존재하도록 허용해야 해.

프릿츠: 집단에게도 말해 보세요—같은 문장을.

제인: 여러분은 나를 위협하거나 처벌하지 않고 내가 존재하도록 허용해야 해요.

프릿츠: 레이몬드[그녀의 약혼자]에게도 말해 보세요.

제인: [**울며**] 당신은 나를 위협하거나, 처벌하지 않고 내가 존재하도록 허용해야 해요…… 알잖아요……

프릿츠: 알겠어요? / 제인: 예. / 프릿츠: 좋아요.

제인 II

제인: 지난 밤에 작업하고 싶은 꿈을 꿨어요. 카니발에 갔는데, 그곳은 아주 시끄럽고 열광적이었어요…… 그리고 내가 군중 속으로 들어가서 사람들과 부딪히고, 그리고 그들은 나와 부딪히고, 그리고 유쾌한 시간이 아니었어요. 그리고 나는 남동생의 손을 꼭 붙잡고 있어요. 그 애가 길을 잃어버리지 않게요. 그리고 우리는 군중 속으로 들어갔고, 그리고 그 애는—어—사람들이 조그만 자리에 앉아서 터널을 통과하는 카니발 기구를 타고 싶다고 했어요. 그리고—어—

프릿츠: "그리고"라는 단어로 돌아가 보지요. 당신은 마치 사건들이 스스로 나타나는 것이 두려운 것처럼 "그리고, 그리고, 그리고"라는 말을 사용하는군요.

제인: 예, 그러니까, 우리는 돈이 전혀 없어요—우리는 놀이기구를 탈 돈이 없어

요. 나는 손목시계를 벗었어요. 동생에게 그걸 주고, 검표원이 그 시계를 받고 우리 둘을 태워 줄 수 있는지 물어보라고 했어요. 동생이 돌아와서 검표원이 그 시계를 안 받을 거라고 말했어요. 그래서 우리는 살짝 들어갔어요.

프릿츠: 그 꿈을 전체적으로 다시 살펴볼까요. 이번에는 당신이 꿈꾸고 있는 것이 아니에요. 남동생이 꿈을 꾸고 있어요.

제인: [좀 더 거칠게] 글쎄요. 우리는 카니발에 갔고, 내 손을 잡은 누나를 빼고는 정말로 즐거워요. 누나는 나를 놓치지 않기 위해 내 손목을 꽉 쥐고 있어요. 누나는 나를 잡아요—내 손목을 아주 꽉 잡고 있어요. 그리고 나는—나를 놔주었으면 좋겠어요—그러길 원해요. 나는 길을 잃어도 상관이 없어요. 그렇지만 누나는 그렇지 않으니까 나는 누나가 내 팔을 잡게 해 주었어요. 내가 타고 싶은 놀이기구가 있어요. 나는 누나와 함께 가든지 말든지 상관이 없지만, 누나는 자기도 같이 갈 수 없다면 나를 보내 주지 않을 거라는 것을 알아요. 누나는 그렇게 하지 않을 거예요…… 누나는 혼자 있고 싶어하지 않아요…… 우리는 탈 수 있는—놀이기구를 탈 수 있는 돈이 없어요. 그래서 누나는 자기 시계를 내게 주어요. 나는 정말 기뻤어요—우리가 들어갈 수 있는 길이 생겨서. 나는 검표원에게 갔는데 소용이 없었어요. 그렇지만 나는 정말 놀이기구를 타고 싶어요.

프릿츠: 이것을 다시 말해 보세요.

제인: 나는 정말 놀이기구를 타고 싶어요. / 프릿츠: 다시! /

제인: 나는 정말 놀이기구를 타고 싶어요.

프릿츠: 다시! / 제인: [큰 소리로] 나는 정말 놀이기구를 타고 싶어요. /

프릿츠: 나는 당신을 믿지 않아요.

제인: 오…… 나는 아니에요. 내 남동생이 그런 거예요. [웃음] 음…… 나는 정말 놀이기구를 타고 싶어, 제인…… 나는 정말 가고 싶어. 누나가 나하고 같이 가든지 말든지 나는 가고 싶어. 재미있잖아. 그러니까 시계를 줘…… 그래서 누나는 나에게 자기 시계를 주었죠. 검표원은 안 된다고 말해요. 제인! 우리는 살짝 들어갔어요. 누나는 원치 않아요. 글쎄요. 그러면 나는 살짝 들어갈래요. 오…… 누나는 나 없이 가고 싶지 않으니까, 누나도 살짝 들어올 거야. 좋아. 그래서 우리는 살짝 들어갈 거야. 이제는 누나가 내 손을 잡는 대신, 내가 누나 손을 잡을게. 왜냐하면 내가 누나가 살짝 들어가게 도와줄 거

든. 자, 손을 잡고 문 밑으로 들어가. 나는 아주 작고, 아주 어리니까—

프릿츠: 이제 그것을 중단하세요. 눈을 감고, 당신의 손을 경험하세요.

제인: 흠…… 내 오른 손은 딱딱해요. 아주 딱딱해요. 그것은 겨냥을 하고 있어요. 내 왼손은 떨려요. 그건—그건 열려 있어요. 그건—음—내 두 손이 모두 떨려요. 두 손이 모두 떨려요. 그리고 내 무릎과 발목이 딱딱하게 느껴져요. 그리고 평소에 그랬던 것처럼 내 가슴 안에 무거움이 느껴지지 않아요. 그러나 나는 의자 안에서 무거움을 느껴요. 그리고 내 오른손은 겨냥을 해요. 그리고 지금—

프릿츠: 나는 당신이 움직일 때 오른손은 남동생, 왼손은 제인인 걸 알아챘어요—

제인: 흠…… 내가 어디까지 했는지 잊었어요. 나는 제인이에요. 오, 우리는 들어가요—예—나는 살짝 들어갈 거예요. 그래서 나는 아주 겁이 나지만, 나는 살짝 들어가다가 잡히는 것보다 그를 잃을까봐 더 겁이 나요. 그래서 나는 동생의 손을 잡고—그의 손을 잡고—

프릿츠: 잠깐만요. 동생 이름이 뭐죠?

제인: 폴(Paul).

프릿츠: 폴이 여전히 그 꿈을 꾸고 있어요.

제인: 아, 좋아. 자, 내 손을 잡아. 나는 누나가 이런 일을 하려면 얼마나 겁이 날지 알아. 그렇지만 나는 또 누나가 내가 길을 잃을까 봐 얼마나 겁이 나는지 알기 때문에 나와 함께 안으로 들어가게 해 줄게. 왜냐하면 나는 이 놀이기구를 타고 싶거든. 나는 재미있는 게 좋아. 그리고 나는 누나가 그걸 두려워하든 아니든, 재미있게 놀거야. 자, 가요—난간 아래로 가서, 사람들의 다리 사이를 지나가고, 안으로 밖으로, 검표원을 지나—

프릿츠: 나는 당신을 믿지 않아요. 당신은 꿈 속에 있지 않아요. 당신의 음성은 아아 아흐흐흐 해져요……

제인: 다리는 아프고, 내 허벅지는…… 나는 제인의 손을 잡고 있어요. 우리는 가고 있어요—우리는 가고 있어요. [음성이 좀 더 풍부하게 되어] 우리는 모든 사람의 다리 사이를 지나가고, 우리는—우리는 기어가고 있어요. 그리고 [밝고 행복하게] 나는 이게 좋아요. 나는 이렇게 하는 걸 좋아해요. 그리고 누나는 두려워해요. [한숨] 그리고 우리는 가요—문까지 도달해서, 문을 지나가요. 그리고 누나는 나를 끌어요. 그리고 나는 누나를 끌고 있어요. 내가 누나

를 끌고 가려는데 누나는 나와 함께 오지 않아요. 그래서 나는 누나가 내 손
목을 잡았던 것처럼 누나의 손목을 움켜쥐고, 누나를 잡아당겨요. 나는 누나
보다 작지만, 누나를 당길 수 있어요. 그리고 누나는 손을 짚고 무릎을 짚고
가지만 나는 계속 당겨요. 우리는 계속 가요. 문을 지나서, 나는 놀이기구에
껑충 뛰어 올랐어요. 그리고 누나는 거기에 서 있게 놔두고 떠나요. 그리고,
그 작은 몸은 문 안으로 들어가요—누나는 가지 않아요—누나는 나를 잃었
어요. 일단 거기에 도착하자, 나는 기구를 탈 수 있었어요…….

프릿츠: 이제는 제인에게 작별 인사를 하세요.

제인: 잘 있어 제인!…… 나는—나는 누나에게 작별 인사하는 것을 원치 않아
요. 나는 오히려 즐기고 싶었어요…… 제인은 거기서 뒤돌아서서 바보같이
보고 있어요. 누나는 다리를 떨면서 그곳에 서 있어요. 그리고 나는 개의치
않아요. 정말로 개의치 않아요. 누나에게 작별 인사를 하는 것은 쉬워요. [웃
음] 누나는 바보처럼 거기에 서 있어요. 그리고 나를 부르고 있어요. 내 이름
을 불러요. 누나는 극도로 흥분한 것처럼 보여요. 공포에 질린 것처럼 보여
요. [냉담하게] 그러나 나는 즐기고 싶어요. 누나는 괜찮을 거예요.

프릿츠: 좋아요. 이제 다시 역할을 바꾸세요. 다시 제인이 되세요.

제인: 꿈이 아주 길어요.

프릿츠: 벌써 꽤 많이 했어요.

제인: 다시 제인이 되라고요? 좋아요. 나는 남동생과 함께 카니발에 가서 해냈어
요—나는 정말 여기에 있고 싶은 생각이 없어요. 그리고—

프릿츠: 우리에게 말해 봐요. 당신의 위치를 말해요……

제인: 내가 방금 말한 거요?

프릿츠: 당신의 전체적인 위치. 상황은 열려 있어요. 그렇죠? 아주 분명하죠. 당신의
남동생이 있고, 당신이 있어요. 당신은 그에게 매달리기를 원해요. 그는 자
유롭기를 원하죠.

제인: 글쎄요. 내 생각은—나는 그 애가 나보다 어리다고 생각해요. 그리고 그는
나보다 어려요. 그리고 나는 그 애가—내가 했던 것을—하기를 원하지 않아
요. 나는 [조용하게 머뭇거리며] 그 애를 보호하거나 그러고 싶어요. 나는 그에
게 매달려요. 나는—나는 어머니가 할 수 없었던 일을 하기 위해 노력했다
고 생각해요…… 그건 미친 짓이에요. 정말로 미친 짓이에요…… 나는 그 애

한테 말해요. 그 애한테 말해요. 폴, 약물을 하지 마, 방황하지 마.[울음] 그렇게 자유롭기 위해 애쓰지 마. 너는 후회하게 될 거야…… 네가 20살이 되었을 때면 후회하게 될 거야.

이제 나는 그 애의 입장이 될게요. 그는 이렇게 말할 거예요. 자기가 하는 바로 그 일을 나보고 하지 말라고 어떻게 말할 수 있어?—누나는 열여섯, 열일곱 때 무엇을 했어? 어떻게 그렇게 말할 수 있어? 공평하지 않잖아. 나는 내가 하고 있는 일이 좋아. 나를 내버려 둬. 누나는—누나는 정말로 못된년 (bitch)이야. 누나는 꼭 엄마 같아, 누나는 못된년이야. 자기는 이미 그렇게 해놓고 나한테 어떻게 그런 짓을 할 수가 있어?…… [한숨]

나는…… 나는 너를 돌보려고 애썼어. 나는 너를 돌보려고 애썼고, 내가 할 수 없다는 걸 알아.[울음] 너를 보내 줘야 한다는 걸 알아. 그렇지만 나는 꿈 속에서 너에게 매달리려고 애를 쓰고, 너를 안전하게 하기 위해 애를 써. 왜냐하면 네가 하고 있는 일이 너무 위험하기 때문에!…… 너는 모든 걸 다 망쳐놓을 거야![울음]

그렇지만 누나는 다 망가지지 않았어! 자, 자신을 봐요! 누나는 변했어. 누나는 정말 변했어. 누나는 더 이상 거짓말을 안 해.[웃음] 누나는 전처럼 더 이상 약물을 복용하지 않아. 나는 변할 거야. 난 내가 해야만 하는 것을 그냥 할 거야. 누나는 나를 믿지 않지, 그렇지? 누나는 엄마 같아. 누나는 나를 믿지 않아. 누나는 내가 강하다고 생각하지 않지.

프릿츠: 좋아요. 제인! 나는 당신이 혼자서 이 작업을 해낼 수 있을 거라고 생각해요. 여기서는 지금 좀 다른 걸 해 보고 싶은데요. 처음 부분에서 시작했으면 좋겠어요. 항상 꿈의 첫 부분을 보세요. 꿈이 어디에서 시작되는지, 당신이 차 안에 있는지, 모텔 혹은 자연 혹은 아파트 안인지 주목하세요. 이것은 즉각적으로 당신에게 실존적 배경에 대한 인상을 줄 거예요. 자, 이제 당신의 꿈을 시작하지요. "삶은 카니발이다." 이제 우리에게 카니발로서의 삶에 대해 말해 주세요.

제인: 삶—삶은 카니발이다. 한 여행을 하고, 여행을 끝내지요. 또 다른 여행을 하고, 끝내요. 그리고 모든 종류의 사람과 부딪치게 되지요. 모든 종류의 사람과 부딪치지요. 그리고 그 중에 어떤 사람을 쳐다보지요. 그리고 어떤 사람은 보지 않아요. 그리고 어떤 사람들은 당신을 짜증나게 하고, 정말로 당신

과 부딪쳐요. 다른 사람은 그렇지 않아서, 당신에게 친절하게 대해요. 그리고 당신은 카니발에서 무엇을 얻어 내요. 당신은 상품을 타지요…… 그리고 어떤 놀이기구—대부분의 놀이기구는, 여행은, 무서워요. 그렇지만 그건 즐거워요. 그것들은 즐겁고 무서워요. 아주 붐비고, 사람들이 아주 많아요—많은, 많은 얼굴들…… 그리고 꿈에서, 나는—나는 카니발에서 누군가에게 매달려 있어요. 그는 여행을 계속하고 싶어해요.

제인 III

제인: 지난 회기에 작업하기 시작한 꿈을 전혀 끝내지 않았고, 그리고 마지막 부분도 첫 번째 부분만큼 중요하다고 생각해요. 내가 떠난 곳은, 사랑의 터널이었어요.

프릿츠: 지금 무얼 잡아 뜯고 있나요? [제인은 다리를 긁었다.]

제인: 음. [목을 가다듬으며]…… 나는 그냥, 잠시 동안 여기 앉아 있지요. 그래서 정말로 이곳에 있을 수 있어요. 이런 느낌과 함께 동시에 말하는 것은 힘들어요…… 지금 나는 중간 지대에 있고, 나는—나는 두 가지를 생각하고 있어요. 꿈 작업을 해야 할까 아니면 잡아 뜯는 것에 대해 작업해야 할까. 왜냐하면 자주 그렇게 하거든요. 내 얼굴을 잡아 뜯고, 그리고…… 꿈으로 다시 돌아가겠어요. 나는 사랑의 터널 안에 있고 남동생은—어딘가에—나를 떠나 어딘가에 있어요. 그곳은 큰 방이고, 우리 학교 교실에 칠해졌던 칙칙한 녹색으로 칠이 되어져 있고, 내 왼쪽에는 의자들이 쭉 놓인 관람석이 있어요. 거길 쳐다보니까 모든 사람이 그곳에 앉아 있어요. 레이몬드[그녀의 약혼자] 주위에 많은 사람이 모여 있어요. 그가 뭔가를 말하는데, 뭔가를 그들에게 설명하고, 그들은 모두 경청하고 있어요. 그리고 그는 자기 손가락을 이런 식으로 움직이고, 몸짓을 하고 있어요. 나는 그를 보고 놀랐어요. 그에게 다가갔는데, 그는 나와 말하고 싶어하지 않는 게 분명했어요. 그는 이 모든 사람들과 함께 있는 것에 흥미를 느꼈고, 이 사람들을 모두 즐겁게 하고 있

어요. 그래서 나는 그에게 기다리겠다고 말했어요. 나는 세 계단—세 계단 위에서 내려다보고, 그리고 이것을 계속 보고 있어요. 나는 짜증이 났고, 지겨워져서 레이몬드에게 말했어요. "레이몬드, 나는 떠날 거야. 더는 당신을 기다리지 않을 거야." 나는 문 밖으로 걸어 나가요—문 밖에 한참 서 있는데—불안해졌어요. 나는 꿈 속에서 불안함을 느낄 수 있어요. 나는 지금 여기에 나오고 싶지 않았기 때문에 지금 불안을 느껴요. 나는 레이몬드와 함께 안에 있고 싶어요. 그래서 나는 안으로 갈 겁니다. 나는 문을 통해 다시 들어가요—

프릿츠: 당신은 우리에게 꿈 이야기를 하고 있는 겁니까, 아니면 작업을 하고 있는 겁니까?

제인: 내가 꿈 이야기를 하고—

프릿츠: 아니면 당신은 작업을 하고 있습니까?

제인: 꿈 이야기를 하고 있지만, 그래도 여전히—꿈 이야기를 하고 있는 게 아니에요.

프릿츠: 음. 분명히 아니죠.

제인: 나는 작업을 하고 있습니다.

프릿츠: 당신에게 단지 두 개의 대안을 주었어요.

제인: 내가 무엇을 하고 있는지 정말로 안다고는 말할 수 없어요. 신체적인 것을 제외하고. 신체적으로는 무슨 일이 일어나는지 알 수 있으나—내가 무얼 하는지 정말로는 알 수가 없어요. 내가 무엇을 하고 있는지 말해 달라는 건 아니에요⋯⋯ 단지 내가 모른다고 말하는 거예요.

프릿츠: 내가 한 가지를 알아차렸는데요. 당신이 뜨거운 자리(hot seat)에 올라올 때는 어리석은 짓을 멈추어요.

제인: 음. 내가 여기 올라올 때는 두려워져요.

프릿츠: 죽은 목숨이군요.

제인: 휴⋯⋯ 눈을 감고 내 몸으로 가면, 내가 죽지 않은 것을 알지요. 눈을 뜨고 "작업을 하면", 나는 죽었어요⋯⋯ 나는 지금 중간지대에 있어요. 내가 죽었는지 살았는지 모르겠어요. 내 다리와 발이 차가운 것을 느껴요. 내 손도 차가워요. 나는—나는 이상함을 느껴요⋯⋯ 나는 지금 중간에 있어요. 나는—나는 내 몸과 함께 있는 것도 집단과 함께 있는 것도 아니에요. 내 주의가 마

루에 놓여 있는 저 작은 성냥갑 안에 집중되어 있는 걸 알겠어요.

프릿츠: 좋아요. 성냥갑과 만나 봅시다.

제인: 바로 지금, 나는 너를 보는 것에서 휴식을 취하고 있어. '왜냐 하면 그건—그건—내가 무엇이 일어나고 있는지 모르기 때문이야. 그리고 내가 무얼 하고 있는지 모르겠어. 내가 진실을 말하고 있는지조차 모르겠어.

프릿츠: 성냥갑은 뭐라고 대답하나요?

제인: 당신이 진실을 말하든 말든 상관이 없어요. 그건 나에게는 문제가 되지 않아요. 나는 단지 성냥갑이에요.

프릿츠: 이걸 시험 삼아 한번 해 볼까요? 우리에게 말해 보세요. "나는 단지 성냥갑이에요."

제인: 나는 단지 성냥갑이에요. 그리고 그렇게 말하니까 바보같이 느껴져요. 나는 일종의 벙어리, 성냥갑이 되는 느낌이에요.

프릿츠: 으흠.

제인: 조금은 유용하지만 아주 유용하지는 않지요. 나와 비슷한 존재가 수없이 많아요. 그리고 당신은 나를 볼 수 있고, 나를 좋아할 수 있고, 그리고 나를 다 사용하고 나면 나를 던져 버릴 수 있어요. 나는 성냥갑인 걸 좋아한 적이 없어요…… 내가 뭘 하는지 모른다고 말했을 때 내가 진실을 말했는지 모르겠어요—모르겠어요. 내가 무엇을 하고 있는지 아는 내 한 부분이 있음을 알고 있어요. 그리고 나는 엉거주춤하고 있는 걸 느끼고, 느껴요—일관되게. 편안함이 안 느껴져요. 지금은 왜 내가 눈 깜짝할 사이에 집단에 있다가 뜨거운 자리로 옮겨졌는지 이해하려고 노력하고 있어요. 내 전체—내 전체 페르소나(persona)가 변해요…… 아마도 그것은 내가 그 의자에서 제인에게 말하고 싶어하기 때문일 거예요. 그녀는 말하겠죠. [권위 있게] 자, 너는 자신이 어디에 있는지 알잖아. 너는 멍청이 노릇을 하고 있어. 너는 바보 놀음을 하고 있어. 너는 이것을 하고, 저것을 하고, 너는 사람들을 끌어들이고, 그리고 너는—[목소리가 커지며] 진실을 말하지 않아! 그리고 너는 꼼짝 못하게 되고 죽었어…….

그리고 나는 여기 있어요. 나는 즉시—제인이 여기에서 이렇게 말할 거예요. [작고 떨리는 목소리로] 글쎄, 그것은—나는 바로 지금 이 의자에서 방어하고 있음을 느껴. 나는 방어적임을 느껴. 무슨 이유에서인지 내 스스로를 방어해야 할 것처럼 느껴. 그리고 그게 진실이 아님을 알아…… 그래서 누가 너를 비난할까? 저기에 있는 저 제인이 나를 비난하고 있어요.

프릿츠: 예.

제인: 그녀는 말하고 있어요…… 그녀는 말하기를 [**활발하게**] 이제 네가 의자에 앉으면, 너는 지금 여기에 있어야 하고, 그것을 바르게 해야 하고, 집중해야 하고, 모든 것을 알고 있어야 해—라고 하는군요.

프릿츠: "너는 네가 해야 할 일을 해야만 해."

제인: 너는 네 일을 해야만 하고, 그것을 바르게 해야 해. 그리고 너는—게다가, 너는 완전히 자기실현을 해야 하고, 네 모든 문제에서 벗어나야 하고, 그뿐 아니라—이것은—이것은 꼭 그렇게 해야 하는 것은 아니지만, 네가 이 모든 것을 하는 동안에 그 일을 하면서 즐길 수 있으면 좋겠지. 약간 활기를 불어넣으려고 애써 봐. 사람들이 지루해져서 잠들지 않도록 말이야. 왜냐하면 그렇게 되면 너는 불안해질 테니까. 그리고 네가 왜 의자에 앉아 있는지 알아야 해. 너는 자신이 왜 여기에 있는지 모르면서 그냥 여기에 올 수는 없어. 너는 모든 것을 알아야 해, 제인.

너는 정말 그것을 어렵게 만들고 있어. 너는 그걸 정말 어렵게 만들고 있어. 너는 정말로 내게 많은 요구를 하고 있어…… 내가 모든 걸 아는 건 아니야. 그리고 그런 말을 하기는 어려워. 내가 모든 걸 아는 것도 아니고, 게다가, 내가 뭘 하는지도 모를 때가 반은 돼…… 나는 모르겠어—무엇이 진실인지 아닌지도 모르겠어. 그게 거짓말인지조차도 모르겠어.

프릿츠: 자, 다시 상전(top-dog)이 되세요.

제인: 그 말은—

프릿츠: 당신의 상전이요. 그건 유명한 상전이죠. 정의로운 상전. 여기에 당신의 힘이 있는 곳이죠.

제인: 예. 자—어—나는 네 상전이야. 너는 나 없이는 못살아. 내가 바로—내가 너를 주목받게 해 주는 거야, 제인. 내가 너를 주목받게 해 주지. 만일 내가 없다면 아무도 너를 주목하지 않을 거야. 그러니까 너는 내가 존재한다는 것을 좀 더 감사해도 좋을 거야.

글쎄, 나는 주목받고 싶지 않아. 네가 그렇지. 나는 주목받고 싶지 않아. 나는 원하지 않아…… 나는 정말로 네가 원하는 것처럼 주목받기를 원하지는 않아.

프릿츠: 당신이 상전의 정의로운 부분을 공격하면 좋겠네요.

제인: 공격―정의로운 부분.

프릿츠: 상전은 항상 정의롭지요. 상전은 당신이 무엇을 해야만 하는지 알고, 비판을 할 모든 권리를 가지고 있고, 그렇지요. 상전은 당신에게 잔소리를 하고, 꼬집어내고, 방어하게 만들지요.

제인: 예…… 이 나쁜 년! 너는 꼭 우리 엄마 같아. 너는 무엇이 내게 좋은지 알아. 너는 내 삶을 어렵게 만들어. 나한테 뭘 하라고 시키지. 나에게 현실적이 되라고 말하지. 나에게 자기실현을 하라고 말해. 너는 나에게―진실을 말하라고 말하지.

프릿츠: 자, 지금 당신 손이 하고 있는 걸 바꾸지는 마시고요. 그렇지만 당신의 손에서 무슨 일이 일어나고 있는지 말해 보세요.

제인: 내 왼손은…….

프릿츠: 손들이 서로 말을 나누도록 하세요.

제인: 왼손이에요. 나는 떨고 있고, 주먹을 쥐고, 앞으로 뻗고, 그리고 [목소리가 갈라지기 시작한다.] 주먹은 아주 단단하고―손톱이 손에 박히게 만들고 있는 것 같아요. 좋은 느낌은 아니지만, 언제든지 그런 식이에요. 나는 긴장을 느껴요.

프릿츠: 그리고 오른손은?

제인: 손목 있는 데까지 숨기고 있어요.

프릿츠: 왜 그렇게 숨기고 있는지 손에게 말하세요.

제인: 만일 내가 너를 놔주면―너는 무언가 칠 거야. 네가 뭘 칠지는 모르지만, 나는 너를 숨기고 있어야만 해―그래야 네가 그렇게 하지 못할 테니까. 무언가를 치지 못할 테니까.

프릿츠: 이제 당신의 상전을 쳐 보세요.

제인: [짧게 소리친다.] 아―악! 아―악!

프릿츠: 자, 당신의 상전에게 말하세요. "잔소리 좀 그만 해―"

제인: [크고 고통스럽게] 날 좀 내버려 둬! / 프릿츠: 그래요. 다시 한번. / [소리 지르며 울면서] 날 좀 내버려 둬! / 프릿츠: 다시. / [그녀는 소리 지르며, 정말로 폭발한다.] 날 좀 내버려 둬! 나는 네가 하라는 대로 할 필요가 없어! [여전히 울면서]

나는 그렇게까지 착할 필요가 없어!…… 나는 이 의자에 앉아 있을 필요가
없어! 그럴 필요가 없어! 네가 그렇게 만든 거야. 네가 나를 여기 오게 한 거
야! [소리치며] 아-악! 너는 내 얼굴을 쥐어뜯게 만들었어. [울며] 그게 네가
한 일이야. [울부짖으며]아-악! 너를 죽이고 싶어.

프릿츠: 다시 한 번 말하세요.

제인: 너를 죽이고 싶어. / 프릿츠: 다시 한 번 / 너를 죽이고 싶어.

프릿츠: 당신은 그것을 왼손에 쑤셔 넣을 수 있습니까?

제인: 그것은 나만큼 커요…… 그걸 목 졸라 죽일 거예요.

프릿츠: 좋아요. 말해요. "목 졸라 죽일 거야—"

제인: [차분하게] 너를 목 졸라 죽일 거야…… 네 목. 그르릉 [프릿츠는 그녀가 소리
를 지르는 동안 목을 조르도록 베개를 주었다.] 아-흐. 어-흐! 자 어때! [목멘 소리
로 울며 소리친다.]

프릿츠: 좀 더 소리쳐 봐요.

제인: 흐-흐! 아-흐! 아-아-흐! [그녀는 계속해서 베개를 치면서 울부짖는다.]

프릿츠: 좋아요. 자, 편하게 눈을 감으세요…… [오랜 침묵] [부드럽게] 좋아요. 다시
돌아오세요. 준비됐나요?…… 자, 이제 다시 상전이 됩시다…….

제인: [힘없이] 그런 짓을 하면 안 돼. 나는 너를 벌줄 거야…… 그것 때문에 너를
벌줄 거야. 제인, 너는 그렇게 한 것을 후회할 거야. 조심하는 게 좋을걸.

프릿츠: 이제 이런 식으로 우리들 각자에게 말해요…… 우리 각자에게 복수해요. 우
리가 한 무엇인가를 꼬집어 내요…… 나부터 시작하세요. 상전으로서 당신
은 나에게 무엇을 처벌할래요?

제인: 나는 당신이 나를 그렇게 어리석게 만든 것을 처벌할 거예요.

프릿츠: 당신은 나를 어떻게 처벌할 건가요?

제인: [즉시] 어리석어져서, 지금의 나보다 더 어리석어져서……

프릿츠: 좋아요. 좀 더 해 봅시다.

제인: 레이몬드, 나는 당신이 그렇게 멍청하게 구는 것을 처벌할 거예요. 나는 당
신이 바보 같은 느낌을 가지게 만들 거예요…… 내가 당신보다 더 똑똑하
다고 생각하도록 만들어서, 당신이 더 어리석고 내가 똑똑하게 느끼도록
할 거예요…… 정말 두려워요. 이렇게 하면 안 돼요. [운다.] 그것은 좋지 않
아요.

프릿츠: 이것을 그에게 말해 봐요. 모두에게 "당신은 그러면 안 돼요ㅡ"라고 말하세요.

제인: 당신은 그러면ㅡ그러면 안 돼요ㅡ그러면 안 돼요ㅡ그렇게 하면 안 돼요ㅡ후ㅡ그렇게 하면 안 돼요ㅡ그렇게 멍청하면 안 돼요. 당신은 그렇게 멍청하게 행동하면 안 돼요. 왜냐하면 그것은 좋지 않으니까.

프릿츠: 그것을 다시 한 번 해 보세요.

제인: 예. 알아요. 하고 싶지 않아요. [울면서] 나는ㅡ나는 내가 어떻게 당신을 처벌하는지 알아요. [한숨 쉬며] 어쩔 수 없기 때문에 벌을 주는 거예요.

레이몬드: 당신은 나를 무엇 때문에 벌 주는데요?

제인: 당신이 나를 사랑하기 때문에 처벌할 거예요. 그것이 내가 당신을 처벌하는 이유예요. 당신이 나를 사랑하기 어렵게 만들 거예요. 내가 오는지 가는지 당신이 모르게 할 거예요.

프릿츠: "어떻게 당신은 나 같은 사람을 사랑할 정도로 비천할 수가 있나요?" 그래요?

제인: 나는 그렇게 했어요.

프릿츠: 알아요. 당신은 어떻게 성냥갑을 사랑할 수 있죠?……

제인: 휘거스(Fergus), 나는 당신이 몸이 그렇게 느린 것을ㅡ그러나 마음은 그렇게 빠른 것을 벌할 거예요. 어떻게 할 거냐면ㅡ당신을 흥분시킬 거예요. 당신을 흥분시키도록 노력할 거고, 그것은 진짜예요. 당신이 성적으로 억제하는 것을 처벌할 거예요. 당신이 내가 아주 섹시하다고 느끼도록 만들 거예요. 당신이 내 주변에 있으면서 기분이 나쁘게 만들 거예요…… 그리고 자기가 실제보다 더 많이 아는 척하는 것을 처벌할 거예요.

프릿츠: 처벌을 배분할 때 당신은 무엇을 경험했나요?

제인: [좀 더 분명하고 생생하게] 아주 이상한 경험이에요. 내가 그런 걸 가지고 있었는지 전혀 몰랐어요, 그렇게 오랫동안. 그것은 일종의ㅡ내가 예전에 느꼈던ㅡ동생들이 나에게 버릇없이 굴 때로 돌아가는 것 같았어요. 이를 갈며 내가 할 수 있는 가장 나쁜 것을 생각하면서ㅡ그것을 즐겼던 것 같아요.

프릿츠: 예. 내가 받은 인상은요, 당신은 여기서는 즐기지 않았어요.

제인: 음.

프릿츠: 좋아요. 다시 돌아가서 상전이 돼서, 제인을 처벌하는 것을 즐겨 보세요. 그녀를 괴롭히고, 고문하세요.

제인: 너는 내가 처벌하는 것을 즐기는 유일한 사람이야…… 네가 너무 시끄러울 때—네가 너무 시끄러울 때, 네가 너무 시끄럽다고 벌줄 거야. [즐겁지 않은 **목소리로**] 네가 충분히 시끄럽지 않으면, 네가 너무 억제하고 있다고 말할 거야. 네가 너무 많이 춤을 추면—네가 너무 많이 춤을 추면, 네가 사람들을 성적으로 자극한다고 말할 거야. 네가 충분히 춤을 추지 않으면, 네가 죽었다고 말할 거야.

프릿츠: 제인에게 "나는 너를 미치게 하고 있어." 라고 말할 수 있어요?

제인: [울면서] 나는 너를 미치게 하고 있어. / 프릿츠: 한 번 더 / 나는 너를 미치게 하고 있어. / 프릿츠: 한 번 더 / 나는 너를 미치게 하고 있어…… 나는 예전에 사람들을 미치게 했지. 그리고 너를 미치게 하고 있어…… [**목소리가 약해지면서 매우 힘이 없어진다.**] 그렇지만 너를 위해서 그러는 거야. 그게 어머니가 말하신 거야. "너를 위해서다." 나는 네가 나쁜 짓을 하면, 네가 죄책감을 느끼도록 만들어서, 다시는 그런 짓을 하지 않도록. 그리고 나는—나는 네가 좋은 일을 하면 네 등을 쓰다듬어 주어서, 네가 그것을 기억해서 다시 하도록. 그리고 너를 그 순간에서 벗어나게 만들 거야. 나는—나는 계속 너에 대한 계획을 세울 거야—너를 프로그램할 것이고, 네가 그 순간에 살도록 놔두지 않을 거야. 네가 삶을 즐기도록 놔두지 않을 거야.

프릿츠: 이렇게 말하기를 바랍니다. "나는 무자비하다."

제인: 나는—나는 무자비하다. / 프릿츠: 한 번 더 / 나는 무자비하다. 나는 무엇이든 할 거야—특히 누가 감히 나에게 뭔가를 하라고 하면. 그리고 나는 너에게 그것을 하라고 말할 거야. 제인, 그래서 네가 증명할 수 있도록, 그래서 네가 자신을 증명할 수 있도록. 너는 이 세상에서 너 자신을 증명해야만 해.

프릿츠: 자, 이렇게 해 봅시다. "너는 할 일이 있어."

제인: [웃으며] 너는 할 일이 있어. 너는 형편없이 구는 것을 멈추게 될 거야—너는 오랫동안 아무것도 안 했잖아—

프릿츠: 예. 자, 이제 당신의 자세를 바꾸지 마세요. 오른팔을 왼쪽으로 그리고 왼쪽 팔을 오른쪽으로 보내세요. 똑같이 다시 한 번 말하고 이것을 알아차리고 있으세요.

제인: 너는 오랫동안 아무것도 하지 않았어. 너는 무엇인가 해야만 해, 제인. 너는 무엇인가 돼야만 해…… 너는 사람들이 너를 자랑스럽게 여기도록 해야 돼. 너는 성장해야 하고, 여인이 되어야 하고, 네 나쁜 쪽을 모두 감추어서 아무도 그것을 볼 수 없게 해야 해. 그래서 사람들은 네가 완벽하다고 생각할 거야. 정말로 완벽하게…… 너는 거짓말을 해야 해. 나는 너를 거짓말하게 만들 거야.

프릿츠: 이제 제인의 입장이 다시 되세요.

제인: 너는—너는 [울며] 너는 나를 미치게 만들고 있어. 너는 나를 괴롭히고 있어. 나는 정말로 너를 목 졸라 죽이고 싶어—으—그러면 너는 나를 더 많이 벌 주겠지. 너는 다시 돌아와서—그리고 그것 때문에 나를 지독히 혼내겠지. 그런데, 너는 왜 그냥 사라지지 않는 거지? 나는—나는 더 이상 너를 망쳐 놓지 않을게. 그냥 사라져서 나를 내버려 둬—그리고 너한테 간청하지 않을 거야!! 가 버려! / 프릿츠: 한 번 더. / 가 버려! /프릿츠: 한 번 더. / 가 버려! / 프릿츠: 자리를 바꿔요. / 내가 가 버린다면 너는 반쪽만 남을 거야. 만일 내가 가 버리면 너는 절반의 사람일 거야. 그러면 너는 정말로 엉망이 돼 버릴 거야. 너는 나를 보낼 수 없어. 너는 나와 함께 해야 할 일을 찾아봐야 해. 나를 사용해야 해. 자—그러면 나는—내가 그래야만 한다면 많은 것에 관하여 네 마음을 바꿀 거야.

프릿츠: 아!

제인: 그리고 내가 그렇게 나쁜 짓을 할 여지가 전혀 없다고 너에게 말할 거야…… 내 말은, 만일 네가 나를 내버려 둔다면, 나는 나쁜 일을 전혀 할 수 없어…….

프릿츠: 좋아요. 나머지를 쉽게 하세요.

제인: [눈을 감고] 나는 휴식을 취할 수가 없어요.

프릿츠: 그러면 우리에게 돌아와요. 당신의 쉴 수 없음에 대해서 얘기해 봐요.

제인: 나는 계속 그걸 어떻게 해야 될지 의문을 가졌어요. 눈을 감았을 때, 나는 말했어요. "그녀에게 그냥 쉬라고 말해라."

프릿츠: 좋아요. 지금 그녀의 상전이 됩시다.

제인: 그냥 쉬어.

프릿츠: 그녀를 하인(under-dog)으로 만들고 당신이 상전이 되세요.

제인: 그리고 너는 아무것도 할 필요가 없고, 아무것도 입증할 필요가 없어. [**울면서**]너는 스무 살밖에 안 됐어! 너는 여왕이 될 필요가 없어…….

그녀가 말해요, 좋아. 이해하겠어. 나도 알아. 그냥 마음이 급해서 그래. 나는 정말 마음이 급해. 우리는 해야 할 일이 너무 많아—그리고 지금, 알아, 내가 서두르면 지금에 있을 수 없다는 것을, 없지—내가 서두르면 네가 지금 있는 그 순간에 머무를 수 없지. 너는 계속 서둘러야 하고 그러면서 시간이 지나가고 너는 시간이나 뭔가를 잃었다고 생각하게 되지. 나는 너를 너무 힘들게 해. 나는 너를 혼자 두고 떠나야만 해—그래야 해.

프릿츠: 자, 잠깐 끼어들고 싶은데요. 당신의 상전에게 말해 봐요. "너를 조금 더 참을성 있게 대할게."

제인: 음. 나는—나는 너를 조금 더 참을성 있게 대할게.

프릿츠: 다시 한 번 말해 봐요.

제인: [**부드럽게**]나는 참을성을 갖는 게 너무 힘들어. 너도 알잖아. 내가 얼마나 참을성 없는지 알 거야. 그렇지만 나는—조금 더 너를 참을성 있게 대하도록 애쓸 거야. "나는 노력할 거야."—너를 조금 더 참을성 있게 대하겠어. 내가 말했듯이, 나는 발을 동동 구르면서 머리를 흔들고 있어요.

프릿츠: 좋아요. "나는 너를 참아 주지 않을 거야."라고 말해 봐요.

제인: [**쉽게**]나는 너를 참아 주지 않을 거야, 제인! 나는 너를 참아 주지 않을 거야. / 프릿츠: 다시 / 나는 너를 참아 주지 않을 거야. / 프릿츠: 다시 / 나는 너를 참아 주지 않을 거야.

프릿츠: 이제 우리에게 말해 봐요…… 몇 명을 골라 봐요.

제인: 쟌(Jan), 나는 당신을 참아 주지 않을 거예요. 클레어(Claire), 나는 당신을 참아 주지 않을 거예요…… 딕(Dick), 나는 당신을 참아 주지 않을 거예요. 뮤리엘(Muriel), 나는 당신을 참아 주지 않을 거예요. 기니(Ginny), 나는 당신을 참아 주지 않을 거예요…… 그리고 준(June), 나는 당신도 참아 주지 않을 거예요.

프릿츠: 좋아요. 지금 어떻게 느껴지나요?

제인: 괜찮아요.

프릿츠: 이해하겠지만, 아직 상전과 하인이 함께 하고 있지는 않아요. 그러나 적어도 갈등은 분명하고, 겉으로 드러났고, 아마도 조금은 덜 격렬할 거예요.

제인: 나는 내가 전에 꿈에서, 그리고 꿈 작업을 할 때 이것이 나올 것이라고 느꼈어요. 나는 기분이 좋았어요. 나는 계속—계속—계속—계속 거기로 되돌아 갔어요.

프릿츠: 그래요. 이게 유명한 자기 고문(self-torture) 게임이지요.

제인: 나는 그걸 아주 잘해요.

프릿츠: 모두가 그걸 잘하지요. 당신이 여기 있는 다른 사람보다 더 잘하는 건 아니에요. 모두들 "내가 제일 나빠." 라고 생각하죠.

사례10 _ 다중양식 치료

조지의 사례

Arnold A. Lazarus

> **편집자 서문**   아놀드 라자루스(Arnold Lazarus)는 현대 심리치료에서 가장 혁신
> 적인 인물 중 하나다. 행동치료 분야에서 많은 기여를 한 후에, 라자루스
> 는 계속해서 다중양식 치료라는 자기 자신의 체계를 발달시키고 연구했다.
> 다중양식 치료는 비교적 짧은 시간 내에 상당한 수의 지지자를 모았다.
> 　『현대 심리치료』의 라자루스가 집필한 장에서 서술된 다중양식적 치료절차는 여기
> 에 제시된 "조지(George)"의 사례에서 꽤 분명하게 설명된다. 조지는 이전에 수많은
> 치료자들이 성공적으로 치료하지 못한 광장공포증 환자다. 이 책에서 논의된 각각의
> 다른 이론 체계를 주창하는 사람들이 조지를 어떻게 치료할 것인지에 대하여 숙고해
> 보는 것이 독자들에게 도움이 될 수도 있을 것이다.

Lazarus, A. A.(1981). *The Practice of Multimodal Therapy*. (pp. 19-31), McGraw-Hill, Inc. 저자
의 허락을 얻어 발췌 게재함.

조지가 내게 처음 상담하러 왔을 때, 그는 서른두 살이었다. 그는 혈색이 나쁘고 볼품없고 뚱뚱하며, 신경질적으로 적갈색 머리를 이따금씩 이마에서 쓸어올리며 의자에 몸을 구부리고 앉아서 무력감과 절망감의 분위기를 전하였다. 다 헤진 운동화, 헐렁헐렁한 코르덴바지, 빛이 바랜 셔츠는 가장 불행한 사람의 모습을 잘 나타내 주었다. 그는 거의 눈을 마주치지 않았다. 내 동료 중 한 사람인 그의 사촌은 조지를 '정신적 폐인, 정서적 불구자'라고 묘사하였다. 함께 살고 있는 그의 어머니는, 첫 회기에 그와 함께 와서 "조지는 매우 신경질적이며, 항상 예민했다."고 설명하였다. 가족체계 이론가들이 표현했던 것처럼 어머니와 아들은 "뒤얽혀" 있었다.

조지는 다양한 두려움, 일반화된 불안, 공황 발작, 강박 관념과 강박 행동, 여러 신체적 곤란을 호소하면서 "나는 건강 염려증 환자인 것 같아요."라고 덧붙였다. 그는 광장공포증이 있었으며, 어머니가 동행하지 않고는 집을 떠날 수가 없었다. 그가 그렇게 하려고 시도하면 "공황 발작(panic attacks)"이 나타났다. 그는 병과 죽음에 대한 특수한 공포증이 있었고, 세균공포증과 관련된 강박적인 씻기와 청결의식도 지니고 있었다. 그는 자신의 주요 공포증이 17살 때 고등학교를 졸업하고 대학 때문에 집을 떠나려는 때 시작된 것으로 추적하였다. 그는 "그러나 그것에 대해 생각해 보면, 내 삶 전체를 두려워했던 것 같아요."라고 덧붙였다.

조지는 알코올 중독이고 학대를 하는 아버지와 극도로 과보호적인 어머니의 외아들이었다. 그는 성장해 감에 따라 아버지와 사이가 멀어져 가고 있다고 느꼈으며, 아버지가 어머니에게 험악하게 대할 때 자주 개입하면서 어머니의 보호자 역할을 맡았다. 조지의 어머니는 자주 "너 없이는 내가 뭘 해야 할지 모르겠어."라고 말했다. 17살 때 조지는 궁지에 몰렸다. 그는 대학에 가고 싶었지만, 자기가 어떻게 어머니를 내동댕이칠 수 있단 말인가? 엄습하는 불안감의 폭발로 어머니와 그는 공모하게 되었다. 그는 "너무나 아파서 집을 떠날 수가 없었다." 그에 따라 조지가 어머니의 보호자로 기능하는 반면에 어머니에 대한 유아적 의존감을 기르는 역설적 관계로 무대가 설정되었다. 그는 간신히 집 근처 지역사회 대학과정을 이수했으며, 겨우 학사학위를 취득했다. 이즈음에 그는 광장공포증을 발전시켰다.

조지가 스무 살 때, 아버지가 관상동맥 혈전증으로 사망했다. 과부인 조지의 작은 이모가 이사 와서 조지는 이제 "이중 보호자" 역할을 맡았다. 그는 비록 어머니 없이는 집을 떠날 수 없었지만, 이모와 어머니를 돌보았던 "가장"이었다. 그는 수많은 신체적 병을 호소하기 시작했으며, 어머니와 함께 다양한 전문가들을 찾아다녔고, 전문가들은 조지에게 광범위한 의학적 검사와 조사를 지시했다. 스물한 살 때, 조지의 내과의사는 그를 정신분석가에게 의뢰하였다.

조지는 6년여에 걸쳐 일주일에 몇 번씩 분석을 받았으며, 결국은 자신이 도움을 받지 못했다고 결론을 내렸다. 그는 여전히 두렵고 공포증, 강박증, 건강염려증의 증세가 있었다. 그의 가족 상황은 바뀌지 않은 채 유지되었다. 그는 친구가 없었고, 독립하지도 않았고, 움직이지도 않았다. 그는 집에 머물러 있으면서 TV를 보고, 이모와 카드놀이를 하고, 어머니와 슈퍼에 가고, 많은 시간을 욕실 의례에 몰두해서 지냈다. 그리고는 "행동치료자"에게 상담을 받았다. 조지는 이 치료를 좋아했으며, 그들은 함께 현장 감감법(in vivo desensitization), 사고 정지, 점진적 이완훈련 과정에 착수했다. 두 달 후에 조지는 어머니 없이 슈퍼에 갔다 올 수 있었다. 조지가 외출했을 때 한번은 그가 "공황발작"이라고 불렀던 것을 느꼈다(조심스럽게 물어본 결과, 그는 전통적인 공황장애로 고통받았던 것이 아니라 높은 수준의 불안이 일어났음을 알아냈다.). 그 후로 그는 다시 집에 은둔했고, 행동치료를 끝냈다. 그 다음 몇 년 간 조지의 상황은 악화되었다. 죽는 악몽이 빈번해져서 그의 부담을 가중시켰다. 신체화 호소와 강박행동의 수가 증가했다. 그는 어머니를 향한 짜증 폭발을 하기 일쑤였다. 조지가 나에게 의뢰되기까지 그는 6년간의 정신분석과 행동치료에 대한 짧은 노출 외에도 약물치료, 전기충격치료, 원초적 치료(primal therapy), 교류분석, 초월명상, 실존치료를 받았다. 그는 여전히 계속해서 불안, 공포, 강박적 습관으로 고통받고 있었다.

현장에 대한 고발?

이 내담자에게 적용되었던 다중양식적 접근방법의 세부사항들을 논의하기에 앞서서, 우선 다음의 내용을 물어보자. 여기에 무슨 일이 일어나고 있는가? 이 것은 더 호전되기를 원하지 않고 자신의 현 상태(status quo)를 유지하기 위해서 필사적으로 싸우겠다는 "저항하는 환자"인가? 그는 다양한 치료자와 치료를 계속해서 순회함으로써, 그들을 패배시키고 자신의 "우승컵" 수집에 더 많은 치료자와 체계를 추가시키겠다는 "치료자 킬러"인가? 그는 자신의 생활양식(modus vivendi)이 이제는 자신으로 하여금 "치료를 받는 것"을 필요로 하는 "치료자 구매인"인가?

의미 있게도 도움을 요청할 때 내담자는 광신적 분파집단(lunatic fringe)은 피했다. 그는 오로지 평판 있는 내과의사, 정신과의사, 가장 높이 존경받는 정신분석가, 자격 있는 임상심리학자들에게만 진찰을 받았다. 그런데 왜 그는 자신의 고통에서 전혀 벗어날 수가 없었을까? 조지의 첫 번째 치료자는 6년여 동안 아무런 결과도 얻지 못하면서 같은 처방을 계속하는 동안 약 5만 달러를 청구한 것을 어떻게 정당화할 수 있겠는가? 원초적 치료가 다른 모든 이론을 진부하고 쓸모 없게 만드는 유일한 치료라고 주장되었기 때문에, 우리들은 조지가 원초적 치료에 의해서 치유되지 않은 이유를 물어볼 자격이 있다. 비슷하게 조지는 단지 우연히 제대로 훈련받지 못한 교류분석가, 경험이 적은 실존치료자, 무자격 행동치료자, 기타 등등을 만났는가?

몇몇 이론가와 치료자는 다양한 치료적 접근 간의 공통성을 강조한다. 그들은 유사성을 추구하고, 각기 다른 체계와 방법이 겹쳐지는 부분을 지적한다. 그러나 차이점을 무시하는 것은 중요한 차이를 설명할 수 있는 의미 있는 요인들을 간과하는 것이다. 다중 양식적 치료는 명백히 여러 다른 심리치료 방법과 많은 것을 공유하고 있다. 그것에 독특한 어떤 면이 있는가? 다중양식 치료자들은 다른 심리치료자들이 하는 것과는 다른 어떤 것을 하는가?

다중 양식적 처치: 중재하는 방법과 지점

조지가 내게 상담 받을 즈음에 그의 사기는 낮았다. 그는 또 다른 무익한 노력을 착수하는 것에 대해서 불안하고, 우울하고, 회의적이었다. 그가 존경했던 사촌이 나를 매우 높이 추천했기 때문에, 조지는 나와 한번 치료를 시도하려고 했다. 분명히 그가 따라오도록 해야 하고 그토록 많은 다른 사람이 실패했던 곳에서 성공을 얻어 낼 관계를 맺어야 하는 도전이 있었다.

환자를 동기화시키고, 순응하도록 하고, 저항을 감소시키는 것은 상당한 기술을 필요로 한다. 심리 치료 영역에서, 수많은 임상가는 '환자의 언어로 말하고', 정중한 '작업 동맹'을 진정한 협동적 모험으로 변형시키는 라포(rapport)의 수준을 수립할 필요성을 강조해 왔다. 융통성과 다재다능함을 성취하고 유지하는 것이 중요하다는 점이 널리 인식되어 왔으며, 구체적 기법들을 환자에게 제시하고 설명하는 방법에 따라 환자들이 그것을 잘사용할 것인지의 여부가 결정된다는 점도 잘 알려져 있다. 그렇지만 개인적으로 그리고 성격적으로 어디에서 시작할 것인지를 조심성 있게 살펴본다 하더라도, 치료자의 성격과 접근방법이 환자의 근본적 기대와 맞물리지 않으면, 순응은 잘 일어나지 않는다. 이런 경우에는 그 차이를 "훈습"하려고 노력하기보다는 내담자를 더 양립 가능한 자원에 의뢰하는 것이 최선인 듯하다.

앞서 말한 구절에서 논의된 점들이 모두 "상식"의 항목에 해당하는데도 그것들은 자주 임상적 실제에서 지켜지지 않는다. 너무나 많은 치료자가 어떤 사람에게는 매력이 있고, 다른 사람에게는 소원할 수도 있는 양식화된 방법으로 환자들에게 접근하는 경향이 있는 것 같다. 가능한 한 정확하게 각 개인에게 누가 또는 무엇이 최선인가를 결정하는 고든 폴(Gordon Paul)의 훈계에 따르면, 특히 조지의 많은 치료적 실패를 고려해 볼 때 주요한 문제는 그의 협조와 순응을 어떻게 얻느냐 하는 것이었다.

있을 수 있는 적대적 경향들을 몰아내기 위하여 나는 조지에게 나와 행동하는 자신의 모습을 시각화할 수 있는지 물어보았다. "내가 당신에게 특정한 불안의 느낌들을 감소시키기 위해서 가르치고 싶은 새로운 리듬을 따르는 숨쉬기 운동이 있다고 말한다면 어떤 일이 일어날까요? 당신은 내가 그것을 가르치도록 허용하는 자신의 모습을 그릴 수 있습니까? 그리고는 그것을 적용하는 자신을 볼 수 있습니까? 아니면 나를 적대시하는 자신의 모습을 봅니까?" 조지는 아마도 자기가 협조적일 것 같다고 말했다. 나는 곧 "아마도"는 충분하지 않다고 강조했고, 네 번의 회기 동안 100% 수준의 협조를 할 수 있는지 물었다. "그때가 되면 당신이 나와 함께 작업할지 혹은 나와 적대해서 작업을 할지 여부를 알 수 있을 겁니다."라고 말했다.

나는 조지에게 다중양식 생활사 질문지를 작성해서 두 번째 회기에 가져오라고 요청했다. 그 후에 〈표 10-1〉에서 제시된 다중양식 프로파일이 작성되었다. 이 피상적인 프로파일 목록은 몇 가지 조지의 주요 문제를 나열하고 있으며, 치료 목적을 세우고 진전을 평가하기 위한 융통성 있는 "청사진"을 제공해 준다. 프로파일을 조사하고 조지의 다중양식 생활사 질문지를 다시 읽어 보니, 조지의 생물학적 양상부터 시작하는 것이 최선인 것 같았다. 나는 조지가 명백히 신체적으로 건강하지 않고 과체중이며, 대부분의 시간을 집 안에 앉아서 보내고 운동을 거의 하지 않는다는 것을 지적해 줌으로써 내 추론을 조지와 공유했다. 나는 정신-신체의 연결을 강조했으며, 당면 목표는 조지가 더 높은 수준의 신체적 건강상태를 달성하는 것이라고 지적했다. 나는 최상의 신체적 모습을 지닌 사람은 불안감을 덜 느끼고 신체화로 인한 고통과 낮은 자신감 때문에 고통을 덜 받는 것 같다고 강조했다. 우리는 양질의 영양에 대한 역할을 논의했고, 나는 조지의 현재 식습관이 그의 정서적 문제에 어떻게 기여해 왔는가를 강조했다. 그는 다음의 사실을 알게 되었다. "그러므로 치료의 제1단계는 격렬한 신체적 훈련 처방을 하는 것입니다. 나는 또한 당신이 자격 있는 영양사에게 자문을 구하기를 바랍니다." 그 생각에 대해서 어떻게 느끼는가를 질문했을 때, 조지는 "이치에 맞는다."고 말했다.

나는 그에게 스트레스 심전도를 포함해서 의학적 건강진단을 받으라고 주장

표 10-1 조지의 양식 프로파일

행동	회피, 아픈 역할하기, 이동이나 참여의 결여, 욕실의례 및 기타 강박적 행위들
정서	공포, 공황, 불안, 격렬한 분노, 낙담/우울
감각	현기증, 두근거림, 떨림, 쑤심/통증, 기타 등등
심상	빈약한 자기 심상, 부모의 다툼, 가학적 교사에게 놀림을 받음
인지	다른 사람들은 나를 이상하고 특이하다고 본다. 어느 여자도 나와 가까이하기를 원치 않을 것이다. 오염에 대한 개념들, ~해야만 한다(musts and shoulds).
대인관계	겁 많은, 부적절한, 은둔하는
약물/생물학	규칙적으로 발리움(Valium)을 하루에 3번 10mg 복용, 칼로리는 높으나 영양가는 낮은 인스턴트 식품(junk food)을 먹음, 기력이 없고 건강하지 않고 과체중임.

했다. 나는 "신체적 결함이 없다는 것을 확신하고 싶어요. 왜냐하면 큰 경기를 위해서 운동선수나 직업 권투선수를 준비시키는 코치나 훈련사처럼 당신을 밀어붙이려고 하기 때문이지요."라고 말했다. 다중양식 생활사 질문지에 대한 조지의 반응에 따르면, 그는 누군가가 '주도권을 장악하기'를 매우 갈망하는 것이 명백했다. 어떤 치료자들은 이것이 그의 의존감을 길러 주게 될 수 있으므로, 그와 거리를 유지해야 한다고 볼지도 모른다. 나는 이것을 흔한 실수로 간주한다. 우리들이 순응을 얻으려고 한다면, 대개 내담자의 기대에 부합하는 방법으로 반응할 필요가 있다. 나는 적응적 행동을 동원하기 위해 기꺼이 처음에 주도권을 장악하려고 했다.

조지의 경우, "큰 경기"에 이기기 위하여 훈련받는 운동선수의 이미지는 그의 욕구와 지각에 조화되는 은유적 의미를 지녔다. 다중양식 생활사 질문지의 "치료자가 자신의 내담자와 상호작용해야만 한다는 것에 대해서 어떻게 생각하십니까?"라는 질문에 대한 반응에서, 조지는 효율적인 치료자는 요구를 많이 하고 부하들에게 거칠게 행동하지만 내면 깊숙이에는 부하들에 대한 부드러운 면이 있는 심하게 몰아붙이는 육군 상사와 같은 것이라고 말했다(조지의 아버지는 "군인"이었으나 —기본적 연민이라는 보충하는 미덕이 결여된 무책임하고 학대적인—나쁜 상사였다.). 탐구를 해 본 결과, 그에게 따뜻하고 상냥한 역할을 했으며 무조건적으로 지지하고 공감했던 사람들이 가장 덜 효율적인 치료자들이었음을 알게 되었다. 내가 그의 협조를 얻으려면 "강한 인상을 심어 주어야만 하고", 그렇지 않으면 내 "다중양식 치료"가 지금까지 해 왔던 조지의 이전 치료만큼이나 효과가 없을 것이라는 점이 명백했다.

의학적 검사결과, 약간 높은 수준의 콜레스테롤과 중성지방 그리고 가벼운 고혈압이 있었다. 따라서 식습관과 운동습관을 변화시켜야만 했다. 그는 지역사회 YMCA에 가입했고, 어머니가 로비에서 뜨개질을 하고 있는 동안에 조지는 걷기 시작했고, 그 다음에는 경기장을 조깅했고, 점차적으로 수영과 보디빌딩을 처방 계획에 추가했다. 인지적 재명명(relabeling)이 의도적으로 강조되었다. 심장고동을 놀람과 공포로 여기는 대신에 그는 심장이 내뿜는 것 그리고 이에 부수되는 순환과 심혈관 활동의 관점에서 새로운 연상을 하였다.

신체적 훈련과 영양의 변화와 동시에 그와 나는 대처 심상 운동(exercises in coping imagery)이라는 체계적 프로그램에 착수했다. 내 기본적 가정 중의 하나는 사람들이 현실에서 어떤 일들을 할 수 있기에 앞서서 먼저 그것들을 심상으로 연습할 필요가 있다는 것이다. 만약 사람들이 행위를 수행하는 자신의 모습을 떠올릴 수 없다면, 그들은 현실의 삶에서도 그것을 할 수 없을 것이다. 조지는 그 자신이 움직이고, 사람들을 다루고, 벌이가 되는 취직을 하고, 우정을 발달시키고 유지하고, 음식점에서 식사를 하고, 파티에 참석하고, 여자에게 구애하고, 당연히, 어머니가 자기 뜻대로 하게 내버려 두는 자신의 모습을 연마해야만 했다.

우리들은 몇 가지 단순한 둔감화 심상부터 시작해서 상황의 위계를 세웠다(집에서부터 반 블록 걷기에서 시작하여, 어머니 없이 슈퍼에 혼자 운전해서 가는 자신의 모습, YMCA에 혼자 운전해서 가는 모습, 기타 등등의 모습을 시각화할 수 있을 때까지 점차적으로 거리를 늘리기). 그리고 나서 나는 심상적인 사회적 상황을 추가했다(소풍, 칵테일파티, 공식 만찬, 기타 등등). 개인치료에 부가하여 집단치료를 추천했으나 그는 이 생각에 반대하였고, 나는 이미 그에게 매우 많은 것을 요구하고 있었기 때문에 이를 강요하지 않기로 결정했다.

몇 주 이내에 조지는 더 말끔하게 보이기 시작하였으며 조깅하는 시간과 거리가 증가하였다. 그는 끊임없는 고통, 통증 그리고 가상적인 고통에 대하여 아직도 불평하였다. 나는 그의 건강 염려증 경향을 강화하는 것을 피하기 위하여 이러한 것들을 계속해서 무시하였다. 때때로 나는 "거친 육군상사" 위치에 입각하여 말했다. "다음에 통증과 고통에 대하여 무슨 말을 하면 당신은 20파운드(lb) 아령을 들고서 트랙을 세 번 뛰어야 할 것입니다."

때때로 일정하게 불안 발작이 있을 수 있다는 것과 그것이 그가 실패했다거나 혹은 치료가 실패했다는 의미는 아니라는 점이 강조되었다. 그보다는 이러한 발작을 억제하고 저지하고 없앨 수 있는 방법을 찾는 것이 필요했다. 다중양식 치료에서는 사정을 할 때 추적하기(tracking)로 알려진 방법을 사용한다. 추적하기란 일반적으로 부정적인 정서적 반응에 앞서는 점화 순서 혹은 계열을 세우는 양식을 알아내는 것이다. 조지는 그의 불안 발작이 보통 S-I-C-B-C 계열을 따라 발생한다는 것을 알게 되었다. 첫째로 그는 일종의 가벼운 감각을 알아차리게 되었고(약간 빠른 심장박동, 약간의 안면긴장), 그것은 무서운 상상을 하게 만들었고(수술실과 정맥 출혈 장면들이 스쳐 지나감), 그 후에 그의 인지는 "위험" 신호를 보내고 방정식에 "~라면 어찌 될 것인가?"를 첨가하게 되고(일반적으로 "만일에 내가 치명적으로 아프다면 어찌 될 것인가?"), 그 후에 그는 행동적으로 움츠러들고 한 걸음 더 나아간 인지("나는 뭔가 아주 잘못된 게 틀림이 없다.")에 빠져 들어 악순환을 강화하게 된다. 이러한 사건의 순서를 알아차리면 효과적인 방법을 제시할 수 있다. 조지는 부정적인 감각을 경험하자마자 그가 배운 특별한 이완기법과 호흡기법을 활용하도록 지도받았다. 그 후, 그는 "냉정해, 진정해, 바보 짓을 그만 해."를 속으로 읊조리면서 다양한 성공과 대처 심상으로 옮겨 갔다. 그는 "후퇴하고 움츠러들고 도망가는 대신에 그 자리에 머물러서 연속적인 교정방안을 활용하라."는 말을 들었다(치료에서 "내담자의 언어로 말하는 것"이 종종 내담자의 양식 점화순서를 추적하는 것—연속적인 경향을 확인하는 것—과 적절한 양식들에 개입하는 것에 덧붙여진다. A-B-S-C 계열은 B-C-S-A 혹은 C-S-A-B 계열 등과는 다른 처치를 요구한다. 추적하기는 다중양식적 사정과 치료의 중요한 특징이다.).

조지의 인지양식은 범주적인 명령(categorical imperatives)(캐런 호나이(Karen Horney)가 "당위성의 독재"라고 불렀던 것이고, 알버트 엘리스(Albert Ellis)가 절대적 사고를 상쇄시키기 위해서 정교화시켰던 주요점)에 의한 삶의 불행한 결과를 강조함으로써 처음으로 제기되었다. 우리는 또한 여러 시간 동안 "장기적인 쾌락주의"의 미덕과 인간으로서 그가 부여받은 자격 같은 일반적인 토론을 하였다. 자기검색, 상상적 감감법(desensitization)과 현장 감감법, 사고정지, 정신적 상상 연습, 역할 연기, 자기주장 훈련, 그리고 빈 의자 기법(주로 돌아가신 그의 아버지와 '끝나지 않은 문제'를 해결하기 위하여)들과 같은 다양한 기법을 활용하였다.

성과 자료에 따르면, 강박적인 습관은 전형적으로 다른 방법에는 반응하지 않기 때문에 조지가 보이는 욕실 의례는 반응예방(또는 반응감소)을 필요로 했다. 결과적으로, 우리는 그가 욕실에서 의례를 수행하기 위해 4시간을 보내는 대신에 이 시간을 반으로 줄이지 못하면 한 주일 동안 자기가 좋아하는 TV쇼를 안 보는 것으로 벌을 주기로 동의하였다. 그 후 화장실 의례시간은 2시간부터 45분 이하까지 체계적으로 감소되었다(일이 잘 진행되지 않을 때, 조지는 전형적으로 자기의 증상 뒤에 있는 의미를 탐색하는 것이 더 좋을 것이라고 제시하였다. 나는 '거친 육군 상사의 자세'를 견지하면서 그가 이미 6년 동안이나 쓸모없이 의미와 역동을 탐색하는 데 헌신을 다했다고 지적하는 반응을 하였다.).

개인상담 회기에 추가하여, 나는 조지와 어머니가 함께 참여하는 가족치료 회기를 가졌고 그리고 두 번에 걸쳐서 조지와 어머니 그리고 이모와 작업을 하였다. 두 여인, 특히 그의 어머니는 조지를 어린애로 만들고 그의 의존성을 유지하는 데 대단히 관심을 쏟은 것 같았다. 의미 있게도, 조지가 어머니 없이 치료받으러 왔을 때(치료가 약 1년 정도 지속된 후) 나와 치료에 대한 어머니의 태도는 극단적으로 적대적으로 되었다. 그녀는 더는 가족 면담을 하지 않겠다고 거절하였고, 그뿐 아니라 나와 개인적으로 만나려 하지도 않았다. 그녀는 일부러 아들을 설득하여 치료를 종결하고자 했다.

조지가 가지고 있는 주요 불안 중의 하나는 낯선 도시에 홀로 있다는 것과 병들게 된다는 주제를 순환하고 있었다. 나는 만일에 이런 일이 일어난다면 그가 가장 가까운 병원 응급실에 가서 근무하고 있는 의사를 만날 수 있다고 제안하였다. 나는 그의 어머니가 그에게 말한 것보다 잘 훈련되어 있고, 더 능력 있는 좋은 사람들이 이 세상에는 가득하다는 것을 조지가 깨달을 수 있기를 원했다. 따라서 나는 다음의 상상을 제공하였다. "당신이 시카고에 홀로 있다고 상상해 보세요. 당신은 아프고 병원에 입원합니다…… 이제 병원 장면을 상상하십시오. 의사들이 당신의 병상 주위에 서 있고 서로 이야기하면서, 당신을 돕고, 당신을 치료합니다……." 이 시점에서 내담자는 호흡이 가빠지면서, 흐느껴 울고, 토하고, 전전긍긍하기 시작하였다.

이러한 상상은 완전히 소산되었던 "잊혀진 기억"을 이끌어 내었다. 마침내 그가 진정하였을 때, 조지는 자기가 일곱 살 때 발생한 사건에 대한 생생한 기억을 자세히 설명하였다. 그는 편도선 절제술 후에 병원에 입원하였고 마취에서 깨어났다. 그리고 자신의 침대 옆에서 배회하고 있는 몇몇 사람을 겨우 분별할 수 있었다. 그의 어머니는 누군가에게 허약하고 병약하게 태어난 그에 대해서 얘기하고 있었다. "나는 이 아이가 스물한 살이 될 때까지 살 수 있으면 좋겠어요."라고 그녀는 단언하였다. 그의 어머니가 그를 왜 허약하고 병약하다고 했는지 그에게 물어보니 그것은 아마도 그가 어렸을 때 감기가 잘 걸리고 고열이 잘 났기 때문이라고 대답하였고, 그리고 그 때문에 의사가 편도선 절제술을 받으라고 권유하였다. 그러나 그의 민감한 건강상태에 대하여 수술 후에 어머니가 한 말—"나는 이 아이가 스물한 살이 될 때까지 살 수 있으면 좋겠어요."—은 지울 수 없는 인상을 남겼다.

계속되는 회기에서 우리들은 그의 어머니가 내린 평가의 영향을 탐색하면서, 조지의 신체화하는 경향과 심인성 질환을 갖는 경향이 어머니의 태도와 관계가 있는 것으로 보였다. 마취에서 깨어났을 때 그의 어머니가 한 말은 중심적인 병인학적 역할을 한 것으로 보였다. (a) 의식이 분명하지 않고, 아마도 대단히 암시에 걸리기 쉬운, 수술 후(외상적인) 상태에 있었을 때 (b) 권위 있는 사람(그의 어머니)이 그가 허약하고 병약하다고 말했고, 그것은 다시 (c) 중심적 개념으로 자기 결함에 집중하게 만들었다. 이러한 메시지가 그의 증상 발달에 영향을 주었다는 것은 의심의 여지가 없었다.

이 간단한 분석의 정확성에도 불구하고 조지는 이러한 사실적이거나 가상적인 사건들 때문에 명백하게 당황하였고, 그의 고통을 완화시키기 위하여 무엇

인가를 해야만 했다. 내가 처음 시작하고자 한 것은 그의 어머니의 행동 뒤에
는 호의적인 의도가 있었지만, 그 결과는 염려스러웠다고 강조하는 것이었다.
다중양식적 치료에서는 BASIC I.D. 전체를 다루려고 노력하기 때문에, 실행할
수 있을 때는 언제라도 〈표 10-2〉에 제시된 '교정 방안'이 처방되었다.

이러한 권장사항들이 논의되고 적용되었을 때 다른 감정과 연상이 떠올랐다.
예를 들어, 조지는 죽음에 대하여 계속적인 공포를 나타냈고, 그리고 어머니에
대한 양가감정, 특히 적대적인 감정을 토로했다(우연히, 그의 죽음에 대한 선입견
이 아주 비현실적인 토론 후에 경감되는 것 같았다. 조지는 1942년에 태어났다. 나는
그에게 그가 1941년에 어디서 살았는지를 물어보았다. 그는 대답했다. "나는 1942까지
는 태어나지 않았어요." 그때 나는 "오, 그러니까 당신은 1941년에는 살아 있지 않았군
요…… 다시 말해, 당신이 1941 또는 1931 또는 1921년에 살아 있지 않았다면, 그동안

표 10-2 조지에 대한 다중양식적 제안

행동	하루에 몇 번씩 눈을 감고, 이완하라. 그리고 "나는 약하지도 병약하지도 않다. 나는 절대로 약하거나 병약하지 않다."를 반복하라.
정서	불안 대신에 분노 또는 분개를 발생시키려고 노력하라.
감각	'지시된 근육활동'을 활용하라—분노가 일어나는 것을 돕기 위하여 베개를 쳐라.
심상	서른 두 살인 자신이 병상에 누워 있는 일곱 살인 자신을 안심시키기 위하여 '미래에서' 나타날 수 있도록 타임머신을 타고 과거로 돌아가는 자신을 상상하라. 그 어린 소년은(과거의 자신) 서른두 살 먹은 사람(현재의 자신)이 그 아이에게 그가 허약하지도 병약하지도 않다고 안심시키는 것에 대하여 특별한 어떤 것을 느낀다.
인지	자신의 건강 염려증과 불안한 감정을 투사하는 어머니를 이해하라. 그녀의 언급에는 '객관적인 현실'이 없다.
대인관계	이 사건과 관련된 자신의 기억을 어머니와 논의하라. 직면하라. 그러나 공격하거나 비난하지는 마라.
약물/생물학	신체적 건강을 증진하기 위하여 계속해서 일하고, 의사와 상의하여 점차로 바라움을 줄여 나가라.

은 당신은 죽어 있었다는 말이지요. 말해 봐요, 조지. 1941 또는 1906 또는 1873년이 당신에게 특별히 나쁜 해였나요? 당신은 1920년에 고통스럽고 지독하게 불행했다고 기억하나요? 그러니까 당신이 죽으면, 당신은 1941 또는 1901 또는 1899년으로 돌아가는 거예요. 뭐가 문제인데요?).

반복되는 연습과 역할 연기를 요구하는 대처 심상 중의 하나는 어머니가 그에게 집을 떠나지 말라고, 자기를 버리지 말라고 간절히 요구하는 것을 상상하는 장면이었다. 치료가 15개월 정도 계속된 시점에서 이러한 주제가 주의를 받기 시작했다. 행동적으로 조지는 인상적인 소득을 얻었다. 그는 기꺼이 혼자서 여행을 하고자 하고 할 수 있었으며, 그의 수많은 두려움, 회피, 강박충동, 일반화된 불안은 의미 있게 감소하였다. 그런데도 조지는 좌절 때문에 때때로 낙담하였다. 나는 그가 안심, 사기 고양, 정서적 격려에는 반응을 보이지 않았지만, 내가 역설적 진술을 활용할 때는 그가 우울증에서 빠져 나오는 것을 알아내었다. 예컨대, 나는 이렇게 말했다. "자, 모든 사람이 아는 것처럼 당신은 연약하고, 아프고, 허약하고, 결점이 있고, 빌린 시간을 살아가고, 열등하고, 오염되어 있고, 결함 있는 사람이지요……." 그는 항상 웃었고, 욕을 했고, 치료는 긍정적인 방향으로 진행되었다.

치료 20개월 후에, 이미 언급하였던 향상에도 불구하고 조지는 여전히 어머니와 이모와 함께 살고 있었다. 그는 돈벌이가 되는 직장을 찾지 않았다. 그리고 데이트도 나가지 않았다(아버지의 생명보험과 그의 군대연금 그리고 어머니와 이모의 사회보장기금에 남아 있는 것이 그 가족의 유일한 재정적 보조 수단이었다.). 조지로 하여금 어머니의 집에서 나가게 하고, 직장을 찾게 하고, 여성과 사귀기 시작하도록 하는 것은 엄청나게 힘들었다. 내 전략 중의 하나는 '강제적인 설득'의 사용이었다. 그가 만일에 세 개의 필수적인 단계, 즉 (a) 직장을 구하는 것, (b) 집을 떠나는 것, (c) 여인과 데이트하는 것을 감수하기를 거부한다면 자기도 모르는 사이에 신경증적인 방법으로 빠져 버리는 당황하고, 신경질적이고, 무능력한 은둔자라고 그를 꼴사나운 모습으로 표현했다. 그의 어머니는 일을 쉽게 만들지 않았다. 그녀는 조지의 의무감을 가지고 놀렸으며 몇 번이나 남아 있는 그의 의심과 공포에 불을 붙였다. 나는 더욱 설득적이었고 조지는 극복해 내었다. 그는 아파트로 이사했고, 그에게 기꺼이 관리자 훈련을 제공하는 회사에서 직업을 얻었고, 비서 중 한 사람과 데이트를 시작했으며, 결국은 서른네 살에 그의 동정을 잃었다.

우리의 만남은 이 단계에서 점차로 줄어들어 '보충' 회기를 위하여 6주 혹은 7주에 한 번씩 만났다. 조지는 사소한 불안 사건 뒤에 따르는 불필요한 실망으로 고통을 당했지만 곧 제자리로 돌아왔다. 1년 후 그는 직장을 바꿨고(그는 좋은 보수를 받았으며 거기에 더하여 생명보험을 팔 때마다 커미션을 받았다.), 더 좋은 아파트로 이사를 했고, 충분히 성생활을 즐겼고, 훌륭한 스쿼시 선수가 되었고, 승마에 관심을 가졌다. 부정적인 측면에서 보면, 그는 어느 정도 공포증이 남아 있어 복잡한 장소는 피했고 극장에서 통로측 의자에 앉기를 우겼다. 조지는 여전히 자신의 건강에 대하여 지나친 관심을 갖는 것 같았고, 현저하게 단정하고 깔끔해 보이지만 건강식과 조깅에 지나치게 투자하는 것 같아 보였다.

4년의 추수 기간 동안 조지의 진보는 계속되었다. 그는 수상스키를 했고 아카폴코(Acapulco)에 두 번 여행하였다. 그는 '정착하고 결혼할 것'에 대하여 생각하였다. 그는 올해의 최고 보험 판매인 상을 받았고, 추수 면접 동안 뻔뻔스럽게도 나에게 생명 보험을 팔려고 시도하였다! 그는 뉴욕 마라톤을 위해 훈련을 받았고 채식주의를 시도하였다. 그가 여전히 복잡한 장소에서는 불편하다고 보고하였지만, 폐쇄 공포증이 덜하다고 주장했다. 흥미롭게도 치료 결과에 대한 그의 어머니의 시각은 아들이 매수되었다는 것이었다. 어머니가 다른 사람에게 그는 아주 괜찮은 녀석이었지만 끔찍한 심리학자가 그를 치료한 지금은 여자 주위를 맴돌고 다른 나쁜 행동을 하게 되었다고 얘기하는 것을 그가 엿듣게 되었다. 어머니와 관계에 대하여는 "어머니가 어떤 주제를 피하는 것을 배웠기 때문에 사이좋게 지내고 있어요."라고 말했다.

약 3년 후, 나는 그가 고위 관리직을 맡기 위하여 중서부로 이사 갔다는 내용의 짤막한 노트가 첨부된 결혼 초대장을 받았다.

논 의

어떤 건설적인 목적들이 달성되었다는 것이 확실해 보였다. 그러나 어떤 사람들은 이러한 효과가 다중양식적 치료를 하거나 혹은 하지 않고도 일어났을 것이라고 주장할지도 모른다. 다른 사람들은 심지어 치료를 했는데도 긍정적인 효과가 나타났다고 주장할 수도 있다. 조지와 내가 치료를 종료하기 바로 전 내가 이 사례를 전문가 회의에서 처음으로 발표했을 때, 한 정신분석가는 이 치료가 "피상적"이었다고 주장했고 조지는 성숙한 애착을 형성할 능력이 없고 이러한 결핍은 3년에서 5년 안에 그가 심각한 우울에 빠지도록 만들 것이라고 예언하였다. 그러나 그 내담자는 6년 동안 정신분석 치료를 경험하면서 전혀 확실한 향상이 없었다!

아마도 이 내담자는 6년의 정신분석, 행동치료, 약물치료, 전기충격치료, 원초적 치료, 교류분석, 초월명상 그리고 실존주의가 필요했을지도 모른다―모든 것이 단지 그를 점화시켜서 아홉 번째로 무슨 치료를 받든 그 치료에 반응하도록 만들었을지도 모른다. 만일 그가 이전에 어떤 치료도 받지 않았다면 이처럼 될 수 있었을까? 만일 그가 처음부터 다중양식적 치료를 받았다면 주목할 만한 진보를 가져오는 데 얼마나 걸릴까? 이전에 받은 치료가 그에게 다중양식적 치료에 더욱 접근이 용이하도록 했을까? 반대로 나는 그가 이전의 치료자로부터 받은 인상들을 교정하기 위하여 "탈학습(unlearning)"이 더 필요했다고 믿는다. 왜냐하면 아무런 사전 치료를 받은 경험이 없는 비슷한 내담자들이 다중양식적인 방법에 빠르게 반응하는 경향이 있었기 때문이다.

BASIC I.D. 전반에 걸쳐서 과도하거나 부족한 면이 경직되고 딱딱하게 굳어 있고 만연되어 있는 사람들에게 접근하는 것은 힘든 작업과 감수성, 지혜 및 재능을 필요로 한다. 대부분의 경우 환자와 치료자 관계는 특정한 기법들이 뿌리 내릴 수 있게 해 주는 토양을 제공한다. 나는 조지의 사례가 건강한 결과를 만들기 위하여 "올바른" 관계와 "정확한" 기법을 잘 섞어 사용한 방법을 예증하였다고 믿는다.

'아니요'라고 말하는 딸

Peggy Papp

> **편집자 서문**
>
> 가족치료에는 우리가 행동치료에서 직면했던 것과 똑같은 딜레마가 있다. 이용이 가능한 훌륭한 교육용 사례가 많이 있지만, 대부분의 가족치료자들이 사용하는 다양하고 다채로운 기법을 충분히 예시한 한 개의 사례를 고르는 것은 실제로 불가능하다. 결국 우리는 가족치료의 한 예로서 전략적 치료 사례를 사용하기로 했다.
>
> 다행히 페기 펩(Peggy Papp)의 사례를 찾아낼 수 있었다. 이것은 신경성 식욕부진증이 있는 젊은 여성의 가족을 효과적으로 치료한 사례로서, "그리스 합창단(Greek Chorus)"—일방경 뒤에 있는 관찰하는 치료자의 집단—의 사용을 보여 준다. 이들은 치료자와 항상 상의할 수 있으며, 주기적으로 치료에 대해 조언을 한다. 다른 어떤 집단보다도 가족치료자들은 그런 절차를 아주 잘 사용해 왔다.

Peggy Papp (1982). *The Process of change.* (pp. 67-120). Guilford Publication, Inc. 출판인의 허락을 받아 발췌 게재함.

이 사례는 오랜 시간에 걸쳐 개념을 실제에 적용하는 단계별 과정을 예시한다. 이 사례는 23세의 신경성 식욕부진증이 있는 딸과 그러한 환자의 가족이 나타내는 고전적인 패턴에서 보이는 그녀의 가족에 대한 치료, 즉 고도의 뒤엉킴, 세대간의 은밀한 동맹, 파괴적인 갈등, 죄책감 및 순교자 의식을 가지고 싸우는 힘의 투쟁을 기술한다.

견고하게 대칭적 태도를 가지고 있는 부모는 계속 갈등 속에 있었으며, 신경성 식욕부진증이 있는 딸 레이첼(Rachel)을 통해 이 갈등을 전환함으로써 그녀의 언니들과 또래의 세계에서 그녀를 소외시키고 있다. 레이첼이 자신의 증상을 포기하고 성숙한 여성이 된다면 그녀와 가족의 다양한 구성원에게 무슨 일이 일어날지가 치료적 딜레마였다. 이 딜레마를 숙고하기 위하여 자문(consultation) 집단을 사용하였으며, 부모세대의 관여에서 레이첼을 자유롭게 하기 위해 형제자매 하위체계의 협력을 구했다.

1년 이상의 기간 동안 20회기가 이루어졌고, 1년, 2년, 3년 후에 추수회기를 가졌다. 모든 회기는 녹화되었으며 일방경(one-way mirror) 뒤에서 관찰됐다.

명료화를 위해 사례는 다음과 같은 과정들로 나누어졌다.

제1기: 가설 형성하기
　　단계 1: 정보 수집하기
　　단계 2: 가족 체계와 증상 연결하기
제2기: 치료에 대한 조건 설정하기
　　단계 1: 치료적 딜레마 정의하기
　　단계 2: 변화에 대한 조건 설정하기
제3기: 치료적 계약을 작업하기
　　단계 1: 치료적 딜레마에 아버지를 포함시키기
　　단계 2: 치료적 딜레마를 극화하기
제4기: 변화에 대한 압력에 대처하기
　　단계 1: 치료적 계약 안에서 변화를 정의하기
제5기: 변화로 인한 부수적인 결과에 대처하기

제1기: 가설 형성하기

단계1: 정보 수집하기

수집한 정보에 대하여 읽는 것은 지루한 작업이 될 수 있으므로, 첫 번째 회기에서 얻은 정보를 여기에 요약해 놓았다. 23세인 레이첼은 그녀 자신과 언니들인 31세의 클레어(Clare), 26세의 샌디(Sandy)에 대한 치료를 요청했다. 그녀의 어머니는 치료에 참석할 것을 동의했지만, 아버지는 단호하게 거절했다. 지난 5년 동안 아내에게 다양한 종류의 치료를 강요당해 오면서, 그는 레이첼 자신이 자기의 문제를 해결해야 할 것이라고 분명하게 말했다.

　나는 나중에 그를 참석시킬 수 있음을 믿으면서, 아버지 없이 가족을 만나는데 동의했다. 어떤 치료자들은 만약 모든 사람이 첫 회기에 참석하지 않는다면 그 가족을 만나지 않는다. 내가 저항을 다루는 방식은 직접적이기보다는 간접적이기 때문에 나는 각 사례의 평가에 기초하여 결정을 한다. 이 상황에서는 아버지의 저항이 그의 아내의 압박에 대한 반작용임이 명백하였기 때문에 아버지의 저항을 지니고 시작하는 것이 중요하게 보였다. 또한 그의 감정의 강도는 그가 나중에 참석할 가능성이 있다는 좋은 지표였다.

　샌디는 첫아이를 낳고 병원에 있는 중이었고, 클레어는 레이첼과 싸운 후에 참여하기를 거절해서 어머니와 레이첼만이 첫 면접에 나타났다.

　레이첼은 크고 검은 눈과 마른 얼굴을 가지고 있었으며, 연약하고 가슴이 납작하지만 생기 있게 보였다. 그녀는 유별나게 명확히 발음하며, 다채로운 언어로 자신을 표현하며, 때때로 코믹한 말투를 덧붙였다. 키가 크고, 미인이고, 짧은 바지, 하얀 머리, 유행하는 커트를 한 건강한 그녀의 어머니는 숙련된 여배우의 스타일과 재능을 소유했다. 인정 많은 귀부인의 관대함을 가지고 가족구성원은 서로서로 도와야 한다고 "믿고" 있고, 레이첼을 돕기 위해 무엇이든지 할 것이라고 말하면서 그녀는 가족치료를 쾌히 승낙했다. 그녀는 "정말로 너에게는 잘못이 없단다. 넌 훌륭한 아이야, 하지만……."이라고 말하면서 자신이 하는 비판을 완화시켰다.

　레이첼은 대학교 2학년이었던 4년 전에 다이어트를 시작했다. 그때 이후로 그녀는 마침내 89파운드(역자 주: 약 40Kg)가 될 때까지 천천히 그러나 꾸준히 체중이 줄었다. 그녀는 1년 반 동안 월경이 없었다. 지난 3년 동안 집을 떠나려고 몇 번 시도했지만 실패했고, 그때마다 우울해졌고, 고립되었고, 외로웠으며, 집에 되돌아왔다. 그녀는 지금 비서직 인턴을 하고 있지만 불만족스러웠다. 집에서 살긴 하지만 그녀는 자신의 아파트로 이사하고 싶어했다.

　레이첼과 어머니의 주요한 관심사는 체중 감량이나 다이어트가 아니라, 그들이 레이첼의 정신 내적 문제라고 보았던 심리적 함축성이다. 레이첼이 1년 동안 받은 이전의 개인치료는 고전적인 신경성 식욕부진증의 개인적 증상에 초점을 맞췄지만 높은 기대, 과도한 성취, 완벽적인 태도, 강박증, 몸에 대한 통제 등의 증상을 어떤 식으로든지 가족체계와 연결시키지 않았다.

어머니는 스스로에 대하여 높은 기대를 가지고 "강박적이고 엄격한 완벽주의자"로 그녀를 묘사해 레이첼을 돕는 우리에게 흥미가 있었다. 그녀는 또한 레이첼이 생애 내내 반항적인 아이였다고 진술했다. "나는 그 애가 아니라고 말하는 것을 배운 이후에 레이첼에 대해 걱정해 왔어요. 그 이후로 언제나 아니라고 말해 왔어요. 레이첼은 우리의 기준을 받아들이는 것을 원하지 않았고, 나는 레이첼의 판단에 의문이 가요." 그녀는 이것의 실례로서 레이첼이 유태인 문화교육촉진협회(B' nai B' rith)에 가입하거나 유태인 소년들과 데이트하기를 원하지 않았고, 거리에서 남자아이를 골라 그와 데이트하는 경향이 있다고 제시했다. 레이첼은 결혼중매에 대해 그녀의 어머니를 비난했다. "내가 아무래도 교미기인가 보죠. 나는 암내가 나고 더 이상 결혼 상대자로서 한물이 가기 전에 빨리 남성을 찾을 때인가 보죠. 난 그게 싫어요." 어머니는 그때 약물에 관해 언급했고, 레이첼은 대학에서 마라화나, 각성제, LSD, 메스칼린을 시도했음을 인정했고, "나는 전혀 후회하지 않는다."며 말을 마쳤다.

어머니는 레이첼을 보호하고 갈등을 피하기 위해 몇 년에 걸쳐 모든 것을 아버지에게 비밀로 하였다. 그가 이런 것을 알았더라면 어떻게 했을 것인지 질문을 받았을 때, 그녀는 "모르겠어요. 나는 남편에게 기회를 주지 않았어요! 딸들이 조종하는 존재라고 나를 비난해 왔는데, 그럴지도 모르죠. 그렇지만 나는 어쩔 수 없었어요." 그녀는 친정 부모와 가까이 지내는 것 때문에 오랫동안 갈등이 있었음을 말하면서, 그녀와 남편 사이에 많은 의견 차이가 있다고 말했다.

회기의 끝에 팀과 협의한 후 나는 우리가 어떤 제안을 할 정도로 충분한 정보를 가지지 못했다고 느끼며, 가족의 나머지 구성원을 만날 때까지 논평을 연기하는 것이 좋겠다고 레이첼과 어머니에게 말했다. 레이첼은 클레어가 다음 회기에 오도록 노력하겠다고 동의했으나, 샌디는 여전히 산후회복 중이었다.

다음의 회기에서 날씬하고, 매력적이고, 유행하는 옷을 입은 클레어는 레이첼과 다른 가족 구성원에게 감동을 줄 정도로 매우 행복했다. 그녀는 레이첼을 "매우 어려운" 존재로, 가족은 그 안에 있는 사람들이 독립적이 되기가 힘든 것으로, 어머니는 통제적이고 "많은 죄책감을 주변에 내던지는" 사람으로 기술했다. 그녀와 레이첼 둘 다 어머니의 통제에 반항해 왔지만 샌디에 대해서는 다음과 같이 기술했다. "샌디는 모범적인 딸, 모범적인 자매, 모범적인 손녀 그리고 이제는 임신을 했으니 앞으로는 모범적인 엄마가 될 거예요. 샌디는 누구에게도 불평을 말하지 않아요. 샌디는 완충 역할을 하는, 조정자예요."

레이첼과 클레어는 모두 그들이 자랄 때 아버지를 두려워했다고 말했다. 그는 데이트, 비키니 수영복, 남자 친구, 시간 등에 관해 매우 보수적이고 엄격했다. 좀 더 관대한 사람이었던 어머니는 이 기회를 놓치지 않고 그녀 역시 그의 격노를 두려워했다고 하면서 "그가 나를 절대 때리지 않은 것에 감사합니다."라고 애처롭게 진술했다. 그녀는 남편을 친정아버지와 비우호적으로 비교하면서 울기 시작했다. "난 가족들이 날 돕게 하려고 아주 힘들게 노력했어요. 그리고 아버지는 늘 정중하게 남편에게 말했어요. 아내가 얼마나 귀중한 존재인지, 아내만큼 귀중한 존재는 없다는 것을 그리고 실제로 아내가 인생에서 가장 중요한 유일한 사람이라는 점을. 하지만 남편은 그런 대화에 적대적이었어요." 그녀는 위통이 심해졌을 때 의사의 권고로 개인치료를 시작했으며, 의사는 남편에게 그녀와 함께 치료에 참석하라고 압력을 가했다. 그녀와 의사는 모두 그녀의 신체적 문제가 남편 때문이라고 비난했다.

레이첼과 클레어는 아버지를 방어했고, 어머니를 친정식구와 지나치게 친하며 아버지가 싫어하는 일을 경험하게 했다고 비난하였다. 그리고 레이첼은 아버지와 자신이 "가족에서 패배자며, 나머지가 우리를 따돌렸다."고 말했다. 레이첼은 그녀가 어떻게 부모 간의 힘의 투쟁에 말려들게 되었는지에 관한 첫 번째 실마리를 나에게 제공했다. 그녀는 아버지의 패배자 위치를 동일시했다. 나는 이제 이 동일시의 기능, 즉 그것이 부모 간의 매일 계속되는 싸움에서 어떻게 이용됐는지 그리고 언니들은 그것에 어떻게 반응했는지를 알고자 했다. 다음의 대화는 이런 의문들이 어떻게 탐색되었는지 보여 주기 위한 것이다.

페기: 그래서 당신은 가족 내에서 당신과 아버지가 나쁜 사람이라고 느끼는군요. 어떤 방식으로 당신은 아버지를 위로할 수 있다고 느낍니까?

레이첼: 제가 아버지의 입장을 이해할 수 있기 때문이죠.

클레어: 만약 두 명의 나쁜 사람이 있다면, 둘이서 짐을 나눠 짊어져야 한다고 생각하나요?

레이첼: 서로 동료니까요.

페기: 당신은 아버지와 어떻게 동료가 될 수 있나요?

레이첼: 우리는 공통된 흥미가 많아요, 우리는 둘 다 자동차와 자연, 브롱크스 동물원을 좋아하고, 좋은 시간도 함께 보냈고, 함께 교외로 나가기도 해요.

페기: 당신이 그 주변에 없다면 아버지의 인생이 어떠리라 생각해요?

레이첼: 잘 모르겠어요. 아마 아버지는 살아남았을 거예요.

페기: 당신은 아버지가 외로울 거라 생각하나요?

레이첼: 아마도, 나는 아버지의 좋은 친구일 때가 많아요.

페기: 주변에 아버지를 진실로 이해하는 사람이 누굽니까?

레이첼: [긴 침묵] 모르겠어요.

페기: 당신은 어머니가 아버지를 이해할 수 있다고 생각하지 않는군요?

레이첼: 어머니는 절대로 이해 못해요. 그렇게 말하면 안 되겠지만, 내가 아는 한 아버지가 어머니 친정식구들에 대해 어떻게 느끼는지 어머니가 이해하기는 아주 어려울 거예요. 어머니는 결코 아버지가 어머니에 대해 어떻게 느끼는지 이해할 수 없을 거예요.

어머니: 그러나 내가 나에게 잘해 줄 누군가를 원할 때 누구를 생각하겠어요? 나는 즉시 요람(womb)으로 가지요. 화요일에 나는 엄마, 아빠와 보냈고 좋은 하루였어요. 힘든 하루였습니다. 나는 그분들을 쇼핑에 데리고 갔어요. 그분들은 아주 늙었어요.

페기: 당신은 그분들이 당신을 돌봐 줄 유일한 사람들이라고 느끼십니까?

어머니: [고개를 끄떡이면서] 누가 나를 진실로 돌봐 주나요? 난 여기 있는 사람들이 기분 상하는 걸 원하지 않지만, 샌디가 또 나를 돌봐 줘요.

레이첼: 그러나 어머니는 너무 많은 걸 요구해요. 어머니는 따르기가 너무 어려운 것을 요구해요.

페기: 봅시다. 레이첼과 남편이 단결하여 대항한다고 느꼈을 때, 당신은 부모님에게 갑니다. 남편은 누구에게 갑니까?

어머니: 그의 인생에 그를 신처럼 취급하는 어린 남자가 항상 있어 왔어요. 그는 로이(Roy)예요.

페기: 당신은 남편이 항상 아들 같은 사람을 찾는다고 말하는 겁니까?

어머니: 예, 로이는 아들 같아요.

페기: 남편은 아들이 없는 것에 낙심했습니까?

어머니: [속삭이며] 아주 많이.

페기: 당신은 "아주 많이"라고 속삭였어요. 당신은 딸들이 그 말을 듣기를 원하지 않나요?

어머니: [단호하게] 그는 아들이 없는 것을 불만스럽게 여겨요.

페기: 당신은 딸들이 그걸 모른다고 생각합니까?

레이첼: 전 아빠의 아들이에요.

페기: 어떤 방식으로 그의 아들이었습니까?

레이첼: 그냥–나는 전형적으로 여성스럽지 않은 일들에 흥미가 있어요. 전 벌레처럼 작은 것들에 놀라지 않아요. 아버지는 내가 바베큐 화덕을 다룰 수 있기 때문에 거기에서 햄버거를 요리하라고 했어요. [그녀는 소년을 모방한다.]

페기: 그의 아들인 것이 당신에게 어떤 점에서 좋은가요?

레이첼: 나는 그게 좋아요. [그녀는 다시 소년처럼 웃고 행동한다.] 나는 괜찮아요. 그러나 아버지가 나를 남자아이로 생각한다고 여기지 않아요.

페기: 당신은 자신을 소년이라고 생각합니까?

레이첼: 아니요. 나는 이렇게 행동하면 독립적이라고 느낀다고 말했어요. 사람들에게 의존하는 것은 항상 괴로운 일이에요.

페기: 당신이 이사를 나간다는 것이 아버지에게 어떨 것 같다고 생각합니까?

레이첼: 괜찮을 것 같아요. 이미 부모님은 내가 이사하는 것에 대해 이야기를 했어요.

페기: 아버지가 당신을 그리워할 거라고 생각하나요?

레이첼: 아마 그럴 거예요. 아버지는 약간 그리워할 거라고 말했어요. 그러나 다른 사람들은 그렇지 않아요.

페기: 어머니가 아버지의 외로움을 잘 돌볼 수 있을 것이라고 생각하나요?

레이첼: 어머니가 더 객관적인 견해로 아버지를 보기 시작하지 않는다면 안 될 거예요.

페기: 당신이 어머니를 가르칠 수 있다고 생각하나요?

레이첼: 애쓰고 있어요. 정말로 노력해요. 그러면 어머니는 자기를 집단으로 공격한다고 나를 비난해요.

클레어: [어머니를 방어하면서] 아버지도 항상 친절한 것은 아니에요.

단계 2: 가족 체계와 증상 연결하기

이 대화 후에 치료자는 집단의 자문을 얻기 위해 방을 나갔다. 우리는 다음 질문들의 대답에 기초해 가설을 형성했다.

이 체계에서 증상은 무슨 기능을 하는가? 우리는 레이첼이 아버지의 아들로 남아 있고 어머니에게 버려졌다고 지각한 인생의 공허감을 채우기 위해 그녀 자신을 굶기고 있었다고 추측했다. 먹지 않음으로써 자신을 소년처럼 보이도록 했고, 여성으로 성숙하는 것을 막았고, 암암리에 부모 결혼의 수호자로 남을 것을 약속했다. 이 증상은 아버지가 어머니와 싸울 때 그녀가 아버지의 동맹자로 계속 남아 있도록 해 주고, 어머니가 친정식구들과 친밀감을 유지하는 이유를 제공하였다. 가족의 패배자로서 아버지를 동일시함으로써 그녀는 어머니의 통제에 대항하는 싸움에서 아버지와 연합을 형성했다. 이 증상은 레이첼이 부모의 결혼생활을 중재하는 책임을 받아들인 이후 다른 언니들이 가족 밖에서 독립적인 삶을 살도록 자유의 기능을 제공했다.

가족 기능은 어떻게 이 증상을 안정시키는가? 어머니와 아버지가 그들이 해결할 수 없는 힘의 투쟁에 휘말렸을 때, 어머니는 자신의 부모에게 더 가까이 다가갔고 친정아버지와 남편을 비우호적으로 비교했다. 아버지는 레이첼과 한편이 되어 아내에 대항하여 보복했고, 레이첼은 어머니에게 보복하기 위해 아버지와 연합했다. 그녀는 아버지가 여자들만 있는 가족에서 소외감을 느꼈다는 것을 알면서 아버지를 기쁘게 하기 위해 남성적인 활동에 관여했다. 아버지에게 아들 노릇을 할 필요가 있다고 그녀가 믿는 한, 이 증상을 포기할 수 없다. 어머니와 레이첼 간에 힘의 투쟁은 몇 해에 걸쳐 많은 형태를 취해 왔는데, 여기에는 먹지 않는 현재 증상뿐 아니라 레이첼이 약물을 복용하는 것, 직장을 그만두는 것, 학교를 떠나는 것, 유태인이 아닌 소년과 데이트하는 것, 가족의 종교적 신념으로부터 자기 자신을 분리시키는 것 등이 포함된다.

문제가 조직된 배경에 있는 중심적인 주제는 무엇인가? 이 가족에서 중심적인 테마는 통제로 보인다. 다른 사람의 신념과 가치를 누가 통제할 것인가? 이것은 순종, 존경, 성취, 의무, 가족에 대한 성실성에 높은 가치를 두는 인습적인 가족이다. 어머니는 다른 행동들보다 레이첼이 유태인의 신앙을 받아들이지 않는 것에 대해 더 염려한다. 그녀는 아내가 "귀중한" 존재라는 친정 아버지의 가치를 남편이 거절한 것에 대해 불평을 한다.

우리는 아직 아버지와 샌디를 만나지 못했기 때문에, 이런 중심적인 주제들을 둘러싸고 통제를 유지하려고 각자가 어떻게 작용하는지에 대한 완벽한 그림은 얻을 수 없다.

변화의 결과는 무엇일까? 만약 레이첼이 아버지의 아들이 되기를 그만둔다면, 레이첼은 사랑하지 않는 아내처럼 아버지를 버려야만 할 것이며 어머니를 향해 그녀의 무기를 던지게 될 것이다. 만약 그녀가 집을 떠난다면, 어머니와 아버지는 홀로 그들의 갈등에 직면해야만 할 것이며 아마도 샌디나 클레어를 포함하는 삼각관계를 만들 것이다. 어머니는 친정부모와 오히려 더 가까워질 것이고, 아버지는 그의 대리 아들인 로이와 가까워질 것이다. 이것은 부모 간의 불화를 더 확장할 것이다. 아버지가 이 문제를 해결하기 위해 치료에 참여하는 것에 동의한다면, 그는 치료의 가치에 관한 아내와 싸움에서 지는 것이다.

레이첼은 자신의 삶을 가족에게 집중하는 것보다 오히려 외부 세계와 그 관계에 직면해야 할 것이다. 이것은 성적으로, 직업적으로, 사회적으로 성인 여성이 되어 가기 위한 책임성 획득을 의미하는 것이다.

치료적 딜레마는 무엇인가? 가족들은 레이첼이 증상을 유지하든지 아니면 위의 결과에 직면하든지 사이에서 결정해야만 한다.

제2기: 치료에 대한 조건 설정하기

단계1: 치료적 딜레마 정의하기

우리의 첫 번째 개입은 치료적 경쟁을 위해 기간을 설정하는 것이었고, 가족 딜레마로 문제를 정의하는 것이 그 뒤를 이었다. 이 가족은 문제를 개인적인 것으로 정의해 왔다. 레이첼의 반항, 강박관념, 경직된 기대들, 굶는 것, 이 모두가 가족과는 연결되지 않은 것처럼 보였다. 문제를 하나의 딜레마로 정의하는 데 있어, 우리는 증상을 체계와 연결했다.

폐기는 다음의 메시지를 가지고 회기에 들어갔다.

폐기: [한숨 쉬면서] 우리는 꼼짝 못하게 되었어요.

어머니: 우리도 그래요.

폐기: 우리는 묶여 있어요. 그리고 단지 아주 솔직하게 드러내 놓고 우리가 꼼짝 못하게 되었다고 여러분에게 말하는 것 이외에는 무엇을 해야 할지 모르겠어요. 레이첼, 우리는 당신이 좀 더 여자답게 생각하고 느끼고, 몸무게를 늘리고, 여성의 곡선미를 갖고, 생리를 하고, 남자들과 데이트하고 그리고 그냥 자기 자신이 되도록 돕기 위한 치료 계획을 세우려고 했는데 그 도중에 매우 주저하고 있어요. 왜냐하면, 있지요, 당신의 아버지에게 일어날 일이 염려가 되기 때문이에요. 그분은 여자들만 있는 가족에서 더 소외될 것이고, 어머니를 더욱 홀로 남겨 두고 대리 아들인 로이에게 더 돌아설 것이고, 그래서 어머니는 친정식구에게 더 돌아설 것입니다. 우리는 이것이 그분들 사이에 돌이킬 수 없는 거리를 만들 것이 염려됩니다.

클레어: 악순환이네요, 그렇죠?

페기: 그리고, 있지요, 우리는 가족 전체에 관심이 있어요. 그리고 가족에서 한 사람이 변하면 그것이 모든 관계를 변화시키지요.

레이첼: [긴 침묵] 나는 부모님을 위해 나 자신을 희생하길 원하지는 않아요. 그 정도로 염려하는 것은 아니에요. 나는 지금 당장 내 자신을 돕길 원해요.

페기: [여전히 딜레마를 제시하며] 당신이 어떻게 느끼는지 이해할 수 있어요. 나는 단지 당신이 그것이 갖게 될 영향력을 확실히 깨닫기를 원해요…… 음, 이것들에 대해 생각해 보고 당신이 무엇을 하기 원하는지 결정하세요…….

클레어: [갑자기 내가 설정한 조건의 의미를 깨달으면서] 집단이 말했던 것에 대해 매우 화가 났다고 말하고 싶네요. 당신들은 방침을 바꾸기로 결정했어요. 나는 그것이 잘못됐다고 생각해요. [그녀는 울음을 터뜨렸다.] 난 레이첼이 걱정되고, 그건 그 애를 위한 일이 아니에요.

페기: 당신은 우리가 그녀를 도와야 한다고 느끼십니까—?

클레어: 예, 너무 심하군요! 어떻게 당신은 그것이 가족의 다른 구성원에게 영향을 준다고 말할 수 있습니까?—그녀가 어떻게 해야만 하나요—굶어요?

페기: [딜레마에 고심하면서] 음, 아시다시피, 나는 레이첼이 결정해야만 한다고 생각해요. 우리가 할 수 있는 일은 단지—.

클레어: 하지만 당신은 그 결정에 작용하죠. 당신은 그녀를 돕기 위해 여기에 있는 거죠.

페기: 글쎄, 있지요, 레이첼은 가족과 너무 가까이 있어서—.

클레어: 너무 심한 것 같아요! [그녀는 방을 가로질러 걸어가서 클리넥스를 집는다.] 나는 그 배후에 무엇이 있는지 분명하게 이해할 수가 없어요. 너무한다는 생각이 들어요.

페기: 우리는 책임을 느껴요—변화에 결과가 따를 것이고 여러분이 그것에 대해 준비해야 한다고 우리가 생각하는 것을 알려 드리고 싶어요.

문에서 노크를 했으며, 집단은 짧은 자문을 위해 나를 불러 냈다.

단계2: 변화에 대한 조건 설정하기

레이첼과 클레어는 치료자의 항상성을 유지하려는(homeostatic) 입장에 반대하여 반응했고 변화를 재촉했다. 우리는 이것을 변화의 조건에 대해 그들과 계약하는 기회로 사용하기로 결정했고, 아버지 불행에 대한 짐을 나에게 넘기기로 레이첼이 동의하는 것을 대가로 설정했다. 우리는 아버지가 치료에 참여하기를 거절했기 때문에 이것에 동의하지 않을 수도 있다는 것을 알았다. 그렇지만 그것은 레이첼의 문제와 부모의 불행 사이에 있는 연결을 극화하는 우리의 방법이었다.

> 페기: [회기에 들어가면서] 우리 집단에서는 당신이 말한 것을 들었고, 그것을 매우 진지하게 받아들이며, 내가 여러분을 도울 수 있는 한 가지 방법이 있음을 알려 드리고 싶어합니다. [레이첼을 향해] 만약 당신이 내가 부모님을 함께 만나는 것을 환영하고 당신이 변화할 때 그분들에게 일어나게 될 문제에 대한 책임을 나에게 맡겨 준다면, 그러면 아마도 당신이 먹기 시작할 수 있을 거예요. 당신이 그것을 짊어지는 대신에 내가 책임을 갖도록 허용해 주겠어요?

레이첼은 그렇게 하는 것에 동의했고, 어머니는 남편을 치료에 데려오는 것을 반기는 것 이상이었다.

> 페기: 우리 집단은 당신이 여성이 되는 것이 안전할 거라고 느껴요. 그리고 나는 당신의 아버지, 어머니와 함께 그 결과를 다루겠습니다.

나는 레이첼의 아버지에게 전화하여 다음 회기에 참석하도록 요청할 것이라고 그들에게 알렸다. 치료에 대한 조건을 요약하면 다음과 같다.

1. 부모의 관계를 안정시키기 위해 여성이 되는 데 실패하고 집에 남아 있으려 하는 것으로 레이첼의 증상을 정의했다.
2. 그녀가 없으면 견딜 수 없는 것으로 부모의 관계를 정의했다.
3. 레이첼이 여성이 되도록 돕는 것과 부모 관계의 안정을 유지시키는 것 사이에 선택을 하는 것으로서 치료적 딜레마를 정의했다.
4. 부모의 관계를 유지하는 데 대한 책임을 치료자들에게 넘기는 것에 대한 레이첼의 동의로서 해결책과 변화에 대한 조건을 정의했다. 이것은 다음 상황을 설정하는

것이다. 부모가 그들의 관계에 대해 우리가 그들을 돕도록 허락한다면, 따라서 레이첼을 풀어준다면, 그녀는 부담을 벗고 집을 떠날 수 있을 것이다. 그들이 허락하지 않는다면, 우리는 가족 중에서 누군가에게 그 짐을 지도록 요청할 것이고, 그렇지 않으면 그것을 레이첼에게 되돌려 보낼 것이다. 부모님의 불행을 뜨거운 감자로 만들고 그것을 가족의 여러 구성원에게 넘겨줌으로써 치료적 딜레마를 극화시켰다.

제3기: 치료적 계약을 작업하기

단계1: 치료적 딜레마에 아버지를 포함시키기

이 회기 후, 나는 아버지인 샘(Sam)에게 전화해서 가족치료에 참여하지 않으려는 그의 뜻을 존중하지만 그의 아내가 가족 상황에 대하여 한 쪽의 관점만을 나에게 제공했을 수 있기 때문에 전화로 그의 관점을 들었으면 좋겠다고 말했다. 그는 아주 기꺼이 이것을 나누고 싶어했고, 그 다음 30분 정도를 아내가 나이 어린 레이첼에게 얼마나 많은 기대를 했는지, 그녀가 집을 떠나도록 했는지, 16살에 대학을 보낸 것에 대해 얘기했다. 그리고 아내가 아이들을 통제했고 그의 의견에 주의를 기울이지 않았기 때문에 그는 그것에 대해 말하지 않았다고 했다. 그는 치료에 참석하는 것이 레이첼을 도울 수 있다면 기꺼이 참석할 것이라고 말하면서 대화를 끝냈다.

일주일 후에 레이첼은 집을 떠나 그 자신의 아파트로 이사했고 나는 아버지에게 치료에 참석하도록 요청했다. 그는 동의했지만, 네 명의 여자들과 함께 참석하고 싶지는 않다고 하면서 레이첼과 아내하고만 참석하기를 원했다. 그의 조건을 받아들였고, 나는 그가 아내하고만 남겨진다면 아마 외로울 것이라는 두려움 때문에 레이첼이 집을 떠나기를 꺼려한 것임을 그에게 알려 주는 것으로 상담을 시작했다. 그는 처음에는 이 생각을 비웃었지만, 가족 식사 중에 레이첼이 어머니와 그녀의 가족에 반대하여 그를 편들었던 것에 대하여 논의하였을 때, 그 가설을 인정했다. 그는 자신과 레이첼이 많은 공통점을 가졌다는 것을 인정했다. "우리는 어떤 방식에서는 서로를 동일시하고, 서로를 이해합니다." 레이첼은 이것에 동의했다.

페기: 그 밖에 두 분이 서로에 대해 이해하는 것은 무엇이 있나요?

그러자 아버지는 아내의 친정식구들과 함께 한 저녁식사에서 편안하게 레이첼의 옆에 앉았다고 기술했고, 어머니는 "로빈훗과 그의 무리처럼 그들은 집단으로 행동하고 킬킬거린다."라고 진술했다.

페기: 레이첼이 없다면 이런 저녁식사에 무슨 일이 생길까요? 나는 당신이 그곳에 없을 때 아버지에게 무슨 일이 생길지가 걱정돼요. 그는 동맹자를 잃을 거예요.

레이첼: 아버지는 소화가 되지 않을 거예요.

아버지: 무슨 일이 일어나고 있는지 이해할 수가 없군요. 그 애가 모든 상황에서 나를 걱정한다고 생각지 않아요. 너는 파티가 있을 때, 나를 생각하니?

레이첼: 물론 나는 아버지를 걱정해요. 두 분이 불행할 때 나는 기분이 좋지 않아요.

페기: 당신은 두 분 중 어느 한쪽이 불행하다는 것을 어떻게 아나요? 신호가 무엇입니까?

레이첼: 어머니와 얘기할 때 나는 엄마의 인생이 행복하지 않다는 말을 들어요. 그리고 그 반대도요. 그렇지만 나는 두 분 중 누구도 나를 피해야 된다고 생각지 않아요. 부모님은 그것을 숨기려고 해서는 안 돼요.

페기: 당신이 그들을 도울 수 있다고 생각하나요?

레이첼: 아마도—부모님은 내가 돌본다고 생각하지는 않을 거예요.

어머니: 저 아이가 우리를 돌보지 않는다고 생각하지 않아요. 저 아이는 필사적으로 도와요. 저 아이는 아주 도움이 되어 왔고, 내 영혼을 소생시키고, 내가 우울할 때 내게 말을 걸어요.

페기: 추측하건데, 당신은 부모님 곁에 없을 때 아버지에게 일어날 일을 염려할 뿐 아니라 또한 어머니도 걱정하는 것 같군요.

　　레이첼은 이것에 대해 동의했고, 어머니와 아버지는 그들 각자의 존경받는 욕구와 민감성에 대해 다투기 시작했다.

페기: [레이첼이 왜 집을 떠날 수 없는지를 정의하기 위한 기회로 부모의 갈등을 다시 사용하면서] 레이첼이 없을 때 무슨 일이 일어날까요?

아버지: 저 애는 지금 없어요.

페기: 무슨 일이 일어나고 있나요?

아버지: 지난 몇 달 동안 좋지 않은 시간을 보냈어요.

페기: 레이첼, 집으로 돌아가는 게 좋을지 모르겠네요.

레이첼: 나는 집에 가지 않아요.

어머니: 나는 저 애가 집에 오는 걸 원하지 않아요. 우리는 저 애 없이 우리의 삶을 더 좋게 회복할 수 있어요.

페기: 할 수 있습니까? 그렇게 할 수 있어요?

아버지: 그러나 저 애가 집에 오기를 원한다면—나는 우리가 어떻게 할지 모르겠어요—모르겠어요. 맞지요, 헬렌(Helen)?

페기: [레이첼에게] 무서운 유혹이군요, 안 그래요?

레이첼: 아니요. 나는 정말로 집에 돌아가는 걸 원하지 않아요.

어머니: 나는 기뻐요.

페기: 모르겠네요. 두 분이 어떻게 혼자 힘으로 그걸 해낼 것인지?

어머니와 아버지: [함께] 모르겠어요.

레이첼: 두 분은 그것이 이런 식으로 영원히 진행될 거라고 생각하나요?

　　아버지는 그것이 그녀가 염려할 바가 아니라고 다시 말했지만, 레이첼은 그것이 그녀의 관심사라고 주장했고 그들은 노력하여 그것을 해결한다.

레이첼: 난 두 분이 모두 행복하면 좋겠어요.

아버지: 우리가 어떻게 그렇게 할 수 있을까?

레이첼: 모르겠어요. 그러나 아버지는 확실히 노력하지 않고 있어요.

　　이 시점에서 나는 이전 회기 동안 레이첼이 그들의 불행에 대한 책임을 나에게 넘기는 데 동의하지 않는다면 레이첼을 돕는 것이 아니라고 치료자 집단이 조언을 했다고 아버지에게 설명했다. 나는 그가 나를 위해서 그 책임을 기꺼이 감수할 것인지 물어봤고, 그는 내 제안을 거절했다. 그때 어머니는 아버지에게 압력을 가했다.

> 어머니: 샘이 어떤 식으로 자기 멋대로 하는지 보셨지요. 당신이 우리를 도우러 여기에 오지 않겠다고 말했을 때, 나는 당신 처분만 바랐어요.
>
> 아버지: 나는 애초에 시작하고 싶지 않았어요. 이것을 해 봤지만 도움이 안 됐어요.
>
> 페기: 예, 나한테 그렇게 말씀하셨지요.
>
> 어머니: 무엇이 당신을 괴롭히죠? 당신은 쉽게 상처를 받나요? 당신은 지출이 심하다고 느끼나요? 심한 지출하고 우리의 행복 중 무엇이 더 중요한가요?
>
> 아버지: 왜 내가 무엇이 중요한지를 선택하는 입장에 서야 하지?
>
> 어머니: 또 그러네요!
>
> 아버지: 그래서 치료를 안 받으면 아무것도 아닌가?
>
> 어머니: 물론이죠. 그건 중요하지 않아요—우리는 중요하지 않아요.
>
> 페기: 당신은 치료 없이 해결할 수 있을지 모르지만, 제가 우려하는 것은 당신이 레이첼 없이 그것을 해결할 수 있는가 하는 것입니까?
>
> 어머니: 우리는 우리끼리 지낼 수 있어야만 하고, 레이첼에게 영향을 주어서는 안 돼요.
>
> 페기: 당신은 어떻게 그것에서 레이첼을 벗어나게 할 수 있나요?

부모들은 논쟁했고, 레이첼은 중재하려고 노력했다. 치료자는 집단과 상의하기 위해 중단시켰다.

단계2: 치료적 딜레마를 극화하기

치료자 집단은 만약 내가 아버지를 치료에 오라고 지속적으로 압력을 준다면, 나는 어머니를 편들게 될 것이고 그는 더욱더 저항할 것이라는 점에 동의했다. 우리는 그의 자율성을 지지해야만 한다고 결정했고, 부모의 불행에 대한 짐이 샌디에게로 가야만 한다고 충고했다. 샌디는 초인간적인 존재로 생각되었고 이것은 초인간적인 일이므로, 그녀가 적당한 인물로 보였다. 나는 다음 메시지를 읽었다.

전에 샘을 만난 일이 없었던 집단은, 자신을 돌보는 그의 능력에 깊은 감동을 받았다. 어쨌든, 가족신화는 우리가 다르게 믿도록 유도했다. 우리는 어머니도 똑같이 힘을 가졌다고 믿는다. 레이첼의 경우, 그녀는 충분히 장기간 동안 부모님의 불행에 대한 짐을 지고 있었으며, 지금은 샌디에게 그 짐을 넘겨 주어야만 한다.

세 명 모두가 웃음을 터트렸다. 아버지는 내가 샌디를 만났는지 물었고, 나는 "아니요. 하지만 만나기를 기대하고 있어요."라고 대답했다. 레이첼은 그들이 그녀가 얼마나 대단한 사람인가를 이야기하고 있었다고 말했으며, 그리고 나는 "그렇다면 바로 그이가 우리가 찾던 사람이에요."라고 대답했다.

아버지는 레이첼을 돕는다는 전제하에 치료에 오겠다고 하였지만, 아내와 관계에 대해서는 작업하지 않겠다고 했다. 샌디는 다음 회기에 가족과 같이 왔다.

제4기: 변화에 대한 압력에 대처하기

단계1: 치료적 계약 안에서 변화를 정의하기

레이첼은 갑작스런 그리고 기대하지 못했던 변화를 보고하면서 회기를 시작했다. 그녀는 일년 반 만에 처음으로 생리를 시작했고, 몸무게가 몇 파운드 늘었다. 문제에 대한 내 정의를 따라가면서 나는 아버지가 그녀 없이도 자신의 인생을 유지할 수 있다고 레이첼에게 확신을 준 것에 관하여 아버지에게 칭찬하였다.

레이첼: 내게 일어났던 신나는 일을 당신에게 말해야겠어요. 월경을 시작했어요. 아

주 신나는 일이에요.

페기: 그랬어요?

레이첼: 예, 언니의 깜짝 파티에서요. [활짝 웃으면서]

페기: 이것이 처음인가요?

레이첼: 일년 반 만이에요. 나는 기대하지도 않았어요.

페기: 당신은 여성이 되기로 결심했어요?

레이첼: [웃으면서] 그것을 고려하고 있어요.

페기: 이것을 주의 깊게 생각해야 할 거예요.

레이첼: 중요한 한 걸음이라는 걸 알아요.

페기: [부모님에게] 자, 레이첼에게 일어난 일에 대해서 두 분은 어떻게 느끼나요?

아버지: 저 애가 자기 자신의 길을 걷고 있는 것이 매우 안심이 돼요. 일들이 좀 더 정상적으로 되고 있어요—한꺼번에는 아니지만, 점차로 가까워지고 있어요.

페기: 아버지는 동지를 잃을 것이 두렵지 않나요?

아버지: 아니요, 나는 그것을 위해 기도하고 있어요. [웃음] 나는 레이첼이 정상 상태에 접근하는 것이 기뻐요. 저 애는 또 3파운드가 늘었다고 말했어요. 저 애는 그걸 아주 행복해해요. 3파운드에 대해 걱정하는 것으로 보이지 않아요.

페기: 나는 당신이 아주 잘하셨다고 생각해요.

아버지: 내가요?

페기: 예, 나는 당신이 아주 잘 하셨다고 생각해요. 지난 시간에 여기에 오셔서 레이첼 없이도 당신의 삶을 유지할 수 있고, 당신은 괜찮을 것이며, 결혼이 최고 상태가 아니고 당신이 함께 지내지 않을 때조차도…….

아버지: 그런데 우리는 아직 이것을 아이들에게 말하지 않았어요. [다른 언니들을 언급하며]

페기: 자, 그렇지만 당신은 레이첼에게 그 말을 했고, 나는 당신이 잘 지낼 것이라고 안심을 시켜 주고 그녀가 독립적인 여성이 되는 것도 괜찮다고 말해 준 것이 아주 뛰어난 일을 하신 것으로 생각합니다.

아버지: 그리고 지난 2주 동안에 헬렌과 나 사이가 더 좋아졌어요.

샌디에게 부모의 불행에 대한 짐을 가진 레이첼을 구원하기 위해 우리가 제안한 것을 알렸다. 모든 사람이 흥미롭게 반응했다. 샌디는 거절했고, 그녀는 갓난 아이가 있으며 게다가 부모님은 지금 그들 자신의 짐을 다루고 있는 것으로 보인다고 말했다.

제5기: 변화로 인한 부수적인 결과에 대처하기

단계1: 치료적 구조 안에서 저항을 정의하기

레이첼과 그녀의 가족은 이 정도 변화에 대해 준비가 되어 있지 않았고, 레이첼은 재발하여 고통을 받았다. 우리는 즉시 변화에 대한 결과를 예언하지 못하고 재발 가능성을 줄이지 못한 실수를 깨달았다. 이 가족은 레이첼을 중심에 두고 가족의 혼란을 재창조하는 수단으로 유태교 휴일을 사용했다. 유월절에 회당 가는 것을 거절하여 그녀는 작은 위기를 만들었다. 어머니는 레이첼의 죄책감을 자극하여 그녀의 특징적인 방법으로 반응했고, 아버지는 잠정적으로 레이첼을 지지했고, 레이첼은 자신에게 주의를 집중하려고 우울해졌다. 그녀는 자신의 아파트, 일, 그녀가 받고 있었던 수업에 대해 불평했고 "지금 내 인생에 좋은 것은 아무것도 없다."라고 끝을 맺었다.

전 가족이 레이첼의 우울을 분석하려는 노력에 참여했고 우울에서 어떻게 벗어날 것인지에 대해 도움이 되는 충고를 했다. 아버지는 레이첼이 유월절에 성전에 가지 않았던 것에 대한 격앙시키는 주제를 꺼냈고 그녀의 우울이 죄책감과 관련이 있는지를 물었다. 그녀는 이것을 부인했고, 아버지는 "좋아."라고 대답했다. 어머니는 격렬하게 그에게 반대했다. 다음에 이어지는 대화에서 그들은 동시에 말했다.

> 어머니: 나는 그게 좋다고 생각지 않아요. 그것은 내 문제예요. 우리를 사랑하고 우리가 사랑하는 레이첼은 우리가 계속해서, 계속해서 나쁘게 느끼도록 무엇인가를 할 수 있기 때문에 나쁘게 보는 거예요.

아버지: 그건 우리가 익숙한 것이잖아…….

어머니: 그 애가 우리를 기분 좋게 할 무엇인가를 하려 한다면 좋겠지요.

아버지: 헬렌—아니—그건—[해독 할 수 없음.]

레이첼: 내가 믿지 않는 것을 행할 거라고 어떻게 기대할 수 있나요?

아버지: 헬렌, 그건—[해독 할 수 없음.]

어머니: 그러나 너는 믿잖아. 네가 믿는다고 나한테 말했잖아.

아버지: 헬렌, 그 애는 다른 방식으로 믿어요…….

레이첼: 그렇지만 나는 안 그래요. 나는 내 방식대로 믿어요. 나는 유태인의 율법 지키는 것을 믿지 않고, 나는 성전에 가는 것을 믿지 않고, 나는 유태 남자와 데이트를 믿지 않고, 나는 그런 걸 믿지 않아요!

어머니: 좋아, 그리고 나는 믿어. 레이첼, 나는 그게 우릴 정말 사랑하지 않는 신호라고 생각한다! 나는 그걸 아주 이기적인 행동으로 본다. 너는 분별이 없어. 저 애는 우리에게 잘해 주고 싶지 않으니까 자기가 원하는 것만 해요. 저 애는 아주 반항적이에요.

　그리고 어머니는 레이첼의 반항에 대한 역사를 이야기하면서 긴 열변을 토했다. 그녀는 유태인의 전통이 그녀에게 얼마나 중요한지에 대해 이야기하면서 끝냈다.

어머니: 나는 유태인의 전통을 지속할 것을 애원해 왔어.

레이첼: 죄송해요, 엄마. 엄마는 애원하고 애원할 수 있지만, 나는 엄마가 애원한다고 해서 유태인처럼 되지는 않아요.

어머니: 그래서 나는 네가 우리를 아주 사랑하지는 않는다고 생각한단다.

레이첼: 엄마, 만약 그것이 엄마의 기준이라면, 나는 정말로 엄마를 도울 수 없어요.

어머니: 좋아, 이것들은 내 느낌이야. 그것은 내 기준이야. 그래.

페기: 레이첼이 당신을 진정으로 사랑한다면, 그녀는 당신이 믿는 것을 믿어야 하나요?

어머니: 아니요, 아니에요. 그 애가 믿는 것을 내가 알기 때문이죠. 그 애는 믿는다고 나에게 말했어요. 그 애는 하나님을 믿어요. 그 애는 매일 밤 우리의 종교에서 가장 중요한 기도를 해요. 나는 하지 않지만.

레이첼: 왜 안 해요? 엄마는 나를 사랑하지 않나요?

어머니: 레이첼, 나에게 소리치지 말거라.

페기: 당신은 그녀에게 대답하지 않았어요.

어머니: 왜 내가 그 기도를 하지 않느냐고? 너는 함께 기도해 달라고 나에게 요청해 본 적이 있니?

레이첼: 아니요. 그것은 비밀기도예요. 엄마는 혼자 기도를 해야 해요.

어머니: 왜 너는 나에게 소리치는데?

레이첼: 왜 엄마는 그 기도를 말하지 않았죠? 엄마는 나를 사랑하나요?

어머니는 레이첼이 빈정거린다고 비난했다. 나는 레이첼이 성전에 가지 않는 것에 대해 아버지가 어머니와 똑같은 방식으로 느꼈는지를 물었다. 아버지는 레이첼이 참석하는 걸 좋아하지만 그의 아내처럼 강하게 느끼지는 않다고 말했다. 내가 클레어와 샌디에게 그들도 가족에게서 독립하는 문제를 가졌는지 물었을 때, 둘 다 그렇다고 대답했고 그들의 인생에서 적용되었던 압박과 죄책감을 기술했다. 그들이 이것을 어떻게 다루었는지를 물었을 때, 클레어는 그녀가 하는 것의 절반은 부모님이 모르게 했다고 대답했고, 샌디는 자신이 원하는 것을 항상 했다고 말했다. 부모는 그들의 엄격함을 공격당했고 그 회기는 모두 싸우는 것으로 끝났다.

그룹은 이 회기 동안에 나타나지 않았고 그들이 테이프를 본 후에 메시지를 전할 것이라고 가족에게 말했다. 팀에게 자문을 구한 후에, 나는 레이첼의 재발을 개인 한 사람의 문제라기보다는 체계의 문제로 정의했고, 다음 메시지를 보냈다.

우리 집단은 레이첼이 부모의 불행으로부터 관심을 전환하는 일을 아직 마치지 못했다고 결정한 것은 현명한 처사라고 확신합니다. 샌디와 클레어가 이 일을 거절했기 때문에, 그녀는 그것이 완성될 때까지 집으로 돌아가야만 합니다.

그리고는 내가 다음회기에서 이 메시지에 관하여 더 관대한 입장을 취할 것이고, 집단의 완강한 입장에 반대하여 레이첼의 독립을 격려할 것이며, 따라서 치료자, 가족 그리고 집단 간의 삼각구도를 강화할 것이라는 점을 합의하였다.

단계2: 문제의 정의를 바꾸기

이어지는 회기에서, 레이첼은 집에 되돌아가는 것을 완강하게 거절했고 부모는 부부간의 문제를 해결하기 위해 더는 그녀가 필요하지 않다고 주장했다. 레이첼은 그녀의 모든 측면—일, 아파트, 상사, 소외와 외로움에 관한 느낌—에 대해 불평함으로써 자기를 제외하는 것에 반항했다. 그녀가 자신의 불평을 일일이 열거할 때, 가족들은 각자의 특성에 따라 그녀 자신이 어떻게 자발적으로 일어설 수 있는지에 대해 진부한 의견으로 가득 찬 '도움이 되는' 충고를 하였다.

우리는 레이첼이 부모의 결혼생활을 회복시키려는 중요한 일을 그만두게 한 것에 대한 반작용으로 불평을 늘어 놓는다고 보았고, 그녀를 격려하기보다는 그녀가 떠나는 것을 슬퍼하도록 가족에게 요청했다. 그들이 이렇게 하는 것은 불가능했다.

페기:　집단에서는 레이첼의 불행은 여러분을 질책하고 가족이 자기가 불행해하도록 허용하지 않는 것에 대한 질책으로 관찰했어요. 레이첼, 그들은 당신이 불행한 것이 아주 중요하고, 가족이 당신이 불행하도록 허용한다는 것을 말하고 싶어해요. 당신은 어떻게 그들이 당신의 불행을 허용하도록 할 수 있나요?

레이첼: 나는 그들에게서 멀어져야 한다고 생각해요.

아버지: 그러면 우리는 그녀를 걱정할 거예요.

어머니: 나는 특히 내 아이들이 혼자일 때 걱정해요.

페기:　여러분은 행복한 가족이어야 하기 때문에, 가족 중 누군가가 불행하다는 것을 허용하는 게 어렵지요.

어머니: 당신은 겉모습(facade)에 대해 얘기하고 있는 건가요, 페기?

페기:　모든 가족이 행복하기로 작정되어 있어요. 이 가족은 아주 가깝기 때문에,

모든 사람이 행복을 느끼는 것이 매우 중요합니다. 그리고 누군가가 불행할 때[어머니가 흐느낀다.] 그것은 정말 힘든 일이죠, 그렇죠? 당신은 어떻게 어머니가 당신의 불행을 허용하도록 할 수 있습니까?

레이첼: 모르겠어요. 나는 엄마를 안심시킬 수가 없어요.

어머니: [흐느끼면서] 나는 매일 너를 걱정해.

그때 클레어는 이러한 반응을 원치 않았기 때문에 어머니에게 자신의 문제를 절대로 말하지 않았음을 이야기하려고 끼어들었다. 어머니와 클레어는 열띤 논쟁에 말려들어갔다. 어머니는 그녀가 자녀들의 문제 때문에 한탄하지 않을 수가 없다고 말했다. 그 다음에 나는 부모간의 문제에 초점을 맞추었다.

페기: 당신은 또한 남편의 불행도 슬퍼하나요?

어머니: 예, 약간요. 그래요. 그는 그걸 알지도 못해요.

아버지: 나는 그걸 믿을 수가 없어요, 나는 정말 그걸 믿을 수가 없어요.

어머니: 그래서 나는 그에게 말하지 않아요.

아버지: 나는 그것을 믿을 수가 없어요. [부모들은 논쟁하기 시작한다.]

페기: 당신은 언제 남편의 불행에 슬퍼하나요?

어머니: 남편이 일에서 불행한 것을 볼 때, 파트너와 문제에서 불행한 것을 볼 때, 만약 내가 사회적으로 그가 불행한 것을 본다면, 그가 자기 자신을 고통스럽게 하고 그것 때문에 괴로워할 때요. 남편이 클레어의 남편과 그 자신에 대하여 불행해하고, 시어머니에 대해서 불행해하고 몸이 아픈 매부에 대해 불행해 하는 것을 볼 때, 내 마음은 괴로워요—그것이 나를 괴롭게 한다는 것을 그에게 알리는 것이 아주 힘들기 때문에 나는 나만의 공간에서 그렇게 해요.

페기: [동정적으로] 당신은 그에게 알리지 않고 슬퍼하는군요?

어머니: 눈물을 흘리느냐고요? 아니요. 아이들을 위해서는 눈물을 흘리지요.

단계3: 뒤엉킴을 처방하기

집단은 자녀들 중 누구라도 불행해하는 것을 허용하도록 어머니를 설득하는 것이 소용없다고 논의하였다. 그녀가 아이들을 걱정하는 것은 인생의 중요한 과제였다. 레이첼은 이것을 알았고, 계속적으로 그녀에게 걱정거리를 주는 것으로 어머니가 관여하도록 했다.

우리는 이런 강한 밀착을 확산시키기보다 가족의 뒤엉킴을 처방하기로 결정했으며, 상호관계에 아버지를 포함시키기로 했다. 우리는 어머니 자녀들에 대한 관여 중 일부를 남편에게 옮기도록 하는 과제를 부여하였다. 이렇게 하는 목적은 레이첼이 떠남으로 해서 그들의 관계에서 생기는 단절을 연결하는 부모의 준비도를 시험하기 위해서였다.

페기: 헬렌처럼 민감한 마음을 가진 어머니로서는 자녀들이 고통받도록 허용하는 것은 불가능하다고 집단은 확신하고 있어요. [나는 끝말로, "저 밖에 많은 유태인 어머니들이 있어요."라고 말했다. 어머니는 알아들었다고 손을 흔들었다.] 레이첼이 어머니의 마음을 상하게 하는 것 또한 똑같이 불가능합니다. 그래서 우리는 레이첼이 어머니에게 매일 전화를 해서 자신의 불행에 대해 이야기할 것을 권합니다. 그때 어머니는 샘과 이것을 나누어야 하고 샘은 어머니를 위로해야만 합니다. [어머니는 울고 아버지는 부정적으로 반응한다.]

아버지: 나는 이런 광경을 원치 않아요. 나는 레이첼이 매일 전화해서 헬렌을 불행하게 하는 것을 원하지 않고, 헬렌이 나에게 털어놓는 것을 원하지 않아요. 그런 식으로 해서 누가 좋아진다고 보지 않아요.

페기: 당신은 아내와 레이첼을 위해 그것을 하지 않겠습니까?

아버지: 그것은 처방 같은데요. [웃으며]

페기: 정확히 그래요―그건 의사의 처방 같은 거지요.

아버지: 그건 지독한데요, 그건 쓰디쓴 맛이에요.

어머니: 나를 위로하는 것이 왜 그렇게 어렵나요?

아버지: 헬렌, 전체 아이디어가 그게 아니고―

어머니: 왜, 여보? 변하는 것은 오로지 편해지는 것뿐이에요. 왜냐하면, 그 애가 매일 전화해서 자기 짐을 덜면 나는 들어요.

아버지: 매일 전화를 한다고? [놀라면서]

어머니: 그리고 나는 그것을 당신과 나누지 않아요. 왜냐하면, 나는……[엄지손가락을

아래로 향한다.] 유일한 차이는 아마도 당신이 나를 팔로 안아 주는 거겠지요. [그를 어루만진다.]

클레어: 엄마 편을 조금만 든다면 좋을 거예요.

아버지: 나는 엄마 편이 아닌 게 아니야.

페기: [진지하게] 샘, 이것은 아주 중요해요. 당신은 레이첼을 위해서—그리고 아내를 위해 그렇게 할 수 있나요?

아버지: 물론이지요.

레이첼은 요청받은 대로 매일 어머니에게 전화했지만, 어머니는 그녀의 불평에 싫증 났으며, 그녀를 격려하고 충고하려는 노력을 멈췄고, 마침내는 그녀 자신이 문제를 해결해야 한다고 말했다.

이 회기 후에 부모들은 한 달 간의 휴가를 가졌고, 더 단호하게 레이첼과 관계를 끊었다. 이 분리로 위협감을 느낀 레이첼은 집으로 돌아갔으며 거기에서 예전에 하던 중재자의 역할을 하지 않고 소외와 외로움을 느꼈다. 그녀는 침울한 상태에 빠졌고 불행과 실패감에 대해 끝없이 불평했다.

우리 전문 분야에는 만약 부모들이 함께하고 아이들을 중재자 위치에서 해방시킨다면, 아이들은 자동적으로 성숙할 것이고 잘 적응하고 증상이 사라질 것이라는 신화가 있다. 아동은 부모의 문제에 사로잡히는 것을 통해 그의 사회적 발달을 지체해 왔기 때문에, 그렇게 되는 경우는 거의 없다. 아동은 보통 이러한 가장 중요한 가족의 위치를 내놓을 때 정체성의 상실감을 겪는 시기를 거치게 된다.

우리의 다음 임무는 레이첼이 자신을 위해 다른 위치를 찾도록 돕는 것이었다. 그러나 이것은 격려와 도움이 되는 충고를 통해 가족이 시도했던 똑같은 방식으로는 이루어질 수 없는데, 왜냐하면 그녀는 오로지 이것에 대항해 왔기 때문이다. 대신에 우리는 변화의 수단으로 그녀의 반항적인 경향을 사용하고, 그녀의 불행과 실패는 행복과 성공에 대단히 높은 가치를 두는 가족에서 자신을 분리시키는 방법이라고 정의하기로 결정했다. 우리는 이 일을 수행하도록 그녀를 돕는 데 있어서 언니들의 도움을 구하기로 결정했다. 레이첼은 그녀가 자율성을 수립하려고 노력할 때 언니들에게서 지지받는다는 느낌을 전혀 받지 못했다고 느꼈는데, 언니들은 종종 부모 편을 들어 그녀를 비난하고 처벌했기 때문이었다. 이 새로운 동맹에서 그녀가 그들로부터 받은 지지는 굉장한 소득이 있음이 증명되었다.

제6기: 형제자매 하위체계와 협력하기

단계 1: 자매들과 연합을 형성하기

언니들은 부모 없이 계속 만나는 것에 대해 더할 나위 없이 기뻐하였고 재빨리 레이첼이 그녀의 독립성을 확립하기 위해 계속 반항을 할 필요가 있다는 내 입장에 합류하였다. 다음 회기에서, 나는 계속해서 이러한 틀에서 레이첼의 호소를 재구성(reframe)하려고 시도했다.

레이첼: 나는 이 시점에서 약해지는 것 같아요.

페기: 글쎄요, 부모님들은 분명히 그걸 승인하지는 않겠지요.

레이첼: 그러겠지요. 나는 계속 추진해야 해요.

페기: 맞아요. 완전히 약해짐으로써 당신은 부모에게 "아니요."라고 말하고 있지요. 그렇게 하려면 배짱이 두둑해야지요.

샌디: [재치 있게] 그건 정말 맞는 말이에요.

레이첼: 그렇지만 난 자기 존경심이 없어요.

페기: 부모님은 당신이 자기 존경심을 가지길 원하나요?

레이첼: 그렇다고 생각해요.

페기: 당신은 자기 존경심이 없다고 말하고 있어요. 당신은 부모님이 당신의 행복을 바란다고 말하면서 "난 불행해요."라고 말하고 있어요.

레이첼: 부모님은 내가 살이 찌기를 바라셔요.

페기: 그리고 당신은 마른 채로 있고요.

레이첼: 난 5파운드가 붙었고, 그것 때문에 아주 속상해요.

페기: 당신이 그분들에게 밀리는 것 같은 느낌이 있기 때문에, 그분들이 원하는 대로 하는 것이 당신으로 하여금 인간 취급을 받지 못하는 것처럼 느끼게 만든다는 점이 이해가 돼요.

레이첼: 난 칼라마쥬(Kalamazoo)로 이사해야 해요. 이 지옥 같은 뉴욕을 떠나서 부모를 기쁘게 하는 것에 대해 생각조차 하지 않고요.

샌디: [이제는 충분한 지지를 보내면서] 페기가 말하는 것을 들어 봐. 너는 부모를 불쾌하게 만들기 위해 네 삶을 살고 있는 거야.

레이첼: 난 내 자신을 만족시키고 싶어요.

페기: 자, 당신은 그분들을 불쾌하게 만들기 때문에 자신은 기쁜 것이지요. 지금 당장 당신의 삶에서 가장 중요한 것은 부모에게 "아니요."라고 말하는 것이고, 당신은 그렇게 하는 많은 방법을 발견하였죠.

레이첼: 난 내 자신을 만족시키고 싶어요.

페기: 자, 그건 당신이 그분들을 불쾌하게 만들기 때문에 그렇지요.

이 회기는 레이첼이 스스로 이러한 정교한 계획을 생각하는 것이 큰 부담이 된다는 것을 집단이 말하면서, 계획된 반항에서 언니들의 도움을 얻기를 제안하는 것으로 끝이 났다. 그녀에게 좋은 훈련이 될 것이라는 샌디의 진술과 함께 언니들은 열렬히 동의하였다.

단계 2: 자매들과 구별시키기

언니들의 도움이 치료적 맥락 안에서 주어졌기 때문에, 레이첼이 이것을 변화하도록 압력을 주는 것으로 지각할 것이라고 예상하지 못했다. 그들과 연합을 형성하기에 앞서, 그녀는 언니들이 치료에서 진전을 기대하는 것에 우선적으로 반항을 해야겠다는 것을 분명히 하였다. 그녀는 우울하게 있거나 감추어진 자살 위협을 통해 반항하였다. 나는 이러한 위협을 그녀가 언니들의 기대와 자신을 구별하는 방식이라고 정의하였다.

클레어: 화가 나요. 레이첼이 자살을 하겠다는 이야기를 하는 것은 적대감 때문이에
　　　　요. 그 애를 사랑하고 있지만, 난 그 애가 나에게 하는 행동 때문에 화가 나요.

레이첼: 그렇다면 내가 그저 모든 것이 잘 되고 있는 척해야겠네.

클레어: 내가 느끼는 것을 말하면 안 되는 거니?

레이첼: 아무래도 우리 가족과 떨어져서 작업해야 할 것 같아요. 너무 많은 기대와
　　　　압력이 있어요.

클레어: 누가 너에게 압력을 줬다고 그러니?

레이첼: 모두들 그래. 모두들 내가 내 문제를 어떤 특정한 방식으로 다루기를 기대하
　　　　고 있어.

페기:　[언니들과 구별하기 위한 그녀의 시도를 지지하면서] 난 그게 사실이라고 생각해
　　　　요. 당신들은 그녀의 문제를 어떤 특별한 방식으로 다루어 나가길 기대하고
　　　　있어요. 그래서 레이첼은 당신들에게 "아니요."라고 말하고 있는 겁니다. 부
　　　　모에게뿐 아니라 언니들에게도 마찬가지로 말이에요.

레이첼: 난 그렇게 생각하지 않아요―아마도 내가 그렇게 함으로써 기쁨을 얻는다
　　　　고 한다면 그렇게 생각할 수도 있겠죠.

페기:　알아요. 당신이 그렇게 함으로써 기쁨을 얻지 않는다는 것을 알아요. 그럴
　　　　목적이 아니죠.

레이첼: 그럼 목적이 무엇이죠?

페기:　목적은 당신이 누구인지 그리고 다른 사람의 기대에 대해 '아니요' 라고 말
　　　　할 수 있는 사람이라는 것을 확립하기 위함이죠.

클레어: 우리가 속상해하면 넌 정말로 차분해지잖아, 안 그래?

샌디:　난 저번 시간에 그것을 알아차렸어. 우리가 속상해하자마자, 너는 편하게 앉
　　　　았어. 아마도 이것이 네가 원하는 것인지도 몰라. 아마도 우리는 우리가 매
　　　　우 걱정하고 있다는 것을 증명해야만 할 것 같아. 아니면 네가 우리를 흔들
　　　　어 놓기를 원할지도 모르니까.

레이첼: 극적인 것을 위해 내가 이러는 게 아니야.

클레어: 너를 봐. 5분 전에 넌 울면서 얼마나 네가 비참한지 이야기하고 있었잖아.

레이첼: [침착하게] 내가 어떤 길로 가게 하는 데 그렇게까지 걸리지는 않아. 난 무엇

이 필요한지 모르겠어.

클레어: [열 받아서] 말도 안 돼! [그들은 논쟁한다.]

페기: [이것을 다시 레이첼이 언니들에게 반항하는 방식으로 정의하면서] 난 왜 당신의 기분이 지금 더 나아졌는지 이해할 수 있어요. 당신은 언니들에게 그리고 당신에 대한 그들의 기대에 대해 아니라고 말했기 때문이죠. 난 당신이 계속 그렇게 하기를 바라요. 레이첼, 그리고 그렇게 하는 다른 방식을 찾기를 바라요.

레이첼: 난 정말 무슨 말인지 모르겠어요.

　나는 그러고 나서 레이첼이 좀 더 건설적으로 반항하는 길이 있는지 생각해 보도록 협조를 요청하고 그들이 성공적으로 반항하였던 방법에 대하여 물어보았다. 클레어는 자신이 했던 반항적 행동으로 유부남과 데이트한 것, 유태인이 아닌 소년과 데이트한 것, 그녀가 성 관계를 했을 때 부모들이 알게 한 것, 유태인 문화교육촉진협회에 참여하지 않은 것 등을 나열하였다. 레이첼은 그녀가 해낸 것, 예컨대 브래지어를 하지 않고 나가는 것, 팬티를 입지 않고 팬티스타킹을 입는 것, 대중 앞에서 목소리를 높이는 것 등을 열거하면서 여기에 참여하였다. 샌디는 갑자기 "난 이런 것들을 이야기하는 게 좋아요. 기분이 아주 좋은데요."라고 말을 터뜨렸다. 긴장감이 돌던 분위기는 '불경스러운' 행동들을 함께 논의하는 것으로 결속되어 일종의 동지애와 웃음의 분위기로 바뀌었다.

　언니들이 부모의 통제에 대항하여 연합을 형성하여 함께 결속되는 것을 격려하는 것이 권할 만한 것인지에 대한 의문이 일어날지도 모른다. 이 언니들은 모두 어린아이가 아니라 부모로부터 재정적으로, 육체적으로, 정서적으로 독립된 성인이라는 사실이 이 중재에서는 결정적인 요인이었다. 우리는 부모의 통제에 순종하는 것이 필요한 연령에 있는 어린아이들에게는 이러한 작업을 하는 것을 자제할 것이다.

　레이첼의 반항적인 행동은 항상 막대한 죄책감을 수반하였기 때문에, 그녀는 독립적으로 되려는 모든 노력에서 실패하였다. 그녀의 반항심을 밖으로 개방시키고, 계획하고, 너그럽게 봐주고, 언니들의 도움으로 스케줄을 계획함으로써 우리는 그것의 유독성이 있는 측면을 제거하였다. 그런 다음 그녀는 자신의 건강과 행복을 파괴하는 반항이 아닌 상대적으로 온화한 방식으로 반항하기로 선택하였다는 것에 주목하라.

부모가 그들의 휴가여행에서 돌아왔고, 나는 전화를 하여서 우리가 그들을 잊지 않았다는 것을 알려 주고, 언니들과 함께 한 회기가 레이첼에게 매우 도움이 되었으므로 좀 더 길게 그들과 계속하기를 원한다고 알려 주었다. 나는 그들을 나중에 참여시키겠다는 점을 확신시켰다.

이어지는 다음 회기에서, 나는 언니들의 동맹을 더 밀어붙였고, 레이첼이 융통성 없는 자기부인과 검약함으로 아버지와 겨루어 왔기 때문에 샌디가 자기탐닉을 하게 되는 방법을 레이첼에게 가르치도록 제안하였다. 샌디는 레이첼이 사려고 생각조차 하지 않았던 것, 예컨대 비싼 향수, 사치스러운 속옷, 실크 옷, 귀금속, 비싼 화장품 등을 사도록 지시하여 코치하였다. 그러나 나는 레이첼에게 음식에 탐닉하는 것에 대해 경고했고 너무 많이 살찌는 것에 대해 조심하라고 하였다. 나는 샌디의 몸무게인 9파운드 더 나가는 것을 제한선으로 세웠다. 따라서 그녀를 제지시키는 것처럼 보이면서 나는 실제로 그녀가 살이 찌도록 격려하였던 것이다. 그들이 서로 다른 자기탐닉의 모드에 대해 계속해서 토의할 때 어떤 제안들은 터무니없는 것들이어서, 나는 그들의 부질없음과 웃음에 함께 참여하였다.

집단은 나를 제지하려고 혹은 내가 제안하는 종류의 반항이 너무 재미있다는 것을 지적하려고 끼어들었다. 나는 불행의 처방을 밀어붙이는 것을 멈추기는 너무 이르다는 것에 동의했고, 다음과 같은 메시지와 함께 돌아왔다.

페기:　[회개하는 모습으로] 난 집단으로부터 질책을 당했어요.

샌디:　[당황하며] 또요, 페기? 당신은 잘못하고 있군요.

페기:　그래요. 그렇지만 그들의 요지를 알 수 있어요. 그들은 내가 레이첼을 행복하게 만드는 것들, 예컨대 자기탐닉, 비싼 향수나 속옷을 사는 것, 성 관계에

탐닉하는 것 등을 이야기하는 것에 휩쓸렸다고 느끼고 있어요. 왜냐하면 그 것은 당신, 레이첼을 행복하게 해 주기 때문이죠. 그리고 부모님은 당신이 행복하다는 것을 알 것이고 말이에요.

샌디: 이해가 가네요. 너도 그러니? 레이첼.

레이첼: 난 잘 모르겠어요. 언니는 어떻게 그것을 이해했어?

샌디: 왜냐하면 만약 네가 행복하면, 엄마는 나한테 했던 것처럼 너에게 할 거야. 엄마는 네가 토하고 싶게 만들 거야. 지금 너에게 하는 것보다 더 안달하며 소란을 피울 거야. 만약 네가 직장에서 행복하지 않으면 너는 직장을 그만둘 수 있어. 그리고 그것은 그들을 불행하게 만들지. 일을 해 나가면서, 너는 불 평할 수 있는 모든 것을 목록으로 만들 수 있어. 그러니까 네가 행복한 순간 들이 좀 있다 해도, 그걸 이야기하지 마. 집에 가서 엄마아빠에게 오늘 하루 너에게 일어났던 불쾌한 것들에 대해 이야기해. 그리고 두 분의 저녁시간을 비참하게 만들어. 그러면 그건 너 또한 비참하게 만들 거야.

페기: 좋아요, 좋아요, 아주 좋아요.

이번 회기 끝에 언니들은 그들이 집단과 관계에서 나를 어떻게 보았는지에 대한 첫 번째 지표를 나타내었다. 비록 내가 끊임없이 레이첼에게 그녀가 불행 한 채로 남아 있어야 한다고 말했음에도 그들은 나를 레이첼의 편으로서 지각 하였다. 그들은 역설적인 메시지의 두 번째 수준을 골랐다.

샌디: 당신은 아이들이 있지요. 그렇죠, 페기?

페기: 예, 열일곱 살짜리 아들과 스물한 살짜리 딸이 있어요.

샌디: 레이첼이 행복하기를 계속 바라는 것은 당신의 딸 때문인가요? 약간 동일시 하는가요? 집단은 당신이 너무 마음이 부드럽다고 계속 당신을 질책하고 있 어요.

페기: 난 모르겠어요. 좀 생각해 볼게요. 레이첼에게 불행하라고 말하는 것이 나에 게는 어렵군요. [레이첼에게] 그거 알아요? [나는 손을 내밀어서 그녀의 손을 잡았 다.] 당신에게 불행하라고 말하는 것은 나에게 어려워요—하지만 그들이 옳 다는 것을 난 알아요. 내가 그것에 관해 생각하고 객관적일 때는 당신이 그 렇게 해야 한다는 걸 알아요.

샌디: 내 생각에 그게 바로 집단과 소통하는 좋은 점인 것 같아요. 당신을 객관적
으로 만들죠.

페기: 맞아요.

제7기: 치료에 대해 "아니요"라고 말하기

단계 1: 한계점까지 처방을 밀어붙이기

그 다음 회기는 지속되는 변화의 전환점이라 할 만큼, 치료에서 가장 결정적
인 회기였다. 레이첼이 진정으로 독립적인 여성이 될 수 있기 전에, 그녀는 치
료에 대해서 그리고 그녀 자신을 계속 비참하게 하는 우리가 주었던 불합리한
과제에 대해서도 "아니요."라고 말할 수 있어야 한다. 그녀는 의식적으로 그것
을 따르려고 노력해 왔지만 그녀는 부모와 함께 살고 있는 것에 대해 그리고
불행하게 남겨져 있는 것에 대해 점점 더 불만족스러워하고 있었다. 이 회기
동안, 나는 레이첼이 치료에 "아니요."라고 말하는 지점까지 밀어붙이는 처방
을 하였다.

페기: [레이첼에게] 그래요, 레이첼, 유쾌한 것을 완전히 감추면서 불행해하고 있나
요? 그걸 얼마나 잘하고 있나요?

레이첼: 난 유쾌한 것이라면 무엇이든지 감추려고 노력하고 있어요.

페기: 좋아요. 그렇게 하면서 얼마나 잘 지내나요?

레이첼: 난 엄마가 하는 모든 제안에 "아니요."라고 말하려고 노력하고 있어요. 그리
고 난 그렇게 하기가 싫어요. [그녀는 운다.]

페기: 당신은 그렇게 하는 걸 싫어하도록 되어 있어요. 당연히 싫어해야 되죠.

레이첼: 난 거기서 너무도 벗어났다는 걸 느껴요. 난 정말로 참을 수가 없어요.

페기: 당신이 집에 머물러 있는 한 당신은 불행할 거예요.

레이첼: 그러니까 왜 내가 거기에 있어야만 하죠? 난 거기에 있고 싶지 않아요. 난

이 아파트를 다시 빌려줄 기회가 있어요. 그리고 만약 효과가 있으면 난 그렇게 할 거예요.

샌디: 그들은 너에게 무엇인가 하라고 말하고 있어. 그리고 만약 네가 4월에 다시 아파트를 세놓을 계획이라면 너는 다시 말을 듣지 않고 있는 거야. 그리고 상황이 좋아질 때까지 잠시 동안 어머니가 불행해할 것과 마찬가지로 아마 너도 잠시 동안 불행해야만 할 거야.

레이첼: 왜 내가 거기서 나갈 수 없어? 난 나가고 싶어.

샌디: 글쎄, 넌 그럴 수 없어. 그러니까 너무 안됐구나.

레이첼은 신음을 하고, 나를 크고 젖은 눈으로 애원하듯이 바라보면서 "내가 왜 6개월 만이라도 그 장소를 다시 빌려줄 수 없을까요?"라고 물었다.

페기: 지금 당신에게 그것이 어려우면 어려울수록 더 나아질 겁니다.

레이첼: 난 그것을 이해 못하겠어요. 이렇게는 더 못하겠어요.

페기: 당신은 지금 당장은 이해 못할 거예요.

언니들은 나를 지지하였고 레이첼은 논쟁을 벌였다. 마침내 레이첼은 "난 더는 못 참겠어요. 내가 왜 내 자신을 강제로 거기에 있도록 해야 합니까?"라고 소리질렀다.

페기: [친절하지만 확고하게, 마치 의사가 약을 처방하듯이] 시간이 지나가면, 더 나쁠수록 더 좋아질 것입니다. 지금 더 나쁠수록, 그리고 당신이 더 불행할수록 더 좋아질 거예요. 언니들이 그것에 대해 도와주던가요?

레이첼: 불행해지는 것에 대해서요? 아니요.

샌디: 우리는 그렇게 하기로 했죠—만약 저 애가 어떤 것을 할 때 죄책감을 느끼면 우리에게 전화하도록.

클레어: 저 애는 나에게 전화하지 않았어요.

페기: 어쩌다 언니들에게 전화하지 않았지요?

레이첼: 때때로 그렇게 느껴지지 않았기 때문이지요. 난 좌절하고 그걸 좋아하지 않기 때문이에요. 난 상황을 평가하고 어떻게 하면 일이 더 잘되게 할까를 평

가하는 것처럼 느껴요. 그리고 그 대신에 상황을 더 나쁘게 만들어야 한다고 들었고 난 그것을 참을 수가 없어요. 난 더 이상 내 본능에 대항해 갈 수가 없어요.

페기: 한동안은, 레이첼, 당신은 일들이 나빠지도록 해야만 해요.

레이첼: 난 그렇게 할 수가 없어요. 페기. 난 밖으로 나가서 좋은 직장을 가지고 싶고 나 자신을 행복하게 만들고 싶어요. 내 자신이 나쁜 직장을 얻도록 만들 수 없어요. 나 자신을 더 불행하게 만들 수 없어요.

샌디: 그 애를 좀 더 불행하게 만들려면 그 애가 현 직장에 머물러 있도록 할 필요가 있어요.

페기: 가능한 모든 방법에서 자기 자신을 불행하게 만들어야 합니다.

샌디: 왜요?

페기: 왜냐하면 그 길만이 레이첼이 자기 자신을 찾도록 해 줄 것이기 때문이죠.

클레어: 저 애는 부모님을 너무도 불만족스럽게 만들어서 두 분 모두 거기에 서서 바보처럼 나를 향해 웃었어요. 부모님은 나를 보고 매우 기뻐했죠. 이전에는 그렇게 하지 않았어요. 레이첼과 비교하여 내가 좋게 보였던 거예요.

페기: 그녀가 당신에게 한 것에 대해 감사하지는 않나요?

클레어: 그래요. 나는 그런 대접을 받을 만하다고 느끼지 않아요.

페기: 그녀는 당신에게 선물을 주는 것이군요.

클레어: 나도 그렇게 생각해요. 그래서 난 화를 낼 수 없죠. 내가 레이첼에게 화가 나면 죄책감을 느껴요. 이 애는 내 막내 여동생이거든요.

페기: 아니에요. 당신이 레이첼을 불행하도록 돕는 것이라면 무엇을 해도 좋아요.

클레어: 레이첼은 지금 아주 자기몰입(self-involved)되어 있어요.

페기: 그렇지만 그녀는 자신의 불행에 자기몰입이 될 필요가 있어요. 그녀는 전적으로 그것에 열중해야만 해요.

레이첼: [울음] 나는 그러한 근거 위에서 사람들을 다룰 수가 없어요. 그렇게 하는 것은 나를 전 세계로부터 고립시켜요. 그것은 우스꽝스러운 요구예요. 누가 도대체 나와 함께 있기를 바라겠어요?

페기: [동정하면서] 이것이 어렵다는 건 알아요.

레이첼: 이건 미친 짓이에요! 어려운 게 아니라 미친 짓이에요! 이것은 나더러 홀로 존재하라고 하는 말이예요. 나 자신을 우리 부모님의 지하에 가두고 나보고

혼자 있으라는 말이에요. 왜냐하면 아무도 나와 함께 있기를 원치 않을 것이고 내가 이렇다면 나도 나 자신과 함께 있고 싶지 않기 때문이에요. 아무것도 할 이유가 나에게 주어지지 않고—존재하고 싶은 어떠한 목적도 없어요. 그건 내 존재를 훨씬 더 비참하게 만들고 있어요.

단계 2: 치료적 삼각관계를 부각하기

페기:　잠시 동안 집단과 이야기하게 해 주세요. 아마도 그들이 당신을 조금 풀어주도록 허락할지도 모르겠어요. 그렇지만 내가 매번 마음이 약해지면……당신은 곤란에 빠지는 것 같군요.

집단은 마음이 약해지지 말고 레이첼이 반항심을 드러내는 것에 대하여 매우 놀라는 입장을 취하도록 결정하였다.

페기:　집단은 당신이 어머니에 대해 "아니요."라고 말하는 것뿐 아니라 나에게 "아니요."라고 말할 준비가 된 것처럼 보인다고 말하더군요. 그들은 너무 놀랐어요. 나에게 "아니요."라고 말하고 있는 거예요?

레이첼: [망설이다가 불쑥 말한다.] 예, 그래요. [마음을 바꾼다.] 당신에게가 아니라 집단에게요. [그녀는 나와 불화하는 위험을 무릅쓸 만큼 용기가 없다. 그러나 그녀는 내가 집단과 불일치하는 것들이 있다는 것을 알기 때문에 집단에 맞서는 입장을 취하는 것을 안전하게 느낀다.] 난 질렸어요. 어떻게 해야 할지 모르겠어요. 내 인간적 본능은 나에게 행복하게 되도록 무언가를 하라고 말하고 있고, 당신들은 나에게 불행하라고 말하고 있어요. 그런 근거에서 난 다른 사람들과 어떻게 관계해야 하는지 모르겠어요.

페기:　[당황해하며] 그것이 바로 당신이 상당 기간 동안 다른 사람들과 관계해 왔던 방식이에요. 그냥 거기로 돌아갈 수는 없나요? 아니면 거기에 머물러 있든지?

레이첼: 아니요, 난 할 수 없어요. 난 그저 앉아서 불평만 할 수는 없어요.

페기:　그러나 당신은 그렇게 해 왔잖아요. 그러니까 당신이 꽤 오랫동안 해 왔던 것인데 지금에 와서 무엇을 참을 수 없는지 이해하기 힘들군요. 무엇이 지금

은 다른 거지요?

레이첼: 왜냐하면 지금은 내가 그것을 다르게 바라보기 때문이에요. 난 세상이 나와 내 문제에 관심이 없다는 것을 보고요, 그건 적합하지 않아요.

나는 내가 변화를 옹호하는 입장을 취할 시간이 되었다고 생각하고 집단에게 말하는 것을 나 스스로 그만두었다. 나는 만약 그녀에게 변화가 허용된다면 레이첼이 무엇을 할 것이지를 먼저 탐색해야만 한다고 결정하였다.

레이첼: 모르겠어요. 내가 오로지 아는 거는 지난 몇 주 동안 당신이 나보고 하라고 한 일들을 하려고 정말로 노력했다는 거고, 정말로 회기 사이에 해내려고 했다는 거지요. 그리고 페기, 난 견딜 수가 없어요! 난 내 부모님과 함께 사는 것을 견딜 수가 없어요. 난 퇴행하고 있어요.

페기: [변화의 질문을 추구하며] 당신이 그들과 나에게 "아니요."라고 말하면 무슨 일이 일어나죠? 당신은 어떻게 할 건가요?

레이첼: 난 세상 사람들이 하는 것을 하려고 할 거예요—집에서 멀리 떨어져 나가서 어른이 되고, 직장을 가지고, 내가 살 공간을 찾고, 나 자신만의 친구들을 찾을 거예요.

페기: [자신을 증명하도록 그녀에게 도전하면서] 그렇지만 그게 바로 우리가 우려하는 거예요, 레이첼. 당신은 그 결과를 알고 있어요. 당신은 자신이 그렇게 시도했을 때마다 무슨 일이 일어났는지 알고 있어요. 그 결과는 비참한 것이었지요. 당신은 그것을 할 수 없을 것처럼 느꼈지요, 실패할 것처럼. 항상 무엇인가 잘못될 것처럼 느꼈어요. 당신은 외롭고 고립되었다고 느꼈고, 미쳐버릴 것 같았고 소음이 당신을 괴롭혔죠—그것은 재난이었고 우리는 당신을 그것에서 구하려고 노력했어요.

집단은 나를 밖으로 불러냈고 우리는 내가 집단과 대항해서 레이첼의 편이 되어 주고 변화를 밀어붙일 때가 되었다고 결정했다. 그녀에게 앞으로 나아갈 수 있는 자유가 주어졌을 때, 레이첼은 망설였다. 내가 그녀에게 처방하였던 약은 비록 입에는 쓰지만 안전감을 주면서 그녀를 위로하였다. 언니들은 또한 레이첼이 자신의 행복에 책임을 지는 능력에 대해 약간의 우려를 표현하였다.

단계 3: 집단과 대립하기

나는 방에 들어가 레이첼에게 내가 집단과 대립하는 것을 지지해 달라고 요청하였다.

페기: 레이첼, 내가 집단에게 "아니요."라고 말하도록 당신이 도와주겠어요? 나는 막 그들과 심하게 다투고 왔어요. 난 그들의 결심을 흔들리게 할 수 없어요. 당신과 내가 집단에게 "아니요."라고 말합시다.

레이첼: [눈물이 어리어] 난 당신이 밖에 나갔을 때, 일주일 동안의 나에 대한 판결을 들을 것이 두려웠어요.

페기: 나와 함께 그들에게 "아니요."라고 말할 준비가 되었나요?

레이첼: 그들이 뭐라고 말하던가요?

페기: 그들은 완강해요. 나는 그들의 결심을 흔들리게 할 수 없어요. 그들은 당신이 완벽하게 집에 머물러야 된다고 말합니다. 당신이 불행해야 된다고, 당신의 삶을 더 좋게 만들지 말아야 한다고, 비참하게, 머물러 있어야 한다고, 고립되고, 불평하고, 직장을 구하지 말도록 해야 한다고 말합니다.

레이첼: 그것은 잊어버려요. 그것은 바로 거기서 잊어버려요.

페기: [그녀의 손을 잡으며] 고마워요, 고마워요. 난 그들에게 당신이 충분히 고통을 당했고, 충분히 불행했고, 어머니에게 충분히 "아니요."라고 말했고, 그것으로 충분하다고 말했어요. 그리고 당신은 권리가 있어요. 만약 당신이 뭔가 다르게 할 수 있다고 느끼면 그렇게 해볼 권리가 있어요. 그리고 난 "어서 하세요."라고 말하고 싶군요.

레이첼: 무엇에 대해서요?

페기: 당신이 원하는 것이면 무엇이든지 말이에요. 자신을 행복하게 만들기 위해 원하는 것이면 무엇이든지 할 수 있어요. 그리고 우리는 내가 옳은지 집단이 옳은지 알게 될 겁니다.

이제 레이첼은 변화함으로써 내 편이 되거나 똑같은 모습으로 남아 있음으로써 집단이 승리하게 하거나 선택권이 있다.

레이첼: 우리 부모님께 "아니요."라고 말하는 것은 어떨까요?

페기: 내 생각엔 충분히 말한 것 같은데요.

클레어: 그 애가 아니라고 말하고 싶을 때는 아니라고 말해도 되나요?

페기: 오, 괜찮아요. 만약 당신이 아니라고 말하고 싶거나 예라고 말하고 싶으면, 이 시점에서 당신이 원하는 것이면 무엇이든지 자유롭게 하세요.

레이첼: [이러한 갑작스런 변화에 놀라며 어떻게 반응해야 할지를 모른다.] 진심이에요?

페기: 진심이에요.

레이첼: [염려하며] 부모님의 방식대로 행동하는 것에서 내가 무엇을 얻으려 한다면 두 분은 무얼 느낄까요? 왜냐하면, 페기, 내가 확실하지 않고 무엇을 하고 있는지 모를 때 할 수 있는 것은 단지 "내 치료자들이 나더러 이렇게 하라고 했어. 그래서 나는 그렇게 해야만 해." 라고 말할 수 있었거든요. 그래서 난 잘 모르겠어요.

클레어: 당신은 레이첼이 원하는 것이면 무엇이든지 하라고 말함으로써 레이첼에게서 모든 지지를 거두어 버리고 있어요.

페기: 그럼 당신 말은 집단이 옳다는 것인가요?

클레어: 어떤 측면에서는 "네가 하고 싶은 대로 해라."라고 말하는 것이 옳을 수 있어요. 그러나 당신이 레이첼에게 모든 책임감을 부여함으로써 그 애를 받치고 있던 모든 지지대를 빼내어 버렸다고 생각해요. 난 그 애가 준비되지 않았다고 느껴요.

페기: 샌디, 어떻게 생각해요?

샌디: 난 그 애에 대해 약간 염려가 돼요.

페기: 당신도 집단이 옳다고 느끼는 거예요?

샌디: 그들은 너무 지나치다고 생각해요.

페기: 아마도 나는 그들에 대항해 반응을 보인 것 같군요.

샌디: 점차로 해야 한다고 생각해요. 그 애의 인생을 뒤돌아보니 한 번에 너무 많은 것을 했고 같은 일을 또 하고 있는 것을 봐요. 그 애는 자신에게 너무 많은 요구를 하게 될 것이고 기대가 너무 클 것 같아요.

페기: 그러면 사실상, 당신 둘은 나와 집단의 중간 입장을 취하고 있는 것이군요.

레이첼: 나도 또한 둘 사이의 입장을 취하고 있어요.

단계 4: 자율성을 지원하기

나는 그러고 나서 레이첼이 얼마나 빨리 변화할 것인지를 스스로 결정해야 할 권리가 있다는 입장을 취하였다.

> 페기: 당신이 옳은 것 같아요. 내 입장은 극단적이에요. 나는 정신을 잃고 화가 났 었어요. 나는 당신이 지금 막 집단에게 그리고 나에게 "아니요."라고 말할 수 있었고 내가 너무 멀리 가는 것을 멈추게 할 수 있었다는 사실에 감복했 어요. 난 스스로에게 당신이 기쁨과 진보를 얼마나 허락할지 지금 당신의 판 단이 당신을 인도해 줄 것이라고 생각해요.

그녀의 과제는 불행해지고 "아니요."라고 말하는 것에서부터 얼마나 빨리 "예."라고 말할지를 결정하는 것으로 변하였다. 따라서 그녀는 자신의 변화에 대한 책임을 지고 있었다.

제8기: 변화를 굳히기

단계 1: 퇴행을 예상하고 연습하기

치료자들에게 도전하는 것으로 레이첼은 독립을 향한 큰 걸음을 내딛게 되었 다. 다음에 나오는 회기는 그녀의 새로운 삶을 묘사하였다. 집단은 나에게 변화 를 굳히기 위해 퇴행을 계획할 것을 상기시켰다.

레이첼이 처음으로 취업 면접에 가서 늦었기 때문에 클레어와 샌디가 먼저 회기를 시작하였다. 샌디는 대뜸 말했다. "그 애는 너무 행복해요. 그 애는 항 상 행복해요. 최근에는 내가 압박을 받았어요, 생각이 많았죠. 그리고 너무 행 복한 레이첼이 있어요. 난 내 스스로에게 말했죠. '빌어먹을, 미소와 함께 이미 이것이 충분히 있었어.'"라고.

페기:　　적응하기가 힘들었겠네요.

클레어:　심지어 어머니와 아버지가 레이첼이 얼마나 행복한가를 언급했을 정도예요. 이제 내가 우리 부모님께 문제를 안겨 드리고 있어서 레이첼은 압력에서 벗어났어요.

페기:　　그거 굉장하군요. 어떤 종류의 문제인가요?

레이첼이 세련되게 차려입고 환한 모습으로 들어왔다.

레이첼:　[**홍조를 띠며**] 난 굉장히 좋은 시간을 보냈어요, 페기. 믿을 수가 없어요. 나 스스로 이 실크 옷을 샀어요. [**우아하고 세련된 옷을 자랑스럽게 뽐내며**] 1백 40달러짜리예요. 지금부터 나 자신에게 정말 잘해 주려고 해요.

페기:　　[**조심스럽게**] 내가 너무나 열정적이 될까 봐 두려워요. 내 집단 때문이죠.

레이첼:　저도 마찬가지로 내가 너무나 열정적이 될까 봐 두려워요. 난 너무 행복해서 그것이 계속 지속되지 않을까 봐 두려워요. 난 기운이 꺾이는 걸 원치 않아요. 이제껏 이렇게 행복한 적이 없었어요.

페기:　　무엇이 당신을 그렇게 행복하게 만들죠?

레이첼은 그녀의 새로운 삶에 대해 흥미진진하게 이야기하였다. 그녀는 잡지 회사에서 일했고, 출판을 하고, 유명한 사람들을 만나고, 자신의 삶에서 처음으로 자신을 즐겁게 하는 무엇인가를 하고 있었다. 그녀는 6개월 동안 아파트를 전세로 얻을 기회를 가졌고 그 기회를 잡는 것에 대해 생각하고 있었다. 그녀는 자신이 덜 근사한 결정을 했다고 느꼈지만, "집단이 내가 이사하는 것을 좋아하지 않을 것이라는 것을 알아요."라고 말하면서 걱정스럽게 거울을 쳐다보았다. 그녀는 우디 알렌(Woody Allen)처럼 생긴 새로 데이트하는 남자에 대해 말하였다. 나는 그녀의 부모님이 그 사람을 찬성할 것인지 물었고, 그녀는 어쩔지 모르겠다고 말하였다. 그녀는 그들의 감정을 상하게 하는 것이 두려워서 남자들을 거절하는 그녀의 문제에 대해 논의하였다. 그리고 나는 언니들에게 그들이 좀 더 경험이 많기 때문에 이것에 관해 그녀를 도와줄 것을 요청하였다. 내가 그들과 함께 유머러스하고 친밀한 대화에 참여했을 때, 집단은 문을 두드리면서 개입하였고 그들은 나를 밖으로 불러내어 그들이 흥겹게 떠드는 것과 반대되는 입장을 취하고 대신에 퇴행에 관해 걱정하려 한다고 말했다. 유월절이 다가왔고 작년처럼 아마도 긴장과 갈등을 일으킬 것이었다. 또한 레이첼은 다시 이사 갈 계획을 세우고 있었고, 우리는 이전 문제들의 재발을 예상할 수 있었다.

> 페기: 집단은 다시 나를 비난하였어요. 그들은 우리가 너무나 좋은 시간을 보내고 있다고 느껴요. [언니들은 야유를 보낸다.] 그들은 유월절이나 만약 당신이 이사를 다시 가려고 시도할 때에 무슨 일이 일어날 것에 대해 걱정하고 있어요.

레이첼은 그녀가 유월절에 세더(Seder)에 가지 않을 것이라고 이미 어머니에게 말씀드렸다고 말하였다. 나는 그녀에게 부모님의 반응이 어떠할 것인지를 예상해 보고 그녀가 더 심각한 사태를 준비할 수 있도록 요청하였다. 어떻게 그들이 그녀를 두 사람 사이의 싸움으로 끌어들일 것인지? 그녀가 자신의 죄책감을 어떻게 다룰 것인지? 어떻게 그녀가 다른 한쪽과 맞서서 한쪽 편을 드는 것을 방지할 수 있을지? 그녀가 식사시간에 어머니의 가족과 맞서면서 아버지의 편을 들지 않을 때 아버지에게 어떤 일이 일어날 것인지? 레이첼은 대답하였다. "난 아버지를 기쁘게 하는 그러한 요구를 포기해야만 할 거예요."라고 대답했다. 우리는 모든 가능성을 조심스럽게 검토하였고, 레이첼은 그들을 다룰 수 있다고 자신감을 보였다.

회기가 끝나기 전에 나는 집단에게서 미숙한 긍정주의에 반대하는 마지막 경고를 받았다.

> 페기: 집단은 우리만큼 긍정적이지 않아요. 그들은 당신이 다시 우울해질 것이라고 예상하고 이것은 유월절이나 당신이 이사할 즈음에 일어날 것이라고 예상요. 따라서 그들은 당신이 그러한 두 가지 경우에 스스로 우울해지는 것을 신중히 허용하도록 추천하였어요.
>
> 레이첼: 내가 안 그런다면 어떻게 되나요?

페기: 그런 식으로 느끼려고 해 봐요. 당신이 느꼈던 방식으로 돌아가려고 해 봐
        요. 아니면—[모든 사람들이 큰 야유와 폭소를 터트린다.] 당신은 완전히 되돌아
        갈 필요는 없어요.

레이첼: 당신은 자신이 요구하고 있는 것이 무엇인지를 몰라요. 난 이번에 잘 다루
        기를 원해요.

페기: 그러면 연습을 해요.

레이첼: 좋아요.

우리는 새로운 레이첼에 대해 부모가 반응을 보일 것을 기대하고, 다시 그들
을 참여시키기로 결정하였다.

전체 가족이 이 회기를 위해 소집되었다. 레이첼은 새로운 헤어스타일과 새
로운 차림과 새로운 화장을 하고 밝은 표정으로 나타나 놀라움을 주었다. 그녀
는 면담을 다음과 같이 시작하였다.

레이첼: 난 정말 좋아요. 지금보다 좋았던 적은 없었어요.

페기: 그걸 말해 주세요.

레이첼: 첫 번째로, 나는 사랑에 빠졌어요.

페기: 사랑이요? 남자하고는 아니겠지요? [웃음]

레이첼: 예, 남자하고요—굉장히 좋은 사람이에요.

페기: 유태인인가요?

레이첼: [유감스러워하며] 그래요. 그것이 그의 유일한 결점이에요. 그렇지만 그도 유
        태인 여자를 원하지 않았어요. 그래서 우리는 그것을 무시하기로 했죠. 우리
        는 우리가 피하려는 그런 속성을 가지고 있지 않거든요.

페기: 최소한 평등하군요.

아버지: 아마도 너희 둘 다 개종해야겠구나! [많은 웃음]

레이첼: 그는 우디 알렌처럼 보이는 사람이에요. 모든 일이 잘되고 있어요. 그는 매
        우 친절하고 민감해요. 재밌고요. 그는 나를 사랑해요. 그리고 난 맨하탄에
        서 출판 일을 하고 있어요. 내 일은 굉장히 장래가 유망해요.

부모 모두 레이첼에게 일어난 변화에 대해 기쁨을 표현하였다. 단지 한 번만

그녀의 새로운 로맨스를 그들 둘 사이의 오래된 논쟁의 초점으로 사용하려는 시도가 있었을 뿐이었다.

단계 2: 부부 관계를 재정의하기

이제 부모가 평화로운 관계를 가지지 않을 것이고 그들의 나머지 여생 동안에도 싸움이 계속될 것이라는 점이 꽤 확실해졌다. 중요한 것은 레이첼이 더는 그들의 싸움에 관여되지 않았다는 것이다. 그녀는 이러한 것에서 그럭저럭 물러나 있을 수 있었다. 나는 부모의 관계를 두 명의 씩씩하고, 동등하게 짝지어진 반대자 사이에 깊고 지속되는 결속으로 묘사하였다. 그들은 강력하고 서로 다른 관점을 가지고 모든 주제에 그들을 표현하는 데 자유롭다고 느낀다. 그것이 그들이 사랑하는 방식이기 때문에 그들은 확실히 어떠한 간섭도 외부로부터 받을 필요가 없었다. 놀랍게도, 아버지가 "모든 것을 말하고 행한 후에, 우리는 서로에게 의미 있게 된다."고 동의하면서 말하였다. 그리고 어머니는 그들이 항상 싸웠기 때문에 싸움에 대해 즐기는 무엇인가가 있음에 틀림없다고 동의하였다.

한 달 후에 약속이 잡혔고, 나는 이것이 레이첼이 부모님의 사랑싸움에서 물러나 있을 수 있는지를 살피는 시간을 우리에게 줄 것이라고 진술하였다. 만약 그녀가 제삼자가 필요하다고 느끼면 언니들 중 한 명에게 전화해서 그들이 제삼자가 되어 줄 것을 요청하기로 하였다. 언니들은 큰 소리로 거절하였다.

제9기: 작별의식 처방하기

이전 회기에서 우리는 레이첼이 만약 그녀가 그럭저럭 소득을 유지할 수 있으면 작별의례를 처방하여 그녀가 떠나는 의식을 치르기로 논의하였다.

가족들은 일이 잘되어 간다고 보고했고 부모는 레이첼이 집을 떠나서 더 평화롭게 되었다는 것에 안도하였다. 이 회기는 가족에게 변화가 생긴 것에 대해 믿음을 주기 위해 사용되었다. 미래의 어려움이 예상되었고 그것들을 피하기 위한 방법에 대한 몇 가지 제안을 하였다. 이 회기는 레이첼이 비로소 여성이 되고 집을 떠난 것을 축하하는 송별파티를 계획할 것과 그녀가 자신의 길을 가도록 아버지가 축배를 제안하도록 내가 제안함으로써 끝이 났다. 그들은 긍정적으로 반응하였고, 유태인의 결혼식처럼 새로운 삶을 시작하는 상징적인 의미로 샌디는 레이첼이 빗자루를 뛰어넘도록 제안하였다.

추수 면담

1년, 2년, 3년의 추수(follow-up) 면담에서 레이첼은 여전히 좋은 상태임이 드러났다. 그녀는 자신의 아파트에서 혼자 살고 있었고, 그것을 좋아했으며, 새로운 직업을 즐기고 있었으며, 여러 명의 다른 남자들과 데이트를 하고 있었다. 부모는 여전히 그들만의 특징적인 방식으로 사랑을 나누고 있었지만, 세 명의 자매들은 그것에서 물러나 있었다.

명상과 심리치료: 사례 연구

Deane H. Shapiro, Jr.

편집자 서문

이 사례는 절충적 접근의 예시로서 심리치료에서 명상이 하나의 도구로 사용될 수 있는 방식을 보여주고 있다. 딘 샤피로(Deane Shapiro)는 개인적 성장을 위한 동양의 접근법에서 흔히 쓰이는 기법인 명상을 행동치료의 맥락에서 가르치고 있다. 이 치료는 또한 내담자의 우울과 불면증을 이해하기 위해 내담자의 통찰과 대인관계의 중요성에 접근한다.

샤피로는 여러 심리치료 학파에서 사용하고 있는 최면과 명상 사이의 유사성을 지적하기 위하여 이 사례를 사용하였다. 샤피로는 이 특정 내담자에게 명상을 안내할 때 자기 조절의 맥락에서 사용하였으나 초월적 심리학자들과 인본주의적 심리학자들은 개인적 성장과 초월의 관점에서 이 경험을 사용하는 경향이 있다. 어떤 입장을 가지고 있는가에 따라 기법의 효율성에 관한 이론적 설명은 다를 수 있지만 명상의 실제적 수행에 대한 지시는 치료자마다 꽤 일관성이 있다.

이 사례는 보편적인 임상적 시나리오를 묘사하고 있다. 동기가 있는 내담자가 항정신성 약물을 더 적게 사용하거나 끊고 싶은 것을 포함하여 몇 가지 염려를 제시하고 있다. 내담자의 문제는 불면증, 주장하는 기술의 부족, 지나친 자기비판, 빈약한 스트

Deane H. Shapiro, Jr. (1980). *Self-regulation Strategy and Altered States of Consciousness.* (New YOrk: Aldine de Gruyter.) 저자의 허락을 받아 게제함.

레스 관리 기술 및 직업상의 문제들을 포함하고 있다. 명상 기술의 발달과 함께 숙련감(sense of mastery)이 일반화되었으며 이러한 염려들에 긍정적인 영향을 주었다. 이 사례는 우리 이론가들이 제안하는 것처럼 잘 정돈된 내담자, 문제 및 이론적 접근은 드물다는 것을 상기시켜 준다.

치료자의 입장

내가 스탠포드 대학에서 종교에 관한 수업을 할 때 내 종교적 입장에 대해 질문 받았던 것이 생각난다. 나는 선 불교도의 성향을 가진 유대인 실존주의자라고 썼다. 마찬가지로 내 임상적 사상은 복합적이다. 행동적이라는 말이(일군의 기법에 집착하기보다는) 임상 작업의 효능성을 주의 깊게 평가하는 것이 중요하다는 신념이 내포되어 있는 한, 행동적이다. 또한 내담자와 목표를 정하고, 자료를 모으고, 변화—행동적이거나 인지적인—에 관하여 작업하고, 즉 세계와 자신에 대해 새로운 방식으로 행동하고 생각하고 느끼는 활동 지향적인 치료를 강조한다는 점에서 행동적이다. 심리 성적 단계로 들어가는 미리 정해진 역사적 통찰을 가정하기보다는 내담자가 그의 행동, 생각, 활동, 습관 패턴을 이해하는 것을 활용하는 점에서 통찰 지향적이다. 내 사상은 관계 지향적인데, 나는 신뢰, 공감 그리고 이해가 치료적 변화에서 결정적인 맥락을 제공한다고 믿는다. 그러나 전반적으로는 관계가 충분조건이 된다고 믿지는 않으며, 내담자들이 치료적 맥락 밖에서 일으키려고 시도하는 변화를 촉진할 때를 제외하고는 관계가 치료의 초점이 되어야 한다고도 믿지 않는다. 끝으로 이것이 의미하는 바가 내 자신의 개인적 성장과 일에 헌신하고, 내 잠재력을 더욱더 발휘하려고 스스로 발전을 향해 작업한다는 것을 믿고, 내 자신과 다른 사람 사이의 핵심적 연결을 발견하길 바라며, 자연과 나 자신 그리고 다른 사람들과 일치성과 단일성의 느낌을 경험하게 된다는 것인 한 종교적이고, 영적이며, 초인간적이다. 그렇다고 모든 내담자가 이것을 경험해야 된다거나, 그것을 경험하는 하나의 경로만이 있다거나, 그것이 선험적인 진정한 현실이라고 내가 믿는다는 의미는 아니며, 그보다는 내가 진실이라고 믿는 것은 내 마음의 경로의 일부, 즉 지금 현재 나를 양육하고 유지시켜 주는 데 작용하는 신념 체계다.

따라서 내 입장은 실제로 개인적이고, 임상적이고, 종교적인 요소들이 합쳐진 것이다. 재미있게도 과도하게 "전반적인" 탁상공론의 철학자가 되는 위험을 안고 있기는 하지만 내게는 심리학과 종교 사이에 많은 중복이 있다. 우리 문화 내에 있는 많은 과학자와 심리학자가 일종의 구루(guru), 즉 기술과 세속 시대의 성직자가 되고 있다.

내 입장에 명칭을 붙인다면, 관계와 통찰 그리고 영적 성장, 이 모두를 적절한 유보조항을 붙여서 믿는 응용 실용적 행동주의자라고 말할 수 있다.

전략의 효율성에 대한 치료자의 신념

나는 명상이 특정한 임상적 문제를 가진 특정한 내담자에게 유용한 자기조절 전략이 될 수 있다고 믿는다. 나는 명상이 어떤 유형의 스트레스 관리 전략을 원하는 내담자에게 다른 자기조절 전략보다 더(혹은 덜) 효과적일 거라고 믿지는 않는다. 내가 (다른 전략보다) 이것을 사용하려고 결정 내리는 것은 내담자의 신념체계, 가치 그리고 기대에 달려 있다. 더욱이 나는 만약 내담자가 이전에 받은 종교적인 훈련 때문이거나, 명상이라는 말이 갖는 "신비적"인 요소를 싫어하기 때문에 이 용어에 저항한다면 인지적인 집중 전략을 "명상"이라고 특별히 부를 필요는 느끼지 않는다. 나는 또한 실제 행동 수준에서 명상이 다른 인지적인 전략과 어떻게 다른지 확신하지는 않는다. 테드 바버(Ted Barber)가 언급한 것처럼,

자기 최면과 명상 사이에는 중복이 매우 크다. 사실 자기 최면과 명상 내의 가변성은 이 두 절차 사이의 가변성만큼이나 큰 것처럼 보인다. 너무 많은 유사점이 있어서 명상의 한 유형으로서 자기 최면을 개념화거나, 그 반대로 자기 최면의 한 유형으로서 명상을 개념화하는 것이 가능한 것처럼 보인다.

여기에서는 단지 자기조절 전략으로서 명상에 대해서만 이야기할 것이고, 스트레스와 관련된 문제들을 위해 어떤 형태의 훈련을 원하는 내담자에게 이것을 사용한다.

내담자와 제시된 문제

30대 중반의 호주 남자인 제임스 시드니(James Sidney)는 친절하고 감성적인 얼굴을 가진, 다소 소극적인 사람으로 키가 작았다. 그는 자신을 소개할 때 나와 악수를 했지만 직접적으로 눈을 마주치지는 않았다. 그는 강세를 주어 발음했고, 명백하고 알기 쉽게 말하긴 했지만 종종 음성에 너무 힘이 없어서 그의 말을 알아들을 수가 없었다. 우리가 앉았을 때, 그는 "나는 불면증이 있어요. 저에게 명상을 가르쳐 주실 수 있는지 모르겠군요."라고 말했다. 그는 내 임상적 관심이 명상에 있다는 것을 알고 있고, 동부 해안에 있는 동료의 충고에 따라 나에게 명상에 접근하는 법을 배우기 위해 왔고, 향료, 구루의 그림들, 양초 등과 같은 '미신적인' 개인 소장품에는 몰두하지 않을 것이라고 말했다.

나는 그에게 기꺼이 명상을 가르쳐 줄 것이고 그와 함께 불면증에 대해 작업할 것이라고 말했다. 그 한 방법으로 그를 조금 더 알게 되고 그가 명상에 대하여 무엇을 듣고 어떤 기대를 하고 있는지 알면 도움이 된다고 말했다.

임상 기록

이 정보를 획득하는 것에는 세 가지 목표가 있다. 첫째는, 내담자에게 기법을 가르치기 전에 특정한 기법을 배우려는 내담자의 기대, 희망, 동기에 대한 정보를 모으는 것이 중요하다. 둘째, 나는 이 정보를 가지고 우리 사이에 신뢰하는 관계를 수립하기 위한 방법으로 상호작용한다. 나는 이 관계가 기법을 가르치고 기술을 훈련하는 데 중요한 맥락을 제공한다고 믿는다. 신뢰 없이는 어떤 기법, 명상 또는 행동 전략이든 가르치기 어렵다. 셋째로, 나는 내담자의 생활에서 현재 진행되고 있는 치료와 관련될지도 모르는 다른 문제들에 대한 광범위한 프로파일뿐 아니라 내담자에 대한 초기의 배경 정보를 얻기 원한다.

치료기간에 대한 개요

이 내담자는 열 달 동안 만났다. 처음 여섯 달은 일주일에 한 번 만났고, 다음 두 달은 격주로 한 번 만났고, 그리고 나서 2~3주 간격으로 내담자를 만났다. 6개월 후에 추수 기록을 얻었다. 회기는 면대면으로 사무실에서 이루어졌고 과제 할당을 하고 치료장면 이외에서 일어나는 일에 대한 자료를 수집하였다.

내담자의 기대

내담자는 스트레스에 대한 명상의 효과를 보여 주는 과학적 실험에 대해 듣고 신문에서 읽었던 것에 대하여 말하였고 이것이 자신에게 도움이 될 것으로 느꼈다고 언급했다. 그는 기법에 동반된 "영적인 우상(spiritual mumbo-jumbo)"에는 별로 관심이 없다고 말했다. 그는 가톨릭으로 자라나기는 했지만, 몇 년 동안 특정 종교에 참여하지는 않았다고 말했다. "나는 내 자신이 초심리적 논제보다는 평범한 인간사에 흥미가 있다고 생각합니다."

내담자의 배경

내담자는 자신이 몇 년 전까지는 하루에 8시간이나 9시간 정도 잤는데, 어쩐 일인지 밤에 깨어 있게 되었다고 말했다. 다음 6개월 동안 밤에 깨어 있는 빈도가 증가하기 시작했고 마침내 치료받기로 결심했다. 그는 그 다음 6개월 동안 치료를 받았는데, 그 치료는 거의 오로지 그의 꿈을 이해하려는 시도에 초점을 맞췄다. 그 치료자는 수면 장애는 단지 "증상"일 뿐이라고 설명했다. 꿈 분석을 받은 지 6개월 후에도 전혀 좋아지지 않았고 잠자는 것이 약간 더 악화되어서 그는 그 치료를 그만두었다. 치료자는 그가 이 과정을 충분히 받지 않았고, 진정으로 깊고 진실한 재료들에 직면할 것이 두려워서 지금 떠나는 것이라고 말했다.

그 무렵 그는 발리움(Valium)을 밤에 5~10mg 복용하기 시작했고 우리가 처음 만날 때는 일년 정도 복용을 계속하고 있었다. 그는 불면증 문제가 상당히 심해졌고, 밤에 불면에 대한 두려움으로 피곤함과 긴장을 느꼈기 때문에 지금 치료를 받으러 오게 되었다. 그는 매일 밤 발리움을 복용하는 것이 좋지 않다고 읽었고 또 이야기를 들었다고 말했다.

그 다음 몇 회기 동안에 다음의 정보를 알게 되었다. 불면증의 문제에 덧붙여(제1관심사), 그는 상당히 수줍어하고 자기주장을 못했다. 그는 동성이든 이성이든 거의 접촉이 없다고 언급했다. 더욱이 자기 가족에게 주장하는 것이 특히 어려웠다. 그는 형제가 두 명 있었고 부모님 모두 살아 계셨다. 형에게 '괴롭힘을 당했고' 불공평한 대우를 받았고 아버지에게 무시당했고 돌봐 주지 않았다고 느꼈다. 어머니는 다소 거리가 있었고 결코 가깝다고 느낀 적이 없었다. 수줍음과 주장의 문제가 제2관심사가 되었다. 내담자는 회기 내에서 거의 모든 일에 얼마나 서투른지 자주 언급하면서 자신이 상당히 자기 비판적이라고 말했다(제3관심사). 하루 중 거의 대부분의 시간에 스트레스를 느꼈고(제4관심사), 직장에서 총무담당 대리였는데 현재 실직 상태였고, 이전의 고용주가 안 좋은 추천장을 써 준 것 때문에 새로운 일자리를 찾는 것이 어려웠다(제5관심사).

내담자의 동기

내담자는 수면 부족으로 전반적인 피로와 긴장을 느꼈고 "위기 상태"에 이르게 되었고 무언가를 해야만 한다고 느꼈다. 그는 명상의 기법을 배우고 실천하려는 상당한 의지가 있다고 말했다.

내담자는 초기에 나에게 높은 동기가 있음을 보여 주었고, 이것은 치료과정에서 확증되었다. 이 동기와 자기조절 연습을 고수하는 능력을 동시에 나타내는 초기의 증거는 인(phosphorous) 성분의 부족 때문에 의사가 지시한 특별한 식이요법이었다. 그는 자신의 섭식 행동에 대해 극도로 조심했고 음식물을 자세히 검토했다. 그는 꼼꼼하게 처방된 식이요법을 따랐다.

치료하는 동안 탐지하고 있는 영역의 과제들을 정확하고 완벽하게 기록하였고, 지시받은 그대로 정확하게 명상을 연습하였고, 우리가 작업하는 각각의 문제에 대하여 많은 양의 개인적 노력을 투입하였다.

기저선 자료

나는 행동치료적 입장을 취하므로 관심사가 되는 영역 각각에서 일기 그리고 혹은 차트의 형태로 내담자가 표적행동의 빈도, 성질, 기간 같은 자료를 모으는 것(즉, 탐지하는 것)을 중요하게 여긴다. 각 관심 영역에 대한 이 기저선 자료가 아래에 논의되어 있다.

제1관심사: 수면 행동

언급했던 것처럼 내담자는 밤에 일곱 내지 여덟 시간 잠을 잤는데, 최근에는 밤마다 겨우 서너 시간 잠을 자는 것 같다고 말했다. 만약 그렇다면 그는 적어도 여섯 내지 일곱 시간은 잘 필요가 있다고 느꼈다. 현재 수면 형태를 평가하기 위해 우리는 밤의 길이와 잠자는 시간의 양, 깨어나는 횟수, 깨어 있는 시간의 길이, 그리고 그 밤에 그가 발리움을 먹는지 안 먹는지를 살펴보았다.

두 주 간의 기저선 기간 동안, 우리는 내담자가 평균 잠자는 시간이 5.8시간이었고 약 4.14번 깨어났고 1.53시간(즉, 시간당 27분) 동안 깨어 있었다는 것을 발견했다. 그를 깨우는 사건의 종류들은 다음과 같다. (a) 이웃이 들어올 때 내는 소음의 예상, (b) 실제로 이웃이 내는 소음(예를 들면, 계단을 올라가거나 큰 음악소리), (c) 나쁜 꿈, (d) 아무 일도 실제로 없음. 우리는 그의 아파트에서 나는 전반적인 소음 때문에 토요일 밤에는 잠드는 데 특히 어려웠다는 것에 주목했다. 그 두 주 간의 기저선 기간 중 매주 동안 내담자는 일주일 중 엿세 밤에 발리움을 먹었다.

제2관심사: 교제/주장 기술들

내담자는 일자리를 찾는 것과 관련이 없는 그의 사회적 상호작용의 양을 측정하도록 하였다. 첫 주에, 그의 유일한 교제는 히치하이크하는 사람을 태워 준 것이었다. 그 다음 주에, 내담자는 형과 전화를 했는데 형이 내담자의 건강과 실직에 대해 너무 잔소리를 많이 했다고 느꼈다. 어떻게 반응했느냐고 물었을 때, 그는 형의 잔소리에 대해 아무 말도 하지 못했다고 말했다. 우리는 내담자가 가지고 있는 주변의 압력에 대한 두려움, 그의 가족에게 그리고 잠재적으로 아는 모든 사람에게 이용당할 것에 대한 두려움에 대하여 토론했다.

내담자는 다른 사람들이 자신의 집을 "단지 정리가 잘되고, 깨끗하고, 전체적으로 장식이 없어서", 지루하고 매력이 없다고 생각할지도 모르기 때문에 실제로는 사람들이 자신의 아파트에 오는 것을 원하지 않는다고 말했다. 그는 "깊은 인상을 주는 집"으로 꾸미고 인공적으로 만들 어떤 필요도 느끼지 않는다고 말했다. 그는 또한 자신이 다른 사람이 모욕을 주거나 그를 비판하는 것을 무시하는(혹은 무시하는 척하는) 반응을 하다가 갑자기 "달려들어서"(내담자의 말) 공격적이 되거나 화를 내게 된다고 하였다.

제3관심사: 긍정적, 부정적 자기사고

긍정적인 사고와 부정적인 사고를 관찰한 첫 주에 내담자는 그의 사고들이 기본적으로 부정적이라고 기록했는데, 그가 긍정적인 사고(예; 내 피아노 연주는 듣기 좋다)를 할 때마다 부정적인 진술이 뒤따랐다(누가 관심 있지?).

제4관심사: 스트레스/이완 경험

관찰한 네 번째 영역은 스트레스였는데, 스트레스를 느낄 때마다 선행 사건, 행동, 결과를 관찰했다. 그는 자신을 항상 밀어붙인다고 느꼈다—다음에는 무슨 일이 일어날까? 나는 내일 어떻게 보내지? 그는 스트레스로 턱과 등 그리고 어깨가 조여지는 신체적 증상을 보였다. 정신적으로 그는 모든 다른 사람을 차단하고 무시했다. 그가 시간은 너무 짧고 할 일은 너무 많다고 느낄 때 자주 스트레스가 발생했다. 우리는 그가 이완되었다고 느꼈던 시기를 살펴보았는데, 여기에는 혼자서 걸을 때와 때로는 독서할 때가 포함되었다.

제5관심사: 일

관찰한 마지막 영역은 그가 새로운 일자리를 찾는 행동과 이 과정을 어떻게 느끼는지를 살펴보는 것이었다.

개 입

따라서 처음 몇 주 후에 이 사람에 대한 좀 더 완벽한 그림이 나타나기 시작했고, 우리는 함께 각각의 관심 영역에 대한 목표를 정하고 적절한 개입 전략을 개발하기 시작했다.

명상

치료 개입을 구조화하기 위해 나는 내담자의 관심사와 관련된 연구 문헌들을 찾아보았고, 이런 종류의 문제에는 어떤 개입이 효과적이거나 그렇지 않은지를 찾아보았다. 내 지식으로는 명상과 불면증에 관한 임상적 문헌은 한 개뿐이다(제1관심사). 비록 이 연구에는 방법론적인 문제가 있지만(취침 시작과 취침 길이의 측정), 명상은 불면증을 치료하는 데 점진적인 이완만큼 효과가 있었다. 그리고 이 두 가지 모두 무처치 통제집단보다는 효과적이었다. 게다가 약물 의존의 문제가 있고 내담자가 명상을 배우고 싶어하기 때문에, 수면 문제를 치료하기 위해 선택할 만하였다. 게다가 적절한 기회와 연습이 이루어진다면 명상이 가진 이완의 측면이 내담자의 생활에서 또 다른 높은 스트레스를 받는 시간에까지 일반화될 수 있기를 희망하였다(제4관심사: 스트레스).

임상 기록: 내담자 배경 정보

실제로 명상을 가르치기 전에, 치료자는 내담자의 느낌, 희망, 기대에 대해 주의 깊게 평가해야 한다. 내담자가 왜 이 치료에 왔나? 그의 주 관심사는 무엇인가? 내담자는 그 관심사에 대해 기꺼이 책임감을 가질 것인가? 내담자는 얼마나 몰입되어 있나(즉, 변화에 대한 동기는 어느 정도인가)? 내담자가 변화를 시도했을 때 그는 무엇이 일어날 것이라고(일어날 수 있다고) 예상하는가? 내담자가 실패를 두려워하는가? 그 이유는? 내담자가 자신의 변화를 위한 노력을 태만하게 할 수 있는 방법은 무엇이 있는가? 내담자는 성공을 두려워하는가? 그 이유는? '명상'에 대한 내담자의 반응은 무엇인가? 명상에 대한 두려움, 예를 들면 신비로움에 대한 두려움이 있는가? 내담자는 통제당하거나 통제력을 잃을 것에 대한 두려움을 느낄 것인가? 명상에 대한 매력을 느끼는가? 그 이유는? 내담자는 양보하기를 배우고 생각을 놓는다는 아이디어에 동기를 가지고 있는가? 인지적 회피는? 성장에 대한 바람은? 내담자는 본질적으로 비분석적 기법에 대해 자신을 기꺼이 믿을 마음이 있는가?

이 평가 후에 치료자는 명상이 바람직할지, 금기가 될지를 결정해야 한다.

이 내담자에게 명상이 효과적일 수 있는 특성

첫째, 내담자가 명상을 요구하였다. 둘째, 연구 문헌은 불면증과 스트레스 관리에 효과적이라고 제안한다. 셋째, 내담자의 불안은 본래 인지적이었다. 내담자는 동기가 높았고, 일단 그가 한 결정에 충실했고 그러므로 내적 통제의 소재 점수가 높을 것이고, 또한 내부 지향적인 성격 측면과 비교적 중립적인 정서(명상의 성공과 상관이 있음)에 들어맞았다.

잠재적인 금기들

내담자는 소심하고 소극적으로 보였다. 명상과 같은 단일 방법은 단순히 행동 패턴만을 강화할 수도 있다. 게다가 내담자는 "완벽주의자"였고, 이러한 기준을 이 기법에도 적용할 수 있으며, 지나치게 자기비판적일 수 있다.

개인이 "명상"이란 용어를 부정적으로 생각하면, 나는 내담자에게 명상이 효과적인 방법이고 그가 자신의 신념을 변화해야 한다고 확신시키려는 노력은 필요가 없다고 느낀다. 오히려 앞에서 언급한 것처럼 꼬리표를 바꾸는 것이 나을 것이다. 예를 들면, 이완 기법이라 부르거나, 인지적(주의) 집중 방법 등등으로 부르기.[1]

내담자가 명상을 배우기를 원한다고 가정할 때, 나는 성과와 연습의 관점에서 그들에게 뭐라고 말해야 할까?

임상 기록: "요구" 특성적 성과와 연습

나는 긍정적 기대를 만들어 내는 것이 치료적으로 유익하다는 것을 믿기 때문에, 종종 이런 결과들을 일상적인 용어로 표현하는 것이 유용하다는 것을 안다. 이 특정 사례에서 나는 다음과 같이 말했다. "사실 이런 유형의 문제를 다루는 데 명상이 효과적이라고 밝혀졌기 때문에, 당신이 일반적인 스트레스와 불면증을 다루는 데 명상을 선택한 것은 잘했다고 생각합니다."

그렇지만 또한 나는 명상이 신비한 만병통치약이 아니며, 명상의 효과는 연습의 결과라고 말하는 것이 중요하다고 느낀다. 나는 내담자에게 명상이 작용하도록 기회를 줄 의도가 있는지 묻는다. "보통 4주에서 10주 안에 불안과 스트레스가 급격하게 감소되는 것을 느끼기 시작할 것입니다. 적어도 그 기간 동안 정규적으로 이 기법을 기꺼이 연습할 마음이 있나요?" 만약 '예'라고 대답하면, 언제 할 것인지 계획하고, 어디에서 매일 연습할 것인지를 구체화하기 위해 이야기를 나눈다. 만약 대답이 분명치 않다면, 이 문제를 약간 조율할 것이며 다시 한 번 연습의 중요성을 강조할 것이고 그들이 자신의 관심사를 다루기 위해 얼마나 기꺼이 노력할지에 대해 내담자와 이야기할 것이다. 이러한 방법

---

1) 초기에, 명상에 대한 반응으로 내담자들을 선별하기 전에, 나는 V. A. 병원의 정신과 병동에서 이완 집단의 일부로서 명상을 가르친 흥미로운 경험을 한 적이 있다. 한 환자가 벌떡 일어나서 방안을 소리지르며 다녔다. "당신이 동양의 마법으로 내 마음을 훔쳐 가려고 하는군요."

을 가르치기 전에 내담자가 어떤 형태로든 몰입하도록 약속을 받는다.

관계의 문제

이 시기쯤에는 내담자와 치료자 사이에 적어도 신뢰와 라포가 발달되기 시작해야 한다. 앞에서 말했듯이, 치료자는 신뢰와 지지의 맥락에서 기법들이 제공될 때 더 효과를 발휘할 수 있다는 것을 깨달아야만 한다. 어떤 전략을 사용하든 자기를 탐색하는 것은 두려울 수 있기 때문에 이 과정에서 치료자가 친절하게 격려해 주는 것이 아주 중요하다.

명상 기법의 선택

이에 관한 연구 문헌은 아직도 별로 도움이 안 된다. 예를 들어, 어떤 강한 지각적 표현 체계(예: 시각적, 청각적, 촉각적 등의)를 가지고 있는 개인이 같은 표현 체계를 가진 명상의 대상을 사용하거나 사용하지 않는 것이 더 좋을 것인지 아직은 잘 모른다(예: "청각적인" 사람은 만트라나 만다라를 이용해야 하는가?). 바이오피드백 문헌에 따르면, 선호되지 않는 양식으로 피드백을 받을 때 더 긴장을 쉽게 이완할 수 있다. 즉, 청각적인 사람이 청각적인 피드백을 받을 때보다 청각적인 사람이 시각적인 피드백을 받을 때 바이오피드백이 더 효과적이다. 그러나 데이비슨(Davidson)과 슈와르츠(Schwartz)는 문제와 같은 양식에 집중하는 것이 더 좋다고 제안한다. 만약 어떤 사람이 너무 많은 생각을 가지고 있다면, 그는 만트라, 코안(Koan) 등의 언어적인 집중을 해야 한다. 게다가 사람들이 집중(concentrative) 명상 대 정념(mindfulness) 명상 중 어느 것을 배우는 것이 좋을지, 또는 둘 다 배우는 것이 좋은지, 둘 다 좋다면 어떤 순서로 배워야 하는지에 대한 의문이 있다. 고전 문헌은 먼저 집중 명상을 하고, 다음에 정념 명상을 하라고 말한다.

지시

초기에 이 내담자는 하나에서 열까지 수를 세는 것을 포함하는 호흡 명상을 지시받았고, 하루에 두 번 각 회기에 이십 분씩 연습하라는 지시를 받았다. 왜 호흡 명상인가? 다른 방법 대신에 이 특정한 명상 기법을 선택해야 하는 경험적으로 증명된 원리는 없다. 개인적으로는 이것이 내가 동양에서 배웠던 것 중 하나이며, 임상적으로는 내가 가장 많이 경험했던 것 중 하나다. 이 점에서 치료자가 가장 편안하게 느끼는 명상 기법을 활용하지 않을 이유는 없을 것으로 생각된다.

나는 보통 두세 번의 회기 중 일부를 사무실에서 내담자들에게 기법을 가르치고 연습하는 데 사용한다. 내가 찾고자 하는 '정확한' 연습 방법과 내가 중요하다고 믿고 강조하는 '가르침'의 특별한 영역이 있다.

치료 회기와 관련되어 자주 일어나는 의문은 언제 명상을 해야 하는가다. 케링톤(Carrington)과 에프론(Ephron)은 치료 회기 직전 명상으로 표면에 떠오르는 것은 무엇이든지 치료 회기에 이용할 수 있도록 해야 한다고 하였다. 나는 개인적으로 내 사무실 옆에 명상실을 가지고 있는데, 치료 회기 후뿐 아니라 회기 시작 전에도 명상을 할 수 있다. 이것은 케링톤과 에프론이 제시한 것과 비슷한 이유로 치료 회기 동안 어떤 것을 다루게 될지 확인하기 위한 시도로서, 어쩌면 고통스러울 수도 있지만 과도한 분석 없이 명상 회기의 일정 시간 동안 단지 관찰할 수도 있다. 치료 전 혹은 후에 하는 명상 회기는 비록 짧을지라도 "실제 세상"으로 돌아가기 전에 도움이 되는 과도기가 될 수 있다.

왜 테이프인가?

상담실에서 말로 하는 지시와 연습에 덧붙여서, 나는 종종 내담자에게 집에서 쓸 수 있도록 테이프를 준다. 그 테이프에는 상담실에서 하는 지시가 녹음

되어 있고, 20분 길이로 되어 있다. 나는 집에서 연습을 촉진하기 위한 방법으로 이것을 사용한다. 테이프를 이용하는 데에는 두 가지 잠재적인 이득이 있다. (1) 그 테이프는 내담자들에게 상담실에서 이루어진 지시를 반복하는 것이므로 내담자들이 잊어버렸거나 정확하게 연습하지 못했다는 느낌이 들 때 다시 체크할 수 있는 기회를 제공한다. 이것은 내담자가 그 다음 주에 와서 "그것을 어떻게 했는지 정확히 기억이 나지 않아서 다음 약속시간까지 기다리려고 생각했지요."라고 말하지 못하게 도와준다. (2) 테이프는 침묵에 대한 점진적 접근으로 구성되어 있다. 처음에 지시를 하고 난 후에 30초의 침묵이 이어진다. 그리고 호흡에 집중하도록 하는 지시가 다시 주어지고, 90초 침묵이 이어진다. 그 다음에 간단한 재지시가 있고, 10분의 침묵이 이어진다. 많은 사람에게는 이러한 침묵을 이용한 점진적인 접근이 그냥 갑자기 앉아서 계속해서 호흡을 세는 것보다 기분을 편안하게 한다. 그렇지만 일부 사람에게는 지시가 혼란을 일으키는 외적 방해가 된다. 그러므로 나는 테이프를 사용하는 것에 대한 지시를 한다. 어떤 사람들은 테이프가 시간의 길이에 대해 걱정하지 않도록 지켜 주어서 연습을 촉진시킨다는 것을 알게 되는데, 그런 경우에는 그들에게 그것을 시도해 보라고 요청하고, 만약 초기에 그 유용함을 깨닫게 되면 그것을 계속해서 사용하라고 지시한다. 그렇지만 그들이 자신의 스케줄과 시간에 맞추어 연습했을 때 편안함을 느꼈다면, 테이프는 단지 점검을 하거나 적절하다고 느껴질 경우에만 사용하라고 말한다.

명상 동안 제임스가 한 경험

아래에 아홉 달 동안 명상 연습을 하는 동안에 발생한 주제들과 그것들이 어떻게 다루어졌는지에 관하여 전반적으로 기술되어 있다.

첫째 달

첫 주 연습 후 제임스는 그의 얼굴에 전에는 미처 알아차리지 못했던 긴장이 있음을 알게 되었고, 그가 주의집중과 이완을 하기가 얼마나 어려운지도 알게 되었다. 그는 자신의 심장 박동이 오전에는 느리고 무거운데 저녁에는 그렇지 않게 느껴졌기 때문에 안절부절못하였다. 그는 테이프 때문에 앉아 있을 수 있었다고 했다. 이것은 내담자와 명상에 관해 작업할 때 있을 수 있는 첫 번째 논점 중 하나라고 할 수 있다. 대체로 그는 그 테이프가 끝날 때쯤에는 무엇에 의해 그렇게 되었는지 자각하지 못했음에도 불구하고 더 편안해지고 새로워짐을 느낄 수 있었다고 했다. 그는 "테이프가 없는 것보다 있는 편이 더 쉽다."고 하면서 테이프 없이 할 때는 너무 시간이 의식되었다고 했다.

첫째 달에 몇 번 정도, 그는 평소 흔히 느꼈던 무기력과는 완전히 대조적으로 명상하는 동안 '원기 왕성함'을 경험했다고 말했다. 떠오른 생각들은 일반적으로 그가 이야기를 나눈 사람들이나 혹은 그가 대화를 나누고자 했던 사람들처럼 '앞서 계획하는' 성질이 있었다. 꽃, 나무, 산, 새 등을 포함하는 좋은 이미지도 떠올랐다. 가끔씩 그는 슬프고, 외로우며, 위축됨을 느꼈다고 말했다.

임상 기록

앞에 기술한 언급들은 몇 가지 중요한 주제를 제기한다. 첫째, 내담자의 생각과 관련해서—긍정적이건 혹은 혐오적이건 간에—무엇이라고 지시를 해야 하는가? 나는 글루익(Glueck)과 스퇴벨(Stroebel)의 제언에 동의하는데, 그것은 치료 회기에 중요한 것처럼 보이는 생각이 명상하는 동안 나타났을 때 명상가는 다른 생각과 마찬가지로 그것들을 다루고 명상으로 되돌아와서 집중하거나 '고정시키도록' 한다는 것이다.

다시 말해서, 내담자는 그저 그 생각을 관찰하고, 그것과 연관된 어떤 느낌들을 알아차리고, 그것을 지켜보고, 준비가 되었을 때 되돌아와 호흡에 초점을 맞춘다. 치료 회기에서 우리는 명상의 결과로 얻은 통찰들이나 주제들을 논의하는 데 시간을 쓸 수가 있다. 예를 들어, 내담자들의 외로운 느낌에 대한 강한 자각은 사회적 기술들을 연습하는 모험을 하기로 결정하게 하는 자극이나 동기부여의 일부가 된다. 긍정적인 이미지들은 숙면을 취할 수 없는 저녁에 생기는 혐오적이고 두려운 이미지와 경쟁할 수 있는 반응에 대해 유용한 정보를 우리에게 준다.

동양인들이 "명상을 할 때 생각들이 지나가게 해야 한다."라고 하는 말에 주목해야만 한다. 그들은 생각에 대해 서양식으로 생각하는 접근을 비판하며, 많은 서양인은 사실은 스스로 치료를 하고 있으면서 그들이 명상하고 있다고 믿는다고 말한다. 내 느낌에는 균형이 필요하다. 앞에서 언급했던 것처럼, 나는 명상 동안에는 생각을 지나가게 하는 것이 가장 좋은 방법이라고 믿는다. 임상적 자기조절 전략으로 명상을 할 때 우리는 어떤 주제들이 자각이 되는지 보고, 그것들이 얼마나 생생한지(즉, 우리가 얼마나 그 생각들에 집착하는지) 느끼고, 마음의 평정을 가지고 그것들을 관찰하고, 그러고 나서 그것들을 보내도록 배울 수 있다. 그렇지만 명상을 한 후에 치료에서 그 주제와 그에 선행하는 것과 결과들을 이야기하고, 토론하고, 분석하는 것은 변화를 촉진하기 위해 중요하다. 동양에서는 그것 모두를 지나가게 하라고 말할 것이다. 서양에서는 그것이 올라올 때 그것을 분석하라고 말할 것이다. 내가 생각하기에, 결과적으로는 두 가지 접근 모두 가능성 있고 유용하다.

두 번째로 중요한 주제는 사람들이 처음에 명상할 때 흔히 발생할 수 있는 '불안에 대한 불안'이다. 그들은 자신이 얼마나 긴장하고 있는지 깨닫고(예를 들어, 이 내담자의 얼굴 긴장), 그들이 얼마나 안절부절못하는지, 그리고 그들의 마음이 얼마나 부산한지를 깨닫게 된다. 여기에서 치료자가 "이것이 과정의 일부이다."라고 안심시키는 것이 중요하다.

세 번째로 명상을 연습하는 데에는 분명한 원칙이 필요하다는 것을 언급해야 한다. 이 내담자에게는 테이프가 도움이 되었다. 즉, 그를 앉아 있게 하여 끝날 때쯤에는 편안함을 느끼게 했다.

그 후 넉 달 동안

이 기간은 내담자가 자기 지시, 심상 등 다양한 인지적 전략을 시험해 보는 대체로 긍정적인 회기들이었다. 내담자는 그가 생각들을 지나가게 하는 가장 좋은 방법은 자신의 마음의 눈에 창문이 있다는 심상이었다고 진술했다. 그는 방(마음의) 한쪽에 난 창문에서 명상을 했다. 창문의 바깥쪽은 젖소들을 방목하는 목초지였다. 그는 창문을 열고 젖소들과 함께 풀을 뜯어먹도록 생각들을 목초지로 뛰쳐나가게 하거나, 혹은 그 생각들을 실이 없는 연과 같이 '떠다니도록' 했다.

그는 또한 자신이 대체로 명상 연습을 기다렸으며, 그것의 상쾌함을 느꼈고, 일상생활에 어떤 구조를 갖게 하였고, 그에게 자신감을 주었다고 했다. 그는 자기 생각의 과정에 대해 배웠고, 어떤 생각들을 더 중요하게 여기는지(즉, 그가 더 집착하고 있는지) 알게 되었는데, 이 생각들이 더 많은 감정적 부담을 가지고 있고 그것들을 지나가도록 하기가 더욱 힘들었기 때문이다.

여섯 달에서 아홉 달

여섯 달째 명상을 시작하면서 그는 자신이 더 깊은 명상 수준에 도달했다고 말했다. 전체적으로 그는 그것을 좋아했지만, 그가 처음에 시작할 때보다 더 많은 생각을 알아차리게 되었고 더욱 혼란스러움을 느끼고 있었다. 명상을 시작한 지 6개월 후에 우리는 하나에서 열까지 세던 것에서 그냥 각각의 날숨 후에 하나를 세는 것으로 바꾸었다. 그는 그것이 너무 구조화가 적게 되었기에 별로 좋지 않다고 말했고, 그래서 우리는 다시 하나에서 열까지 세던 방식으로 되돌아왔다. 그렇지만 그는 아직도 생각에 일정한 흐름이 있고, 이것에 대해 그 자신에게 화가 나고, 생각이 일어날 때마다 실패감을 느끼고 있음을 알아차렸다.

우리는 수용의 중요성에 대해 논의했다. 나는 "만약 생각이 와도 괜찮고, 생각이 오지 않아도 역시 괜찮다."는 것을 다시 한 번 강조했다. 나는 내담자가 무엇인가를 수용하는 과정으로 명상을 바라보도록 하기 위해 노력했고, 그가 연습에 "낡은" 행동 패턴을 어떻게 가져오는지 알아차리도록 도왔으며, 명상에 대한 '완벽주의자' 기준(목표 지향적이고, 성취 지향적인)에 집중시키려 노력했다. 우리는 어떻게 이것이 실제로 그 자신을 미리 실패하도록 설정하고 있는지 설명했다. 그가 선호했던 이미지는 명상 연습을 하는 규율은 지키면서 고요함에 머물기 위해 노력하는 것, 즉 "수용적으로 명상하는 투사"였다. 두 달 후에 그는 명상과 씨름하는 것이 줄어들었고, 그가 과정에 있다는 것을 더 많이 수용하게 되었다고 보고했다. 그는 여전히 때때로 그의 마음에 휩쓸려 다니는 것을 느꼈다. "나는 아주 드물게, 그것을 중단할 수 있었다…… 그것은 긴장되고, 걱정되고, 해야 할 허드렛일을 발견하는 느낌이다."라고 했다. 긍정적인 시간 동안에 그는 손이 따뜻하고 기분 좋게 느껴졌다고 말했다. 그것은 부드러운 털이 난 묵직한 앞발로 바뀌었다.

이 즈음에 나는 그에게 그 자신만의 명상의 길이를 선택할 것을 제안했다. 만일 그가 흐트러지고 제대로 명상할 수 없게 된다면 억지로 하지 않도록 했다. 단지 몇 분만 하고 멈추어도 괜찮다. 다시 말하지만, 그것은 수용의 과정이고, "테이프가 끝날 때까지 도달해야 하는" 목표가 아니다. 그는 이것이 도움이 됨을 발견했고, 때로는 좀 더 많이 명상하고 때로는 더 적게 하였다. "그것과 싸우지 않고, 생각이 내게서 떠나면 그냥 봐 준다."

임상 기록

여기에 포함된 균형의 주제를 언급하는 것이 중요하다. 나는 하나의 기회로 명상과 같은 자기 통제 전략을 제공하기 위해서는 초기에는 확실한 규율이 반드시 필요하다고 믿는다. 그렇지만 그 규율이 강박적인 경직성으로 변하지 않게 주의해야 할 필요가 있다. "나는 반드시 20분 연습해야만 한다. 그렇지 않으면 나는 실패한 것이다." 등. 치료자는 그 규율을 제공할 때, 예를 들어 "당신은 해야만 합니다." "만일 당신이 하루에 두 번 20분 연습할 수 있다면 좋을 것입니다."와 같은 '경직된' 기준을 적용하지 않도록 민감해질 필요가 있다. 게다가 앞에서 언급했듯이 치료자는 이 정보를 치료적 학습을 돕기 위하여 내담자들의 심리적 패턴과 유형과 함께 탐색하기 위하여 이용할 수 있다.

관심사에 따른 명상 이외의 개입

이제는 이 내담자의 다섯 가지 관심사 각각에 대하여 명상에 덧붙여서 어떻게 다른 개입방법들을 그의 목표를 성취하도록 돕기 위해 사용했는지 살펴보기로 하자.

제1관심사: 불면증

치료를 시작할 때, 일반적인 불면증과 관련된 내담자의 목표들은 밤에 잠자리에 드는 것에 대한 불안을 줄이고, 수면 시간을 밤마다 적어도 6~7시간으로 늘리고, 발리움 복용을 멈추고, 부가적으로 낮 동안 더욱 이완되고 안정을 취할 수 있게 하는 것이었다.

2주간의 기저선 이후, 내담자는 그가 생각했던 것보다 더 많이 자고 있음을 인식하게 되었다. 그러므로 이런 자기 관찰을 하는 것 자체가 하나의 치료 개입이 되었고, 내담자가 그의 수면 문제에 대해 좀 더 자신감을 느끼도록 도왔다. 두 번째 개입은 내담자에게 다음과 같이 말한 것이었다. "당신이 침대에 누웠을 때, 처음이든 잠에서 깨고 난 다음이든 간에 조용하게 휴식을 취하는 것이 잠자는 것만큼이나 좋은 것이라는 점을 기억하십시오. 깨어 있는 것에 대해 걱정하지 마십시오. 그냥 누워서 이완하십시오." 내담자는 이 말을 하는 것이 정말로 도움이 된다는 것을 알았다(이런 인지적 재구조화는 내가 어렸을 때 아버지게 배운 전략이었다!). 내담자는 이렇게 말했다. "나는 이완과 명상을 연습합니다. 그리고 그것을 꽤 잘 해 나가고 있어요. 나는 잠드는 것에 대해 별로 걱정하지 않아요. 내가 점차로 알맞은 수면의 양을 취하고 있다는 것을 아는 게 좋아요."

하루에 두 번 규칙적으로 명상 연습을 하는 것에 더해서, 내담자는 침대에 누워서 잠들기 시작할 때 일반적인 이완전략으로서 집중적인 숨 쉬기와 숫자 세기를 하였다. 명상과 기저선 관찰 및 인지적 재구조화 전략 이외에도 이 내담자는 그를 긴장시키고 깨어 있게 만드는 잠과 연관된 불안과 두려움, 그리고 질주하는 미래계획에 관한 생각들을 다루기 위해 흥얼거리기, 바다 소리 음반 듣기, 스스로 격려하기(자기 지시) 등을 사용하였다.

우리가 초기 몇 회기 동안에 관찰한 내담자가 가지고 있는 또 다른 수면 관련 주제는 그가 복용한 발리움의 양을 체크하는 것이다. 처음 2주는 일주일에 하루, 3주째는 이틀 밤, 4주째는 사흘 밤을 약을 먹지 않고 잠들 수 있었다. 내담자는 4주째에 사흘 밤을 발리움 없이 잠들기가 꽤 어려웠다. 그 다음 몇 주 동안은 매일 밤 다시 복용하게 되었다. 그렇지만 내담자가 매일 밤 5~6시간 정도 잠을 자고 그것을 편안하게 여겼기 때문에, 수면의 주제는 배경으로 보내졌고, 단지 간발적으로만 체크하게 되었고(6~10주, 14주), 우리는 다른 영역으로 관심을 돌렸다.

스물한 번째 주에는 수면 주제, 특히 발리움 복용에 관한 문제로 되돌아왔다. 내담자는 자신의 수면 패턴에 꽤 자신감을 느꼈고, 발리움의 복용을 멈추기 원했다. 우리는 일주일에 두 번 복용하지 않는 것을 시작으로 하는 "점진적 접근 방법"을 사용하기로 결정했다.

발리움 복용을 그만두는 동안 그는 자신에게 다음과 같은 지시를 했다. "나는 이완, 명상을 연습하는 중이다. 그래서 이것을 잘하게 될 것이다. 난 어쨌든 발리움을 전처럼 복용하지 않는다. 밀어붙이지 말자. 그냥 내버려두자. 만약 내가 당장 잠들지 못한다 해도 큰 문제가 아니다. 새로운 것을 시도하고 있으니 연습하고, 자신에게 관대하자."

21~31주간은 밤에 발리움을 복용하는 횟수를 줄이는 작업이 포함되었다. 그는 점차적으로 발리움에서 벗어나고 있으며, 최근 2주까지 단지 두 번만 복용하였다.

이것—그가 필요로 하거나 곤란을 느낄 때 복용하는 것—은 내담자에게 편안한 수준으로 느껴졌으나, 우선은 위에서 말한 전략을 연습하였다.

흥미롭게도 수면 자료를 통해 내담자가 종종 발리움을 먹건, 먹지 않건 잠들 수 있었던 것이 드러났다. 이런 자료 차트는 발리움이 단지 '심리적인' 요소였다는 것과 사실상 규칙적인 복용이 그를 도운 것이 아니었다는 것을 인식하는 데 도움이 되었다. 많은 경우에 발리움을 복용할 때보다 그렇지 않을 때 오히려 더 잘 잠들 수 있었다(즉, 더 많은 시간을 자고, 중간에 덜 깨면서, 깨어 있는 시간이 줄었다.). 그렇지만 우리는 때때로 필요할 때 약을 먹는 것이 아무 문제가 없다는 데 합의하였다.

요약하면, 이 내담자에게 수면에 대한 관심 영역에서 다음과 같은 관찰들이 차례대로 이루어졌다. 매일 밤 실제 수면의 양은 평균적으로 치료과정을 통해 변하지 않았다. 그 범위는 가장 낮게는 26주에 평균 4.8시간, 가장 높게는 5주에 평균 6.28시간 잠을 잤다. 시간이 지날수록 일주 당 수면의 정도가 감소하는 하향 경향성이 있었으나 유의하지는 않았다. 그렇지만 내담자는 이 관심 영역에 대해 꽤 만족한다고 보고했다. 잠드는 것에 대한 두려움이 감소했고, 그가 밤에 깨어 있을 때 이완된 상태를 유지하는 능력이 증진되었고, 발리움 복용을 실질적으로 줄일 수 있었다고 보고했다.

제2관심사: 주장성-교제

이 주제가 너무도 많은 불안을 일으켰기 때문에 몇 회기 동안은 이를 직접적으로 다루지 않았으며, 그 후에 우리는 교제와 다른 사람들과 만나는 것에 대해 이야기하기 시작했다. 내담자는 사람들을 만나는 것에 대한 "두려움", 이용당하는 것에 대한 두려움, 다른 사람과 말다툼할 것에 대한 두려움을 가지고 있었으며, 사람들에게 맞서기 원하지도 않았고, 수동적이기를 원하지도 않았다. 그러나 그는 새로운 사람들을 만나고자 하는 욕망도 갖고 있다는 것을 인정했다. 그리하여 우리는 새로운 사람과 만남의 기회가 될 만한 장소의 목록을 만들었다. 그는 바에 가는 것은 거절했고, 그래서 우리는 YMCA, 춤-운동 교실, 노래와 음악감상 교실을 찾아냈다. 그는 몇몇 선택사항들을 탐색해 본 후 음악감상 교실에 참가하기로 했다. 거기에서 그는 자신에게 '자유 반사'가 있다는 것, 즉 만약 누군가가 접근한다면 그의 '내장 반응(gut response)'이 숨겨지고 사로잡힌 것 같고 불시에 대화가 끝날 것 같다는 점을 알게 되었다.

음악 교실에 다니는 동안 그는 몇몇 사람들(남녀 모두)과 접촉하고 대화를 시작할 수 있었다. 게다가 자신은 불가능하다고 여겼던 위험천만한 행동인 집단 앞에 서서 노래도 불렀다.

그가 제시한 또 다른 주제는 그가 만나는 모든 사람은 단지 피상적으로만 알고 지낼 것 같은 느낌이었다. 그는 또한 자신이 얼마나 외로운지 우울한지 내향적인지를 인식했고, 타인을 만나려고 모험할 가치가 있다고 결정하였다. 교제의 목표는 크게 두 가지였다. 1) 만나는 사람의 수를(양적으로) 0의 기저선에서 3~4명 정도로 증가시키기, 2) 나중의 목표는 친밀한 경험의 깊이를 증가시키는 것이었다.

우리는 한 사람을 점심식사에 초대하는 것을 시작으로 주간 과제를 만들었다. 현재 알고 있는 사람의 목록을 만들고—세 명이 있었다—그들에게 점심을 같이 하자고 권유하는 연습을 상담실에서 몇 번 해 보았다. 세 달이 지난 후,

그 사람들 각각과 몇 차례 함께 외출할 수 있게 되었고, 편안하게 느끼게 되었다. 그렇지만 아직도 대화가 너무 피상적이라고 느꼈기 때문에, 우리는 적어도 "느슨하게" "좀 더 친밀한 대화"의 의미가 무엇인지를 정해 보는 것으로 시작했다.

동시에 내가 "더 깊은" 관계를 진전시키는 목표에 관하여 이 내담자와 함께 작업하기로 합의했다는 점을 말해야겠다. 나는 또한 사람들에게 단지 점심식사를 하러 같이 가자고 말하는 기저선 수준을 넘어서 엄청난 진보를 보인 것을 인정하는 데 회기의 일부분을 할애하자고 요청하였다.

치료가 끝날 때쯤에 내담자는 그가 '아는 사람' 두 명과 더 깊게 사귀게 되었다고 느꼈으며, 그들의 대화에서 진정한 친밀성을 느끼는 빈도가 증가하였다.

치료 회기 끝부분에서 비록 여전히 사람들과 매우 잘 접촉하지 못한다는 느낌과 사람들이 자신을 별로 알고 싶어하지 않을 것이라는 느낌을 가지고 있기는 했지만, 그는 일반적으로 사람들과 더 자연스럽게 지내게 되었다고 말하였다. 그는 그렇게 할 수 있음에도 불구하고 여전히 관계를 주도적으로 이끄는 것을 별로 즐기지 않았고 그렇게 하려면 굉장히 긴장한다는 것도 인정했다. 그가 기꺼이 모험을 하려는 이유는 두려움과 고립 대 긴장의 균형을 취하기 위해서다. 그는 또한 좀 더 자신감이 있고 전보다 비판에 덜 방어적으로 되었다고 말하였다.

끝으로 그는 주장에 대한 주제에서 부모님과 대면하여 그가 상처 입고 돌봄을 받지 못했다는 것에 대하여 표현했고, 형에게 자신의 건강 문제, 직업 혹은 직업이 없는 것을 가지고 그를 괴롭히지 말라고 재치 있게 요구했고, 의사소통의 다른 영역에 대해서도 탐색할 수 있었다. 비록 그가 '옛날의 다루기 쉬운, 남의 비위를 맞추는 자기'로 되돌아가, 재발하는 것을 알아차렸지만, 그는 일반적으로 그의 가족에게 그리고 직장에서 좀 더 주장적으로 행동할 수 있었으며, 자신의 느낌을 말하는 것을 더는 두려워하지 않게 되었다.

제3관심사: 긍정적, 부정적 자기 진술

이것은 내담자의 전체 삶에서 부딪히는 주제다. 그의 비판적인, 완벽주의적인 기준은 명상을 학습하거나, 새로운 사람을 만나거나 혹은 직무를 제대로 수행하는 데 모두 적용되었다. 여기에 우리는 긍정적인 자기 사고를 증가시키고, 특히 그의 외모와 환경을 '깔끔하게 하는' 작업을 했다.

그는 양초, 화분, 꽃, 씨에라 클럽의 달력 등으로 자신의 '아파트를 정돈하기'로 동의했다. 그는 또한 새 옷을 입고, 머리도 유행대로 자르고, 자신을 단장하는 등 외모를 좀 더 꾸미기로 결심했다. 그는 "비록 내 자신이 '제멋대로 구는 것'을 정당화하기는 아주 힘들지만, 좀 더 자주 자신감을 느끼기 시작한 것 같아요. 나는 정말로 가치가 있을까요?"라고 하였다. 우리는 '비판적인' 자신을 찾아내고, 이것을 긍정적인 진술을 하기 위한 단서로 사용하는 작업을 했다. 우리는 그가 가지고 있는 지능, 유머 감각, 사려 깊음, 음악적 능력, 좋은 리듬감과 같은 긍정적인 품성의 목록을 뽑았다. 한동안 과제로 그에게 날마다 한 비판적인 생각의 수보다 하나 더 많은 긍정적 생각을 하도록 하였다.

그는 또한 자신 스스로에게 좀 더 친절하게 되는 것이 필요하다는 것을 깨달았다—새로운 사람을 만나도록 항상 밀어붙이지 않는다. 때때로 산책이나 수영, 피아노를 치거나 독서를 하는 것과 같이 편안하게 혼자 있거나 피정을 하거나 자기를 돌보는 것도 괜찮다. 또는 우리가 앞에서 명상에 관하여 논의할 때처럼 완벽하게 '빈' 마음을 갖는 것이 꼭 필요한 것은 아니다.

제4관심사: 스트레스/이완

첫째로, 우리는 공식적인 명상에서 하루 종일 다른 시간까지 이완을 일반화하도록 작업하였다. 그렇게 하기 위해 우리는 스트레스의 선행조건을 인식하고 스트레스 행동을 이완하기 위한 단서로 사용하였다(집중적인 호흡, 자기 지시적

대처 및 심상화).

제5관심사: 직업

그는 성실하게 탐색을 한 끝에 여덟 달이 지난 5월에 직업을 가지게 되었다. 이것은 전화하기, 타이핑하기, 서류정리 같은 몇 가지 동시적인 요구들을 포함하고 있다. 그의 완벽주의자적 면은 줄어들었다. 그는 명상의 '수용적' 태도, 집중적 호흡의 스트레스 관리 전략, 자기 지시적 대처 등을 일반화하는 작업을 했다. 직장에서 그는 다른 이들과 함께 있을 때 더 주장적이 되고, 자신의 한계를 받아들임으로써 그가 달성할 수 있는 것에 대한 한계를 설정하기가 더 쉽다는 것을 발견했다. 그는 자신이 한계를 설정했을 때 사람들이 그를 거절하지 않는 것을 알았다.

이 환자에게 명상과 치료 작업이 효과적이었나?

내담자는 치료가 끝날 때 그가 더 많이 미소짓고, 세상을 더 생기 있게 보았고, 머리를 곧게 세우고, 바람의 소리를 듣고, 사물들을 보기 위해 시간을 더 가지게 되었다고 진술했다. 6개월 후 추후검사에서 내담자는 여전히 그의 수면 패턴에 대해 좋은 느낌을 가지고 있었고, 발리움은 아주 가끔 사용했으며(두 주나 세 주마다 한 번쯤), 일주일에 한 번 혹은 더 자주 꾸준히 친구들을 만났으며, 보통 하루에 두 번이나 적어도 한 번은 명상을 했으며 하루 종일 스트레스를 별로 느끼지 않았다.

왜 그런가?

그는 이 성공을 명상과 교제의 영역에 대해 작업할 때 신이 나서 했던 것 때문이라고 하였다. 그러나 나는 여기에다 일종의 정당화와 함께 그가 가족의 관계에서 주장성을 다루었고, 자기의 외모에 대해 자부심이 증가하였으며, 직업을 찾았다는 것을 더할 수 있었다. 명상은 이 내담자에게 유용하고 강력한 치료적인 도구인 것 같았다. 그렇지만 우리는 많은 기술 중에 명상이 하나의 기법으로 쓰였음을 알아야만 한다. 임상적인 응용과 경험적인 수준에서 우리는 명상에 대해 그보다 더 많은 것을 진정으로 알지는 못한다.

환자는 생각을 관찰하고, 그 생각들을 비교적 침착하게 바라볼 수 있었고, 결국에는 그것들이 가도록 할 수 있었다. 이런 방식으로 감정이 많이 실린 주제가 사라졌다. 이것은 많은 치료적 접근에 포함되어 있는 기제이다. 예를 들면, 프로이트가 그의 '히스테리아에 관한 연구'에서 말했듯이 치료자의 과제는 환자가 자신의 딜레마에 대해 객관성을 취하도록 돕는 것이다. 이것은 환자를 지적인 협력자로 만듦으로써 그리고 진정한 기억들을 드러내는 것을 두려워할 이유가 전혀 없다는 것을 환자에게 보여줌으로써 이루어질 수 있다. 그리고 로저스는 대인관계에서 따스함과 수용의 조건들을 충족시킴으로써 치료자는 어떤 자료가 내담자의 자각 안으로 올 수 있게 해 주고 '내담자가 다른 사람들은 정확하게 표현하고 있지만 그들의 정서적 복합성에서는 사라진 자신의 태도, 혼란, 지각 등을 볼 수 있게 해 주는' 대인관계 상황을 만든다고 하였다. "이것은 환자 자신을 객관적으로 보게 해 주고, 이러한 느낌이 수용되고 있으며 수용할 수 있다는 것을 보게 해 주며, 수용이 내담자들을 자기에게로 향할 수 있도록 길을 만들어 준다. 치료자는 내담자가 자신을 지휘할 수 있는 능력이 있고 죄의식 없이 스스로를 경험할 수 있는 사람으로 자각할 수 있도록 돕는다." 행동적 관점에서 보면, 고전적인 체계적 둔감화는 한 개인이 보통의 경우에는 스트레스를 가져오는 주제들을 이완된 방식으로 관찰할 수 있도록 하는 것을 말한다. 이것은 두려움이나 공포와 연합된 부적응적인 감정의 덩어리를 소거시키는 결과를 가져온다.

유사하게 명상은 내담자의 삶의 사건들에 대한 지각의 명료성을 제공하였고,

감정이 줄어들도록 해 주었다. 이것은 그가 해 왔던 만큼이나 빠르게 자신의 다양한 측면을 직면할 수 있게 해 주었을 수 있다. 명상 치료에서 강조하는 것은 초연함(객관적인 사정)이며 환경의 조작이 아니다. 이러한 평정심의 증가는 부정적 사고(제3관심사)의 감소, 스트레스(제4관심사)의 감소, 직업에 관계된 일들을 좀 더 침착하고 수용적으로 다룰 수 있게 도와주었을 것이다. 이 감정의 감소와 수용은 또한 내담자가 다른 사람과 관계에서 더 주장적이 될 수 있게 하는 내면적 힘을 주는 데 도움이 되어 왔을 것이다. 더욱이 명상은 다방면에서 내담자에게 통제력과 수행력의 감각을 주고, 자신의 성공에 대한 자존감을 증가시키는 데 도움을 준 듯하다.

그러나 나는 명상이 단지 치료적인 성공의 일부만 설명해 준다고 믿는다. 다른 부분은 내담자가 더 자신감을 느끼고, 기꺼이 자신의 감정이 드러나게 하고 모험을 감행하였다. 그는 기꺼이 자신의 가족에게 주장적이 되고, 주도적으로 점심에 사람들을 초대하고 그들과 이야기를 나누었다. 이 사례에서 사회적 기술과 주장 기술 훈련 역시 매우 중요한 요소인 것 같았다. 더욱이 기저선 자료와 목표 설정은 그의 완벽주의자 스타일에 도움을 준 것 같다. 비록 그가 향상을 무시하고(잊고) 단지 그 다음 목표에 초점을 맞추는 것을 더 선호하더라도, 자신이 이룩한 것들을 보여줌으로써 그는 문자 그대로 향상을 인정하도록 강요받았다. 끝으로, 환자 자신이 동기가 매우 높았으며, 치료 관계는 수용적이었고, 치료자는 신뢰와 존경을 모두 받았던 것 같다.

임상기록 요약

이 사례에서는 몇 가지 관심 영역, 즉 이 사람이 인생에서 경험하는 개인적 곤경이 있었다. 그것들이 동시에 다루어지지는 않았다. 어떤 경우에는 한 회기에 한 가지 주제를 더 많이 다루었고 또 다른 회기에서는 다른 주제를 다루기도 했다. 그렇지만, 이 사람의 인생에서는 이 모든 관심사가 다 중요한 것이었으며 오직 어느 한 영역에만 초점을 맞춘다면, 내 느낌에는 이 사람에게 치료적으로 불공정한 것이 된다.

내담자에게 자기조절의 전략으로 명상을 사용할 때는, 제임스의 사례에서 나타난 바와 같이 다음의 점들을 마음에 새겨 두어야 한다.

내담자는 처음에는 불면증의 문제를 제시하면서 명상을 요구하였다. 그렇지만 그의 인생 맥락이 더 잘 이해되고 명상을 배우려는 이유(기대)가 분명해질 때까지는 하나의 기법으로서 명상을 제공하지는 않았다. 치료자들은 그러한 맥락적 정보를 확실히 얻어서 문제의 전체적인 조망을 이해한 후 명상을 사용하면 안 될 이유가 전혀 없다는 것을 분명히 해야만 한다. 두 번째로, 명상을 불면증에 대한 유일한 전략으로 가르치지 않았으며, 여러 기법 중 하나로 도입하였다. 셋째, 치료적 신뢰의 맥락에서 명상을 가르쳤다. 넷째, 이 사람 인생의 다른 영역에 유용할 것으로 여겨지는 부가적 기법들(주장 훈련에서 사회적 기술의 역할놀이까지)도 역시 사용하였다. 나는 이 내담자에게 명상만으로 치료가 충분히 이루어졌다고는 믿지 않는다. 치료자들은 개인에게 치료적 개입을 적용할 때 그들이 제시하는 문제와 잘 맞도록 주의를 기울여야 한다. 끝으로, 기법 중심의 치료가 원하는 효과를 얻었는지 확인하기 위해서는 세심한 평가와 사정(assessment)을 해야 한다. 그런 효과를 얻지 못했다면, 왜 그랬는지를 알아보아야 한다. 어떤 변화가 가능한가? 위에 제시한 논평은 모든 좋은 치료에서 갖추어야 할 기본적인 조작의 원리다. 명상이 치료 방법으로 고려된다면 동일한 지침을 적용해야 한다.

[인 명]

[내 용]

현대 심리치료

Raymond J. Corsini ·
Danny Wedding 편저
김정희 역

2004년
4×6배판 · 반양장 · 716면

게슈탈트 심리치료

김정규 저

1995년
신국판 · 양장 · 456면

상담 및
심리치료의 이해

Stephen Palmer 편저
김춘경 · 이수연 · 최웅용 ·
홍종관 공역

2004년
4×6배판 · 반양장 · 544면

대상관계치료

Sheldon Cashdan 저
이영희 · 고향자 · 김해란 ·
김수형 공역

2005년
신국판 · 양장 · 340면

종교를 가진
내담자를 위한
상담 및 심리치료

스테판 닐슨 · 브래드 존슨 ·
앨버트 엘리스 공저
서경현 · 김나미 공역

2003년
크라운판 · 양장 · 368면

인지 · 정서 ·
행동치료

박경애 저

1997년
4×6배판 · 양장 · 552면

심리도식치료

Jeffrey E. Young ·
Janet S. Klosko ·
Marjorie E. Weishaar 공저
권석만 · 김진숙 · 서수균 ·
주리애 · 유성진 · 이지영 공역

2005년
4×6배판 · 양장 · 534면

단기심리치료

Sol L. Garfield 저
권석만 · 김정욱 · 문형춘 ·
신희천 공역

2002년
신국판 · 양장 · 260면

대인관계 치료

Gerald L. Klerman 외 공저
이영호 외 공역

2002년
신국판 · 양장 · 352면

로샤 검사에 대한
정신분석적 접근

Paul M. Lerner 저
이우경 · 이원혜 공역

2003년
4×6배변형판 · 양장 · 572면

정신분석적 사례이해

Nancy McWilliams 저
권석만 · 김윤희 · 한수정 ·
김향숙 · 김지영 공역

2005년
크라운판 · 양장 · 368면

행동수정

G. Martin J. Pear 공저
이임순 · 이은영 · 임선아 공역

2005년
크라운판 · 반양장 · 632면

융학파의 꿈 해석

– 마리 루이제 폰
프란츠와의 대담 –

Fraser Boa 저
박현순 · 이창인 공역

2004년
신국판 · 반양장 · 320면

가족치료 이론

김용태 저

2000년
크라운판 · 양장 · 392면

로르샤하 워크북

John E. Exner 저
김영환 외 공역

2000년
4×6배판 · 양장 · 352면

–개정판–
가족치료

이론과 실제

김유숙 저

2003년
크라운판 · 양장 · 396면

역자 소개

김정희(金貞姬)

학력 : 고려대학교 대학원 심리학과(석사)
　　　서울대학교 대학원 심리학과(박사)

경력 : 한국 행동과학 연구소 연구원
　　　고려대학교 학생 지도 연구소 카운슬러
　　　전북대학교 사회과학대학 언론심리학부 교수(현재)

자격증 : 상담심리 전문가/ 집단상담 전문가/ 아봐타 마스터

저서 및 역서 : 심리학의 이해(공저, 학지사)
　　　　　　　스트레스에 대처하는 방법(역서, 성원사)
　　　　　　　스트레스, 평가와 대처(역서, 대광문화사)
　　　　　　　집단상담의 원리와 실제(공저, 법문사)
　　　　　　　현대 심리치료(역서, 학지사) 등

e-mail: chkim@chonbuk.ac.kr

심리치료 사례연구

2006년　1월 10일　1판　1쇄 발행
2022년　8월 10일　1판 12쇄 발행

편저자 • Danny Wedding · Raymond J. Corsini
옮긴이 • 김 정 희
펴낸이 • 김 진 환
펴낸곳 • ㈜ **학지사**

　　　　04031 서울특별시 마포구 양화로 15길 20 마인드월드빌딩 5층

대표전화 • 02) 330-5114　　　팩스 • 02) 324-2345

등록번호 • 제313-2006-000265호

홈페이지 • http://www.hakjisa.co.kr
페이스북 • https://www.facebook.com/hakjisabook

ISBN 978-89-5891-182-1 93180

정가 **15,000원**

출판미디어기업 **학지사**

간호보건의학출판 **학지사메디컬** www.hakjisamd.co.kr
심리검사연구소 **인싸이트** www.inpsyt.co.kr
학술논문서비스 **뉴논문** www.newnonmun.com
원격교육연수원 **카운피아** www.counpia.com